国家骨干院校重点建设专业校企合作教材

Qiaohan Gongcheng Jishu
桥涵工程技术

李 捷 **主 编**
王 荣 郭 健 **副主编**
王海春 **主 审**
丁明波[兰州交通大学]

人民交通出版社
China Communications Press

内 容 提 要

本书为国家骨干院校重点建设专业校企合作教材。全书以公路桥涵工程中最常见的"装配式简支梁、柱式桥墩、扩大基础、桩基础"为研究对象,针对基础的、关键的内容,以"项目、任务、练习"为基本单位,构建课程框架。全书分桥型结构的认知、桥梁施工常见材料设备及放样、桥梁图纸识图审图、钻(挖)孔灌注桩设计施工、扩大基础设计施工、桥梁墩台设计施工、装配式梁桥设计施工、涵洞设计施工8个项目。本书总课时数86,其中实训课时20,各个项目任务中均附有练习。

本书可作为公路工程检测技术专业、交通土建专业、道路桥梁工程技术专业教材,也可作为相关工程技术人员参考用书。

图书在版编目(CIP)数据

桥涵工程技术 / 李捷主编. —北京:人民交通出版社,2014.9
国家骨干院校重点建设专业校企合作教材
ISBN 978-7-114-11197-6

Ⅰ. ①桥… Ⅱ. ①李… Ⅲ. ①桥涵工程—高等职业教育—教材 Ⅳ. ①U44

中国版本图书馆 CIP 数据核字(2014)第 033291 号

国家骨干院校重点建设专业校企合作教材

书　　名:	桥涵工程技术
著 作 者:	李　捷
责任编辑:	闫吉维
出版发行:	人民交通出版社股份有限公司
地　　址:	(100011) 北京市朝阳区安定门外外馆斜街3号
网　　址:	http://www.ccpress.com.cn
销售电话:	(010) 59757973
总 经 销:	人民交通出版社股份有限公司发行部
经　　销:	各地新华书店
印　　刷:	北京市密东印刷有限公司
开　　本:	787×1092　1/16
印　　张:	26.5
字　　数:	665 千
版　　次:	2014年9月　第1版
印　　次:	2018年3月　第2次印刷
书　　号:	ISBN 978-7-114-11197-6
定　　价:	78.00元

(有印刷、装订质量问题的图书由本社负责调换)

青海交通职业技术学院

公路工程检测技术专业校企合作教材编审委员会

主 任 委 员　李文时
副主任委员　王海春　陈湘青　许　云　贾富贵
委　　　员　井　浩　衡秀云　侯铁军　虞卫国
企 业 委 员　杨学山　陈世英

序

作为工程建设质量控制和评定的基础，试验检测在工程质量保证体系中起着重要作用。根据高等职业教育的人才培养目标定位和公路工程试验检测行业的特点，在对人才市场进行充分调研和论证的基础上，校企共同构建基于行业标准、公路桥梁检测任务驱动、项目导向、学生主体的青藏高原特色"校企同频、分段递进、项目引领"的人才培养模式和课程体系。

本套教材基于公路工程检测技术专业"校企同频、分段递进、项目引领"的工学结合人才培养模式，在企业调研的基础上，吸收高职高专专业建设与课程体系开发的先进理念，结合现代教育技术，按照"专业与产业和职业岗位对接、专业课程内容与职业标准对接、教学过程与生产过程对接、学历证书与职业资格证书对接、职业教育与终身学习对接"的五对接原则，组织企业技术人员和学院教师共同编写，体现了学校教学和企业实践的有机统一，并贯彻最新的技术标准和行业规范，突出高原特色。编写过程中注重教学对象的认识能力和认知规律，采用图文结合的形式，力求直观明了，提高学生职业素养和职业能力，做到理论够用、重在实践。

本教材的主要特点有：

1. 从企业需求出发，重塑教学目标

本教材是从企业的需要及学生职业发展出发，让学生通过对专业学习，能够切实找到自己的职业发展方向或能更好地适应未来企业的用人需要。

2. 从人才培养的目标出发，重整教学内容

根据公路工程检测技术专业人才培养目标，与企业合作进行职业岗位分析，确定公路工程检测技术专业岗位和岗位群，根据行动体系重新构建学习领域，以工作过程为导向培养学生的知识和能力。

本教材在编写过程中参考了近5年来不同版本的相关教材和规范规程，在此谨向各位参考文献编写的专家们致以诚挚的谢意！

青海交通职业技术学院
公路工程检测技术专业校企合作教材编审委员会
2013年6月

前　言

　　2011年，教育部高职高专100所骨干院校建设任务启动，青海交通职业技术学院"工程造价"专业作为该院申报的重点专业，其建设任务之一是进行《桥涵工程技术》课程开发，并出版教材。

　　青海交通职业技术学院与青海正平路桥建设股份有限公司、青海省公路勘测设计院等知名企业合作，经过近三年的课程建设，以最新规范、技术资料为指导，以"技术实用"为原则，最终完成本书。全书分"桥型结构的认知、桥梁施工常见材料设备及放样、桥梁图纸识图审图、钻（挖）孔灌注桩设计施工、扩大基础设计施工、桥梁墩台设计施工、装配式梁桥设计施工、涵洞设计施工"8个项目。书中工程案例丰富，可供高职院校教师及工程人员参考。具体特点如下：

　　（1）教学内容精炼、实用。主要讲述"术语、设计施工原理、工程应用情况"，对教师的专业要求较高。

　　（2）对复杂桥型仅在项目一中简要介绍，主要介绍最常见的公路桥型，内容实用、细致。

　　（3）一些项目中分析了由于设计、施工不当引起的工程病害，强调了"质量意识"。

　　（4）教材体现了地域特色，如青海省冻土、盐渍土地区的桥梁施工特点均有所体现。

　　（5）与一般教材中仅提供残缺的图纸资料不同，本教材中提供了最常见桥型的完整图纸，技术价值高，也有利于学生"自我考核"。

　　本书由青海交通职业技术学院李捷担任主编，青海交通职业技术学院王荣、兰州交通大学郭健担任副主编，青海交通职业技术学院王海春、兰州交通大学丁明波主审。具体编写分工为：项目一、项目二、项目三、项目五、项目六由李捷编写，项目四由王荣编写，项目七、项目八由郭健编写。

　　由于时间仓促、水平有限，书中难免存在错误，敬请读者批评指正。

编　者

2013年6月

目 录

项目一 桥型结构的认知 ·· 1
  任务一 公路桥梁的基本建设程序 ·························· 1
  任务二 桥梁的基本组成及主要术语 ······················ 2
  任务三 桥梁类型的划分 ·· 4
  任务四 各类桥型的适用条件及桥型方案的选择 ··· 11
  任务五 公路桥涵的作用分类 ······························· 24
  任务六 汽车荷载计算图式及加载方法 ·················· 27

项目二 桥梁施工常见材料设备及放样 ····················· 35
  任务一 常见的桥梁施工方法 ······························· 35
  任务二 混凝土原材料的相关要求 ························ 37
  任务三 混凝土的拌制及配合比 ··························· 47
  任务四 混凝土的运输及浇筑 ······························· 50
  任务五 混凝土养护方法的认知 ··························· 55
  任务六 预应力施工设备的认知 ··························· 61
  任务七 桥梁施工测量及放样 ······························· 66

项目三 桥梁图纸识图审图 ·· 75
  任务一 熟悉桥梁混凝土的指标等级 ····················· 75
  任务二 桥涵钢筋的种类及性能指标认知 ·············· 77
  任务三 施工中钢筋的一般规定 ··························· 82
  任务四 桥梁不同部位的配筋特点 ························ 95
  任务五 钢筋代换 ··· 99

项目四 钻（挖）孔灌注桩设计施工 ························· 143
  任务一 桩基类别及构造特点 ······························ 143
  任务二 桩长的确定 ·· 148
  任务三 钻孔成孔方式及施工工序 ······················ 153
  任务四 护筒埋深计算 ·· 160
  任务五 泥浆作用及配合比特点 ·························· 164
  任务六 成孔质量要求及清孔方法 ······················ 172
  任务七 水下混凝土灌注 ···································· 177
  任务八 挖孔灌注桩的施工 ································· 185
  任务九 桩基础施工中常见问题的处理与冻土地区桩基础施工 ······ 186

  任务十 布袋混凝土灌注桩的施工…………………………………………… 190
  任务十一 桩基础检测…………………………………………………………… 198
项目五 扩大基础设计施工 ………………………………………………………… 201
  任务一 扩大基础的设计………………………………………………………… 201
  任务二 扩大基础的施工………………………………………………………… 215
  任务三 围堰设计施工…………………………………………………………… 232
  任务四 基坑明排水法…………………………………………………………… 238
  任务五 井点排水法……………………………………………………………… 243
  任务六 基底检验………………………………………………………………… 252
  任务七 地基处理………………………………………………………………… 256
项目六 桥梁墩台设计施工 ……………………………………………………………… 261
  任务一 常见桥梁墩台的分类…………………………………………………… 261
  任务二 U形桥台的设计施工…………………………………………………… 266
  任务三 砌筑墩台的设计施工…………………………………………………… 272
  任务四 墩台模板设计…………………………………………………………… 278
  任务五 现浇墩台施工…………………………………………………………… 290
  任务六 大体积混凝土的施工…………………………………………………… 293
  任务七 锥坡及台后填土的施工………………………………………………… 302
项目七 装配式梁桥设计施工 ………………………………………………………… 307
  任务一 装配式简支梁桥的标准设计…………………………………………… 307
  任务二 预应力作用及相关计算………………………………………………… 313
  任务三 先张法梁板的设计及施工……………………………………………… 323
  任务四 后张法梁板的设计及施工……………………………………………… 338
  任务五 先简支后连续桥梁的设计施工………………………………………… 364
项目八 涵洞设计施工 ……………………………………………………………………… 374
  任务一 常见涵洞类别…………………………………………………………… 374
  任务二 涵洞标准设计…………………………………………………………… 380
  任务三 管涵、盖板涵（拱涵）施工………………………………………………… 385
  任务四 波形钢涵洞的施工……………………………………………………… 396
  任务五 箱涵的施工……………………………………………………………… 401
设计说明 ………………………………………………………………………………………… 405
参考文献 ………………………………………………………………………………………… 411

项目一 桥型结构的认知

任务一 公路桥梁的基本建设程序

我国公路桥梁建设的基本程序一般为:建设单位立项→预可行性研究(上报项目建议书)→相关主管部门批复项目建议书→工程可行性研究→可研报告评估→上报、批复、下达计划任务书→施工图设计一、二、三阶段→列入年度计划→施工→竣工验收→交付使用。设计阶段与建设程度的关系如图 1-1-1 所示。

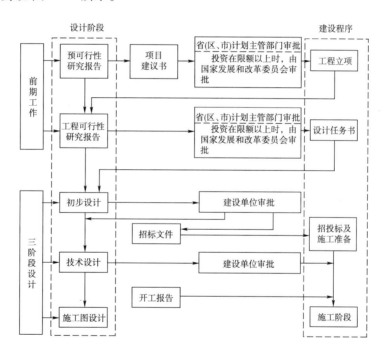

图 1-1-1 设计阶段与建设程序关系图

1. 桥梁建设的前期工作

"预可"及"工可"报告是桥梁建设前期的主要成果,也是项目申请立项最重要的依据,一般由业主委托具有咨询资质的设计单位编制完成。

"预可"阶段着重研究建桥必要性、经济可行性问题,争取立项成功。该阶段的成果为"××工程预可行性研究报告书"(简称"预可报告"),报告从经济、政治、国防等方面,详细阐明建桥理由和工程建设的必要性,同时初步探讨技术上的可行性。因而在"预可报告"中,应编制几个可能的桥型方案,并对工程造价、资金来源、投资回报等问题有初步估算和设想。

"工可"阶段着重研究和制定桥梁的技术标准,包括设计荷载标准、桥面宽度、通航标准、设计车速、桥面纵坡、桥面平纵曲线半径等;同时,还应与河道、航运、规划等部门共同研究和协商确定相关的技术标准。在"工可"阶段,应提出多个桥型方案,并按《公路基本建设项目投资估算编制办法》(JTG M20—2011)估算造价,对资金来源和投资回报等问题应基本落实。

2. 阶段设计

公路桥梁一般采用两阶段设计,即初步设计和施工图设计;对于技术复杂的特大桥、互通式立交或新型桥梁结构,可采用三阶段设计,即初步设计、技术设计和施工图设计;对结构简单、技术成熟的桥梁,如农村公路上的独立桥梁,采用一阶段设计,即施工图设计。

初步设计应根据批复的可行性研究报告、测设合同和初测、初勘或定测、详勘资料编制。初步设计的目的是通过对多个桥型方案比选后,确定最优设计方案并报上级审批。在编制各个桥型方案时,应提供平、纵、横断面布置图,标明主要尺寸,并估算工程数量和主要材料数量,提出施工方案的意见,编制设计概算,提供文字说明和图表资料。初步设计经批复后,则成为施工准备、编制施工图设计文件和控制建设项目投资等的依据。

技术设计应根据初步设计批复意见、测设合同的要求,对重大、复杂的技术问题通过科学试验、专题研究、加深勘探调查及分析比较,进一步完善批复桥型方案的总体和细部各种技术问题以及施工方案,并修正工程概算。

施工图设计应根据初步设计(或技术设计)批复意见、测设合同,进一步对所审定的修建原则、设计方案具体加以深化。各构件进行详细结构计算,确保强度、稳定性、刚度、裂缝、构造等满足规范要求,绘制可满足施工的设计详图,编制施工图预算。

[填空]

1. 桥梁项目决策阶段的依据是_____和_____。
2. 工程项目的三阶段设计是指_____、_____和_____,公路项目中较常采用的是_____、_____。
3. "预可"阶段着重研究_____、_____问题,争取立项成功。
4. "工可"阶段着重研究和制订桥梁的_____,包括:_____、_____、_____、_____(至少填三项),应提出多个桥型方案,并按《公路基本建设项目投资估算编制办法》(JTG M20—2011)估算造价,对_____和_____问题应基本落实。

[简答]

1. 青海省果洛州农村公路上有一独立桥梁,桥面宽度为净7.0m+2×0.5m,上部结构拟采用4-16m钢筋混凝土T形梁,下部采用重力式桥墩、U形桥台,基础采用扩大基础,桥梁位于直线上。该桥设计采用几阶段设计?
2. 苏通大桥是我国跨度最大的斜拉桥,其设计时,应采用几阶段设计?
3. 按常规的公路建设而言,是否可以不立项而直接进行建设?若立项,立项的依据应是什么?

任务二 桥梁的基本组成及主要术语

桥梁由上部结构(桥跨结构)、下部结构(桥墩、桥台、基础)、支座和附属设施(包括桥面系、伸缩缝、桥头搭板、锥形护坡、调治构造物等)四个基本部分组成,如图1-2-1所示。图1-2-2为拱式桥的基本组成。桥梁工程中主要术语及工程定义见表1-2-1。

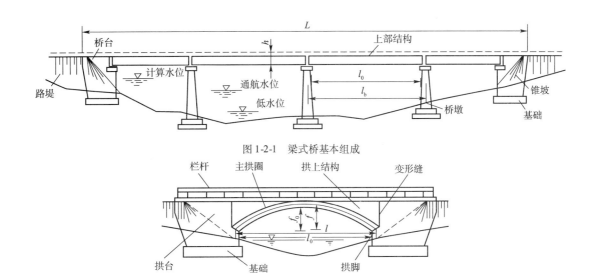

图 1-2-1 梁式桥基本组成

图 1-2-2 拱式桥基本组成

桥梁工程中主要术语及工程意义　　　　　　表 1-2-1

序号	术语名称及符号	基 本 概 念	工 程 意 义
1	桥梁全长(桥长)	(1)有桥台的桥梁:为两岸桥台侧墙或八字墙尾端之间的距离; (2)无桥台的桥梁:为桥面系行车道的长度	桥长、桥宽说明桥梁概况,是基本指标,反映桥梁规模
2	净跨径(l_0)	(1)梁式桥:设计洪水位上相邻两桥墩(或桥台)间的水平净距; (2)拱式桥:每孔拱跨两拱脚截面最低点之间的水平距离	反映一孔桥梁泄洪能力的大小
3	总跨径($\sum l_0$)	多孔桥梁中各孔净跨径的总和	用于桥梁布孔时的水文计算,反映其真实泄洪能力
4	计算跨径(l)	(1)设支座的桥梁:为相邻两支座中心之间的水平距离; (2)不设支座的桥梁:为上下部结构的相交面之中心间的水平距离	结构分析计算时,建立计算模型的依据
5	标准跨径(L_K)	(1)梁式桥:指两相邻桥墩中线间水平距离或桥墩中线与台背前缘之间的水平距离,也称为单孔跨径; (2)拱式桥和涵洞:指净跨径	反映桥梁的技术复杂程度,现行设计规范中划分大、中、小桥及涵洞的依据
6	多孔跨径总长(L)	不考虑两岸桥台侧墙长度在内的桥梁标准跨径的总长度	现行设计规范中划分大、中、小桥的依据
7	桥下净空高度	设计洪水位或计算通航水位与桥跨结构最下缘之间的高差,应满足排洪、通航或通车要求	桥面高程据此而定,是桥梁是否安全的主要指标
8	桥梁建筑高度	上部结构底缘至桥面顶面的垂直距离,如图 1-2-1 所示的 h;路线定线中所确定的桥面高程,与通航(或桥下通车、人)净空界限顶部高程之差,称为容许建筑高度;桥梁建筑高度大于容许建筑高度	桥梁高度减去桥梁建筑高度后,可以真实反映桥梁下部净高度
9	桥梁高度	指桥面路拱中心顶点到低水位或桥下路线路面之间的垂直距离	

续上表

序号	术语名称及符号	基本概念	工程意义
10	净矢高(f_0)	指拱桥从拱顶截面下缘至相邻两拱脚截面下缘最低点连线的垂直距离	反映拱桥的泄洪能力
11	计算矢高(f)	指从拱顶截面形心至相邻两拱脚截面形心之连线的垂直距离	拱桥做结构分析计算时,建立计算模型的依据
12	矢跨比(f/l)	指拱桥中拱圈(或拱肋)的计算矢高与计算跨径之比,也称拱矢度	反映拱桥受力特性的重要指标,桥梁计算中作用显著

注:①根据《公路桥涵设计通用规范》(JTG D60—2004)3.2.5条,当标准设计或新建桥涵跨径在50m及50m以下时,宜采用标准化跨径,其规格有:0.75m、1.0m、1.25m、1.5m、2.0m、2.5m、3.0m、4.0m、5.0m、6.0m、8.0m、10m、13m、16m、20m、25m、30m、35m、40m、45m、50m,共21种。

②公路桥涵设计中,使用部颁标准图设计较为普遍。

[填空]

桥梁由_____、_____、_____、_____四个基本部分组成。

[名词解释]

1.标准跨径;2.矢跨比;3.计算跨径;4.净跨径。

[简答]

1.是否所有的桥梁均由四个基本部分组成?有无例外?

2.某桥址处为单式河床断面(无河滩),宽约56m,设计单位布置桥孔时考虑不压缩河床断面,现有两种方案,试比较其泄洪能力的大小。

(1)上部结构采用3-20m预应力混凝土空心板,下部采用双柱式桥墩(墩宽1.2m,阻水系数1.0)、U形桥台(纵桥向,其侵占河床1.0m)。

(2)上部结构采用4-16m预应力混凝土空心板,下部采用双柱式桥墩(墩宽1.2m,阻水系数1.0)、U形桥台(纵桥向,其侵占河床1.0m)。

任务三 桥梁类型的划分

一、按受力体系进行分类

1.梁式桥

梁式桥是在竖向荷载作用下无水平反力的结构。最重要的结构受力构件是"梁"(设计、施工中均以该构件作为重点),梁以受弯为主。

梁式桥主要有简支梁桥、悬臂梁桥、连续梁桥三种桥型,如图1-3-1所示。

[练习1-3-1]图1-3-1中,从外形上如何区分变截面连续梁桥与连续刚构桥?如何区分多跨简支梁桥与等截面连续梁桥?

2.拱式桥

拱桥是在竖向荷载作用下会产生水平反力的结构,因此对地基要求较高,最好在岩石地基上修建。最重要的结构受力构件是"拱"(设计、施工中均以该构件作为重点),拱以受压为主,可使用抗压能力较高的圬工材料(如石料、混凝土)和钢筋混凝土等建造,如图1-3-2所示。

拱桥设计中应进行"拱轴线的优化"(即保证任意一个拱轴断面上的弯矩最小),施工中应注重"稳定"问题,设置稳定索并进行验算。

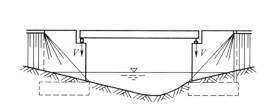

a)单跨及多跨简支梁桥

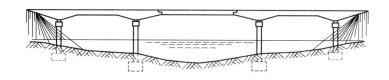

b)悬臂梁桥

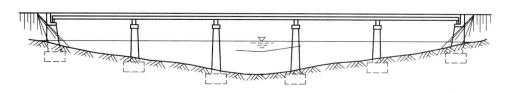

c)等截面连续梁桥

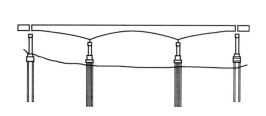

d)变截面连续梁桥

图1-3-1 梁式桥

3. 刚架桥(刚构桥)

刚架桥(刚构桥)是指梁与立柱(墩柱)或竖墙整体刚性连接的桥梁(图1-3-3),其特点是:立柱具有相当大的抗弯刚度,故可分担梁跨中正弯矩,达到降低梁高、增大桥下净空的目的。

4. 悬索桥(吊桥)

悬索桥(吊桥)由索(缆索)、塔、锚碇、加劲梁等组成,缆索通常用高强钢丝,加劲梁多采用钢桁架或扁平箱梁,桥塔可采用钢筋混凝土或钢结构。

a)古代石拱桥的杰出代表——赵州桥

b)晋城至焦作高速路上的特大跨径(主跨146m)石拱桥——丹河大桥

c)万县长江大桥——1997年6月完成，主跨420m钢筋混凝土劲性骨架拱桥，首届"中国十佳桥梁"之一

图 1-3-2 拱式桥

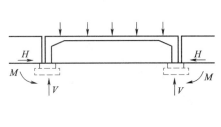

a)直腿（门形）刚架桥

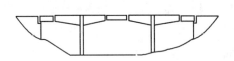

b)斜腿刚架桥

c)T形刚构桥

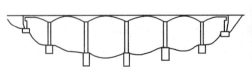

d)连续刚构桥

图 1-3-3 刚架桥

悬索桥是目前跨越能力最大的桥型,最重要的受力构件是"缆索",故为柔性结构,如图1-3-4所示。由于其结构刚度不足,悬索桥较难满足当代铁路桥梁的要求。

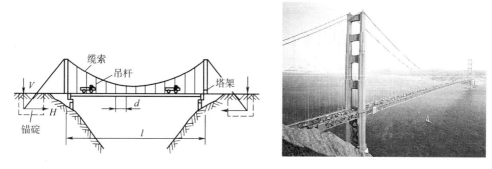

图1-3-4 悬索桥

5．组合体系桥

组合体系桥是指由拉、压、弯等几个基本受力体系的结构组合而成的桥梁,如图1-3-5所示。

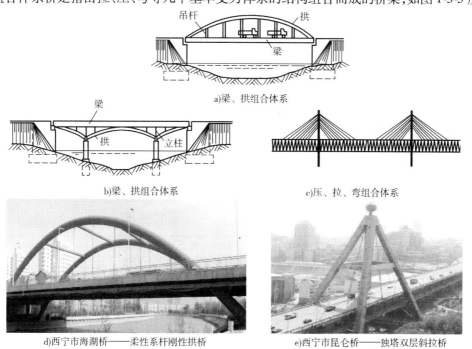

图1-3-5 组合体系桥

二、按用途划分

桥梁按用途划分为公路桥、铁路桥、公铁两用桥[图1-3-6a)]、农桥、人行桥、水运桥(渡槽)[图1-3-6b)]、管线桥等。

三、按上部结构行车道位置划分

桥梁按上部结构行车道位置划分为上承式、中承式、下承式三种,如图1-3-7、图1-3-8所示。

四、特大桥、大桥、中桥、小桥、涵洞的划分

桥梁按多孔跨径总长和单孔跨径来进行划分,见表1-3-1。

a) 公铁两用桥——芜湖长江大桥　　　　b) 渡槽桥(过水桥)

图 1-3-6　桥梁按用途分类

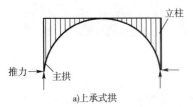
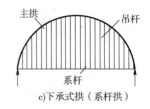

a) 上承式拱　　　　b) 中承式拱　　　　c) 下承式拱（系杆拱）

图 1-3-7　拱桥按行车道位置划分

a) 遵义市仁怀盐津河大桥——桁架拱桥　　　　b) 下承式提篮拱

图 1-3-8　上承式拱、下承式拱示意

桥 梁 涵 洞 分 类　　　　表 1-3-1

桥涵分类	多孔跨径总长 L(m)	单孔跨径 L_K(m)	桥涵分类	多孔跨径总长 L(m)	单孔跨径 L_K(m)
特大桥	$L > 1000$	$L_K > 150$	小桥	$8 \leq L \leq 30$	$5 \leq L_K < 20$
大桥	$100 \leq L \leq 1000$	$40 \leq L_K \leq 150$	涵洞	—	$L_K < 5$
中桥	$30 < L < 100$	$20 \leq L_K < 40$			

注：摘自《公路桥涵设计通用规范》(JTG D60—2004) 表 1.0.11。

[填空]

1. 桥梁按照受力体系分为＿＿＿＿＿、＿＿＿＿＿、＿＿＿＿＿、＿＿＿＿＿、＿＿＿＿＿五种类型。

2. 按上部结构行车道位置划分，桥梁分为＿＿＿＿＿、＿＿＿＿＿、＿＿＿＿＿三种。

[简答]

1. 某单孔钢筋混凝土箱形拱桥，净跨径为 65m，该桥为中桥还是大桥？

2. 某 7-20m 预应力混凝土空心板桥，该桥多孔跨径总长、单孔跨径分别是多少？该桥为中桥还是大桥？

3. 图 1-3-9 为座桥的桥梁桥型布置图，试回答以下问题：

(1) 该桥桥梁全长、净跨径、总跨径、标准跨径、多孔跨径总长、桥下净空高度分别是多少？

(2) 该桥是大桥、中桥还是小桥？

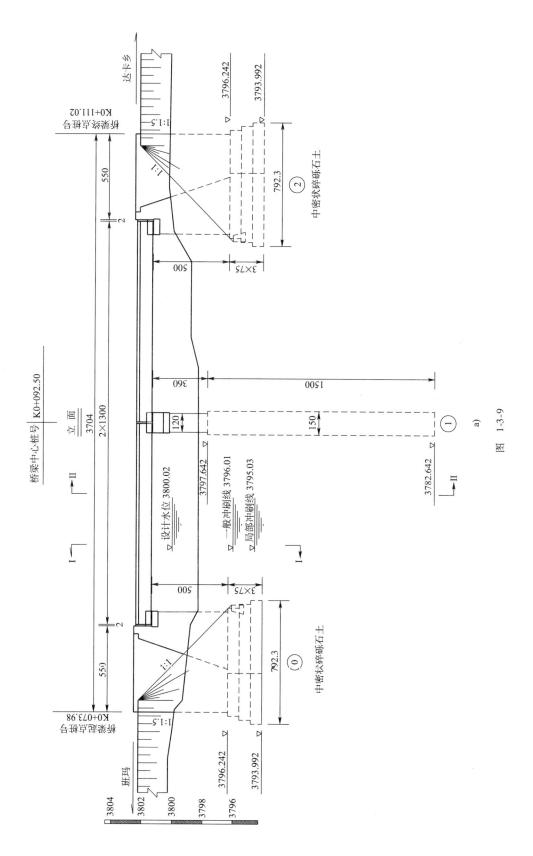

图 1-3-9

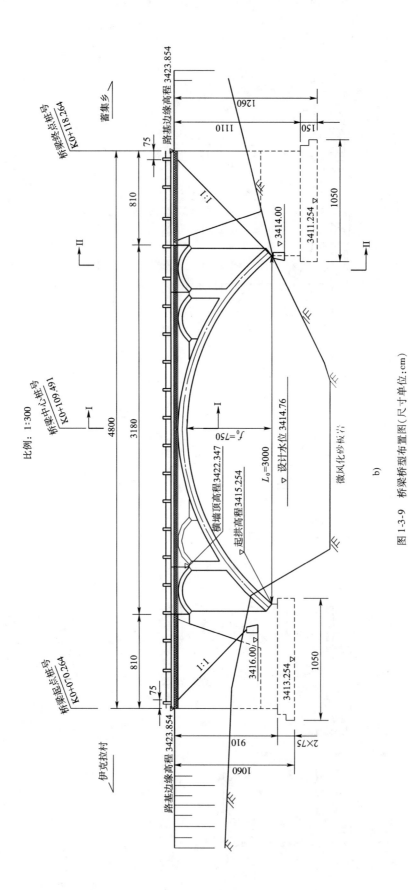

图 1-3-9 桥梁桥型布置图（尺寸单位：cm）

任务四 各类桥型的适用条件及桥型方案的选择

在工程可行性研究中,往往需要考虑业主委托、现场地形地质条件、施工条件等因素,按安全、经济、耐久、适用的原则来拟订桥型方案。

一、大跨度桥梁

根据我国公路桥梁建设的实践,大跨度桥梁中比较有竞争力的几种桥型如表1-4-1所示。

现代桥梁各种桥型的适用范围和极限跨度　　　　　　　表1-4-1

序号	桥型	经济适用范围(m)	极限跨度(m)
1	RC板桥	10~20	50
2	PC简支梁桥(石拱桥)	20~50	100
3	PC连续梁桥(RC拱桥)	50~150	200
4	PC连续刚架桥(钢管混凝土拱桥)	150~300	400
5	钢连续梁桥(结合梁桥)	200~300	400~500
6	PC斜拉桥(钢箱拱桥)	200~500	600~800
7	结合梁斜拉桥(钢桁架拱桥)	500~700	800~1000
8	钢斜拉桥、混合桥面斜拉桥	700~1400	1500~2000
9	悬索桥、协作体系	1000~5000	6000~7000
10	索网桥	>3000	—

注:摘自《桥梁设计工程师手册》。

由于钢材具有轻质高强的特性,故在跨江、跨海的特大跨径桥梁中,往往考虑钢结构,桥型上主要考虑悬索桥与斜拉桥,其与混凝土桥梁的关系如表1-4-2所示。

桥梁形式和适用跨度　　　　　　　表1-4-2

桥梁形式		跨度(m) 50　100　150　200　500　1000　2000　3000	最大记录(m)
桥梁形式	梁桥	钢桥 ☆	300
		混凝土桥 ☆	301
	桁架桥	钢桥 ☆	549
	拱桥	钢桥 ☆	550
		混凝土桥 ☆	420
	斜拉桥	钢桥 ☆	1088
		混凝土桥 ☆	530
	悬索桥	钢桥 ☆	1991

注:①摘自《桥梁设计工程师手册》。
②☆号位置表示目前建成的该桥型的最大跨度。

二、中小跨径桥梁

每孔跨径在100m以下的桥梁,占公路桥梁的大多数,其主要选择的桥型如下。

1. 装配式空心板桥

钢筋混凝土空心板跨径通常为 6~13m,预应力混凝土空心板跨径通常为 10~25m,是各等级公路建设中应用最广泛的桥梁结构,如图 1-4-1、图 1-4-2 所示。

图 1-4-1　公路上最常见的桥型——上部采用简支空心板,下部采用双柱式桥墩、U 形桥台,基础采用桩基础、扩大基础

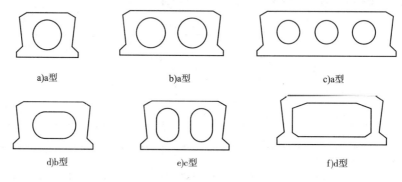

图 1-4-2　空心板断面形式

(1)a 型:开圆孔,挖孔率较小,但用充气胶囊、橡胶抽拔棒、防水纸膜等均能方便成孔,施工工艺成熟,是目前空心板桥常用的断面形式。圆孔空心板构造尺寸见表 1-4-3。

(2)b 型、c 型:由两个半圆和两块侧模组成,挖孔率较 a 型大,但成孔烦琐,一般较少采用。

(3)d 型:开单个较宽的方孔,挖孔率最大,质量最轻,但顶板需配置横向受力钢筋,施工模板复杂,一般在较大跨径的后张法板桥中使用。

圆孔空心板构造尺寸　　　　　　　　　　　　　　　　表 1-4-3

跨径(m)	6	8	10	13	16	20
板宽(cm)	124	124	124	124	99	99
板高(cm)	35	40	45	55	70	85
开孔形式	四孔	三孔	三孔	双孔	单孔	单孔
直径(cm)	19	24	26	39	50	62.5

(4)铰缝:板与板之间的主要连接构造,铰缝上企口宽度应满足施工时使用插入式振捣器的需要,企口深度一般应大于预制板高的 2/3,预制板内应预埋钢筋伸入铰缝企口内,企口底的缝宽为 1cm,铰缝企口采用水泥砂浆或小石子混凝土等细集料浇筑。如图 1-4-3 所示为常用铰缝构造。

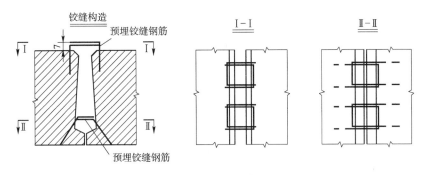

图 1-4-3 铰缝构造图

2. 装配式简支 T 梁桥

装配式钢筋混凝土简支 T 形梁标准跨径设计为 8m、10m、13m、16m、20m，高跨比的经济范围为 1/18～1/11，跨径大时取偏小值。主梁间距一般取 1.60～2.20m，主梁之间的连接主要依靠横隔梁（横隔梁数目一般为奇数，设置刚性连接时，横隔梁在纵轴向连接不大于 10m；横隔梁厚度一般取 15～18cm，高度为主梁高度的 3/4 左右）。装配式简支 T 梁桥如图 1-4-4、图 1-4-5 所示。

图 1-4-4 青海省民和县团结桥——上部结构采用装配式 T 梁

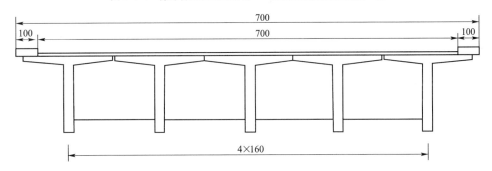

图 1-4-5 装配式钢筋混凝土 T 梁典型横断面图（尺寸单位：cm）

预应力混凝土简支 T 梁标准跨径设计为 25m、30m、35m、40m，其梁高分别为 1.25～1.45m、1.65～1.75m、2.00m、2.30m，高跨比的经济范围 1/20～1/17，设计中可取范围一般是 1/25～1/15。设计中通过加大翼缘宽度提高截面效率，主梁间距较普通钢筋混凝土梁有所增大，一般为 1.80～2.50m。装配式预应力混凝土 T 梁桥如图 1-4-6、图 1-4-7 所示。

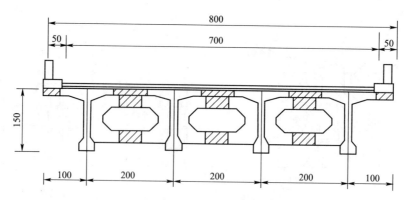

图 1-4-6 装配式预应力混凝土 T 梁典型横断面图(尺寸单位:cm)

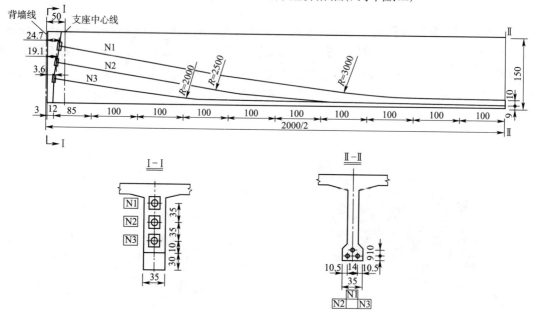

图 1-4-7 装配式预应力混凝土 T 梁钢束布置(尺寸单位:cm)

3. 装配式预应力连续组合箱梁桥

由于伸缩缝较简支梁少,高速行车舒适,故应用广泛。箱梁主梁间距一般取 2.8~3.6m,由于箱梁抗扭性能好,故一般仅在跨中、支点各设一道横隔梁,常见的跨径尺寸如表 1-4-4 所示。相关图片见图 1-4-8~图 1-4-12。

装配式预应力组合箱梁的一般构造尺寸   表 1-4-4

细部尺寸(cm)		跨径(m)				
		20	25	30	35	40
梁高 H		120	140	160	180	200
顶板厚度 A	跨中	18	18	18	18	18
	支点	18	18	18	18	18
底板厚度 B	跨中	18	18	18	18	18
	支点	25	25	25	25	25
腹板厚度 C	跨中	18	18	18	18	18
	支点	25	25	25	25	32

a)箱梁在预制厂

b)箱梁在桥梁上架设就位

c)箱梁端部的连接方式

d)负弯矩束的张拉

图1-4-8 装配式组合箱梁施工场景

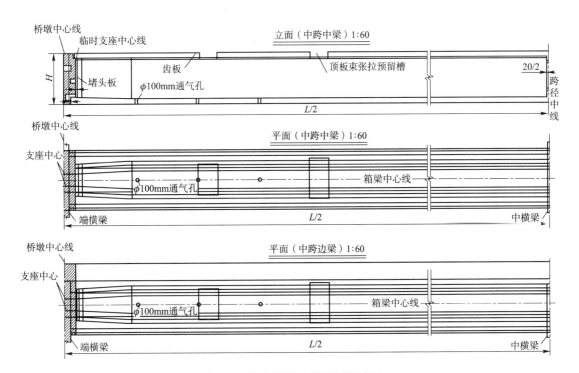

图1-4-9 装配式预应力箱梁纵断面布置

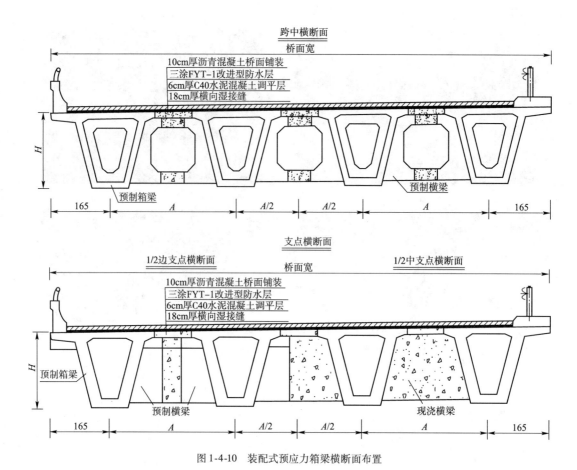

图 1-4-10 装配式预应力箱梁横断面布置

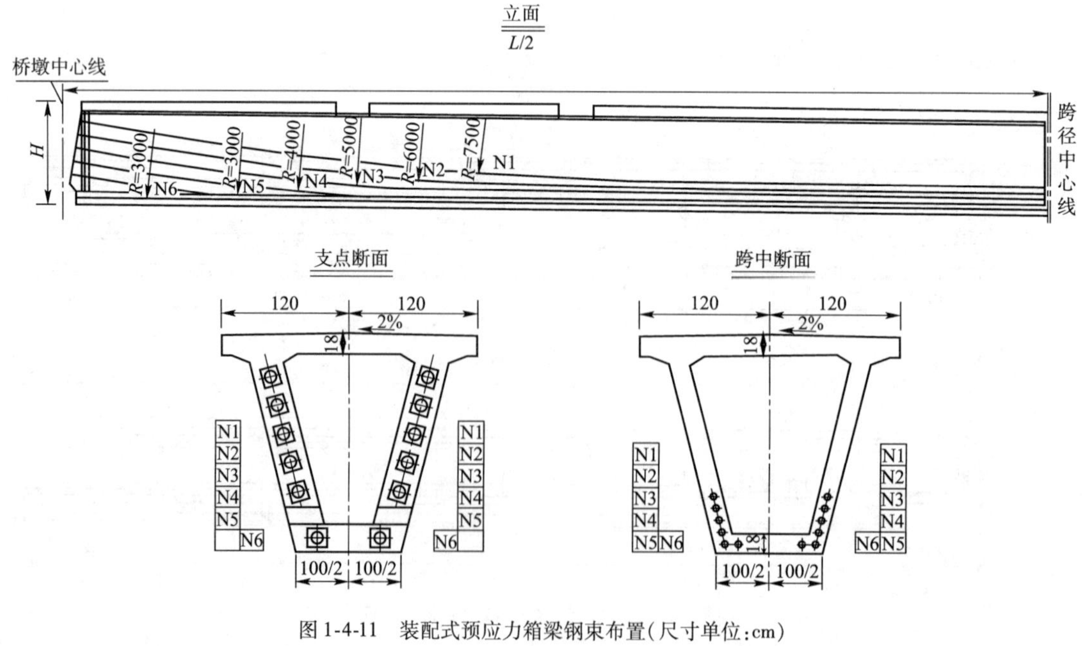

图 1-4-11 装配式预应力箱梁钢束布置(尺寸单位:cm)

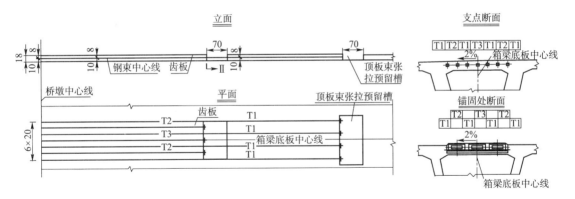

图1-4-12 装配式预应力箱梁负弯矩束布置(尺寸单位:mm)

4. 变截面连续梁桥

变截面连续梁桥在公路及城市道路中均使用较多。大跨径预应力混凝土连续梁桥以变截面为主,选用跨径为60~150m。目前,国内建造最大主孔跨径为165m,以三跨居多,常用悬臂浇筑法施工。相关图表见图1-4-13、图1-4-14和表1-4-5。

a) 广西柳州阳和大桥——全长1397m,主桥为45m+75m+3×100m+75m+45m的七跨变高度PC连续梁,2005年9月建成

b) 西宁市南绕城快速路湟水河桥——66m+100m+66m变截面预应力混凝土连续梁桥

图1-4-13 变截面连续梁桥

5. 等截面连续梁桥

等截面连续梁桥广泛用于高速公路、过境公路、城市道路,一般采用满堂支架法或移动模架法施工,上部结构采用整体箱梁,下部采用柱式桥墩或空心墩,基础采用桩基础、扩大基础,较常见的跨径主要为25~40m,如图1-4-15所示。

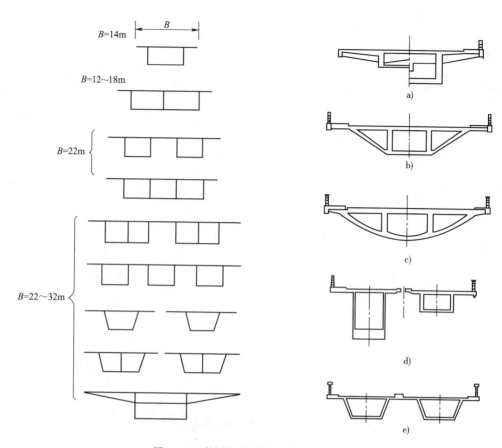

图 1-4-14 箱梁截面形式与桥宽的适用条件

变截面连续梁总体布置及主要尺寸　　　　　表 1-4-5

总体布置	边跨/中跨	高跨比(H/L)		梁底曲线
		支点	跨中	
	0.5~0.8（常用:0.6~0.7）	1/20~1/15（常用:1/18）	1/50~1/30	圆弧线、抛物线、折线（常用:二次抛物线）
桥宽 B(m)与截面形式	$B<14$	$B=12~18$	$B=18~22$	$B=22~32$
	单箱单室	单箱双室	分离双箱	分离三箱
箱梁主要尺寸(cm)	顶板	底板	腹板	横隔板
	25~30(等厚)	25~100(变厚)	30~80(变厚)	50~100(实体)

a)西宁市祁连路立交——满堂支架法施工的等截面箱梁

b)西宁西过境箱梁桥——使用移动模架法施工的等截面箱梁

图 1-4-15 等截面现浇连续箱梁桥

6. 变截面连续刚构桥

变截面连续刚构桥一般采用双壁墩或箱形空心墩,利用高墩柔度适应结构由预加力、混凝土收缩、徐变引起的纵向位移,跨度比连续梁大。在大跨、高墩、变截面梁体上采用。悬臂施工时,不需墩梁临时固结,不设支座,不需体系转换,方便施工。国内修建的最大跨径连续刚构桥为主跨280m的重庆奉节长江大桥。变截面连续刚构桥的主要尺寸见表1-4-6。

变截面连续刚构桥总体布置及主要尺寸　　　　　　　　　　表1-4-6

总体布置	边跨/中跨	高跨比(H/L)		梁底曲线
		支点	跨中	
	常用:0.5~0.6	常用:1/18	1/60~1/50	圆弧线、抛物线、折线（常用:二次抛物线）
桥宽B(m)与截面形式	$B \leq 15$	$15 < B \leq 20$	$18 \leq B \leq 25$	$22 < B \leq 35$
	单箱单室	单箱双室	分离双箱	分离三箱
箱梁主要尺寸(cm)	顶板	底板	腹板	横隔板
	25~28(等厚)	32~120(变厚)	40~100(变厚)	70~100(实体)

六广河大桥位于贵州省修文县境内六广河风景区,是贵阳—毕节汽车专用二级公路上横跨六广河峡谷的一座特大型桥梁。主桥为中跨240m,边跨145.1m的预应力混凝土连续刚构,其中2号桥墩高90m;引桥为20m无黏结预应力空心简支板,全长为564.2m。如图1-4-16所示。该桥于1999年11月开工,2001年9月竣

图1-4-16　变截面连续刚构(六广河大桥)

工。2004年荣获贵州省优质施工工程奖和贵州省科学技术进步一等奖。

三、常见桥梁墩台式样

1. U形桥台

U形桥台是公路上最常见的桥台式样,一般与扩大基础配合使用,要求地基承载力不小于250kPa,桥台高度一般小于8m。如图1-4-17所示。

2. 肋板式桥台

肋板式桥台属于埋置式桥台,基础可以配置桩基础或扩大基础,适用于桥台高度超过10m的桥梁,其肋板内配置大量钢筋。如图1-4-18所示。

3. 柱式桥墩

柱式桥墩在公路桥梁中最为常见,有单柱式、双柱式、三柱式等,基础可采用扩大基础或桩基础,当墩高超过8m时宜设置横系梁。如图1-4-19所示。

4. 箱形空心墩

箱形空心墩适合高墩时采用,墩身内配置大量钢筋。沿墩高垂直高度方向每8m左右设置一道横隔板。如图1-4-20所示。

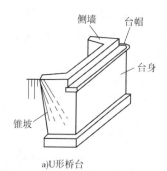

a) U形桥台　　　　　　　　b) 实体桥墩

c) U形桥台施工场景(一)　　　　　　　　d) U形桥台施工场景(二)

图 1-4-17　重力式墩台

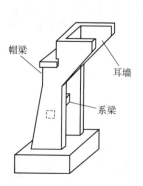

a) 肋板式桥台的一般构造　　　　　　　　b) 肋板式桥台、双柱式桥墩桥梁架梁场景

图 1-4-18　肋板式桥台

a) 独柱式桥墩　　　　　　b) 双柱式桥墩　　　　　　c) 三柱式桥墩

图 1-4-19　柱式桥墩

四、桥型选择的一般原则

(1) 桥型选择时,综合考虑"地形情况、地质情况、施工方法及难易程度、工程造价、结构耐久性、景观效果"等因素,确定推荐方案。

(2) 峡谷地形时,优先考虑拱桥。

(3) 城市高架桥及高等级公路桥中,考虑行车的舒适性及造价因素,条件许可时,一般选用中小跨径等截面预应力混凝土连续箱梁桥。

图 1-4-20 箱形空心薄壁墩

(4) 低等级公路桥梁(投资受限)或农村公路桥梁,应主要考虑耐久性、工程造价等因素,一般选择标准跨径的钢筋混凝土简支梁桥,下部结构选用柱式桥墩、实体桥墩、U 形桥台等常见形式,基础选择桩基础、扩大基础等常见形式。

(5) 城市桥梁较为注重景观效果,应选择景观效果显著的桥型方案。

[**工程示例 1-4-1**] 长坡岭大桥桥型方案设计与比选

长坡岭大桥位于兴义市旧路改造的西一环路上,临汕昆高速公路 T18 合同段,是规划城市主干道的控制性工程,是兴义市重点建设项目。

作为城市桥梁,桥型设计应与周围环境相协调,并应展现出城市桥梁美观大方的现代风格。主桥桥型设计应展示桥梁的技术先进性及景观效果,使之成为城市标志性建筑;同时合理控制全桥总投资。本方案选择拱形独塔双索面预应力混凝土斜拉桥方案,该方案采用变截面拱形塔结构——恢宏气势的拱形门,造型独具匠心,具有较强的视觉冲击和时代气息,体现现代建筑艺术之美,是一个在结构受力和美学效果上结合得较好的桥型方案。

1. 桥梁设计主要技术标准

(1) 道路等级:城市Ⅱ级主干道。

(2) 设计速度:50km/h。

(3) 车道及桥宽:按六车道设计,两侧设非机动车道、人行道,非机动车道之间设绿化带。

(4) 桥梁设计荷载标准:城—A。

(5) 桥梁设计洪水频率:1/100。

(6) 抗震设防标准:地震动峰值加速度 0.1g(地震基本烈度 7 度),本桥提高 1 度,按 8 度设防。

2. 工程地质情况

本桥位于扬子地台与华南地台的接壤部位,隶属扬子地台西南边界地带,无显著差异性新构造运动,桥址区属区域地质基本稳定,根据工程地质调绘,物探及钻探结果,桥址区分布的地层岩性相对简单。

3. 桥型方案简介

设计是工程的先导,桥梁方案设计从整体上决定了桥梁工程的使用性能,因而桥梁方案设计的目标是从各种可能的方案中比选出最佳方案。

根据桥型设计指导思想,并结合工程特点和桥址水文、地质等自然条件综合考虑,主桥桥型方案主要有以下三种。

1) 拱形独塔双索面预应力混凝土斜拉桥

本方案桥孔布置为 20m 预应力空心板 + 112m + 70m 的双索面预应力混凝土斜拉桥 + 20m 预应力空心板,全桥全长 222m。塔梁墩为铰接支承体系。斜拉索为双索面,采用放射性索面布置形式,主塔两侧各12对索,全桥共48根拉索。斜拉索在梁上索距为8m,塔上索距为1.5m。塔为椭圆拱形,向岸跨倾斜15°。立面布置见图1-4-21。

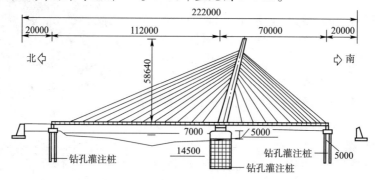

图1-4-21 索面预应力混凝土斜拉桥立面布置图(尺寸单位:mm)

(1)主梁:主梁采用肋板式Π梁结构,肋高1.5m,高跨比1/75,两肋中心间距17.5m。横梁高1.6m,沿纵桥向每隔4m布置一道。车行道部分桥面板厚度26cm,采用现浇结构,与主肋连成整体。

(2)塔:主塔为钢筋混凝土结构,门式圆拱形状。桥面以上有效塔高58m,高跨比1/1.9。塔柱截面采用矩形,空心截面。塔柱截面纵桥向为变宽,塔顶宽度2m,塔底宽度7m。

(3)拉索:斜拉索采用放射性布置,全桥共24对。梁上索距为8m,塔上索距为1.5m,最小倾角为22°,最大倾角为52°。斜拉索采用φ7高强平行钢丝,两端采用冷铸锚,索外包挤彩色PE防护套,两端设内置式减振器。

2)中承式叠合系杆拱桥

本方案桥孔布置为20m预应力空心板+22m+90m+22m斜中承式钢管混凝土系杆拱桥+4×20m预应力空心板,全桥全长234m。跨中复拱合二为一,拱肋矢高18m,矢跨比1/5。桥面以上拱高12m,拱轴线采用二次抛物线。

主跨桥面采用漂浮体系,即吊杆吊住主梁;拱的水平推力由预应力水平系杆承担,这样处理是为了减小收缩、徐变和温度对结构体系的不利影响。吊杆间距5m,每跨共布置13对吊杆。

3)部分斜拉桥(连续空心板桥)

本方案桥孔布置为20m预应力空心板+3×25m,部分斜拉桥+7×20m预应力空心板,全桥全长235m。本方案采用空心板结构,考虑到造型需要,在中间绿化带处设一座部分斜拉桥,主塔高12m,倾斜15°。为了平衡主塔由于倾斜引起的弯矩,前方设4根斜拉索,背部设2根斜拉索。

4.投资估算及方案对比

长坡岭大桥三种桥型方案的投资估算及方案对比见表1-4-7。

方案综合比较表　　　　表1-4-7

方案	方案一	方案二	方案三
桥型	独塔斜拉桥	中承式系杆拱桥	部分斜拉桥
跨径组合(m)	20+112+70+20	20+22+90+22+4×20	20+3×25+7×20
主桥长(m)	222	234	235
技术难度	较易	易	易
施工工艺	悬臂浇筑	支架施工	预制架梁
施工难度	较易	易	易

续上表

方案	方案一	方案二	方案三
施工工期(月)	16	15	13
结构耐久性	好	较好	好
建安费(万元)	5328	5586	3172

5. 结语

桥型要在全面满足使用功能的前提下有新意,力求不与桥址区内其他桥梁雷同,做到一桥一景,并体现新时代风貌。方案一以变截面拱形塔结构,日景为具恢宏气势的拱形门,有鲤鱼跳龙门之意,青鲤过龙门,欲与蛟龙舞,夜景似一轮玄月落在绿色的田野上,使人充满憧憬;立面远看犹如云帆,象征直挂云帆的发展前景。因此综合考虑桥址处地形、地物、水文、地质以及技术经济,美学和结构受力特点,拟订第一桥型方案——拱形独塔双索面预应力混凝土斜拉桥作为推荐方案。

[填空]

1. 目前,在国内公路桥梁建设中,较常采用的梁桥结构是_____、_____、_____(至少回答三种)。

2. 箱梁桥桥面宽度为11m,一般采用_____截面形式;桥面宽度25m,一般采用_____设计。

[简答]

1. 青海省门源县某桥梁纵断面数据如下:K25+491.8,2811.7;K25+520,2811.61;K25+580,2811.11;K25+640,2811.10;K25+670,2811.41;K25+720,2811.51;桥址处为中密的碎石土地层,现拟修建一座桥长约220m桥梁,双车道行车。试拟订其桥型方案。

2. 青海省某三级公路上(投资由地方财政提供,较为紧张),拟设计一座桥长140m、桥宽9.0m的大桥,桥址处地形平坦,地质状况以中密碎石土为主,试判断以下哪种桥型方案最适合?

(1)上部结构采用7~20m装配式预应力混凝土简支空心板桥,下部双柱式桥墩、U形桥台,基础为桩基础、扩大基础。

(2)上部结构采用4~40m装配式预应力混凝土连续组合箱梁,下部双柱式桥墩、U形桥台,基础为桩基础、扩大基础。

(3)上部结构采用42m+65m+42m三跨变截面连续箱梁,下部结构采用箱形空心墩、U形桥台,基础为桩基础、扩大基础。

3. 西藏怒江大桥现场照片及桥址断面如图1-4-22所示,试拟订其桥型方案。

a)
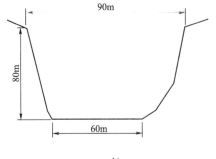
b)

图1-4-22 西藏怒江大桥照片及桥址断面

任务五　公路桥涵的作用分类

一、作用的概念

长期以来,我们一般习惯地称所有引起结构反应的原因为"荷载",这种叫法实际上并不科学和确切。

引起结构反应的原因可以按其作用的性质分为截然不同的两类:一类是施加于结构上的外力,如车辆、人群、结构自重等,它们是直接施加于结构上的,可用"荷载"这一术语来概括,如图1-5-1所示的车辆和行人,图1-5-2中的水流冲击。另一类不是以外力形式施加于结构,它们产生的效应与结构本身的特性、结构所处环境等有关,如地震、基础变位、混凝土收缩和徐变、温度变化等,它们是间接作用于结构的,如果也称"荷载",容易引起人们的误解。因此,目前国际上普遍地将所有引起结构反应的原因统称为"作用",而"荷载"仅限于表达施加于结构上的直接作用。

图1-5-1　西宁市海湖桥车辆、行人通行的情况

图1-5-2　泉州旧顺济桥被水流冲垮的情况(2010年9月)

二、作用的类别

作用(或荷载)效应是指作用(或荷载)引起的内力(例如弯矩、剪力、轴力、扭矩等)。对弹性材料构件,作用(或荷载)效应与作用(或荷载)呈线性关系,因此,可用作用(或荷载)的特性来描述作用(或荷载)效应特性。

作用(或荷载)的基本特性是随机性,这种随机性表现在两个方面:其一是作用(或荷载)的取值具有随机性,其二是作用(或荷载)随时间变化。按作用(或荷载)随时间的变化情况可分为永久作用、可变作用和偶然作用三类。

根据《公路桥涵设计通用规范》(JTG D60—2004),公路桥涵设计采用的作用分为永久作用、可变作用、偶然作用三类,见表1-5-1。

1. 永久作用

永久作用在设计基准期内量值不随时间变化,或其变化值与平均值比较可忽略不计。它的代表值只有一个,即标准值。但是永久作用(或荷载)的取值具有随机性,例如构件自重,由于材料重度的变化和构件尺寸的偏差,可能与计算值不符,是随机变量。

最典型的永久作用如结构自重,各种材料的重度见表1-5-2。

公路桥梁作用分类　　　　　　　　　　表1-5-1

编号	作用分类	作用名称	编号	作用分类	作用名称
1	永久作用	结构作用（包括结构附加重力）	12	可变作用	人群荷载
2	永久作用	预加力	13	可变作用	汽车制动力
3	永久作用	土的重力	14	可变作用	风荷载
4	永久作用	土侧压力	15	可变作用	流水压力
5	永久作用	混凝土收缩及徐变作用	16	可变作用	冰压力
6	永久作用	水的浮力	17	可变作用	温度（均匀温度和梯度温度）作用
7	永久作用	基础变位作用	18	可变作用	支座摩阻力
8	可变作用	汽车荷载	19	偶然作用	地震作用
9	可变作用	汽车冲击力	20	偶然作用	船舶或漂流物的撞击作用
10	可变作用	汽车离心力	21	偶然作用	汽车撞击作用
11	可变作用	汽车引起的土侧压力			

注：摘自《公路桥涵设计通用规范》（JTG D60—2004）表4.1.1。

常用材料的重力密度　　　　　　　　　　表1-5-2

材料种类	重力密度（kN/m^3）	材料种类	重力密度（kN/m^3）
钢、铸钢	78.5	浆砌片石	23.0
铸铁	72.5	干砌块石或片石	21.0
锌	70.5	沥青混凝土	23.0~24.0
铅	114.0	沥青碎石	22.0
黄铜	81.1	碎（砾）石	21.0
青铜	87.4	填土	17.0~18.0
钢筋混凝土或预应力混凝土	25.0~26.0	填石	19.0~20.0
混凝土或片石混凝土	24.0	石灰三合土、石灰土	17.5
浆砌块石或料石	25.0~26.0		

注：摘自《公路桥涵设计通用规范》（JTG D60—2004）表4.2.1。

2. 可变作用

可变作用在设计基准期内量值随时间变化，且变化值与平均值比较不可忽略。例如，作用于桥梁上的车辆荷载和人群荷载的作用位置和数值大小都是变化的，其随机性是很明显的。

可变作用按其在随机过程中出现的持续时间或次数的不同，可取标准值、频遇值和准永久值作为其代表值。

（1）可变作用的标准值是结构设计的主要参数，关系到结构的安全问题，是作用的基本代表值。其量值应取结构设计规定期限内可能出现的最不利值，一般按作用在设计基准期内最大值概率分布的某一分位值确定（汽车荷载取95%）。

（2）可变作用的频遇值是指结构上较频繁出现的且量值较大的作用取值，但它比可变作用的标准值小，实际上由标准值乘以小于1的频遇值系数ψ_1得到。

（3）可变作用的准永久值是指在结构上经常出现的作用取值，但它比可变作用的频遇值又要小一些，实际上是由标准值乘以小于ψ_1的准永久值系数ψ_2得到。

3. 偶然作用

偶然作用在设计基准期内出现的概率很小，一旦出现，其值很大，且持续时间很短，例如罕遇地震、车辆或船舶撞击力等。如图1-5-3～图1-5-7所示为汶川地震桥梁震害形式。

图1-5-3 五跨曲线梁垮塌

图1-5-4 梁体破坏

图1-5-5 桥墩与系梁节点剪切破坏

图1-5-6 桥墩剪切破坏

图1-5-7 挡块破坏

(1) 地震作用

汶川地震后,交通运输部组织编制了《公路桥梁抗震设计细则》(JTG/T B02-01—2008),用于指导全国公路桥梁的抗震设计。根据各种类型的桥梁规定了抗震设防类别及其相应的抗震设防目标,如表1-5-3、表1-5-4所示。

各桥梁抗震设防类别适用范围 表1-5-3

桥梁抗震设防类别	适 用 范 围
A 类	单跨跨径超过150m的特大桥
B 类	单跨跨径不超过150m的高速公路、一级公路上的桥梁、单跨跨径不超过150m的二级公路上的特大桥、大桥
C 类	二级公路上的中桥、小桥,单跨跨径不超过150m的三、四级公路上的特大桥、大桥
D 类	三、四级公路上的中桥、小桥

注:①摘自《公路桥梁抗震设计细则》(JTG/T B02-01—2008)表3.1.2。
②对抗震救灾以及在经济、国防上具有重要意义的桥梁或破坏后修复(抢修)困难的桥梁,可按国家批准权限,报请批准后,提高设防类别。

各设防类别桥梁的抗震设防目标 表1-5-4

桥梁抗震设防类别	设 防 目 标	
	E1 地震作用	E2 地震作用
A 类	一般不受损坏或不需修复可继续使用	可发生局部轻微损伤,不需修复或经简单修复可继续使用
B 类	一般不受损坏或不需修复可继续使用	应保证不致倒塌或产生严重结构损伤,经临时加固后可供维持应急交通使用
C 类	一般不受损坏或不需修复可继续使用	应保证不致倒塌或产生严重结构损伤,经临时加固后可供维持应急交通使用
D 类	一般不受损坏或不需修复可继续使用	

注:①摘自《公路桥梁抗震设计细则》(JTC/T B02-01—2008)表3.1.1。
②A类桥梁,E1地震作用重现期约为475年,E2地震作用重现期为2000年。
③B、C类桥梁,E1地震作用重现期为50～100年,E2地震作用重现期为475～2000年。
④D类桥梁,E1地震作用重现期约为25年。

(2)船舶撞击

由于航行船舶撞击桥梁的事故经常发生,对桥梁结构和生命财产造成很大危害,因此,桥梁设计中要考虑防船撞击。如图1-5-8所示。

图1-5-8 船舶撞击桥梁,导致桥梁垮塌

[填空]

1.桥梁作用(或荷载)随时间的变化情况可分为＿＿＿＿＿、＿＿＿＿＿和＿＿＿＿＿三类。

2.通常,不与其他可变作用进行组合的作用是＿＿＿＿＿。

3.常见建筑材料中,素混凝土的重力密度为＿＿＿＿＿ kN/m³,钢筋混凝土或预应力混凝土的重力密度为＿＿＿＿＿～＿＿＿＿＿ kN/m³。

[简答]

1.根据《公路桥梁抗震设计细则》(JTG/T B02-01—2008),试述桥梁结构抗震设计的原则。

2.试述一种防船撞击的工程措施。

任务六 汽车荷载计算图式及加载方法

一、《公路桥涵设计通用规范》(JTG D60—2004)中的设计汽车荷载

《公路桥涵设计通用规范》(JTG D60—2004)规定:公路桥涵设计时,汽车荷载的计算图式、荷载等级及其标准值、加载方法和纵横向折减等应符合下列规定:

(1)汽车荷载分为公路—Ⅰ级和公路—Ⅱ级两个等级。

(2)汽车荷载由车道荷载和车辆荷载组成。

桥梁结构的整体计算采用车道荷载;桥梁结构的局部加载、涵洞、桥台和挡土墙土压力等的计算采用车辆荷载。车辆荷载与车道荷载的作用不得叠加。

(3)各级公路桥涵设计的汽车荷载等级应符合表1-6-1的规定。

各级公路桥涵的汽车荷载等级   表1-6-1

公路等级	高速公路	一级公路	二级公路	三级公路	四级公路
汽车荷载等级	公路—Ⅰ级	公路—Ⅰ级	公路—Ⅱ级	公路—Ⅱ级	公路—Ⅱ级

注:①摘自《公路桥涵设计通用规范》(JTG D60—2004)表4.3.1-1。
②二级公路为干线公路且重型车辆多时,其桥涵的设计可采用公路—Ⅰ级汽车荷载。
③四级公路上重型车辆较少时,其桥涵设计所采用的公路—Ⅱ级车道荷载的效应可乘以0.8的折减系数,车辆荷载的效应可乘以0.7的折减系数。

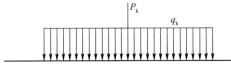

图1-6-1 车道荷载

(4)车道荷载由均布荷载和集中荷载组成,其计算图式见图1-6-1。

①公路—Ⅰ级车道荷载的均布荷载标准值为 $q_k = 10.5 \text{kN/m}$;集中荷载标准值按以下规定选取:桥梁计算跨径小于或等于5m时,$P_k = 180 \text{kN}$;桥梁计算跨径大于或等于50m时,$P_k = 360 \text{kN}$;桥梁计算跨径在5~50m时,P_k 值采用直线内插求得。计算剪力效应时,上述集中荷载标准值 P_k 应乘以1.2的系数。

②公路—Ⅱ级车道荷载的均布荷载标准值 q_k 和集中荷载标准值 P_k 按公路—Ⅰ级车道荷载的 0.75 倍采用。

③车道荷载的均布荷载标准值应满布于使结构产生最不利效应的同号影响线上;集中荷载标准值只作用于相应影响线中一个最大影响线峰值处。

车道荷载是虚拟荷载,它的标准值 q_k 和 P_k 是由对汽车车队(车重和车间距)的测定和效应分析得到的。汽车车队通过"公路车辆动态测试仪"调查,该仪器布设在车流密度、车型、车重等各具特点的各条公路上。连续测录 5d,同时对汽车自然堵塞时的车距进行了量测,在对这些原始资料筛选的基础上,进行随机过程分析,假定随机过程取 100 年(即设计基准期),得出设计基准期内汽车车队荷载效应最大值分布的统计参数和概率分布函数。概率分布可取正态和极值Ⅰ型两种分布类型,荷载效应按 95%的分位值(风险率 5%)取值,结果是密集运行状态即公路—Ⅰ级荷载(两辆相随汽车的时间间隔在 3s 以下)比原规范汽车—超 20 级小约 7%;一般运行状态即公路—Ⅱ级荷载(两辆相随汽车的时间间隔在 3s 及以上)比原规范汽车—20 级小约 11%。

[**工程示例 1-6-1**] 标准跨径 40m 简支 T 梁,主梁全长 39.96m,计算跨径 39.00m,梁高 2.3m,基本情况见图 1-6-2,试计算汽车荷载效应。

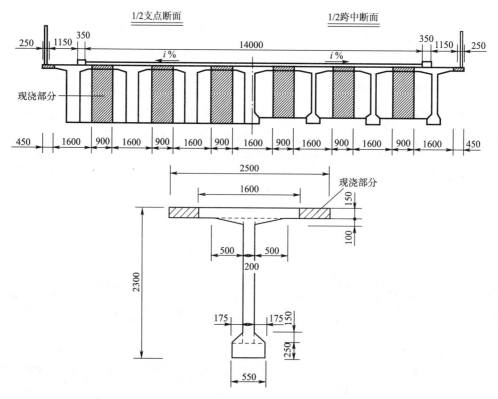

图 1-6-2 40m 预应力混凝土 T 梁桥横断面布置图及跨中截面(尺寸单位:mm)

活载内力计算公式:

$$S = mq_k\Omega + mP_k y \tag{1-6-1}$$

式中:S——所求截面汽车(人群)标准荷载的弯矩或剪力;

m——荷载横向分布系数;

q_k——车道均布荷载标准值;

P_k——车道集中荷载标准值;

Ω——影响线上同号区段的面积;

y——影响线上最大坐标值。

可变作用(汽车)标准效应:

$$M_{max} = \frac{1}{2} \times 0.6190 \times 7.875 \times 9.75 \times 39 - 0.3190 \times 6.5 \times 7.875 \times$$
$$\quad 1.083 + 0.6190 \times 237 \times 9.75$$
$$\quad = 2339.45 \text{kN} \cdot \text{m}$$

$$V_{max} = \frac{1}{2} \times 0.6190 \times 7.875 \times 0.5 \times 19.5 - \frac{1}{2} \times 0.3190 \times 6.5 \times$$
$$\quad 7.875 \times 0.0556 + 0.6190 \times 284.4 \times 0.5$$
$$\quad = 111.33 \text{kN}$$

计算图示如图 1-6-3 所示。

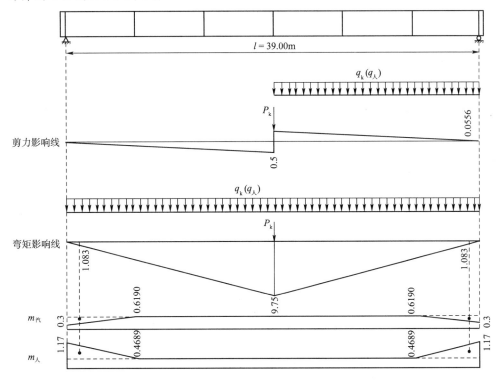

图 1-6-3 40m T 梁跨中截面作用效应计算图示

(5)车辆荷载的立面、平面尺寸见图 1-6-4,主要技术指标规定见表 1-6-2。公路—Ⅰ级和公路—Ⅱ级汽车荷载采用相同的车辆荷载标准值。

车辆荷载的主要技术指标　　　　表 1-6-2

项　　目	单　　位	技术指标	项　　目	单　　位	技术指标
车辆重力标准值	kN	550	轮距	m	1.8
前轴重力标准值	kN	30	前轮着地宽度及长度	m	0.3×0.2
中轴重力标准值	kN	2×120	中、后轮着地宽度及长度	m	0.6×0.2
后轴重力标准值	kN	2×140	车辆外形尺寸(长×宽)	m	15×2.5
轴距	m	3+1.4+7+1.4			

注:摘自《公路桥涵设计通用规范》(JTG D60—2004)表 4.3.1-2。

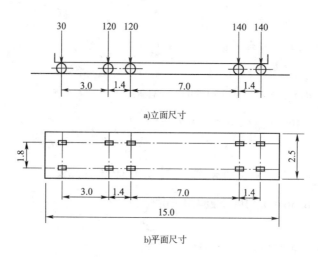

a) 立面尺寸

b) 平面尺寸

图1-6-4 车辆荷载的立面、平面尺寸(尺寸单位:m)

二、汽车荷载的横向布置

如图1-6-5所示为车辆荷载横向布置图。

横桥向设计车道布置及多车道横向折减系数:桥涵设计车道数应符合表1-6-3的规定。

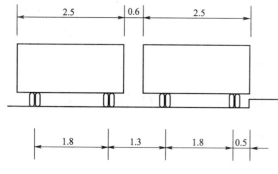

图1-6-5 车辆荷载横向布置(尺寸单位:m)

多车道桥梁上的汽车荷载应考虑多车道折减。当桥涵设计车道数大于或等于2时,由汽车荷载产生的效应按表1-6-4规定的多车道折减系数进行折减,但折减后的效应不得小于两个设计车道的荷载效应。

多车道横向折减的含义是:在桥梁多车道上行驶的汽车荷载使桥梁构件的某一截面产生最大效应时,其同时处于最不利位置的可能性大小。显然,这种可能性随车道数的增加而减小,而桥梁设计时各个车道上的汽车荷载都是按最不利位置布置的。因此,计算结果应根据上述可能性的大小进行折减。

桥涵设计车道数 表1-6-3

桥面宽度 W(m)		桥涵设计车道数
车辆单向行驶时	车辆双向行驶时	
$W < 7.0$		1
$7.0 \leq W < 10.5$	$6.0 \leq W < 14.0$	2
$10.5 \leq W < 14.0$		3
$14.0 \leq W < 17.5$	$14.0 \leq W < 21.0$	4
$17.5 \leq W < 21.0$		5
$21.0 \leq W < 24.5$	$21.0 \leq W < 28.0$	6
$24.5 \leq W < 28.0$		7
$28.0 \leq W < 31.5$	$28.0 \leq W < 35.0$	8

注:摘自《公路桥涵设计通用规范》(JTG D60—2004)表4.3.1-3。

横向折减系数　　　　　　　　　　　表1-6-4

横向布置设计车道数(条)	2	3	4	5	6	7	8
横向折减系数	1.00	0.78	0.67	0.60	0.55	0.52	0.50

注：摘自《公路桥涵设计通用规范》(JTG D60—2004)表4.3.1-4。

三、汽车荷载的纵向布置

当桥梁计算跨径大于150m时，应按表1-6-5规定的纵向折减系数进行折减。当为多跨连续结构时，整个结构应按最大的计算跨径考虑汽车荷载效应的纵向折减。

纵向折减系数　　　　　　　　　　　表1-6-5

计算跨径 L_0(m)	纵向折减系数	计算跨径 L_0(m)	纵向折减系数
$150 < L_0 < 400$	0.97	$800 \leq L_0 < 1000$	0.94
$400 \leq L_0 < 600$	0.96	$L_0 \geq 1000$	0.93
$600 \leq L_0 < 800$	0.95		

注：摘自《公路桥涵设计通用规范》(JTG D60—2004)表4.3.1-5。

四、汽车荷载冲击系数

汽车荷载的冲击系数是汽车过桥时对桥梁结构产生的竖向动力效应的增大系数。冲击影响与结构的刚度有关。一般来说，跨径越大、刚度越小，对动荷载的缓冲作用越强，以往规范近似地认定冲击力与计算跨径成反比(直线变化)，此模式计算方便，但不能合理、科学地反映冲击荷载的本质。2004年，新规范结合公路桥梁可靠度研究的成果，采用了结构基频来计算桥梁结构的冲击系数。

汽车荷载的冲击系数可表示为：

$$\eta = \frac{Y_{\text{dmax}}}{Y_{\text{jmax}}} \tag{1-6-2}$$

式中：Y_{jmax}——在汽车过桥时测得的效应时间历程曲线上，最大静力效应处量取的最大静力效应值；

Y_{dmax}——在效应时间历程曲线上最大静力效应处量取的最大动效应值。

根据《公路桥涵设计通用规范》(JTG D60—2004)，汽车荷载冲击力应按下列规定计算：

(1)钢桥、钢筋混凝土及预应力混凝土桥、圬工拱桥等上部构造和钢支座、板式橡胶支座、盆式橡胶支座及钢筋混凝土柱式墩台，应计算汽车的冲击作用。

(2)填料厚度(包括路面厚度)大于或等于0.5m的拱桥、涵洞以及重力式墩台，不计冲击力。

(3)支座的冲击力应按相应的桥梁取用。

(4)汽车荷载的冲击力标准值为汽车荷载标准值乘以冲击系数μ。

(5)冲击系数μ可按下式计算：

当$f < 1.5$Hz时

$$\mu = 0.05 \tag{1-6-3}$$

当$1.5\text{Hz} \leq f \leq 14\text{Hz}$时

$$\mu = 0.1767\ln f - 0.0157 \tag{1-6-4}$$

当 $f>14\mathrm{Hz}$ 时

$$\mu = 0.45 \tag{1-6-5}$$

式中：f——结构基频(Hz)。

简支梁属于常规结构，根据《公路桥涵设计通用规范》(JTG D60—2004)的规定，当无更精确方法计算时，可采用下列公式估算：

$$f_1 = \frac{\pi}{2l^2}\sqrt{\frac{EI_c}{m_c}} \tag{1-6-6}$$

$$m_c = \frac{G}{g} \tag{1-6-7}$$

式中：l——结构的计算跨径(m)；

E——结构材料的弹性模量(N/m²)；

I_c——结构跨中截面的截面惯矩(m⁴)；

m_c——结构跨中处的单位长度质量(kg/m)，当换算为重力计算时，其单位应为 $\mathrm{Ns^2/m^2}$；

G——结构跨中处延米结构重力(N/m)；

g——重力加速度，$g = 9.81\mathrm{m/s^2}$。

[**工程示例 1-6-2**]同[工程示例 1-6-1]，计算结构基频及冲击系数。

答案：按式(1-6-6)进行简支梁基频的估算：

$$f_1 = \frac{\pi}{2l^2}\sqrt{\frac{EI_c}{m_c}} = \frac{3.14}{2\times 39^2}\sqrt{\frac{3.45\times 10^{10}\times 0.6628}{2468.78}} = 3.14\mathrm{Hz}$$

其中：

$$m_c = \frac{G}{g} = 0.96875\times 25\times 10^3 / 9.81 = 2468.78\mathrm{kg/m}$$

根据本桥基频，可计算出汽车荷载的冲击系数为：

$$\mu = 0.1767\ln f - 0.0157 = 0.186$$

[**工程示例 1-6-3**]同[工程示例 1-6-1]，求汽车的冲击效应。

答：
$$M = 2339.45\times 0.186 = 435.14\mathrm{kN\cdot m}$$
$$V = 111.33\times 0.186 = 20.71\mathrm{kN}$$

(6)汽车荷载的局部加载及在T梁、箱梁悬臂板上的冲击系数采用0.3。

桥梁结构的基频反映了结构的尺寸、类型、建筑材料等动力特性内容，它直接反映了冲击系数与桥梁结构之间的关系。不管桥梁的建筑材料、结构类型是否有差别，也不管结构尺寸与跨径是否有差别，只要桥梁结构的基频相同，在同样条件的汽车荷载作用下，就能得到基本相同的冲击系数。《公路桥涵设计通用规范》(JTG D60—2004)采用的冲击系数的曲线与美国、加拿大、日本、法国等国家的相关标准规定的曲线的变化规律是一致的。

五、汽车离心力

桥梁离心力是一种伴随着车辆在弯道行驶时所产生的惯性力，其以水平力的形式作用于桥梁结构，是弯桥横向受力与抗扭设计计算所考虑的主要因素。

根据《公路桥涵设计通用规范》(JTG D60—2004)4.3.3的规定，汽车荷载离心力可按下列规定计算。

当弯道桥的曲线半径小于或等于 250m 时,应计算汽车荷载引起的离心力。离心力的着力点在桥面以上 1.2m 处(为计算简便也可移至桥面上,不计由此引起的作用效应)。汽车荷载离心力标准值为车辆荷载(550kN 重车,不计冲击力)标准值乘以离心力系数 C 计算。离心力系数按式(1-6-8)计算:

$$C = \frac{V^2}{127R} \tag{1-6-8}$$

式中:V——设计速度(km/h),应按桥梁所在路线设计速度采用;

R——曲线半径(m)。

六、汽车荷载在桥台或挡土墙上引起的土侧压力

长期以来,汽车荷载在桥台或挡土墙上引起的土侧压力,都是按汽车轮重换算为均布土层厚来计算,《公路桥涵设计通用规范》(JTG D60—2004)不分荷载等级仅用一种车辆荷载,即原 1985 年规范汽车—超 20 级列车中的加重车参与计算。其计算公式如下:

$$h = \frac{\sum G}{Bl_0 \gamma} \tag{1-6-9}$$

式中:γ——土的重力密度(kN/m³);

$\sum G$——布置在 Bl_0 面积内的车轮总重力(kN),计算挡土墙的土压力时,车辆荷载应按图 1-6-5 规定作横向布置,车辆外侧车轮中线距路面边缘 0.5m;

l_0——桥台或挡土墙后填土的破坏棱体长度(m),对于墙顶以上有填土的路堤式挡土墙,l_0 为破坏棱体范围内的路基宽度部分;

B——桥台横向全宽或挡土墙的计算长度(m)。可按式(1-6-10)计算,但不应超过挡土墙分段长度;当挡土墙分段长度小于 13m 时,B 取分段长度,并在该长度内按不利情况布置轮重。

$$B = 13 + H\tan 30° \tag{1-6-10}$$

式中:H——挡土墙高度(m),对墙顶以上有填土的挡土墙,为两倍墙顶填土厚度加墙高。

七、汽车制动力

(1)汽车荷载制动力按同向行驶的汽车荷载(不计冲击力)计算,并应按《公路桥涵设计通用规范》(JTG D60—2004)规定,以使桥梁墩台产生最不利纵向力的加载长度进行纵向折减。一个设计车道上由汽车荷载产生的制动力标准值按本规范规定的车道荷载标准值在加载长度上计算的总重力的 10% 计算,但公路—I 级汽车荷载的制动力标准值不得小于 165kN;公路—II 级汽车荷载的制动力标准值不得小于 90kN。同向行驶双车道的汽车荷载制动力标准值为一个设计车道制动力标准值的两倍;同向行驶三车道为一个设计车道的 2.34 倍;同向行驶四车道为一个设计车道的 2.68 倍。

(2)制动力的着力点在桥面以上 1.2m 处,计算墩台时,可移至支座铰中心或支座底座面上。计算刚构桥、拱桥时,制动力的着力点可移至桥面上,但不计因此而产生的竖向力和力矩。

(3)设有板式橡胶支座的简支梁、连续桥面简支梁或连续梁排架式柔性墩台,应根据支座与墩台的抗推刚度的刚度集成情况分配和传递制动力。设有板式橡胶支座的简支梁刚性墩台,按单跨两端的板式橡胶支座的抗推刚度分配制动力。

(4)设有固定支座、活动支座(滚动或摆动支座、聚四氟乙烯板支座)的刚性墩台传递的制

动力,按表1-6-6的规定采用。每个活动支座传递的制动力不应大于其摩阻力,当大于摩阻力时,按摩阻力计算。

刚性墩台各种支座传递的制动力　　　　　　表1-6-6

桥梁墩台及支座类型		应计的制动力	符　号　说　明
简支梁桥台	固定支座 聚四氟乙烯板支座 滚动(或摆动)支座	T_1 $0.30T_1$ $0.25T_1$	T_1——加载长度为计算跨径时的制动力; T_2——加载长度为相邻两跨计算跨径之和时的制动力; T_3——加载长度为一联长度的制动力
简支梁桥墩	两个固定支座 一个固定支座,一个活动支座 两个聚四氟乙烯板支座 两个滚动(或摆动)支座	T_2 $0.30T_2$ $0.25T_2$	
连续梁桥墩	固定支座 聚四氟乙烯板支座 滚动(或摆动)支座	T_3 $0.30T_3$ $0.25T_3$	

注:摘自《公路桥涵设计通用规范》(JTG D60—2004)表4.3.6。

[填空]

1. 根据《公路桥涵设计通用规范》(JTG D60—2004)规定,公路桥涵设计时,汽车荷载分为_____和_____两个等级。

2. 汽车荷载由_____荷载和_____荷载组成。

3. 桥梁结构的整体计算采用_____;桥梁结构的局部加载,涵洞、桥台和挡土墙土压力等的计算采用_____。

项目二 桥梁施工常见材料设备及放样

任务一 常见的桥梁施工方法

一、桥梁施工技术的发展简史

（1）20世纪初，钢筋混凝土得到广泛应用；1929年法国工程师弗莱西奈发展了预应力技术，此后各种新桥型不断出现，相应的施工方法也应运而生。

（2）悬臂施工技术最早出现于德国，特别是1952年莱茵河上沃伦姆期T形刚构桥的建成，使该技术很快传遍全世界。

（3）20世纪50年代末，顶推法问世，1959年首次在奥地利阿格尔桥上成功采用。

（4）20世纪50年代，出现第一座现代钢斜拉桥。

（5）20世纪60年代，预应力混凝土斜拉桥大量出现，出现逐孔施工法、转体法等技术。

（6）20世纪80~90年代，大跨深水桥修建较多。

二、各种常见的桥梁施工方法

就我国近年桥梁设计施工技术的发展状况而言，创造了许多世界第一，如苏通大桥是世界上跨度最大的斜拉桥、丹河大桥是世界上单孔跨径最大的石拱桥，可以说，我国正在实现桥梁大国到桥梁强国的转变。各种常见的施工方法如图2-1-1所示。各种类型桥梁可选择的主要施工方法见表2-1-1，桥梁施工方法选定时综合考虑的因素见表2-1-2。

各种类型桥梁可选择的主要施工方法　　表2-1-1

施工方法＼桥型	简支梁桥	悬臂梁桥 T形刚构	连续梁桥	刚架桥	拱桥	组合体系桥	斜拉桥	吊桥
现场浇筑法	√	√	√	√	√	√	√	
预制安装法	√	√		√	√	√	√	√
悬臂施工法		√	√		√	√	√	√
转体施工法			√		√	√	√	
顶推施工法			√		√	√		
逐孔施工法			√			√		
横移施工法	√					√	√	
提升与浮运施工法	√				√	√		

注：摘自《新编桥梁施工工程师手册》表1.6-8。

a) 使用两台吊车进行简支箱梁的架设

b) 使用龙门吊机进行简支箱梁的架设

c) 使用架桥机进行简支梁架设

d) 满堂支架法现场浇筑箱梁

e) 挂篮悬臂浇筑法施工

f) 吊机悬臂拼装法施工

g) 移动模架法施工

图 2-1-1　常见施工方法简图

桥梁施工方法选定时综合考虑因素　　表 2-1-2

条　件	综 合 考 虑 因 素
使用条件	桥梁类型、使用跨径、墩高、梁下空间的限制、平面场地的限制、桥墩形状
施工条件	工期要求、起重能力和机械设备要求、架设时是否封闭交通、架设时所需要的临时设施、材料供应情况、架设施工的经济核算
自然环境条件	山区或平原、地质条件及软弱层状况、对河道的影响、运输路线的限制等
社会环境条件	对施工现场环境的影响,包括:公害、景观、污染、架设孔下的阻碍、道路交通的阻碍、公共道路的使用及建筑界限

注:摘自《新编桥梁施工工程师手册》表 1.6-9。

三、与施工技术相关的几个关系

(1)施工技术与施工组织之间是相辅相成的关系,单纯强调技术或组织均不合理。

(2)施工方法的确定有时取决于机械设备;换言之,采用何种机械设备也就决定了施工方法。

(3)科学合理的施工方法可以有效降低造价(悬崖地形,拱桥施工,缆索吊装法较其他方法为优)。

[填空]

1. 变截面连续箱梁桥常见的施工方法是_____。
2. 施工方法的确定有时取决于_____。
3. 装配式简支梁桥最常见的施工方法是_____。

任务二 混凝土原材料的相关要求

一、水泥

公路桥涵工程所用水泥应符合现行国家标准《通用硅酸盐水泥》(GB 175—2007)的规定。当混凝土中采用碱活性集料时,宜选用含碱量不大于0.6%的低碱水泥。

1. 水泥的进场检验

(1)水泥进场时,应附有生产厂的品质试验检验报告等合格证明文件。

(2)应按批次对同一生产厂、同一品种、同一强度等级及同一出厂日期的水泥进行强度、细度、安定性和凝结时间等性能的检验,散装水泥应以每500t为一批,袋装水泥应以每200t为一批,不足500t或200t时,也按一批计。

(3)当对水泥质量有怀疑或受潮或存放时间超过3个月时,应重新取样复验,并应按其复验结果使用。水泥的检验试验方法应符合现行行业标准《公路工程水泥及水泥混凝土试验规程》(JTG E30—2005)的规定。

水泥存放时间过长或受潮,将会过期或结块,直接影响强度。如表2-2-1所示。

储存时间与强度降低率 表2-2-1

储存时间(月)	3	6	12	18
强度降低率(%)	10~20	15~30	25~40	约50

2. 水泥的存放

(1)公路桥涵混凝土工程宜采用散装水泥,散装水泥在工地应采用专用水泥罐储存;采用袋装水泥时,在运输和储存过程中应防止受潮,且不得长时间露天堆放,临时露天堆放时应设支垫并覆盖。

专用水泥罐如图2-2-1所示,工地临时水泥仓库如图2-2-2所示。

图2-2-1 专用水泥罐

图2-2-2 工地临时水泥仓库

(2)袋装水泥堆垛高度不宜超过10袋,最多不能超过12袋。

(3)不同品种、强度等级和出厂日期的水泥应分别按批存放。

二、细集料（如图 2-2-3 ~ 图 2-2-5 所示）

细集料宜采用级配良好、质地坚硬、颗粒洁净且粒径小于 5mm 的河砂；当河砂不易得到时，可采用符合规定的其他天然砂或人工砂；细集料不宜采用海砂，不得不采用时，应经冲洗处理。细集料的技术指标应符合表 2-2-2 的规定。

图 2-2-3 砂石料场破碎筛分成套设备

图 2-2-4 砂石料加工场景

图 2-2-5 工地上的露天料场

细集料技术指标　　表 2-2-2

项 目			技 术 要 求		
			Ⅰ类	Ⅱ类	Ⅲ类
有害物质含量	云母（按质量计，%）		≤1.0	≤2.0	≤2.0
	轻物质（按质量计，%）		≤1.0	≤1.0	≤1.0
	有机质（比色法）		合格	合格	合格
	硫化物及硫酸盐（按 SO_3 质量计，%）		≤1.0	≤1.0	≤1.0
	氯化物（按氯离子质量计，%）		<0.01	<0.02	<0.06
天然砂含泥量（按质量计，%）			≤2.0	≤3.0	≤5.0
泥块含量（按质量计，%）			≤0.5	≤1.0	≤2.0
人工砂的石粉含量（按质量计，%）	亚甲蓝试验	MB 值<1.4 或合格	≤5.0	≤7.0	≤10.0
		MB 值≥1.4 或不合格	≤2.0	≤3.0	≤5.0
坚固性	天然砂（硫酸钠溶液法经 5 次循环后的质量损失，%）		≤8	≤8	≤10
	人工砂单级最大压碎指标（%）		<20	<25	<30
表观密度（kg/m³）			>2500		
松散堆积密度（kg/m³）			>1350		
空隙率（%）			<47		
碱集料反应			经碱集料反应试验后，由砂配制的试件无裂缝、酥裂、胶体外溢现象，在规定试验龄期的膨胀率应小于 0.10%		

注：①摘自《公路桥涵施工技术规范》（JTG/T F50—2011）表 6.3.1。
②砂按技术要求分为Ⅰ类、Ⅱ类、Ⅲ类。Ⅰ类宜用于强度等级大于 C60 的混凝土；Ⅱ类宜用于强度等级 C30 ~ C60 及有抗冻、抗渗或其他要求的混凝土；Ⅲ类宜用于强度等级小于 C30 的混凝土和砌筑砂浆。
③天然砂包括河砂、湖砂、山砂、淡化海砂，人工砂包括机制砂和混合砂。
④石粉含量系指粒径小于 0.075mm 的颗粒含量。
⑤砂中不应混有草根、树叶、树檀、塑料、煤块、炉渣等杂物。
⑥对砂的坚固性有怀疑时，应做坚固性试验。
⑦当碱集料反应不符合表中要求时，应采取抑制碱集料反应的技术措施。

1. 细集料的验收

细集料宜按同产地、同规格、连续进场数量不超过400m³或600t为一验收批,小批量进场的宜以不超过200m³或300t为一验收批进行检验;当质量稳定且进料量较大时,可以1000t为一验收批。检验内容应包括外观、筛分、细度模数、有机物含量、含泥量、泥块含量及人工砂的石粉含量等;必要时应对坚固性、有害物质含量、氯离子含量及碱活性等指标进行检验。检验试验方法应符合现行行业标准《公路工程集料试验规程》(JTG E 42—2005)的规定。

2. 细集料的分类、分区

细集料的分类见表2-2-3,细集料的分区及级配范围见表2-2-4。

细集料的分类　　　　　　　　　　　　　　　　　表2-2-3

砂组	粗砂	中砂	细砂
细度模数	3.7～3.1	3.0～2.3	2.2～1.6

注:①摘自《公路桥涵施工技术规范》(JTG/T F50—2011)表6.3.3。
　　②细度模数主要反映全部颗粒的粗细程度,不完全反映颗粒的级配情况,混凝土配制时应同时考虑砂的细度模数和级配情况。

细集料的分区及级配范围　　　　　　　　　　　　　表2-2-4

方孔筛筛孔边长尺寸(mm)	级配区			标准筛筛孔尺寸(μm)	级配区		
	Ⅰ区	Ⅱ区	Ⅲ区		Ⅰ区	Ⅱ区	Ⅲ区
	累计筛余(%)				累计筛余(%)		
4.75	10～0	10～0	10～0	600	85～71	70～41	40～16
2.36	35～5	25～0	15～0	300	95～80	92～70	85～55
1.18	65～35	50～10	25～0	150	100～90	100～90	100～90

注:①摘自《公路桥涵施工技术规范》(JTG/T F50—2011)表6.3.4。
　　②表中除4.75mm和600μm筛孔外,其余各筛孔累计筛余允许超出分界线,但其总量不得大于5%。
　　③人工砂中150μm筛孔的累计筛余:Ⅰ区可放宽至100%～85%,Ⅱ区可放宽至100%～80%,Ⅲ区可放宽至100%～75%。
　　④Ⅰ区砂宜提高砂率以配低流动性混凝土;Ⅱ区砂宜优先选用以配不同强度等级的混凝土;Ⅲ区砂适当降低砂率保证混凝土的强度。
　　⑤对高性能、高强度、泵送混凝土宜选用细度模数为2.9～2.6的中砂。2.36mm筛孔的累计筛余量不得大于15%,300μm筛孔的累计筛余量宜在85%～92%。

三、粗集料

粗集料宜采用质地坚硬、洁净、级配合理、粒形良好、吸水率小的碎石或卵石,其技术指标如表2-2-5所示。

粗集料技术指标　　　　　　　　　　　　　　　　表2-2-5

项　目	技　术　要　求		
	Ⅰ类	Ⅱ类	Ⅲ类
碎石压碎指标(%)	<10	<20	<30
卵石压碎指标(%)	<12	<16	<16
坚固性(硫酸钠溶液法经五次循环后质量损失值,%)	<5	<8	<12
吸水率(%)	<1.0	<2.0	<2.5
针片状颗粒含量(按质量计,%)	<5	<15	<25

续上表

项　　目		技 术 要 求		
		Ⅰ类	Ⅱ类	Ⅲ类
有害物质含量	含泥量(按质量计,%)	<0.5	<1.0	<1.5
	泥块含量(按质量计,%)	0	<0.5	<0.7
	有机物含量(比色法)	合格	合格	合格
	硫化物及硫酸盐 (按 SO_3 质量计,%)	<0.5	<1.0	<1.0
岩石抗压强度(水饱和状态),MPa)		火成岩>80,变质岩>60,水成岩>30		
表观密度(kg/m³)		>2500		
松散堆积密度(kg/m³)		>1350		
空隙率(%)		<47		
碱集料反应		经碱集料反应试验后,试件无裂缝、酥裂、胶体外溢现象,在规定试验龄期的膨胀率应小于0.10%		

注:①摘自《公路桥涵施工技术规范》(JTG/T F50—2011)表6.4.1。
②Ⅰ类宜用于强度等级大于C60的混凝土;Ⅱ类宜用于强度等级为C30～C60及有抗冻、抗渗或其他要求的混凝土;Ⅲ类宜用于强度等级小于C30的混凝土。
③粗集料中不应混有草根、树叶、树枝、塑料、煤块、炉渣等杂物。
④岩石的抗压强度除应满足表中要求外,其抗压强度与混凝土强度等级之比应不小于1.5;岩石强度首先应由生产单位提供,工程中可采用压碎值指标进行质量控制。
⑤当粗集料中含有颗粒状硫酸盐或硫化物杂质时,应进行专门检验,确认能满足混凝土耐久性要求后,方可采用。
⑥采用卵石破碎成砾石时,应具有两个及两个以上的破碎面,且其破碎面应不小于70%。

1. 粗集料坚固性的要求

当混凝土结构处于不同环境条件下,粗集料坚固性试验的结果除符合表2-2-5的要求外,还应符合表2-2-6的规定。

粗集料的坚固性试验　　　　　　表2-2-6

混凝土所处环境条件	在硫酸钠溶液中循环五次后的质量损失(%)
寒冷地区,经常处于干湿交替状态	<5
严寒地区,经常处于干湿交替状态	<3
混凝土处于干燥条件,但粗集料风化或软弱颗粒过多时	<12
混凝土处于干燥条件,但有抗疲劳、耐磨、抗冲击要求高或强度大于C40	<5

注:①摘自《公路桥涵施工技术规范》(JTG/T F50—2011)表6.4.2。
②有抗冻、抗渗要求的混凝土用硫酸钠法进行坚固性试验不合格时,可再进行直接冻融试验。

2. 粗集料级配的要求

粗集料宜根据混凝土最大粒径采用连续两级配或连续多级配,不宜采用单粒级或间断级配配制,必须使用时,应通过试验验证。粗集料的级配范围应符合表2-2-7的规定。

3. 粗集料粒径的要求

根据《公路桥涵施工技术规范》(JTG/T F50—2011),粗集料最大粒径宜按混凝土结构情况及施工方法选取,但最大粒径不得超过结构最小边尺寸的1/4和钢筋最小净距的3/4;在两层或多层密布钢筋结构中,最大粒径不得超过钢筋最小净距的1/2,同时不得超过75.0mm。混凝土实心板的粗集料最大粒径不宜超过板厚的1/3且不得超过37.5mm。泵送混凝土时的粗集料最大粒径,除应符合上述规定外,对碎石不宜超过输送管径的1/3;对卵石不宜超过输送管径的1/2.5。

级配情况	公称粒级(mm)	累计筛余(按质量百分率计)											
		圆孔筛筛孔尺寸(mm)											
		2.36	4.75	9.50	16.0	19.0	26.5	31.5	37.5	53.0	63.0	75.0	90.0
连续级配	5~10	95~100	80~100	0~15	0								
	5~16	95~100	85~100	30~60	0~10	0							
	5~20	95~100	90~100	40~80		0~10	0						
	5~25	95~100	90~100		30~70		0~5	0					
	5~31.5	95~100	90~100	70~90		15~45		0~5	0				
	5~40		95~100	70~90	30~65				0~5	0			
单粒级	10~20		95~100	85~100		0~15	0						
	16~31.5		95~100		85~100			0~10	0				
	20~40			95~100		80~100			0~10	0			
	31.5~63				95~100			75~100	45~75		0~10	0	
	40~80					95~100			70~100		30~60	0~10	0

注:摘自《公路桥涵施工技术规范》(JTG/T F50—2011)表6.4.3。

4. 粗集料的进场检验

施工前应对所用的粗集料进行碱活性检验,在条件许可时宜避免采用有碱活性反应的粗集料,必须采用时应采取必要的抑制措施。

粗集料宜按同产地、同规格、连续进场数量不超过400m³或600t为一验收批,小批量进场的宜以不超过200m³或300t为一验收批进行检验;当质量稳定且进料量较大时,可以1000t为一验收批。粗集料的检验内容应包括外观、颗粒级配、针片状颗粒含量、含泥量、泥块含量、压碎值指标等,检验试验方法应符合现行行业标准《公路工程集料试验规程》(JTG E42—2005)的规定。

粗集料在生产、运输与储存过程中,不得混入影响混凝土性能的有害物质。粗集料应按品种、规格分别堆放,不得混杂。在装卸及存储时,应采取措施,使集料颗粒级配均匀,并保持洁净。

四、水

符合国家标准的饮用水可直接作为混凝土的拌制和养护用水;当采用其他水源或对水质有疑问时,应对水质进行检验。水的品质指标应符合表2-2-8的规定。

混凝土用水尚应符合下列规定:

(1)水中不应有漂浮明显的油脂和泡沫,也不应有明显的颜色和异味。

(2)严禁将未经处理的海水用于结构混凝土的拌制。

水 的 品 质 指 标 表 2-2-8

项目	预应力混凝土	钢筋混凝土	素混凝土
pH值	≥5.0	≥4.5	≥4.5
不溶物(mg/L)	≤2000	≤2000	≤5000
可溶物(mg/L)	≤2000	≤5000	≤10000
氯化物(以Cl^-计,mg/L)	≤500	≤1000	≤3500
硫酸盐(按SO_4^{2-}计,mg/L)	≤600	≤2000	≤2700
碱含量(mg/L)	≤1500	≤1500	≤1500

注:①摘自《公路桥涵施工技术规范》(JTG/T F50—2011)表6.5.1。
②对设计使用年限为100年的结构混凝土,氯离子含量不得超过500mg/L;对使用钢丝或热处理钢筋的预应力混凝土,氯离子含量不得超过350mg/L。
③碱含量按$Na_2O + 0.658K_2O$计算值表示。采用非碱活性集料时,可不检验碱含量。

五、外加剂

1. 常见外加剂类型

混凝土外加剂是在拌制过程中掺入,用以改善混凝土性能的物质,掺量不大于水泥质量的5%,具体见表2-2-9。

外加剂的特性、使用范围及参考用量 表 2-2-9

序号	名 称	特 性	使用范围	参考用量
1	普通减水剂	改善混凝土和易性,节约水泥	适用于普通混凝土、大体积混凝土、大流动度混凝土、泵送混凝土、防水混凝土、滑模施工的混凝土	水泥用量的0.2% ~ 0.35%
2	高效减水剂	在混凝土坍落度不变的情况下,能大幅减少用水量,或改善混凝土和易性,节约水泥	适用于高强、流动度大或耐久性高的混凝土、泵送混凝土、预应力混凝土、滑模施工的混凝土	水泥用量的0.3% ~ 1.0%
3	早强减水剂	除具有普通减水剂作用外,还能促进混凝土硬化,提高早期强度	适用于有减水及早强作用的混凝土	水泥用量的1.5% ~ 4.0%
4	缓凝减水剂	除具有普通减水剂作用外,还能延缓混凝土凝结时间,降低水泥早期水化热	适用于高温季节施工、大体积混凝土、滑模施工的混凝土、泵送混凝土、长时间停放或长距离运输的混凝土	水泥用量的0.1% ~ 0.5%
5	引气剂及引气减水剂	能经济有效地改进新拌混凝土的和易性及黏结力,可以增加硬化混凝土抗冻循环作用而产生破坏作用的能力	适用于有防冻、抗渗要求的混凝土,对有饰面要求的混凝土也适用,引气量为小于3%	水泥用量的0.005%~0.015%
6	防冻剂	能使混凝土在负温下硬化,并在规定的养护条件下达到预期性能	适用于有抗冻要求的混凝土或冬季施工的混凝土	通过试验确定

续上表

序号	名称	特性	使用范围	参考用量
7	膨胀剂	与水及水泥经水化后产生反应而使混凝土发生膨胀	适用于地下防水工程、混凝土构件补强等工程以及钢筋混凝土、预应力混凝土构件等;适用于梁端接头的浇筑混凝土后浇缝、臂道接头及混凝土地脚螺栓	通过试验确定
8	速凝剂	能使混凝土迅速凝结	适用于喷射施工的混凝土及其他要求速凝的混凝土	水泥用量的2.5%~4.0%
9	混凝土泵送剂	改善混凝土拌和物的泵送性能	适用于远距离泵送混凝土	通过试验确定
10	微膨胀剂——铝粉	使混凝土发生膨胀	适用于预应力管道压浆、钢管混凝土等	水泥用量的0.005%~0.01%

2. 外加剂使用注意事项

(1)外加剂的掺量应参照产品说明书及试验确定。试验中要控查实际效果和对混凝土抗压强度的影响。对于用在钢筋混凝土或预应力混凝土的外加剂,要查明其氯离子含量。

(2)一般应随拌和料一起掺入进行搅拌。采用高效减水剂时,最好在现场拌和或临浇筑时再掺入。

(3)搅拌掺有外加剂的混凝土时,一般需将时间延长1~2min。

(4)在不需增加含气量的混凝土中掺入了引气量较大的减水剂,宜在浇筑混凝土时使用高频振动器进行振捣。

(5)普通减水剂和高效减水剂拌制的混凝土,用蒸汽加热混凝土时,应延长静停或预热时间。

(6)采用早强减水剂、缓凝减水剂、抗冻剂、膨胀剂等外加剂时,应加强养护、保湿保温、适当延长养护期。

(7)使用含碱的外加剂时,要检测碱含量,不允许混凝土内碱含量超过规定值:每立方米混凝土的总含碱量,对一般桥涵不宜大于3.0kg/m³,对特大桥、大桥和重要桥梁不宜大于1.8kg/m³,处于受严重侵蚀的环境时,不得使用有碱活性反应的集料。

(8)在早强剂中含有氯化钙等氯化物,一般在预应力混凝土中不得掺入,在钢筋混凝土中掺入量不得超过1%,在无筋混凝土中掺用量一般规定小于3%。因为氯盐可引起钢筋锈蚀和混凝土的腐蚀。另外,下列情况下不得在钢筋混凝土中掺入氯盐:

①高温度环境中使用的结构。

②处于水位升降部位的结构。

③露天结构或经常受水淋的结构。

④有与镀锌钢材或铝铁相接触部位的结构以及有外露钢筋预埋件而无防护措施的结构。

⑤与含有酸、碱或硫酸盐等侵蚀性介质相接触的结构。

⑥直接靠近高压电源的结构。

⑦使用过程中经常处于60℃以上的结构。

(9)外加剂添加一定要认真负责,不能超量,以防引起混凝土的不良后果。

六、掺和料

1. 掺和料种类

混凝土所掺用混合材料一般包括粉煤灰、火山灰质混合材料及粒化高炉矿渣等活性、水硬性混合材料,以及砂岩、石灰石等非活性或潜在水硬性材料。

活性混合材料可代替部分水泥或用作混凝土拌和物的填充材料或两种作用兼备。非活性混合材料主要作为填充材料,用以改善混凝土拌和物的和易性。

[**工程示例2-2-1**(工程常识)]在混凝土中加入粉煤灰对混凝土性能有何影响?

答:(1)掺入粉煤灰的混凝土有较大的内聚性,减少了泌水和离析现象,和易性好,有利于泵送,浇筑振捣容易密实。

(2)掺粉煤灰的混凝土28d强度与不掺粉煤灰相比有所降低,但两者60d强度值相近,因此掺入粉煤灰的混凝土抗压强度龄期宜为60d。

(3)掺粉煤灰使混凝土抗渗、抗透气性能得到改善,即混凝土密实性有所提高。

(4)掺粉煤灰的混凝土抗碳化能力较普通混凝土差,它的碳化深度随着掺粉煤灰掺量的增加而加深。通过碳化试验,在自然大气条件下50年仅能增加几毫米碳化深度,且5mm差别仅相当于保护层厚度的允许偏差,在规范允许的范围内,所以掺25%的粉煤灰耐混凝土的耐久性几乎无不利影响。

2. 掺和料使用的注意事项

(1)在混凝土中掺入混合材料的配合比要经试验确定,并要同时按不同掺量、不同水灰比做多组试验,检验其流动度、泌水率、凝结时间及抗压强度,选用最合理的掺入量。

(2)混凝土搅拌时间应酌情延长1~2min。

(3)养护时间一般不少于14d,养护期间应使混凝土经常保持湿润状态。

(4)试块的抗压强度龄期根据实际情况酌情延长,如掺用粉煤灰混合材料时,其龄期为60d。

[**工程示例2-2-2**(材料检验)]某桥梁工程项目,承包人要施工30mT梁时出现了质量事故,其表现为T梁顶面有多处横向裂纹,拆模后有的侧面混凝土不密实,有的地方有空洞、露筋、胀模。质量事故发生后,有关方面组成了联合调查组,在调查中发现了以下一些问题:用于30mT梁的主要材料进场后直接使用;受潮水泥、锈蚀钢筋用于重要部位;承包人无混凝土施工记录;承包人施工人员的施工技术差;模板未经监理检查签证就浇筑T梁混凝土;监理工程师有过失等。

问题:(1)请写出工程材料检验步骤。

(2)分析产生质量事故的原因。

(3)该质量事故中监理有哪些过失?

分析与答案:

(1)工程材料检验步骤如下:

①对生产厂家的生产设备、工艺及产品的合格率进行现场调查了解,或由承包人提供样品进行试验,以决定同意采购与否。

②材料或商品构件运进现场后,承包人按规定的批量和频率抽检;监理抽检合格后才能用于工程;不合格则由承包人运出场外。

③在施工中,应随机对用于工程的材料或商品构件进行符合性的抽样试验检查。

④随时监督检查各种材料的储存、堆放、保管及防护措施。

(2)产生质量事故的原因较多,有承包人施工人员技术差的因素,也有材料不合格的因素,还有配合比及不按规范施工的因素。具体如下:

①由于施工人员的技术差,必然出现漏捣的地方或振捣不密实,混凝土就会出现空洞及不密实现象。

②如果混凝土施工不按规范进行也会产生严重的质量事故。如不严格按混凝土配合比施工,各种材料未严格过秤、用水量时多时少,致使混凝土的黏聚性和保水性变差,严重时出现离析;也有可能是施工机具在施工时出现故障,备用数量不足或修复时间较长。先装入T梁的混凝土已初凝也会产生严重的质量事故。

③材料不合规范的要求,级配差或所使用的材料变化太大使配合比失效,不满足配合比设计要求。

④配合比设计本身不尽合理,水灰比过大及砂率过小都会使拌和物黏聚性和保水性变差,甚至有离析现象。

⑤模板漏浆,水泥浆从模板缝隙外流,导致混凝土质量变差。

(3)该质量事故中监理的过失主要有:

①监理工程未严格把好材料关,主要材料未经承包人自检合格、监理抽查合格就直接用于施工。

②水泥受潮、钢筋锈蚀说明承包人的材料库房不符合规范的规定,而监理并没有发现。

③受潮水泥、锈蚀钢筋用于重要部位,说明监理不是专业技术差就是对工程极不负责。受潮水泥只能用于附属工程并要降低强度使用,绝不能用于主要工程部位。

④按施工规范规定,混凝土施工必须要有混凝土施工记录,而在监理现场监督时未要求或检查承包人的施工记录。

⑤监理违反了"只有上道工序检查合格并签认后,下道工序才能施工"的原则。

⑥监理在施工准备和施工过程中有明显的过失。在施工准备中未考核承包人的自检体系,对监理程序也不清楚;在批准承包人的施工组织设计时也未核实承包人的施工技术水平、机具设备情况。

⑦在施工过程中未把好材料关;当发现材料(混合料)不合格或操作人员不称职时应及时更换。

七、混凝土配合比

根据《公路桥涵施工技术规范》(JTG/T F50—2011),混凝土配合比基本要求如下:

(1)混凝土的配合比应以质量比表示,并应通过计算和试配选定。试配时应使用施工实际采用的材料,配制的混凝土拌和物应满足和易性、凝结时间等施工技术条件;制成的混凝土应满足强度、耐久性(抗冻、抗渗、抗侵蚀)等质量要求。

(2)普通混凝土的配合比,可按照现行行业标准《普通混凝土配合比设计规程》(JGJ 55—2011)的规定进行计算,并应通过试配确定。混凝土的试配强度,应根据设计强度等级,并考虑施工条件的差异和变化以及原材料质量可能的波动,按照本规范附录 B2 计算确定;混凝土的坍落度和工作性能宜根据结构物情况和施工工艺要求确定,在满足工艺要求的前提下,宜采用低坍落度的混凝土施工。通过设计和试配确定的配合比,应经批准后方可使用,且应在混凝土拌制前将理论配合比换算为施工配合比。

(3)混凝土的最大水胶比、最小水泥用量及最大氯离子含量应符合表2-2-10的规定。
(4)在混凝土中掺入外加剂时,尚应符合下列规定:

混凝土的最大水胶比、最小水泥用量及最大氯离子含量　　　表2-2-10

环境类别	环　境　条　件	最大水胶比	最小水泥用量（kg/m³）	最低混凝土强度等级	最大氯离子含量（%）
Ⅰ	温暖或寒冷地区的大气环境、与无侵蚀的水或土接触的环境	0.55	275	C25	0.30
Ⅱ	严寒地区的大气环境、使用除冰盐环境、滨海环境	0.50	300	C30	0.15
Ⅲ	海水环境	0.45	300	C35	0.10
Ⅳ	受侵蚀性物质影响的环境	0.40	325	C35	0.10

注:①摘自《公路桥涵施工技术规范》(JTG/T F50—2011)表6.8.3。
②水胶比、氯离子含量系指其与胶凝材料用量的百分比。
③最小水泥用量,包括掺和料,当掺用外加剂且能有效地改善混凝土的和易性时,水泥用量可减少25kg/m³。
④严寒地区系指最冷月份平均气温低于或等于-10℃,且日平均温度低于或等于5℃的天数在145d以上的地区。
⑤预应力混凝土结构中的最大氯离子含量为0.06%,最小水泥用量为350kg/m³。
⑥封底、垫层及其他临时工程的混凝土,可不受本表的限制。

①在钢筋混凝土和预应力混凝土中,均不得掺用氯化钙、氯化钠等氯盐。
②当从各种组成材料引入的氯离子含量(折合氯盐含量)大于表2-2-10规定的限值时,宜在混凝土中采取掺加阻锈剂、增加保护层厚度、提高密实度等防腐蚀措施。
③掺入引气剂的混凝土,其含气量宜为3.5%~5.5%。
(5)除应对由各种组成材料带入混凝土中的碱含量进行控制外,尚应控制混凝土的总碱含量。每立方米混凝土的总碱含量,对一般桥涵不宜大于3.0kg/m³,对特大桥、大桥和重要桥梁不宜大于1.8kg/m³;当混凝土结构处于受严重侵蚀的环境时,不得使用有碱活性反应的集料。
(6)泵送混凝土的配合比宜符合下列规定:
①最小水泥用量宜为280~300kg/m³(输送管径100~150mm)。通过0.3mm筛孔的砂不宜少于15%,砂率宜控制在35%~45%。
②混凝土拌和物的出机坍落度宜为100~200mm,泵送入模时的坍落度宜控制在80~180mm。
③宜通过试验掺用适量的减水剂、泵送剂和掺和料。

[填空]
1.按照《公路桥涵施工技术规范》,环境类别分为_____、_____、_____、_____四类。
2.根据2011年《公路桥涵施工技术规范》,混凝土耐久性主要是通过_____、_____、_____、_____、_____等几个参数来保证的。
3.符合国家标准的_____可直接作为混凝土的拌制和养护用水。
4.细集料宜采用级配良好、质地坚硬、颗粒洁净且粒径小于_____mm的河砂;当河砂不易得到时,可采用符合规定的其他_____或_____;细集料不宜采用海砂,不得不采用时,应经_____处理。
5.水泥进场时,应附有生产厂的_____、_____等合格证明文件。

6. 应按批次对同一生产厂、同一品种、同一强度等级及同一出厂日期的水泥进行_____、_____、安定性和_____等性能的检验,散装水泥应以每_____t为一批,袋装水泥应以每_____t为一批,不足时按一批计。

[简答]

掺加粉煤灰混凝土,近年应用较多,试述其主要性能。

任务三 混凝土的拌制及配合比

一、混凝土拌制的相关规范(JTG/T F50—2011)要求

根据《公路桥涵施工技术规范》(JTG/T F50—2011),混凝土搅拌拌制时应满足以下要求:

(1)混凝土的配料宜采用自动计量装置,各种衡器的精度应符合要求,计量应准确。计量器具应定期标定,迁移后应重新进行标定。拌制混凝土所用的各项材料应按质量投料,配料数量的允许质量偏差应符合表2-3-1的规定。

配料数量的允许质量偏差　　　表2-3-1

材料类别	允许偏差(%)	
	现场拌制	预制场或集中搅拌站拌制
水泥、干燥状态的掺和料	±2	±1
粗、细集料	±3	±2
水、外加剂	±2	±1

注:摘自《公路桥涵施工技术规范》(JTG/T F50—2011)表6.9.1。

(2)外加剂宜以稀释溶液加入,其稀释用水和原液中的水量应从拌和加水量中扣除。加入搅拌筒的外加剂溶液应充分溶解,并搅拌均匀。掺和料应采用与水泥相同的输送、计量方式加入。

(3)混凝土应采用机械拌制,拌制时,自全部材料装入搅拌筒开始搅拌至开始出料的最短搅拌时间,应按照搅拌机产品说明书的要求并经试验确定。

(4)混凝土拌和物应搅拌均匀,颜色一致,不得有离析和泌水现象,对在施工现场集中拌制的混凝土,应检测其拌和物的均匀性。检测时,应在搅拌机的卸料过程中,从卸料流的1/4~3/4部位取试样进行试验,试验结果应符合下列规定:

①混凝土中砂浆密度两次测值的相对误差应不大于0.8%。

②单位体积混凝土中粗集料含量两次测值的相对误差应不大于5%。

(5)混凝土搅拌完毕后,应按下列要求检测混凝土拌和物的各项性能:

①混凝土拌和物的坍落度及其损失,宜在搅拌地点和浇筑地点分别取样检测,每一工作班或每一单元结构物不应少于两次,评定时应以浇筑地点的测值为准。当混凝土拌和物从搅拌机出料起至浇筑入模的时间不超过15min时,其坍落度仅在搅拌地点取样检测。

②必要时,宜对工作性能、泌水率及含气量等混凝土拌和物的其他性能指标进行检测。

二、混凝土搅拌的常规设备

混凝土搅拌机按搅拌机理不同分为自落式和强制式两种。自落式搅拌机采用交流掺和机理,适于搅拌流动性好的塑性混凝土和粗重集料混凝土;强制式搅拌机采用剪切掺和机理,适于

搅拌流动性差的干硬性混凝土和轻集料混凝土。各类常见混凝土拌制设备如图2-3-1所示。

a) HZS系列混凝土搅拌站

b) JZC350自落式混凝土搅拌机

c) JDC350混凝土搅拌机

d) JS1000型强制式混凝土搅拌机

e) JS2000型混凝土搅拌机

f) 试验室用的强制式混凝土搅拌机

图2-3-1 各类常见的混凝土拌制设备

1. HZS 系列混凝土搅拌站

HZS系列混凝土搅拌站属强制、高效型设备,可生产塑性、干硬性混凝土等多种混凝土,生产效率高,广泛用于大、中型建筑施工、道路桥梁以及生产混凝土制品的预制厂中,是生产商品混凝土的理想设备。该搅拌系统主机采用JS系列双卧轴强制式搅拌机,具有搅拌混凝土匀质性好、搅拌时间短、易损件寿命长、操作维修方便等优点,它采用了最新设计思路的电子称量、微机控制、数字显示等控制技术,电子称量均具缓冲装置及自动补偿功能,计量精度高。砂石上料系统采用大宽度人字皮带上料,设有人行走道,是广大施工单位生产高质量混凝土的理想选择。

2. JZC350 型混凝土搅拌机

JZC350型混凝土搅拌机系自落式双锥反转出料搅拌机,拌筒由齿圈传动,工作时正转搅拌,反转出料,可搅拌塑性和半干硬性混凝土,适用于一般建筑工地、道路、桥梁工程及各种混凝土构件厂。本搅拌机系按《混凝土搅拌机》(GB/T 9142—2000)设计制造,结构合理,并具有生产效率高、搅拌质量好、造型美观、重量轻、移动方便等特点,是一种先进的机型。

3. JDC350 混凝土搅拌机

JDC350混凝土搅拌机的搅拌系统由圆柱齿轮传动,工作可靠;上料机构采用提升电动机,安全平稳;采用轮胎牵引移动式,移动方便;搅拌筒体与底盘保持固定不动,搅拌轴不承受物料和搅拌筒自重的压力,从而延长了搅拌轴的使用寿命;采用开门式出料方式,出料迅速干净;维修方便省时省力;生产效率高;标准化生产程度高。本机可以搅拌塑性、半干硬性混凝土、干硬性混凝土及砂浆,适用于一般建筑工地、道路、桥梁工程及混凝土构件厂。

4. JS 系列混凝土搅拌机

JS 系列混凝土搅拌机系双卧轴强制式搅拌机，JS1000 混凝土搅拌机适用于各类预制构件厂及水利、道路、桥梁等工业及民用建筑工程施工部门搅拌干硬性混凝土、流动性混凝土、轻集料混凝土及各种砂浆，既可独立作业，又可与相应配料机组合成简易搅拌站。本机主要具有结构合理、搅拌质量好、时间短、能耗低、噪声小等特点。衬板、搅拌叶片均采用高硬度、高韧性的耐磨合金铸钢，使用寿命长。电器控制系统主件均采用进口元件，性能优良，可靠性高。

本机卸料高度分别为 2.7m、3.8m（或用户自定），用户可自配翻斗车或混凝土搅拌输送车配套使用。

5. 试验室用的强制式混凝土搅拌机

本仪器是专供科研、施工、试验单位、搅拌混凝土及混合料的专用设备。主要技术参数有：

（1）最大容积：60L、50L、30L。

（2）搅拌机转速：22r/min。

（3）集料最大粒径：50mm。

（4）搅拌叶与筒的间隙：3～5mm。

6. PLD 系列混凝土配料机（图 2-3-2）

PLD1600 型混凝土配料机是一种与搅拌机配套使用的自动配料设备，它可根据用户设定的混凝土配比，自动完成四种砂、石等集料的配料程序。该机能与 JS1000 搅拌机配套使用，能形成 $50 m^3/h$ 的混凝土生产能力，它适用于各种工业与民用建筑工程、大、中型建筑工地，是预制件厂生产高质量混凝土的理想设备。

a)PLD800混凝土配料机(两仓)

b)PLD1600混凝土配料机(四仓)

图 2-3-2 PLD 系列混凝土配料机

PLD1600 型混凝土配料机由给料机构、称量系统、电气控制系统等组成。其特点是四个给料机构呈"一"字形排列，给料机构的给料形式为气动扇形门给料，采用槽形皮带机出料，电动滚筒驱动。给料机构与称量系统为组合式结构，便于运输和安装。称量方式采用独特的悬臂式传感器直接称量结构，使计量更加准确，该结构形式已获得国家专利。

[填空]

1. 根据《公路桥涵施工技术规范》（JTG/T F50—2011），外加剂宜以_____加入，其稀释用水和原液中的水量，应从拌和加水量中扣除。

2. 混凝土搅拌机按搅拌机理不同分为_____和_____两种。自落式搅拌机适于搅拌_____混凝土和_____混凝土。强制式搅拌机适于搅拌_____混凝土和_____混凝土。

3. HZS120 混凝土拌和站的最大生产率为_____ m^3/h。

4. 混凝土拌和物应搅拌均匀，颜色一致，不得有_____和_____现象，对在施工现场集中拌制的混凝土，应检测其拌和物的_____。检测时，应在搅拌机的卸料过程中，从卸料流的_____～_____部位取试样进行试验，试验结果应符合下列规定：

(1)混凝土中砂浆密度两次测值的相对误差应不大于_____。
(2)单位体积混凝土中粗集料含量两次测值的相对误差应不大于_____。

任务四　混凝土的运输及浇筑

一、混凝土运输的相关规范要求[《公路桥涵施工技术规范》(JTG/T F50—2011)]

(1)运输能力应与混凝土的凝结速度和浇筑速度相适应,应使浇筑工作不间断且混凝土运到浇筑地点时仍能保持其均匀性和规定的坍落度。混凝土的运输宜采用搅拌运输车,或在条件允许时采用泵送方式输送;采用吊斗或其他方式运输时,运距不宜超过100m且不得使混凝土产生离析。

(2)采用搅拌运输车运输混凝土时,途中应以2~4r/min的慢速进行搅动,卸料前应以常速再次搅拌。

混凝土运至浇筑地点后发生离析、泌水或坍落度不符合要求时,应进行第二次搅拌,二次搅拌时不宜任意加水,确有必要时,可同时加水、相应的胶凝材料和外加剂,并保持其原水胶比不变;二次搅拌仍不符合要求时,则不得使用。

(3)混凝土采用泵送方式时应符合下列规定:

①混凝土的供应宜使输送混凝土的泵能连续工作,泵送的间歇时间不宜超过15min。在泵送过程中,受料斗内应具有足够的混凝土,应防止吸入空气产生阻塞。

②输送管应顺直,转弯处应圆缓,接头应严密不漏气。

③向低处泵送混凝土时,应采取必要措施,防止混凝土离析或堵塞输送管。

[工程常识2-4-1]如何评价混凝土的可泵性?

答:泵送混凝土具有施工速度快、质量高、占地少等特点,特别适合高层建筑及大体积混凝土工程。但可泵性(即混凝土泵送性能好坏)直接影响泵送施工的效率乃至成功与否,一般采用泵送力、实际泵送管路阻力来评价可泵性。泵压取决于混凝土流动性和稳定性,评价流动性的指标一般采用混凝土坍落度,评价稳定性的指标一般采用压力泌水。具体指标如下:

若坍落度≥16cm时,压力泌水总量为70~130mL,则可泵性好;

若坍落度≤10cm时,压力泌水总量小于40mL或大于130mL,则不可泵;

若坍落度为10~16cm时,压力泌水总量40~70mL,则可泵性为中等。

二、常见混凝土运输设备

1. 混凝土搅拌运输车

是目前建筑工地最常见的混凝土输送设备,随着商品混凝土的大量使用,搅拌运输车更加普及。按搅拌筒的布置分为三类:

(1)后端卸料:筒口在车尾,混凝土拌和物从车尾进料和卸料,是最常见的形式,如图2-4-1a)所示。

(2)前端卸料:筒口在车前,在汽车前端进料和卸料。操作人员视野好,能快速准确就位,可提高生产率,节省劳动力,但搅拌筒必须超越驾驶室上方,现场复杂,只用于大容量,如图2-4-1b)所示。最大的装载容积可达14m³,是国内搅拌车单车装载量的最大容积。

(3)侧向卸料:搅拌筒随整个上车可以回转,各个方向均可以装卸料,使用灵活,但现场复杂,较少使用,如图 2-4-1 c)所示。

a)SY5250GJB3A后端卸料混凝土搅拌运输车

b)QDZ5311GJBQ型前端卸料混凝土搅拌运输车

c)LDC-9G侧向卸料混凝土运输车

图 2-4-1　混凝土搅拌运输车

2. 混凝土输送泵

是目前大、中型桥梁工地的常见设备,也可说是混凝土输送技术的发展趋势。几种常见的混凝土输送泵如图 2-4-2 所示。

a)固定式混凝土输送泵　　b)拖式混凝土输送泵　　c)车载式混凝土输送泵

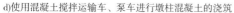

d)使用混凝土搅拌运输车、泵车进行墩柱混凝土的浇筑　　e)使用混凝土搅拌运输车、泵车进行箱梁混凝土浇筑

图 2-4-2　混凝土输送泵

3. 其他混凝土输送设备

除了以上两种常见设备外,对于小方量的混凝土运输且混凝土拌和物运距较近时,经常使用手推车、机动翻斗车等设备,如图 2-4-3 所示。

a)手推车运送混凝土(容量0.07～0.1m³)　　b)机动翻斗车运送混凝土

图 2-4-3　其他混凝土输送设备

三、混凝土浇筑的相关规范(JTG/T F50—2011)要求

1. 浇筑混凝土前应进行以下准备工作

(1)应根据待浇筑结构物的情况、环境条件及浇筑量等制订合理的浇筑工艺方案,工艺方案应对施工缝设置、浇筑顺序、浇筑工具、防裂措施、保护层的控制等做出明确规定。

(2)应对支架、模板、钢筋和预埋件等进行检查,模板内的杂物、积水及钢筋上的污物应清理干净。模板如有缝隙或孔洞时,应堵塞严密且不漏浆。

(3)应对混凝土的均匀性和坍落度等性能进行检测。

2. 串筒与溜槽

自高处向模板内倾卸混凝土时,应防止混凝土离析。直接倾卸时,其自由倾落高度不宜超过2m;超过2m时,应通过串筒、溜管(槽)或振动溜管(槽)等设施下落;倾落高度超过10m时,应设置减速装置。

[术语解释]串筒,就是几个串联在一起的锥形漏斗,混凝土在桶内垂直下落。溜槽,一般是半圆槽,按一定角度斜放,混凝土从槽中向下溜。如图2-4-4所示。

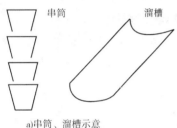
a)串筒、溜槽示意

b)桩基混凝土浇筑,采用串筒浇筑　　c)溜槽进行混凝土浇筑

图2-4-4　串筒及溜槽

3. 混凝土振捣

应按一定的厚度、顺序和方向分层浇筑,且应在下层混凝土初凝或能重塑前浇筑完成上层混凝土;上下层同时浇筑时,上层与下层的前后浇筑距离应保持1.5m以上;在倾斜面上浇筑混凝土时,应从低处开始逐层扩展升高,并保持水平分层。混凝土分层浇筑的厚度不宜超过表2-4-1的规定。

混凝土分层浇筑厚度　　表2-4-1

捣实方法		浇筑层厚度(mm)
用插入式振动器		300
用附着式振动器		300
用表面振动器	无筋或配筋稀疏时	250
	配筋较密时	150

注:摘自《公路桥涵施工技术规范》(JTG/T F50—2011)表6.11.3。

(1)混凝土常用振捣设备。如图2-4-5所示,常见混凝土振捣设备包括插入式振捣棒、附着式振动器、平板式振动器和振动台四种。

(2)插入式振捣棒。插入式振捣棒是桥梁混凝土施工中最常见的振捣设备,其插入点的位置如图2-4-6所示。

根据《公路桥涵施工技术规范》(JTG/T F50—2011):

①插入式振动器的移位间距应不超过振动器作用半径的1.5倍,与侧模应保持50~

100mm 的距离,且插入下层混凝土中的深度宜为 50～100mm。

②每一振点的振捣延续时间宜为 20～30s,以混凝土停止下沉、不出现气泡、表面呈现浮浆为度。

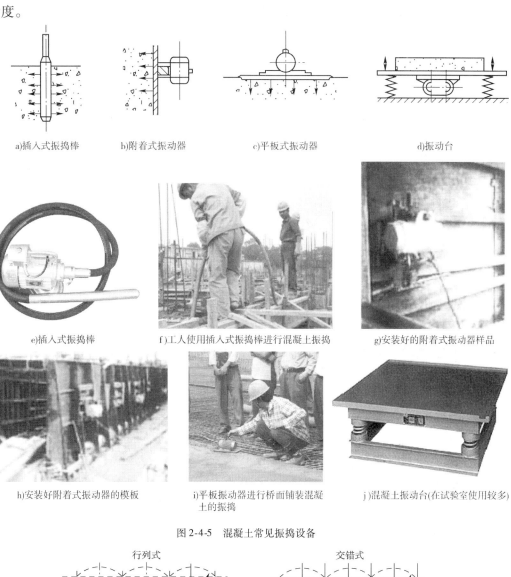

图 2-4-5 混凝土常见振捣设备

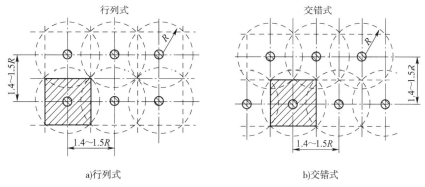

图 2-4-6 插入式振捣器振捣时插入点位置

[工程常识 2-4-2] 插入式振捣棒在振动混凝土过程中,如何把握振动时间?

答:①每一插点的振动时间要适当,一般被振动的混凝土无显著沉落、不再出现气泡,表面已变平坦并有水泥浆出现时,就表示混凝土已得到充分振捣。混凝土坍落度越小,振动时间越长。在中等坍落度情况下,对于塑性混凝土,每插一点振20~30s即可。

②振动时间过长,易引起振动棒发热,因此不可在空气中长时间运转。若发现振动器或振动棒温度过高,应停歇、降温后再用。一般是每操作30min,应歇几分钟再用。

③在移动插点距离较远时,不可手握振动器拖拉软轴及振动棒行走,应该把软轴搭在肩上,一手提振动器,一手拿振动棒行走。

(3)附着式(平板)振动器。

附着式振动器可安装在木质或铁质的底板上,作为可移动平板式振捣器,广泛用于梁板预制场地及墩台施工中,如图2-4-5d)所示。

平板振动器较多用于桥面铺装层施工、箱梁顶板施工中,如图2-4-5e)所示。

根据《公路桥涵施工技术规范》(JTG/T F50—2011),附着式振动器的布置距离,应根据结构物形状和振动器的性能通过试验确定;表面振动器的移位间距应使振动器平板能覆盖已振实部分不小于100mm。

(4)振动台。

混凝土振动台一般用于桥梁试验室中混凝土试块的振捣,见图2-4-5f)。

4.施工缝的规定

因设计要求或施工需要分次浇筑,而在先、后浇筑的混凝土之间形成的接缝,称为施工缝。设置施工缝是桥梁工程施工中的普遍现象,如图2-4-7所示。

a)分7次浇筑的混凝土桥墩　　　　　　b)分段浇筑的混凝土箱梁

图2-4-7　设置施工缝的两种情况

(1)施工缝设置条件。

混凝土的浇筑宜连续进行,因故中断间歇时,其间歇时间应小于前层混凝土的初凝时间或能重塑时间。混凝土的运输、浇筑及间歇的全部时间不宜超出表2-4-2的规定;当超出时应按浇筑中断处理,并应留置施工缝,同时应记录。设置施工缝的两种情况如图2-4-7所示。

混凝土的运输、浇筑时间及间歇的全部允许时间(min)　　　　表2-4-2

混凝土强度等级	气温≤25℃	气温>25℃
≤C30	210	180
>C30	180	150

注:①摘自《公路桥涵施工技术规范》(JTG/T F50—2011)表6.11.5。
②当混凝土中掺有促凝剂或缓凝剂时,其允许时间应通过试验确定。

(2)施工缝的相关规定。

根据《公路桥涵施工技术规范》(JTG/T F50—2011)表6.11.6的规定:施工缝的位置应在混凝土浇筑之前确定,且宜留置在结构受剪力和弯矩较小并便于施工的部位,施工缝宜设置成水平面或垂直面。对施工缝的处理应符合下列规定:

①处理层混凝土表面的松弱层应予以凿除。对处理层混凝土的强度,当采用水冲洗凿毛时,应达到0.5MPa;人工凿毛时,应达到2.5MPa;采用风动机凿毛时,应达到10MPa。

②经凿毛处理后的混凝土面,应采用洁净水冲洗干净。

③重要部位及有抗震要求的混凝土结构或钢筋稀疏的钢筋混凝土结构,宜在施工缝处补插锚固钢筋,增加其抗剪强度;有抗渗要求的混凝土,其施工缝宜做成凹形、凸形或设置止水带;施工缝为斜面时,为防止滑移,增加抗剪力,宜浇筑或凿成台阶状。

5. 混凝土浇筑时的注意事项

在环境相对湿度较小、风速较大的条件下浇筑混凝土时,应采取适当措施防止混凝土表面过快失水。浇筑混凝土期间,应随时检查支架、模板、钢筋、预应力管道和预埋件等的稳固情况,并应及时填写混凝土施工记录。新浇筑混凝土的强度达到2.5MPa之前,不得使其承受行人、运输工具、模板、支架及脚手架等荷载。

[**工程示例2-4-1**(墩台混凝土浇筑)]某工地有一批混凝土试块,不慎被火灼烧,施工单位拟将该批混凝土当作石块,埋入墩台。该做法是否可行?

答:不可行,因为灼烧过的混凝土强度是否达到30MPa无法确定,也不能通过试验检测来确定,因为混凝土试块灼烧程度不同,无法选择代表性样品。

[**填空**]

1. 混凝土的浇筑宜连续进行,因故中断间歇时,其间歇时间应小于前层混凝土的_____或_____时间。

2. 当气温≤25℃、混凝土强度等级≤C30时,混凝土的运输、浇筑时间及间歇的全部允许时间不宜超过_____min;当混凝土强度等级>C30时,混凝土的运输、浇筑时间及间歇的全部允许时间不宜超过_____min,否则应设置施工缝。

3. 混凝土运至浇筑地点后发生离析、泌水或坍落度不符合要求时,应进行_____。

4. 采用搅拌运输车运输混凝土时,途中应以_____~_____r/min的慢速进行搅动,卸料前应以常速再次搅拌。

5. 常见的混凝土振捣设备包括_____、_____、_____。

6. 施工缝表面的松弱层应予以凿除,当采用水冲洗凿毛时,应达到_____MPa;人工凿毛时,应达到_____MPa;采用风动机凿毛时,应达到_____MPa。

7. 混凝土振捣密实的标志是_____。

任务五 混凝土养护方法的认知

一、桥梁混凝土常见养护方法

1. 覆盖草袋子浇水养护

在桥梁施工现场,盖草袋子浇水养护是最常见的混凝土养护方式,如图2-5-1所示。

覆盖浇水养护是在自然气温下,选用一定的材料覆盖混凝土表面并进行浇水,从而保持适当的湿度和温度以促进混凝土的水泥水化作用。在完成混凝土浇筑后的12h之内进行覆盖浇水养护。选用矿渣硅酸盐水泥、普通硅酸盐水泥或硅酸盐水泥进行搅拌的混凝土的覆盖浇水养护时间应当大于7d;有抗渗性要求或掺有矿物掺和料和缓凝型外加剂等混凝土的覆盖浇水养护时间应当大于14d。在覆盖浇水养护中,应当依据混凝土的湿润状态确定浇水的次数;当平均气温低于5℃时,不应当进行浇水养护;混凝土的拌制用水和养护用水应当相同。

a)桥面混凝土覆盖草袋子进行养护　　　　b)空心板在预制厂覆盖草袋子养护

图 2-5-1　覆盖草袋子浇水养护

2. 塑料薄膜布养护

塑料薄膜布养护是选用不透气、水的塑料薄膜布对混凝土进行养护,具体做法是将混凝土暴露的部分用塑料薄膜布进行严密的覆盖,使得混凝土的水分不流失,从而取得较好的养护效果,如图2-5-2所示。

塑料薄膜布养护具有操作方便、不必浇水、重复使用等优点,可以有效地提高混凝土的强度。在进行塑料薄膜布养护时,可以在塑料薄膜表面涂刷薄膜养生液以避免混凝土内部的水分流失。在普通混凝土浇筑后的12h之内,高强混凝土浇筑后的2h之内,选用薄膜、砂、草帘、麻袋等对混凝土表面进行覆盖,维持混凝土的湿润状态。

a)　　　　b)　　　　c)

图 2-5-2　塑料薄膜布养护

3. 蒸汽养护

蒸汽养护分为静停阶段、升温阶段、恒温阶段和降温阶段。可用于桥梁梁板预制厂或现浇施工现场的混凝土养护,具体方式见图2-5-3。

在静停阶段,为了提高混凝土的抵抗能力,混凝土浇筑后,应在养护棚内静放后再加温。静放时间:塑性混凝土为2~4h,干硬性混凝土为1h,掺有缓凝型外加剂的为4~6h。静放环境温度不宜低于10℃。

在升温阶段温度会急剧上升,容易导致混凝土过快地膨胀而使表面产生裂缝,所以应当合理控制升温速度,通常以每小时上升10~25℃为宜。

在恒温阶段,混凝土的强度提高得最快,恒温阶段的相对湿度应当保持在90%~100%,温度根据不同的水泥品种而设定,火山灰水泥和矿渣水泥的恒温温度控制在85~90℃,普通水泥恒温温度控制在80℃之内。

a)蒸汽锅炉

b)温度计

c)蒸汽养护场景

图2-5-3 蒸汽养护

在降温阶段中,应当避免过快地降低温度,预防混凝土表面产生裂缝,通常厚度为10cm左右,降温速度应当小于20~30℃/h。蒸汽养护中应当严格控制降温和升温的速度,避免因为温度骤变而导致混凝土裂缝的产生。

4. 标准养护

标准养护常见于试验室,目前混凝土试件的养护均在混凝土养护室中进行,一般用于混凝土配合比强度的验证。国家标准《普通混凝土力学性能试验方法标准》(GB/T 50081—2002)对混凝土养护室的温湿度要求是:温度为(20±2)℃,相对湿度为95%~100%,如图2-5-4所示。

a)混凝土标准养护箱

b)混凝土标准养护室作业场景

图2-5-4 标准养护

5. 使用混凝土养护剂

(1)养护剂分类。

我国目前研制生产的混凝土养护剂按其成膜材料、表面特性,主要分为水乳型和溶剂型两大类。水乳型以石蜡乳液、沥青乳液、氯乙烯—偏氯乙烯为主要原料的共聚乳液为常见,这种乳液成膜会给混凝土饰面带来不便;而氯丁橡胶、丙烯酸树脂为溶剂的养护剂,虽性能可靠,又因气味大、有毒且价高而不便推广。

目前比较易于推广的还是以无机硅酸盐与有机材料复合而成的养护剂,它可与水泥发生物理化学作用而形成一体,性能稳定,无毒无味,价格便宜,便于推广。

(2)无机硅酸盐养护剂作用机理。

混凝土中水泥水化产生水化硅酸钙和氢氧化钙,养护剂喷洒在混凝土表面并渗透到其内部1~3mm,氢氧化钙与养护剂中的硅酸盐作用生成硅酸钙,能封闭混凝土表面空隙,形成一层薄膜,阻止混凝土中自由水过早和过多的蒸发,保证混凝土中水泥充分水化。

(3)养护剂质量评定——失水率试验。

目前我国对养护剂尚无检测标准,我们参照美国 ASTMC156 标准,试件拆膜后涂敷养护剂试件与空白试件称重后放入(38±1)℃烘箱中烘 72h 后称重,试件的水分损失不应超过 0.55kg/m² 表面积。按上述方法对养护剂进行试验,失水率测定结果如表 2-5-1 所示。

养护剂失水率测定结果 表 2-5-1

养护方法	烘72h后水分损失(kg/m²)	养护方法	烘72h后水分损失(kg/m²)
涂硅酸盐类养护剂试件	0.52	空白试件	1.31

(4)采用养护剂之后的技术经济效益。

①混凝土碳化深度、抗压强度。通过大量试验证明,混凝土抗压强度和碳化深度有着密切关系。表面涂刷养护剂较无养护措施的自然养护强度可提高 8%~10%,表面碳化深度也有较明显降低,这对于混凝土耐久性和预拌混凝土主体验收是十分有利的。不同养护方式中混凝土碳化及抗压强度对比如表 2-5-2 所示。

不同养护方式中混凝土碳化及抗压强度对比表 表 2-5-2

养护方法	28d 抗压强度(MPa/%)	混凝土碳化深度(mm)	环境温度(℃)	折合标准养护温度的强度值(MPa/%)
标准养护	50/128	0	19	50/111
包塑料布	46.4/119	0	16.5	53.4/119
涂刷养护液	42.1/108	1	16.5	48.5/108
自然养护	39.1/100	3	16.5	45.0/100

②混凝土抗渗性。混凝土的抗渗性与其养护条件有着密切关系,掺膨胀剂混凝土中的膨胀组分只有在潮湿的环境下才能产生膨胀、致密混凝土结构。如在干燥环境中不仅不能膨胀,反而会产生较大的收缩。不同养护方式的抗渗效果依次为:水中养护>盖草袋子浇水>涂养护剂>自然养护,对于地下室底板采用水膜养护是最为合理的方案。

(5)养护剂的施工。

养护剂可采用农用喷雾器喷涂施工,具体方法如下:

①混凝土初凝时,用手轻按混凝土表面不沾手或拆除侧模后即可喷涂。

②喷头距混凝土表面 30cm 为宜,纵横向各喷一遍,防止漏喷。

③养护剂系水溶性,雨前喷涂未成膜(夏季约 0.5h,冬季约 3h);受雨淋,应雨后再补喷。

④养护剂使用前应搅拌均匀,施工结束必须用清水将喷雾器冲洗干净,防止喷头堵塞。

(6)使用养护剂的优点。

①可提高混凝土均质性,延长混凝土养护时间,特别是提高高强混凝土以及不便于浇水养护的剪力墙等垂直构件、高层建筑上部结构的后期强度。

②节省劳动力,有利于文明施工。常规浇水养护需要配备一人,铺盖草袋子需要人力运输,而且施工现场不整洁,采用喷涂养护剂法可节省这一部分劳动力。见图 2-5-5。

③浇水养护人为因素较多,不能确保养护质量,板较易开裂,采用养护膜可大大减少裂纹出现的概率。

④节约用水。我国是一个水资源缺乏的国家,据调查,采用浇水养护法每 100m² 建筑约需 2t 水。以沈阳市每年约 2100 万 m² 建筑面积的中等城市为例,全年耗水约 4200 万 t,这确实是

个十分惊人的数字。

a)桶装混凝土养护剂

b)混凝土养护剂的现场喷涂

图 2-5-5　混凝土标准养护

二、不同养护条件对混凝土强度发展的影响

混凝土是水硬性材料,在其强度增长期必须保持构件表面湿润,以保证水泥充分水化,从而满足强度、耐久性等技术指标。这一点对于水胶比极小的高强混凝土来说就更为重要,详见表 2-5-3。

不同养护条件对混凝土强度发展的影响　　　　　　　　　　表 2-5-3

养护条件	抗压强度(MPa/%)			
	3d	7d	28d	60d
水中	18.7/100	26.8/100	31.8/100	37.1/100
涂硅酸盐类养护剂	15.9/85	21.4/80	28.0/88	31.3/84
涂氯乙烯—偏氯乙烯类养护剂	17.5/94	24.6/92	30.0/94	33.7/91
自然养护	15.3/82	19.0/71	25.4/80	29.7/80
包塑料布	20.3/109	27.0/101	25.9/113	36.2/98

[练习 2-5-1] 根据表 2-5-3,试叙述混凝土强度发展的相关因素及影响。

三、混凝土养护的相关规范要求[《公路桥涵施工技术规范》(JTG/T F50—2011)]

(1)对新浇筑混凝土的养护,应满足其对温度、湿度和时间的要求。应根据施工对象、环境条件、水泥品种、外加剂或掺和料以及混凝土性能等因素,制订具体的养护方案,并严格实施。

(2)混凝土浇筑完成后,应在其收浆后尽快予以覆盖并洒水保湿养护。对干硬性混凝土、高强度和高性能混凝土、炎热天气浇筑的混凝土以及桥面等大面积裸露的混凝土,应加强初始保湿养护,具备条件的可在浇筑完成后立即加设棚罩,待收浆后再予以覆盖和洒水养护,覆盖时不得损伤或污染混凝土的表面。混凝土面有模板覆盖时,应在养护期间使模板保持湿润。

[工程示例 2-5-1(墩柱混凝土养护)] 接柱及盖梁如何进行养生?

(1)质量问题及现象。

①混凝土表面出现较多裂纹。

②混凝土表面强度降低,易发生混凝土碳化。

(2)原因分析。

养生方法不得当,如采用向混凝土表面泼水的间隔时间过长则造成混凝土表面忽干忽湿,或只套塑料袋致使混凝土表面严重失水,或养生时间短,导致混凝土表面不能及时补充水分。

(3)预防措施。

应采用无纺布缠绕并捆绑,使之密贴混凝土表面,在混凝土强度达到设计强度的100%以前,必须保证混凝土表面始终处于湿润状态,严禁忽干忽湿。

(3)混凝土的养护不得采用海水或含有害物质的水。混凝土的洒水保湿养护时间应不少于7d,对重要工程或有特殊要求的混凝土,应根据环境湿度、温度、水泥品种及掺用的外加剂和掺和料等情况,酌情延长养护时间,并应使混凝土表面始终保持湿润状态。当气温低于5℃时,应采取保温养护的措施,不得向混凝土表面洒水。当采用喷洒养护剂对混凝土进行养护时,所使用的养护剂应不会对混凝土产生不利影响,且应通过试验验证其养护效果。

(4)新浇筑的混凝土与流动的地表水或地下水接触时,应采取临时防护措施,保证混凝土在7d以内且强度达到设计强度的50%以前,不受水的冲刷侵袭;当环境水具有侵蚀作用时,应保证混凝土在10d以内且强度达到设计强度的70%以前,不受水的侵袭。混凝土处于冻融循环作用的环境时,宜在结冰期到来四周前完成浇筑施工,且在混凝土强度未达到设计强度等级的80%前不得受冻,否则应采取技术措施,防止发生冻害。

(5)为预防非受力裂缝的出现,混凝土养护期间应注意采取保温措施,防止表面温度因环境因素影响(如曝晒、气温骤降等)而发生剧烈变化。特别是对大体积混凝土的养护,应根据气候条件采取控温措施,并按需要测定浇筑后的混凝土表面和内部温度,将温差控制在设计要求的范围内。当设计无要求时,温差不宜超过25℃。

(6)混凝土强度达到1.2MPa前,不得在其上踩踏;强度达到2.5MPa前,不得使其承受行人、运输工具、模板、支架及脚手架等荷载。

(7)用蒸汽养护混凝土时,按照冬季、雨期、高温期施工的相关规定执行。

四、各类混凝土养护方式的综合评价

(1)试验证明包塑料布养护的试件失水率小,混凝土中水泥水化充分,内部结构致密,强度高且能减缓水化热的散失,强度增长快且因隔绝空气,碳化值几乎为零。水中养护的试件也能获得较好的强度值,尤其是60d强度和抗渗性能最佳。自然养护无论是早期强度还是后期强度均最低,比水中养护和塑料布养护低15%~20%,较涂刷养护膜低10%左右。

(2)混凝土结构工程应根据不同的结构部位合理选择养护方法。常温下抗渗混凝土宜采用水膜养护;水平结构可采用浇水养护或涂刷养护剂方法;柱子系主要承重结构,应尽可能采用包塑料布法;房屋建筑中剪力墙结构最好采用涂刷养护剂法。

(3)硅酸盐类养护剂价格便宜,无毒无环境污染,操作方便,涂膜不影响基层与饰面层的结合,施工现场文明整洁,易于推广。但其保水性尚不如氯偏类,有待继续在推广中不断改进。

[填空]

1.混凝土的洒水保湿养护时间应不少于_____d。

2.若空心板梁在预制场中采用覆盖草袋洒水养护,则洒水应满足的要求是_____。

[简答]

1. 根据以上内容,以 2~20m 后张预应力混凝土空心板桥(下部为扩大基础、双柱式桥墩)为例,叙述各主要桥梁部位采用的养护方式。
2. 试论述各种养护方法的优缺点。

任务六　预应力施工设备的认知

一、预应力锚具

常见锚具如图 2-6-1 所示。

a)锚具总成图

b)张拉端锚具

c)固定端P型锚具

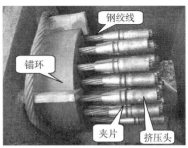

d)锚具组成示意

图 2-6-1　常见锚具

1. 锚具的进场验收

锚具是后张法施工的必备设备,进入施工现场必须按《公路桥涵施工技术规范》(JTG/T F50—2011)的相关规定进行验收,具体要求如下。

锚具、夹具和连接器进场时,应按合同核对其型号、规格和数量,以及适用的预应力筋品种、规格和强度等级,且生产厂家应提供产品质保书、产品技术手册、锚固区传力性能形式检验报告,夹片式锚具的锚口摩擦损失测试报告或参数。产品按合同验收后,应按下列规定进行进场检验。

(1)外观检查:应从每批产品中抽取 2% 且不少于 10 套样品,检查其外形尺寸、表面及锈蚀情况。外形尺寸应符合产品质保书所示的尺寸范围,且表面不得有裂纹及锈蚀。当有下列情况之一时,本批产品应逐套检查,合格者方可进入后续检验:

①当有一个零件不符合产品质保书所示的外形尺寸时,则应另取双倍数量的零件重新检查。如仍有 1 个不合格,则应逐套检查本批产品,合格者方可进行后续检验。

②当有一个零件表面有裂纹或夹片、锚孔锥面有锈蚀。

对配套使用的锚垫板和螺旋筋可按上述方法进行外观检查,但允许表面有轻度锈蚀。

(2)硬度检验:应从每批产品中抽取 3% 且不少于 5 套样品(对多孔夹片式锚具的夹片,每套抽取 6 片),对其中有硬度要求的零件进行硬度检验,每个零件测试 3 点,其硬度应符合产品质保书的规定。当有一个零件不合格时,则应另取双倍数量的零件重做检验;如仍有一个零件不合格,应对本批产品逐个检验,合格者方可使用或进入后续检验。

(3)静载锚固性能试验:应在外观检查和硬度检验均合格的同批产品中抽取样品,与相应规格和强度等级的预应力筋组成三个预应力筋—锚具组装件,进行静载锚固性能试验。如有一个试件不符合要求时,则应另取双倍数量的样品重做试验;仍有一个试件不符合要求,则该批锚具为不合格。静载锚固性能试验方法应符合现行国家标准《预应力筋用锚具、夹具和连接器》(GB/T 14370—2007)的规定。

(4)对特大桥、大桥和重要桥梁工程中使用的锚具产品,应进行上述三项检查和检验;对锚具用量较小的一般中、小桥梁工程,如生产厂能提供有效的静载锚固性能试验合格的证明文件,则仅需进行外观检查和硬度检验。

(5)进场检验时,同种材料、同一生产工艺条件下、同批进场的产品可视为同一验收批。锚具的每个验收批不宜超过2000套;夹具、连接器的每个验收批不宜超过500套;获得第三方独立认证的产品其验收批可扩大一倍。检验合格的产品,在现场的存放期超过一年时,再用时应进行外观检查。

(6)锚具、夹具和连接器在存放、搬运及使用期间均应妥善防护,避免锈蚀、沾污、遭受机械损伤、混淆和散失,但临时性的防护措施应不影响其安装和永久性防腐的实施。

2.锚具的表示方法

以 OVM 系列锚具为例,其表示方法见表 2-6-1,其构造图见图 2-6-2。

OVM 锚具部分型号参数　　　　　表 2-6-1

型号	预应力筋根数	锚垫板 A×B×C	波纹管 ϕ_D(内径)	锚板 ϕ_E	F	螺旋筋(B型) ϕ_G	ϕ_H	I	N	锚垫板安装孔孔距	锚垫板安装孔孔距	张拉千斤顶型号
OVM15-5	5	180×130×ϕ93	55	117	55	170	14	50	4	135	M10	YCW100B
OVM12-5		145×130×ϕ80	50	100	55	170	12	50	4	95	M10	YCW100B
OVM15-8	8	240×180×ϕ125	80	150	60	240	16	60	4	180	M10	YCW250B
OVM12-8		190×150×ϕ100	60	130	55	240	16	60	5	135	M10	YCW150B

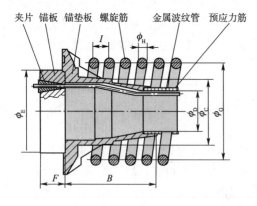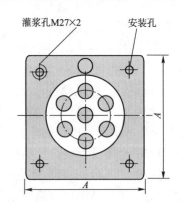

图 2-6-2　OVM 张拉端锚固体系构造图

3.预应力钢筋的连接

对钢绞线、高强钢丝等,一般采用预应力连接器连接,连接原理为机械连接;对精轧螺纹钢,一般用套筒连接。如图 2-6-3 所示。

a)

b)

图 2-6-3 预应力钢筋的连接

二、预应力用千斤顶

千斤顶工作场景如图 2-6-4 所示。

a)预应力钢绞线的张拉千斤顶　　　　b)伸长量的量测　　　　c)与千斤顶配套使用的油压泵

图 2-6-4 千斤顶工作场景

千斤顶是预应力桥梁施工中的重要机械。根据《公路桥涵施工技术规范》(JTG/T F50—2011),预应力张拉用的机具设备和仪表应符合下列规定:

(1)预应力筋的张拉宜采用穿心式双作用千斤顶,整体张拉或放张宜采用具有自锚功能的千斤顶;张拉千斤顶的额定张拉力宜为所需张拉力的 1.5 倍,且不得小于 1.2 倍。与千斤顶配套使用的压力表应选用防振型产品,其最大读数应为张拉力的 1.5~2.0 倍,标定精度应不低于 1.0 级。张拉机具设备应与锚具产品配套使用,并应在使用前进行校正、检验和标定。

(2)张拉用的千斤顶与压力表应配套标定、配套使用,标定应在经国家授权的法定计量技术机构定期进行,标定时千斤顶活塞的运行方向应与实际张拉工作状态一致。当处于下列情况之一时,应重新进行标定:

①使用时间超过 6 个月。
②张拉次数超过 300 次。
③使用过程中千斤顶或压力表出现异常情况。
④千斤顶检修或更换配件后。

(3)千斤顶的技术参数:如 YDCS650-200 型千斤顶,其中,650——公称张拉力(kN);200——公称张拉行程(mm)。

[**工程示例 2-6-1**(千斤顶张拉)] 某立交桥工程,为三跨后张预应力混凝土连续梁,采用预埋金属波纹管成孔,OVM 锚具,钢绞线强度等级为 1860MPa 钢绞线,YCW 型千斤顶。由外包专业队伍负责预应力张拉工艺施工。作业时间为 2004 年 5 月 10 日~15 日。在施工过程中应注意:

(1)张拉机具设备由经主管部门授权的法定计量技术机构进行校验。

(2)张拉时,1 号千斤顶出现了故障,施工人员从另一套张拉设备中,调出 3 号千斤顶临时顶替使用。

(3)张拉时,只要达到控制应力,即行锚固。

(4)5 号压力表指针不归零,又没有备用压力表,只好现由市场采购一块压力表安上使用。

(5)N2 束为 9 股 ϕ15.2 钢绞线,在张拉时,有一根断丝且不超过全断面的 1%,因工期紧,没有处理,即锚固灌浆。

(6)实际伸长值与理论伸长值的差值控制在 8% 以内。

(7)千斤顶系 2003 年 6 月 6 日校验合格使用后入库封存的。

(8)原定四套张拉设备,分两组可同时进行两端张拉,为抢工期,临时由设备库调出两台 YDC 型千斤顶组成一组应急使用。

问题:指出上述哪些是对的,哪些是违规操作?并分别说明正确做法。

分析与答案:

(1)对的,符合规范要求。

(2)如 3 号千斤顶没有与 1 号千斤顶组的其他机具配套校验过,则这样随意地顶替组合使用属违规操作。千斤顶属张拉机具设备,规范规定,张拉机具设备应配套校验,配套使用。

(3)不对。预应力筋采用应力控制张拉时,应以伸长值进行校验。

(4)不对。有两点需要强调指出:

①新采购的压力表,即使是合格品也应进行校验,校验合格并取得证书后方可使用。

②还需与其他张拉设备配套校验,然后在本配套组合内使用。

(5)对的,符合规范质量标准的要求。

(6)不对。实际伸长值与理论伸长值的差值,应控制在 6% 以内。

(7)该千斤顶不能使用,因为超过 6 个月,应重新校验,合格才能使用。

(8)这样做是不行的。因为使用的锚具是 OVM 锚具,与其匹配使用的是 YCW 千斤顶,而 YDC 千斤顶与 OVM 锚具不匹配,无法使用(YDC 千斤顶是与 XM 锚具相匹配的)。

三、波纹管

后张法预应力施工中普遍采用预埋波纹管成孔,工地上较常见的是镀锌钢带制作的金属波纹管和高密度聚乙烯塑料波纹管。塑料波纹管耐腐蚀,管道摩阻较小,穿束方便,采用真空压浆技术,可提高与混凝土的黏结性。因此,目前公路、城市道路桥梁施工中普遍采用塑料波纹管,如图 2-6-5 所示。

根据《公路桥涵施工技术规范》(JTG/T F50—2011)的规定,管道应符合下列规定:

(1)进场时除应按合同检查出厂合格证和质量保证书,核对其类别、型号、规格及数量外,尚应对其外观、尺寸、集中荷载下的径向刚度、荷载作用后的抗渗漏及抗弯曲渗漏等进行检验。检验试验方法应分别符合现行行业标准《预应力混凝土用金属波纹管》(JG 225—2007)和《预应力混凝土桥梁用塑料波纹管》(JT/T 529—2004)的规定。

(2)管道应按批进行检验。金属波纹管每批应由同一钢带生产厂生产的同一批钢带所制造的产品组成,累计半年或50000m生产量为一批,不足半年产量或50000m也作为一批的,则取产量最多的规格;塑料波纹管每批应由同一配方、同一生产工艺、同设备稳定连续生产的产品组成,每批数量应不超过10000m。

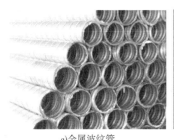
a)金属波纹管

b)塑料波纹管

c)预埋波纹管成孔

图 2-6-5　波纹管

(3)检验时应先进行外观质量的检验,合格后再进行其他指标的检验。当其他指标中有不合格项时,应取双倍数量的试件对该不合格项进行复验;复验仍不合格时,则该批产品为不合格。

(4)波纹管在搬运时应采用非金属绳捆扎,或采用专用框架装载,不得抛摔或在地面上拖拉。波纹管在存放时应远离热源及可能遭受各种腐蚀性气体、介质影响的地方,存放时间不宜超过6个月,在室外存放时不得直接堆于地面,应支垫并遮盖。

[填空]

1.锚具、夹具和连接器进场时,应按合同核对其_____、_____和_____,以及适用的预应力筋品种、规格和强度等级;且生产厂家应提供_____、_____、_____,以及夹片式锚具的锚口摩擦损失测试报告或参数。

2.锚具、夹具和连接器进场后,一般要进行_____、_____、_____三项检验。

3.张拉千斤顶的额定张拉力宜为所需张拉力的_____倍,且不得小于_____倍。与千斤顶配套使用的压力表应选用防振型产品,其最大读数应为张拉力的_____~_____倍,标定精度应不低于_____级。

4.波纹管按照材质一般分为_____、_____,目前使用较多且使用性能较好的是_____。

[简答]

1.锚具进场后,应进行哪几项检验?分别在什么单位完成这些检验?

2.千斤顶在什么情况下需要重新标定?

[案例分析]

某2~20m后张装配式简支空心板桥,采用预埋塑料波纹管成孔,OVM锚具,YCW型千斤顶,作业时间为2012年6月10日~15日。在施工过程中,出现以下状况:

(1)锚具进场后,生产厂能提供有效的静载锚固性能试验合格的证明文件,仅进行了外观检查和硬度检验。

(2)施工单位购置了一批连接器,拟作为一般锚具使用。

(3)某压力表指针不归零,又没有备用压力表,只好现由市场采购一块压力表安上使用。

(4)施工中钢绞线长度不够,施工单位拟以焊接的方式连接使用。

问题:指出上述哪些是对的,哪些是违规操作,并分别说明正确做法。

任务七　桥梁施工测量及放样

一、桥梁施工测量的概念

桥梁工程测量学具体内容如下:

(1)规划设计阶段的测量工作主要是提供各种比例尺的地形图、断面图,另外还要对工程地质勘探、水文地质勘探以及水文测验等进行测量。

(2)施工阶段的测量工作首先要根据地形、工程性质以及施工组织与计划等,建立施工控制网,然后再按照施工需要,采用各种不同的放样方法,将图纸上所设计的内容转移到实地。此外,还要进行施工质量控制、竣工测量、变形观测以及设备的安装测量等。

(3)在运营期间,为了监视工程建筑物安全情况,了解设计是否合理,验证设计理论是否正确,需要对工程建筑物的水平位移、沉陷、倾斜以及摆动等进行定期或持续的监测。对于大型的工业设备,还要进行经常性的检测和调校,以保证其按设计安全运行。为了对工程进行有效的管理、维护和日后改、扩建的需要,还应建立工程信息系统。桥梁施工测量常用仪器适用场合见表2-7-1。常用桥梁测量仪器见图2-7-1。

桥梁施工测量常用仪器适用场合表　　　　表2-7-1

序号	仪器名称	型　号	用　途
1	自动安平光学水准仪、自动安平数字水准仪、气泡式水准仪	DS_{05}、DS_1、DS_3、DS_{10}、DS_{Z3}	水准测量
2	双面区格式木质标尺、条码式铟瓦标尺	—	水准测量
3	钢尺、钢卷尺、皮尺	—	短距离的距离测量
4	经纬仪	DJ_1、DJ_2、DJ_5、DJ_6	高程导线测量、跨河水准测量、角度测量
5	光电测距仪	Ⅰ级、Ⅱ级、Ⅲ级	高程导线测量、跨河水准测量、距离测量
6	全站仪	按距离:短距离、中距离、长距离 按测角精度:0.5″、1″、2″、3″、5″、10″	高程导线测量、跨河水准测量、距离测量、角度测量、坐标测量、点位放样
7	GPS接收机	大地型双频接收机、单频接收机	平面控制测量、五等高程控制、坐标测量、点位放样、跨河水准测量

注:摘自《新编桥梁施工工程师手册》表3.2-1。

二、GPS-RTK在路桥测设中的应用

GPS-RTK系统工作原理如下:RTK技术是大地测量、空间技术、卫星技术、无线电通信与计算机技术的综合集成。其系统主要由一个基准站、若干个流动站、通信系统和RTK测量的软件系统组成。其中,基准站包括GPS接收机(具备数据传输参数、测量参数、坐标系统等的设置功能)、GPS天线、无线电通信发射设备、电源、基准站控制器等设备。流动站包括GPS天线、GPS接收机、无线电通信接收设备、电源、流动站控制器。GPS-RTK系统工作示意如图2-7-2所示。

  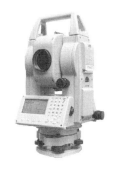

a) 自动安平光学水准仪　　b) 光电测距仪　　c) 全站仪

图 2-7-1　常见桥梁测量仪器

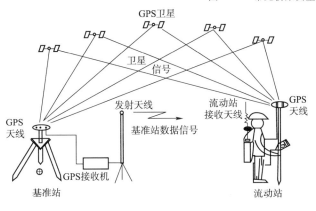  

图 2-7-2　GPS-RTK 系统工作示意图

应用卫星定位系统、全站仪及数字水准仪快速建立高精度三维工程控制网,将继续成为未来桥梁工程控制测量的基本方法。

三、桥位施工测量精度要求及测量等级的选用

对于大桥、特大桥、跨海大桥以及其他构造物,当对测量精度要求较高时,应根据其桥梁结构和精度要求确定平面控制测量的精度,宜以其精度作为首级控制网精度,并据以扩展局部测量施工控制网。桥位平面控制网可与路线控制点直接联测,但应保持其本身的精度。主控制网宜全线贯通,统一平差。

1. 桥位测量精度要求

桥梁轴线相对中误差见表 2-7-2。

桥梁轴线相对中误差　　　　　　　　　　　　　　　　表 2-7-2

测量等级	桥梁轴线相对中误差	测量等级	桥梁轴线相对中误差
二等	≤1/150000	四等	≤1/60000
三等	≤1/100000	一级	≤1/40000

注：①摘自《公路桥涵施工技术规范》(JTG/T F50—2011) 表 3.2.4-3。
　　②对特殊桥梁结构,应根据结构特点确定桥轴线控制测量的等级与精度。

2. 平面控制测量等级选用及精度要求

平面控制测量等级见表 2-7-3,测量精度要求见表 2-7-4,角度长度和坐标数据小数取位要求见表 2-7-5。

平面控制测量等级 表2-7-3

多跨桥梁总长 L(m)	单跨桥梁跨径 L_k(m)	其他构造物	测量等级
L≥3000	L_k≥500	—	二等
2000≤L<3000	300≤L_k<500	—	三等
1000≤L<2000	150≤L_k<300	高架桥	四等
L<1000	L_k<150	—	一级

注：摘自《公路桥涵施工技术规范》(JTG/T F50—2011)表3.2.4-2。

平面控制测量精度要求 表2-7-4

测量等级	最弱相邻点边长相对中误差	测量等级	最弱相邻点边长相对中误差
二等	1/100000	四等	1/35000
三等	1/70000	一级	1/20000

注：①摘自《公路桥涵施工技术规范》(JTG/T F50—2011)表3.2.4-1。
②各级平面控制测量，其最弱点点位中误差不得大于±50mm，最弱相邻点相对点位中误差不得大于±30mm，最弱相邻点边长相对中误差不得大于表2-7-4的规定。

角度、长度和坐标数据小数取位要求表 表2-7-5

测量等级	角度(″)	长度(m)	坐标(m)
二等	0.01	0.0001	0.0001
三等、四等	0.1	0.001	0.001
一级	1	0.001	0.001

注：摘自《新编桥梁施工工程师手册》表3.2-4。

四、桥梁施工平面控制网

为建立测量控制网而进行的测量工作，包括平面控制测量、高程控制测量和三维控制测量，是桥梁施工中最基础、最重要的工作之一。

平面控制网宜采用三角测量和全球定位系统(GPS)测量方法进行。根据《公路桥涵施工技术规范》(JTG/T F50—2011)的规定，其主要注意事项如下：

(1)施工前应由勘测设计单位对控制性桩点进行现场交桩，并应在复测原控制网的基础上，根据施工需要适当加密、优化，建立施工测量控制网。

(2)对测量控制点，应编号绘于施工总平面图上，并应采取有效的措施妥善保护。施工过程中，应对控制网(点)进行不定期的检测和定期复测，定期复测周期不应超过6个月，当发现控制点的稳定性有问题时，应立即进行局部或全面复测。

(3)大桥、特大桥以及特殊结构桥梁的平面控制测量坐标系，其投影长度变形值不应大于10mm/km，投影分带位置不得选在桥址处。

(4)当采用独立坐标系、抵偿坐标系时，应确认与国家坐标系的转换关系。

(5)在布设平面控制点时，四等及以上平面控制网中相邻点之间的距离不得小于500m；一级平面控制网中相邻点之间的距离在平原、微丘区不得小于200m，重丘、山岭区不得小于100m；最大距离不应大于平均边长的2倍。特大桥及特殊结构桥梁的每一端应至少埋设2个平面控制点。

(6)在满足桥轴线长度测定和墩台中心定位精度的前提下，力求使图形简单并具有足够的强度，以减少外业观测工作和内业计算工作。根据桥梁的大小、精度要求和地形条件，桥梁施工平面控制网的网形布设主要有如表2-7-6所示的几种形式。

桥梁施工平面控制网的网形布设　　　　　表2-7-6

序号	平面施工控制网网形图	备注
1		双三角形
2		大地四边形
3		双大地四边形
4		加强型大地四边形
5		大地四边形加三角形

注：摘自《新编桥梁施工工程师手册》表3.2-11。

（7）平面控制三角网的基线不应少于2条，依据当地条件，可设于河流的一岸或两岸。基线一端应与桥轴线连接，并近于垂直。当桥轴线较长时，应尽可能在两岸均设基线，长度一般不小于桥轴线长度的0.7倍，困难地段不得小于0.5倍。设计单位布设的基线桩精度够用时应予以利用。三角网所有角度宜布设在30°~120°，困难情况下不应小于25°。主要技术要求见表2-7-7、表2-7-8。

三角测量的技术要求 表2-7-7

测量等级	平均边长（km）	测角中误差（″）	起始边边长相对中误差	三角形闭合差（″）	测回数 DJ$_1$	测回数 DJ$_2$	测回数 DJ$_6$
二等	3.0	±1.0	≤1/250000	±3.5	≥12	—	—
三等	2.0	±1.8	≤1/150000	±7.0	≥6	≥9	—
四等	1.0	±2.5	≤1/100000	±9.0	≥4	≥6	—
一等	0.5	±5.0	≤1/40000	±15.0	—	≥3	≥4

注：摘自《新编桥梁施工工程师手册》表3.4-1。

水平角方向观测法的技术要求 表2-7-8

测量等级	经纬仪型号	光学测微器两次重合读数之差（″）	半测回归零差（″）	同一测回中2C较差（″）	同一方向各测回间较差（″）	测回数
二等	DJ$_1$	≤1	≤6	≤9	≤6	≥12
三等	DJ$_1$	≤1	≤6	≤9	≤6	≥6
三等	DJ$_2$	≤3	≤8	≤13	≤9	≥10
四等	DJ$_1$	≤1	≤6	≤9	≤6	≥4
四等	DJ$_2$	≤3	≤8	≤13	≤9	≥6
一等	DJ$_2$	—	≤12	≤18	≤12	≥2
一等	DJ$_6$	—	≤24	—	≤24	≥4

注：①摘自《新编桥梁施工工程师手册》表3.4-2。
②当观测方向的垂直角超过±3°的范围时，该方向的2C较差可按同一观察时段内相邻测回进行比较。

五、桥梁施工高程控制网

高程控制测量精度等级的划分，依次为二、三、四、五等。各等级高程控制宜采用水准测量，四等及以下等级可采用电磁波测距三角高程，五等也可采用CPS拟合高程测量。

根据《公路桥涵施工技术规范》（JTG/T F50—2011）的规定，桥涵工程施工的高程控制测量应符合下列规定：

（1）同一工程项目应采用同一高程系统，并应与相邻工程项目的高程系统相衔接。桥位水准点的高程测量应与路线控制高程联测。

（2）用于跨越水域或深谷的大桥、特大桥的高程控制网最弱点高程中误差为±10mm。

（3）桥梁工程的高程控制测量等级不得低于表2-7-9的规定。

高程控制测量等级 表2-7-9

多跨桥梁总长L(m)	单跨桥梁跨径L_k(m)	其他构造物	测量等级
L≥3000	L_k≥500	—	二等
1000≤L<3000	150≤L_k<500	—	三等
L<1000	L_k<150	高架桥	四等

注：摘自《公路桥涵施工技术规范》（JTG/T F50—2011）表3.2.5-2。

（4）高程控制网每千米观测高差中误差和附合（环线）水准路线长度应小于表2-7-10的规定，精度要求见表2-7-11。

（5）施工水准网中的各水准点，对于大桥和特大桥应构成连续水准环。大桥和特大桥的每端应至少设置2个水准点,作为水准网的控制点。

高程控制测量的技术要求　　　　表2-7-10

测量等级	每公里高差中数中误差(mm)		附合或环线水准路线长度(km)
	偶然中误差 M_Δ	全中误差 M_W	
二等	±1	±2	100
三等	±3	±6	10
四等	±5	±10	4

注:①摘自《公路桥涵施工技术规范》(JTG/T F50—2011)表3.2.5-1。
②控制网节点间的长度不应大于表中长度的0.7倍。

高程测量数据小数取位要求表　　　　表2-7-11

测量等级	各测站高差（mm）	往返测距离总和（km）	往返测距离中数（km）	往返测高差总和（mm）	往返测高差中数（mm）	高程（mm）
各等级等	0.1	0.1	0.1	0.1	0.1	1

注:摘自《新编桥梁施工工程师手册》表3.5-2。

六、桥梁墩台放样

桥梁墩台放样分直线桥梁墩台中心定位和曲线上桥梁墩台中心定位。其中直线桥放样可采用直接丈量法、设角法一岸交会、设角法两岸交会、视标法一岸交会、光电测距法等。曲线桥墩台放样主要有偏角法、支距法、坐标法、交会法、综合法等。

桥梁施工放样前,应熟悉施工设计图纸,并根据桥梁设计和施工的特点,确定放样方法。高程位置放样宜采用水准测量方法。

在桥梁施工测量中,最主要的工作是测设出墩、台的中心位置及其纵横轴线。其测设数据由控制点坐标和墩、台中心的设计位置计算,若是曲线桥还需桥梁偏角、偏距及墩距等原始资料。测设方法则视河宽、水深及墩位的情况,可采用直接测设或角度交会的方法。墩、台中心位置定出以后,还要测设出墩、台的纵横轴线,以固定墩台方向,同时它也是墩台施工中的细部放样的依据。

1. 直接丈量法

该法用钢尺直接丈量,多用于地形平缓及无水河滩或水面较窄地带,根据桥轴控制桩和墩台里程,算出其间距离,在控制桩上设置经纬仪,照准中线方向,用检定过的钢尺沿中线依次放出各段距离(或用全站仪在中线方向上依次打出各墩中心位置),用大木桩标定,并在木桩顶面钉一铁钉作为仪器对中点。用钢尺丈量的具体操作方法如下。

(1)沿桥轴线方向用经纬仪定线,钉出一系列木桩如图2-7-3所示。为便于丈量,桩间距应比钢尺的全长略微短一些(约5cm)。

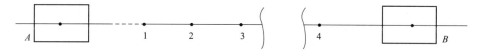

图2-7-3　墩台位置放样示意

(2)用水准仪测出相邻桩顶间的高差,为了校核应测两次,读至mm,两次高差之差应不超过2mm。

(3)丈量时应对钢尺施以标准拉力,每一尺段可连续测量三次,每次读数时均应变换钢尺的位置,以防差错,读数精确到0.1mm,三次测量结果的较差不得超过1~2mm。

(4)计算桥轴线长度。每一尺段的丈量结果应进行尺长改正△L、温度改正△t、拉力改正△p、垂度改正△f及倾斜改正△h。

2.设角法一岸交会

如图2-7-4所示,根据桥位三角控制网的数据,计算出各墩台交会角α、β,制成放样图表。置镜于C、D两点测得α、β角,再将仪器放置于B点与桥轴线方向构成一误差三角形,再在此误差三角形内取一点作为所求墩的中心位置。

α、β角按下列公式计算:

$$\alpha = \arctan\{L \times \sin\theta_1 / [d - (L \times \cos\theta_1)]\}$$

$$\beta = \arctan\{L \times \sin\theta_2 / [d_1 - (L \times \cos\theta_2)]\}$$

式中:L——中线控制点B至墩中心的距离(m);

d、d_1——基线长度(m)。

3.设角法两岸交会

如图2-7-5所示,计算出各墩台交会角α、β,施测时置放仪器于C、D两点,设α、β角,则与中线构成误差三角形。取点时,必须以桥轴线为准,在其他两个方向线的相交处作垂直桥轴线的交点,即为所求墩中心位置。

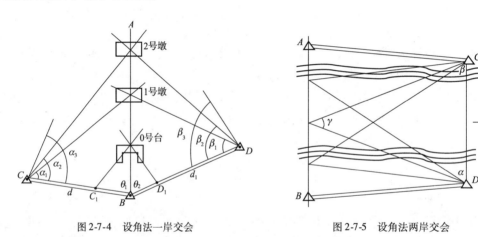

图2-7-4 设角法一岸交会　　　　图2-7-5 设角法两岸交会

4.光电测距法

采用该法的首要条件是墩台中心处能安置棱镜,且测距仪和棱镜之间能够通视。

测设时,首先得出斜距,根据测设出的斜距及垂直角计算为平距后,与应有的平距进行比较,看两者是否相等,根据其差值前后移动棱镜,直到两者相符,则棱镜处即为要测设的墩位。

七、锥坡的测量放样

桥(涵)台锥形坡护坡一般在平面上呈1/4椭圆形,立体呈椎体,其边坡根据路堤土高低取两种或一种坡度,按规定小于6m高时采用一种边坡,大于6m设置两种边坡,下部较缓,上部较陡。

锥坡的放样方法有多种,均先求出坡脚椭圆形的轨迹线,测设到地面上,然后再按规定的边坡放样出样线,据以施工。见表2-7-12、表2-7-13。

锥坡的支距放样法

表 2-7-12

项目	图式及说明
适用范围	用于桥(涵)台椭圆形锥坡不高、干地底脚、地势平坦、桥位中线与水流正交场合
锥坡支距简图	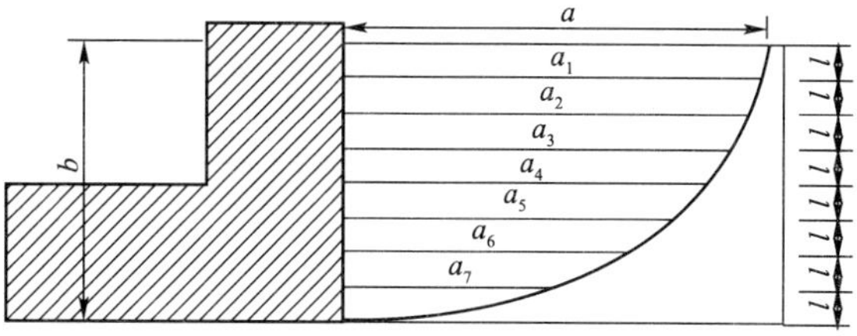 图示为 1/4 椭圆形锥体护坡地面的支距尺寸代号(可直接从所列数值查表)
方法简述	1. 将 b 分为 8 等分时：$l=b/8$； 2. 将 b 分为 10 等分时：$l=b/10$； 3. $H \leqslant 6m$ 时，$b=H$；4. $H=6 \sim 12m$ 时，$b=1.25H \sim 1.5H$

支距(m) \ 锥坡高度(m)	$H \leqslant 6$		$H = 6 \sim 12$	
	十点法	八点法	十点法	八点法
a	$1.50H$	$1.50H$	$1.75H-1.50$	$1.75H-1.50$
a_1	$1.49H$	$1.49H$	$1.74H-1.50$	$1.70H-1.50$
a_2	$1.47H$	$1.45H$	$1.72H-1.50$	$1.69H-1.40$
a_3	$1.43H$	$1.39H$	$1.67H-1.40$	$1.62H-1.40$
a_4	$1.37H$	$1.30H$	$1.60H-1.40$	$1.52H-1.30$
a_5	$1.30H$	$1.17H$	$1.52H-1.30$	$1.37H-1.20$
a_6	$1.20H$	$0.99H$	$1.40H-1.20$	$1.16H-1.00$
a_7	$1.07H$	$0.73H$	$1.25H-1.10$	$0.85H-0.73$
a_8	$0.90H$	—	$1.05H-0.90$	—
a_9	$0.65H$	—	$0.75H-0.65$	—

斜桥锥坡放样法

表 2-7-13

项目	图式及说明
适用范围	地势平坦、干地、高度不大的锥坡，椭圆曲线仍可采用坐标值量距法定点放样，但不能直接使用前述直角坐标值；用于桥(涵)中心河流斜交时，需视斜交角(即斜角度)α 的不同而乘以角度系数值 c

斜角角度系数	$c = DF = a\sec\alpha$									
	不同斜角相应的斜度系数 c									
桥涵斜角 $\alpha(°)$	8	10	12	14	16	18	20	22	25	28	30
系数 $c = a\sec\alpha$	1.01	1.015	1.022	1.03	1.04	1.05	1.06	1.079	1.11	1.13	1.15

斜桥锥坡平面简图	

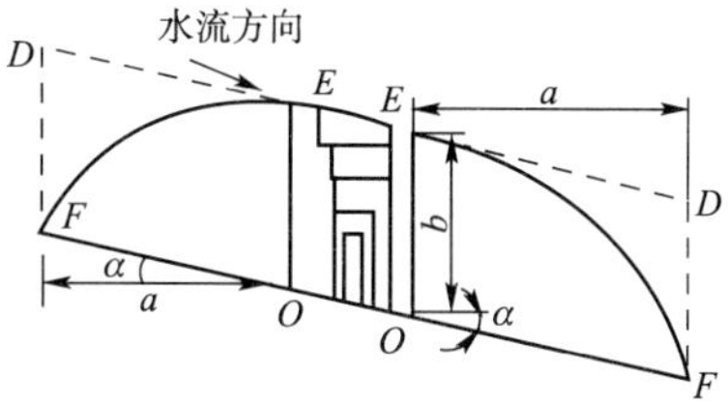

续上表

项目	图式及说明										
定曲线坐标	根据已知桥涵的斜角,由本表查出相应斜角系数c,与长轴相乘得ED线上距E点长度为x,其纵坐标y值如下										
	斜桥涵椭圆曲线坐标值										
	等分点	1/10	2/10	3/10	4/10	5/10	6/10	7/10	8/10	9/10	9.5/10	10/10
	距E点长度	$0.1ac$	$0.2ac$	$0.3ac$	$0.4ac$	$0.5ac$	$0.6ac$	$0.7ac$	$0.8ac$	$0.9ac$	$0.95ac$	ac
	纵向y值	$0.005b$	$0.020b$	$0.046b$	$0.083b$	$0.134b$	$0.200b$	$0.286b$	$0.400b$	$0.564b$	$0.688b$	b

[填空]

1. 光电测距仪在桥梁施工中主要用于_____、_____、_____。
2. 特大桥及特殊结构桥梁的每一端应至少埋设_____个平面控制点。

[实操]

根据"项目三"中"桥台锥坡一般构造图"图纸,试按照本节方法进行现场放样实操。

项目三 桥梁图纸识图市图

任务一 熟悉桥梁混凝土的指标等级

混凝土强度是混凝土的重要力学性能,是设计钢筋混凝土结构的重要依据,它直接影响结构的安全和耐久性。

一、桥涵设计中几种常见的混凝土强度等级

1. 混凝土强度等级

应按边长为150mm立方体试件的抗压强度标准值确定。抗压强度标准值系指试件用标准方法制作、养护至28d龄期,以标准试验方法测得的具有95%保证率的抗压强度(以MPa计)。

混凝土强度等级用150mm×150mm×150mm立方体抗压强度标准值并冠以C表示,如C30表示30级混凝土。

$$f_{cu,k} = \mu^s_{fl50} - 1.645\sigma_{fl50} = \mu^s_{fl50}(1 - 1.645\delta_{fl50}) \tag{3-1-1}$$

式中:$f_{cu,k}$——混凝土立方体抗压强度标准值(MPa);

μ^s_{fl50}——混凝土立方体抗压强度的平均值(MPa);

σ_{fl50}——混凝土立方体抗压强度的标准差(MPa);

δ_{fl50}——混凝土立方体抗压强度的变异系数,$\delta_{fl50} = \sigma_{fl50}/\mu^s_{fl50}$,其值可按表3-1-1采用。

混凝土立方体抗压强度的变异系数　　表3-1-1

$f_{cu,k}$	C20	C25	C30	C35	C40	C45	C50	C55	C60
δ_{fl50}	0.18	0.16	0.14	0.13	0.12	0.12	0.11	0.11	0.10

2. 混凝土轴心抗压强度标准值和设计值

(1)轴心抗压强度标准值f_{ck}:

用高宽比$h/b \geqslant 3$的柱体试件所测得的抗压强度称为轴心抗压强度(或称为柱体抗压强度)。我国采用150mm×150mm×450mm的柱体作为混凝土轴心抗压试验的标准试件,按与上述立方体试件相同的制作、养护条件和标准试验方法测得的具有95%保证率的抗压强度称为轴心抗压强度标准值(以MPa计),符号为f_{ck}。

$$f_{ck} = 0.88 a f_{cu,k} \tag{3-1-2}$$

式中:a——按以往试验资料和《高强混凝土结构设计与施工指南》建议取值。

C50及以下混凝土,$a = 0.76$;C55~C80混凝土,$a = 0.78 \sim 0.82$;另外,考虑C40以上混凝土具有脆性,取折减系数C40~C80为1.0~0.87,中间按直线插入。

(2)轴心抗压强度设计值f_{cd}:

$$f_{cd} = f_{ck}/1.45 \tag{3-1-3}$$

3. 混凝土轴心抗拉强度标准值和设计值

混凝土抗拉强度是混凝土基本力学特征之一,其值为抗压强度的 1/8~1/18。我国较多采用的测试方法是用钢模浇筑成型的 100mm×100mm×500mm 的柱体试件,通过预埋在试件轴线两端的钢筋,对试件施加拉力,试件破坏时的平均应力即为混凝土的轴心抗拉强度 f_t。如图 3-1-1 所示。

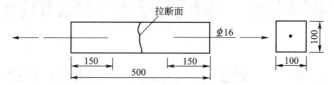

图 3-1-1　混凝土直接受拉试验(尺寸单位:mm)

(1)轴心抗拉强度标准值 f_{tk}:

$$f_{tk} = 0.88 \times 0.395 f_{cu,k}^{0.55}(1 - 1.645\delta_{f150})^{0.45} \tag{3-1-4}$$

同样,考虑 C40 以上混凝土的脆性,按上式求得的轴心抗拉强度标准值,也应乘以脆性系数($\beta = 1.0 \sim 0.87$)。

(2)轴心抗拉强度设计值 f_{td}:

$$f_{td} = f_{tk}/1.45 \tag{3-1-5}$$

4.《桥规 JTG D62—2004》中混凝土设计指标(表 3-1-2)

混凝土强度等级(MPa)　　　　　　　　　　　　　　表 3-1-2

强度种类 强度等级	强度标准值		强度设计值		混凝土的弹性模量 E_c
	轴心抗压 f_{ck}	轴心抗拉 f_{tk}	轴心抗压 f_{cd}	轴心抗拉 f_{td}	
C15	10.0	1.27	6.9	0.88	2.20×10^4
C20	13.4	1.54	9.2	1.06	2.55×10^4
C25	16.7	1.78	11.5	1.23	2.80×10^4
C30	20.1	2.01	13.8	1.39	3.00×10^4
C35	23.4	2.20	16.1	1.52	3.15×10^4
C40	26.8	2.40	18.4	1.65	3.25×10^4
C45	29.6	2.51	20.5	1.74	3.35×10^4
C50	32.4	2.65	22.4	1.83	3.45×10^4
C55	35.5	2.74	24.4	1.89	3.55×10^4
C60	38.5	2.85	26.5	1.96	3.60×10^4
C65	41.5	2.93	28.5	2.02	3.65×10^4
C70	44.5	3.00	30.5	2.07	3.70×10^4
C75	47.4	3.05	32.4	2.10	3.75×10^4
C80	50.2	3.10	34.6	2.14	3.80×10^4

注:①计算现浇钢筋混凝土轴心受压和偏心受压构件时,如截面尺寸的长边或直径小于 300mm,表中的数值(强度数值)应乘系数 0.8,当构件质量(混凝土成型、截面和轴线尺寸等)确有保证时,可不受此限。
②当采用引气剂及较高砂率的泵送混凝土且无实测数据时,表中 C50~C80 的 E_c 值应乘折减系数 0.95。
③混凝土的剪变模量 G_c,按表中 E_c 值的 0.4 倍采用。
④混凝土的泊松比 ν_c 可采用 0.2。

二、桥涵设计中混凝土强度等级的一般规定

根据《公路钢筋混凝土及预应力混凝土桥涵设计规范》(JTG D62—2004)3.1.2 条,公路

桥涵受力构件混凝土强度等级,钢筋混凝土构件不应低于C20,当用HRB400、KL400级钢筋配筋时,不应低于C25;预应力混凝土构件不应低于C40。

另外,根据《桥梁设计规范学习与应用讲评》中的建议:改变传统设计习惯,适当提高设计时选用的混凝土强度等级,对钢筋混凝土受弯构件采用C30~C35,对钢筋混凝土受压构件采用C30~C40,预应力混凝土构件采用C40~C60。采用C50以上高强混凝土应参照《高强混凝土结构设计规程》(CECS 104—1999)执行。

[填空]

1.《公路钢筋混凝土及预应力混凝土桥涵设计规范》(JTG D62—2004)规定,公路桥涵受力构件混凝土强度等级,钢筋混凝土构件不应低于_____,当用HRB400、KL400级钢筋配筋时,不应低于_____;预应力混凝土构件不应低于_____。

2.混凝土抗拉强度约为抗压强度的_____,所以要在结构中配置抗拉强度较高的钢筋。

[简答]

1.桥梁混凝土工程中涉及的强度指标有几个?其各自的用途是什么?

2.青海省玉树县属于严寒地区,拟修建2~20m预应力混凝土空心板桥,问:

(1)空心板混凝土强度等级宜采用多少?

(2)桥面现浇水泥混凝土应采用的强度等级是多少?

3.某桥梁工地在现场应力监控时,见图3-1-2,发现箱梁底板混凝土实测应力数值为-2.1MPa,该箱梁混凝土强度为C40,请问:箱梁状态是否正常?是否应采取一定的工程措施?

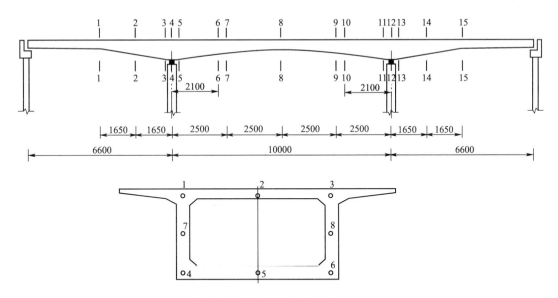

图3-1-2 箱梁监控断面(尺寸单位:mm)

任务二 桥涵钢筋的种类及性能指标认知

《桥规 JTG D62—2004》推荐用于钢筋混凝土桥梁结构的钢筋主要选用热轧钢筋、碳素钢丝和精轧螺纹钢筋三大类。

热轧钢筋是将钢材在高于再结晶温度状态下,用机械方法轧制成不同外形的钢筋。热轧钢筋按外形可分为光圆钢筋和带肋钢筋两大类。光圆钢筋的强度等级代号为 R235,相当于原标准的Ⅰ级钢筋,厂家生产的公称直径范围为 8～20mm。带肋钢筋按强度分为 HRB335 和 HRB400、KL400 三个等级。HRB335 钢筋相当于原标准的Ⅱ级钢筋,厂家生产的公称直径范围为 6～50mm,推荐采用直径一般不超过 32mm。HRB400 和 KL400 钢筋相当于原标准的Ⅲ级钢筋。其中 HRB400 为按国家标准《钢筋混凝土用钢 第 2 部分:热轧带肋钢筋》(GB 1499.2—2007)生产的热轧钢筋,公称直径范围为 6～50mm;KL400 为按国家标准《钢筋混凝土用余热处理钢筋》(GB 13014—2013)生产的余热处理钢筋,即在钢筋经过热轧后立即穿水,进行表面冷却,然后利用芯部余热自身完成回火处理,厂家生产的公称直径范围为 8～40mm。HRB400 和 KL400 钢筋的强度略高于 HRB335 钢筋,综合性能较好,是钢筋混凝土结构推广采用的主导钢筋。

碳素钢丝按其外形分为光面钢丝、螺旋肋钢丝和刻痕钢丝三种类型。光面钢丝一般以多根钢丝组成钢丝束或由若干根钢丝扭结成钢绞线的形式应用。桥梁工程中常用的钢绞线有: 1×2(二股)、1×3(三股)、1×7(七股),其中采用最多的是七股钢绞线。组成钢绞线的钢丝直径不同,其公称直径为 9.5mm、11.1mm、12.7mm 和 15.2mm 四种规格,钢绞线是预应力混凝土结构推广采用的主导钢筋。螺旋肋钢丝和刻痕钢丝,与混凝土之间的黏结性能好,适用于先张法预应力混凝土结构,目前我国生产的螺旋肋钢丝和刻痕钢丝的规格为 $d=4\sim9$mm。

精轧螺纹钢筋是按企业标准 Q/YB 3125-96 和 Q/ASB 116-1997 生产的高强度钢筋,供货规格有 $d=18$mm、25mm、32mm 和 40mm 四种。精轧螺纹钢的强度较高,主要用于中小跨轻的预应力混凝土桥梁构件。

一、桥涵中的普通钢筋

根据《公路钢筋混凝土及预应力混凝土桥涵设计规范》(JTG D62—2004),桥梁所用钢筋的规定如下。普通钢筋强度及弹性模量见表 3-2-1。

普通钢筋强度及弹性模量(MPa)　　　　表 3-2-1

钢筋种类	符号	强度标准值 f_{sk}	强度设计值		弹性模量 E_s
			抗拉强度 f_{sd}	抗压强度 f'_{sd}	
R235 $d=8\sim20$mm	Φ	235	195	195	2.1×10^5
HRB335 $d=6\sim50$mm	Φ	335	280	280	2.0×10^5
HRB400 $d=6\sim50$mm	Φ	400	330	330	2.0×10^5
KL400 $d=8\sim40$mm	Φ^R	400	330	330	2.0×10^5

注:摘自《桥规 JTG D62—2004》表 3.2.2-1、表 3.2.3-1、表 3.2.4。表中 d 是指国家标准中的钢筋公称直径(mm)。

(1)钢筋混凝土及预应力混凝土构件中的普通钢筋宜选用热轧 R235、HRB335、HRB400 及 KL400 钢筋,预应力混凝土构件中的箍筋应选用其中的带肋钢筋;按构造要求配置的钢筋网可采用冷轧带肋钢筋。

(2)R235 钢筋系指国家标准《钢筋混凝土用钢 第 1 部分:热轧光圆钢筋》(GB 1499.1—2008)中的Ⅰ级钢筋;HRB335、HRB400 钢筋摘自国家标准《钢筋混凝土用钢 第 2 部分:热轧带肋钢筋》(GB 1499.2—2007),相当于原国家标准 GB 1499—1991 中的Ⅱ级钢筋、Ⅲ级钢筋;KL400 钢筋系指国家标准《钢筋混凝土用余热处理钢筋》(GB 13014—2013)中的Ⅲ级钢筋。

(3)冷轧带肋钢筋取自国家标准《冷轧带肋钢筋》(GB 13788—2008)。

(4)预应力混凝土构件中的预应力钢筋应选用钢绞线、钢丝;中、小型构件或竖、横向预应力钢筋,也可选用精轧螺纹钢筋。

(5)预应力钢丝系指国家标准《预应力混凝土用钢丝》(GB/T 5223—2002)及其第一号修改单中消除应力的三面刻痕钢丝、螺旋肋钢丝和光面钢丝。

(6)钢筋的抗拉强度标准值应具有不小于95%的保证率。

二、桥涵中的预应力钢筋

预应力钢绞线形态见图3-2-1,预应力钢筋抗拉强度标准值及弹性模量见表3-2-2。

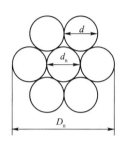

a)钢绞线成品　　　　　　b)钢绞线截面形式　　　　c)钢绞线的公称直径示意

图 3-2-1　预应力钢绞线形态

预应力钢筋抗拉强度标准值及弹性模量(MPa)　　表 3-2-2

钢筋种类			符号	抗拉强度标准值 f_{pk}	弹性模量 E_p
钢绞线	1×2 (二股)	$d=8.0、10.0$ $d=12.0$	ϕ^S	1470、1570、1720、1860 1470、1570、1720	1.95×10^5
	1×3 (三股)	$d=8.6、10.8$ $d=12.9$		1470、1570、1720、1860 1470、1570、1720	
	1×7 (七股)	$d=9.5、11.1、12.7$ $d=15.2$		1860 1720、1860	
消除应力钢丝	光面 螺旋肋	$d=4、5$ $d=6$ $d=7、8、9$	ϕ^P ϕ^H	1470、1570、1670、1770 1570、1670 1470、1570	2.05×10^5
	刻痕	$d=5、7$	ϕ^I	1470、1570	
精轧螺纹钢筋		$d=40$ $d=18、25、32$	JL	540 540、785、930	2.0×10^5

注:摘自《桥规 JTG D62—2004》表3.2.2-2、表3.2.4。

表中 d 是指国家标准中的钢绞线、钢丝和精轧螺纹钢筋的公称直径(mm)。

普通钢筋抗拉强度设计值 f_{sd} 和抗压强度设计值 f'_{sd} 按表3-2-1采用;预应力钢筋的抗拉强度设计值 f_{pd} 和抗压强度设计值 f'_{pd} 按表3-2-3选用。

预应力钢筋抗拉、抗压强度设计值（MPa） 表3-2-3

钢 筋 种 类		抗拉强度设计值f_{pd}	抗压强度设计值f'_{pd}
钢绞线 1×2（二股） 1×3（三股） 1×7（七股）	抗拉强度标准值$f_{pk}=1470$	1000	390
	抗拉强度标准值$f_{pk}=1570$	1070	
	抗拉强度标准值$f_{pk}=1720$	1170	
	抗拉强度标准值$f_{pk}=1860$	1260	
消除应力光面钢丝 和螺旋肋钢丝	抗拉强度标准值$f_{pk}=1470$	1000	410
	抗拉强度标准值$f_{pk}=1570$	1070	
	抗拉强度标准值$f_{pk}=1670$	1140	
	抗拉强度标准值$f_{pk}=1770$	1200	
消除应力刻痕钢丝	抗拉强度标准值$f_{pk}=1470$	1000	410
	抗拉强度标准值$f_{pk}=1570$	1070	
精轧螺纹钢筋	抗拉强度标准值$f_{pk}=540$	450	400
	抗拉强度标准值$f_{pk}=785$	650	
	抗拉强度标准值$f_{pk}=930$	770	

注：摘自《桥规 JTG D62—2004》表 3.2.3-2。

三、工程计算的常用数据

为便于设计计算，将普通钢筋及预应力钢筋的公称截面面积和公称质量列于表3-2-4、表3-2-5。

圆钢筋及螺纹钢筋截面、质量表 表3-2-4

直径 （mm）	单根钢筋的截面面积 （mm²）	质量 （kg/m）	螺纹钢筋计算直径 （mm）	螺纹钢筋内径 （mm）	螺纹钢筋外径 （mm）
6	28.27	0.222	6	5.8	6.8
8	50.27	0.395	8	7.5	9.0
10	78.54	0.617	10	9.3	11.3
12	113.10	0.888	12	11.0	13.5
14	153.90	1.210	14	13.0	15.5
16	201.10	1.580	16	15.0	18
18	254.50	2.000	18	17.0	20
20	314.20	2.470	20	19.0	22
22	380.10	2.980	22	21.0	24
25	490.90	3.850	25	24.0	27.0
28	615.80	4.830	28	26.5	30.5
32	804.20	6.310	32	30.5	34.5
36	1018.00	7.990	36	34.5	39.5
40	1257.00	9.870	40	38.5	43.5
50	1964.00	15.420			

注：摘自《桥规 JTG D62—2004》条文说明表3-1。

预应力钢筋公称截面面积和公称质量   表 3-2-5

钢筋种类及公称直径(mm)			截面面积(mm²)	公称质量(kg/m)
钢绞线	1×2	8.0	25.3	0.199
		10.0	39.5	0.310
		12.0	56.9	0.447
	1×3	8.6	37.4	0.295
		10.8	59.3	0.465
		12.9	85.4	0.671
	1×7 标准型	9.5	54.8	0.432
		11.1	74.2	0.580
		12.7	98.7	0.774
		15.2	139.0	1.101
钢丝		4	12.57	0.099
		5	19.63	0.154
		6	28.27	0.222
		7	38.48	0.302
		8	50.26	0.394
		9	63.62	0.499
精轧螺纹钢筋		18	254.5	2.1
		25	490.9	4.1
		32	804.2	6.6
		40	1247.0	10.3

注:摘自《桥规 JTG D62—2004》条文说明表 3-2。

另外,ϕ15.24 钢绞线:我国公路部门标准中无此规格,但在图纸中出现得较多。属于 ASTMA416-98 标准 270 级钢绞线,公称直径 15.24mm,公称截面积 140mm²,标准抗拉强度 R_y^b = 1860MPa,张拉控制应力 σ_k = 1395MPa,弹性模量 $E = 1.95 \times 10^5$MPa,松弛率不大于 3.5%。

四、环氧树脂钢筋

位于Ⅲ类或Ⅳ类环境的桥梁,尽管混凝土强度提高了,混凝土保护层厚度加大了,但长期与侵蚀性物质接触,且有些钢筋混凝土构件可能带有裂缝,因此钢筋遭受腐蚀的可能性很大。

环氧树脂涂层钢筋已颁有行业标准《环氧树脂涂层钢筋》(JG 3042—1997),产品已在国内工程中应用,并取得一定经验。该产品采用静电喷涂环氧树脂粉末的工艺,在钢筋表面形成一定厚度的环氧树脂防腐涂层,将钢筋与周围混凝土隔开,使侵蚀性介质不直接接触钢筋表面,可避免钢筋受到腐蚀。但该产品价格昂贵,且与混凝土黏结力低,材料用量多,工程费高,只有在确实有必要时采用。环氧树脂涂层钢筋的使用见图 3-2-2。

图 3-2-2 环氧树脂涂层钢筋的使用

[填空]

1. 钢筋混凝土及预应力混凝土构件中的普通钢筋宜选用热轧_____、_____、_____及_____钢筋,预应力混凝土构件中的箍筋应选用其中的_____,按构造要求配置的钢筋网可采用_____。

2. R235钢筋的表示符号为_____,235代表_____;HRB335钢筋的表示符号为_____,335代表_____。

3.《公路钢筋混凝土及预应力混凝土桥涵设计规范》(JTG D62—2004)中所使用的预应力钢筋包括_____、_____、_____三种。

4. 消除应力钢丝包括_____、_____、_____三种,其对应的表示符号分别为_____、_____、_____。

5. $\phi^s 15.2$ 的钢绞线,一根钢绞线由_____丝组成,其公称直径为_____,抗拉强度标准值 $f_{pk}=1860$ MPa,则抗拉强度设计值为_____ MPa,两者的关系是_____。

[简答]

1. 根据表3-2-1中的强度指标,试叙述桥梁结构中受力钢筋和非受力钢筋应分别选用哪种型号。

2. 试述几种不同的预应力钢材分别用于桥梁的什么部位。

任务三 施工中钢筋的一般规定

根据《公路桥涵施工技术规范》(JTG/T F50—2011),施工时钢筋的一般规定有:

(1)钢筋必须按不同钢种、等级、牌号、规格及生产厂家分批验收,分别堆存,不得混杂,且应设立识别标志。钢筋在运输过程中,应避免锈蚀和污染。钢筋宜堆置在仓库(棚)内,露天堆置时,应垫高并加遮盖。钢材的现场存放见图3-3-1。

a)钢绞线、普通钢筋的材料存放区

b)施工现场的钢筋加工车间

图3-3-1 钢材的现场存放

(2)钢筋应具有出厂质量证明书和试验报告单。对桥涵所用的钢筋应抽取试样做力学性能试验。

(3)以另一种强度、牌号或直径的钢筋代替设计中所规定的钢筋时,应了解设计意图和代用材料性能,并须符合现行《公路钢筋混凝土及预应力混凝土桥涵设计规范》(JTG D62—2004)的有关规定。重要结构中的主钢筋在代用时,应由原设计单位做变更设计。

(4)预制构件的吊环,应采用未经冷拉的Ⅰ级热轧钢筋制作,见图3-3-2。如图3-3-3所示为焊工在工地现场进行双面搭接焊考试。

图3-3-2 预制梁吊环钢筋示意

图3-3-3 焊工在工地现场进行双面搭接焊考试

一、钢筋的加工

根据《公路桥涵施工技术规范》(JTG/T F50—2011),施工时钢筋的加工主要规定如下:

(1)钢筋调直和清除污锈应符合下列要求:

①钢筋的表面应洁净,使用前应将表面油渍、漆皮、鳞锈等清除干净,带有颗粒状或片状老锈的钢筋不得使用。当除锈后钢筋表面有严重的麻坑、斑点、已伤蚀截面时,应降级使用或剔除不用。

②钢筋应平直,无局部弯折,成盘的钢筋和弯曲的钢筋均应调直。采用冷拉方法调直钢筋时,HPB235级钢筋的冷拉率不宜大于2%;HRB335、HRB400级钢筋的冷拉率不宜大于1%。

(2)钢筋的弯制和末端的弯钩应符合设计要求,如设计无规定时,应符合表3-3-1的规定。

受力主钢筋制作和末端弯钩形状　　　　　表3-3-1

弯曲部位	弯曲角度	形状图	钢筋种类	公称直径 d (mm)	弯曲直径 D	平直部分长度
末端弯钩	180°		HPB235 HPB300	6~22	≥2.5d	≥3d
	135°		HRB335	6~25	≥3d	≥5d
				28~40	≥4d	
				50	≥5d	
			HRB400	6~25	≥4d	
				28~40	≥5d	
				50	≥6d	
			RRB400	8~25	≥3d	
				28~40	≥4d	

续上表

弯曲部位	弯曲角度	形状图	钢筋种类	公称直径 d（mm）	弯曲直径 D	平直部分长度
末端弯钩	90°		HRB335	6~25	≥3d	≥10d
				28~40	≥4d	
				50	≥5d	
			HRB400	6~25	≥4d	
				28~40	≥5d	
				50	≥6d	
			RRB400	8~25	≥3d	
				28~40	≥4d	
中间弯钩	90°以下		各种钢筋		≥20d	

注：①摘自《公路桥涵施工技术规范》(JTG/T F50—2011)表4.2.4。
②环氧树脂涂层钢筋当进行弯曲加工时，对直径 d 不大于20nm 的钢筋，其弯曲直径不应小于4d，对直径 d 大于20m 的钢筋，其弯曲直径不小于6d。

（3）箍筋末端应做弯钩，弯钩的形状符合设计规定。弯钩的弯曲直径应大于被箍受力主钢筋的直径，且 HPB235 级钢筋应不小于箍筋直径的 2.5 倍，HRB335 级钢筋应不小于箍筋直径的 4 倍。

弯钩平直部分的长度，一般结构不宜小于箍筋直径的 5 倍，有抗震要求的结构，不应小于箍筋直径的 10 倍。设计对弯钩形状未规定时，可按图 3-3-4a）、b）加工；有抗震要求的结构，应按图 3-3-4c）加工。

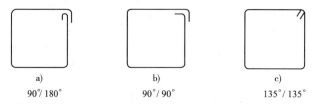

a) 90°/180°　　b) 90°/90°　　c) 135°/135°

图 3-3-4　箍筋弯钩形式图

（4）钢筋加工质量应符合表 3-3-2 规定。

钢筋加工的质量标准　　　　　　表 3-3-2

项　　目	允许偏差（mm）
受力钢筋顺长度方向加工后的全长	±10
弯起钢筋各部分尺寸	±20
箍筋、螺旋筋各部分尺寸	±5

注：摘自《公路桥涵施工技术规范》(JTG/T F50—2011)表4.2.6。

二、钢筋的连接

工地常见的钢筋连接形式有焊接、绑扎和机械连接三种，总体而言，焊接和机械连接强度高、连接质量可靠，一般用于结构中重要部位的钢筋连接，如受力主筋的连接；绑扎一般用于受力较小部位的连接,如桥面铺装中的钢筋网、钢筋骨架中的箍筋与主筋的连接。

根据《公路桥涵施工技术规范》(JTG/T F50—2011)4.3.1条的规定:钢筋的连接宜采用焊接接头或机械连接接头。绑扎接头仅当钢筋构造复杂施工困难时方可采用,绑扎接头的钢筋直径不宜大于28mm,对轴心受压和偏心受压构件中的受压钢筋可不大于32mm;轴心受拉和小偏心受拉构件不应采用绑扎接头。

受力钢筋的连接接头应设置在内力较小处,并应错开布置。对焊接接头和机械连接接头,在接头长度区段内,同一根钢筋不得有两个接头;对绑扎接头,两接头间的距离不应小于1.3倍搭接长度。配置在接头长度区段内的受力钢筋,其接头的截面面积占总截面面积的百分率,应符合表3-3-3的规定。

接头长度区段内受力钢筋接头面积的最大百分率　　　　表3-3-3

接头形式	接头面积最大百分率(%)	
	受拉区	受压区
主钢筋绑扎接头	25	50
主钢筋焊接接头	50	不限制

注:①摘自《公路桥涵施工技术规范》(JTG/T F50—2011)表4.3.2。
②焊接接头长度区段内是指35d(d为钢筋直径)长度范围内,但不得小于500mm,绑扎接头长度区段是指1.3倍搭接长度。
③在同一根钢筋上宜少设接头。
④装配式构件连接处的受力钢筋焊接接头可不受此限制。
⑤绑扎接头中钢筋的横向净距不应小于钢筋直径且不应小于25mm。

1. 钢筋焊接

《公路桥涵施工技术规范》(JTG/T F50—2011)4.3.3条的规定,钢筋的焊接接头应符合下列规定。

(1)钢筋的焊接接头宜采用闪光对焊,或采用电弧焊、电渣压力焊或气压焊,但电渣压力焊仅可用于竖向钢筋的连接,不得用作水平钢筋和斜筋的连接。钢筋焊接的接头形式、焊接方法和焊接材料应符合现行行业标准《钢筋焊接及验收规程》(JGJ 18—2012)的规定,质量验收标准按本规范附录A1执行。

(2)每批钢筋焊接前,应先选定焊接工艺和焊接参数,按实际条件进行试焊,并检验接头外观质量及规定的力学性能,试焊质量经检验合格后方可正式施焊。焊接时,对施焊场地应有适当的防风、雨、雪、严寒的设施。

(3)电弧焊宜采用双面焊缝,仅在双面焊无法施焊时,方可采用单面焊缝。采用搭接电弧焊时,两钢筋搭接端部应预先折向一侧,两接合钢筋的轴线应保持一致;采用帮条电弧焊时,帮条应采用与主筋相同的钢筋,其总截面面积不应小于被焊接钢筋的截面面积。电弧焊接头的焊缝长度,对双面焊缝不应小于5d,单面焊缝不应小于10d(d为钢筋直径)。电弧焊接与钢筋弯曲处的距离不应小于10d,且不宜位于构件的最大弯矩处。

钢筋焊接方法、形式及适用范围见表3-3-4。

钢筋焊接方法、形式及适用范围　　　　表3-3-4

焊接方法	接头形式	适用范围	
		钢筋级别	直径(mm)
电阻点焊	─C─	HPB235、HPB300	6~14
		HRB335	3~5

续上表

焊接方法			接头形式	适用范围	
				钢筋级别	直径(mm)
闪光对焊				HPB235、HPB300	10~40
				HRB335、HRB400	10~25
电弧焊	帮条焊	双面焊		HPB235、HPB300 HRB335、HRB400	10~40
		单面焊		HPB235、HPB300 HRB335、HRB400	10~40
	搭接焊	双面焊		HPB235、HPB300 HRB335	10~40
		单面焊		HPB235、HPB300 HRB335	10~40
	熔槽帮条焊			HPB235、HPB300 HRB335、HRB400	25~40
	坡口焊	平焊		HPB235、HPB300 HRB335、HRB400	18~40
		立焊		HPB235、HPB300 HRB335、HRB400	18~40
	钢筋与钢板搭接焊			HPB235、HPB300 HRB335	8~40
	预埋件T形接头焊	贴角焊		HPB235、HPB300 HRB335	6~16
		穿孔塞焊		HPB235、HPB300 HRB335	≥18

注:摘自《新编桥梁施工工程师手册》表10.3-2。

[工程常识3-3-1] 钢筋焊接时应注意哪些事项？

答：(1)凡施焊的各种钢筋、钢板均应有材质证明书或试验报告单。焊条、焊剂应有合格证,各种焊接材料的性能应符合《钢筋焊接及验收规程》(JGJ 18—2012)的规定。各种焊接材料应分类存放和妥善管理,并应采取防止腐蚀、受潮变质的措施。

(2)对施焊人员要进行培训,持合格证上岗,在施焊前要进行试焊,符合要求后方可正式焊接,在正式焊接前应进行技术交底,对操作人员明确技术要求及焊接时应注意的事项。

(3)正式焊接时,应注意焊接时的天气情况。有风天施焊应采取防风措施,雨天不宜施焊,必要时应做好防雨及在钢筋干燥的条件下焊接,不准带水作业;电焊条要采取防潮措施,必要时要进行烘干,雨天焊接时,电焊工要有确保安全的措施,防止触电事故发生。冬季施焊,气温低于 $-20℃$ 时,不得施焊。

(4)焊接的接头应严格执行条文的规定,因为工程质量事故的发生,不是焊接质量有问题,就是接头布置上有问题。

(5)应特别注意预埋件及构造物连接处(即接头)的焊接质量,必要时应采取加强措施。

(6)在一根钢筋上尽量少设焊接接头。

[**工程常识 3-3-2**]怎样选择焊条?

答:焊条的选择应适当,设计有规定时,应按设计规定执行,设计无规定时,可按表 3-3-5 进行。

钢筋电弧焊焊条型号　　　　表 3-3-5

钢筋牌号	电弧焊接头形式			
	帮条焊、搭接焊	坡口焊、熔槽帮条焊、预埋件穿孔塞焊	窄间隙焊	钢筋与钢板搭接焊、预埋件T形角焊
HPB235	E4303	E4303	E4316、E4315	E4303
HRB335	E4303	E5003	E5016、E5015	E4303
HRB400	E5003	E5503	E6016、E6015	E5003
RRB400	E5003	E5503	—	—

注:摘自《桥梁施工百问》(第二版)表 9-13。

2.钢筋的机械连接

《公路桥涵施工技术规范》(JTG/T F50—2011)4.3.4 条的规定:钢筋的机械连接宜采用镦粗直螺纹、滚轧直螺纹或套筒挤压连接接头。镦粗直螺纹和滚轧直螺纹连接接头适用于直径不小于 25 mm 的 HRB335、HRB400 级热轧带肋钢筋;套筒挤压连接接头适用于直径 16~40mm 的 HRB335、HRB400 级热轧带肋钢筋。

(1)套筒挤压连接接头:套筒挤压连接方法是将需要的连接钢筋(应为带肋钢筋)端部插入特制的钢套筒内,利用挤压机压缩钢套筒,使其产生塑性变形,靠变形后的钢套筒与带肋钢筋的机械咬合紧固力来实现钢筋的连接。见图 3-3-5。

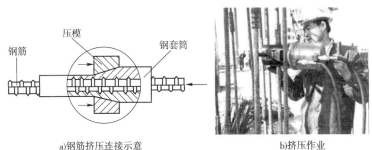

a)钢筋挤压连接示意　　　b)挤压作业　　　c)冷挤压接头

图 3-3-5　套筒挤压连接接头

(2)直螺纹连接接头:钢筋剥滚轧直螺纹连接,就是将待连接钢筋端部的纵肋和横肋用切削的方法剥掉一部分,然后直接滚轧成普通直螺纹,用特制的直螺纹套筒连接起来,形成钢筋的连接。它不受钢筋有无花纹及含碳量的限制,有利于可焊性差、甚至不允许焊接的钢筋连接,可与同径、异径钢筋连接。见图3-3-6。

a)螺纹套筒　　　　　b)钢筋剥肋滚轧直螺纹加工机　　　　c)直螺纹连接的现场连接

图 3-3-6　直螺纹连接接头

钢筋剥肋滚轧直螺纹连接技术是适宜在桩基工程中大力推广的新工艺。具有下述优点:

①一般来讲,孔口对接需要耗时15min左右,较孔口焊接时间缩短了1h左右,具有生产效率高的先进性。

②施工操作相对简单,质量易于保证。

③与其他连接方式相比,成本相对较低。

④操作简单,安全易于控制,且施工为纯机械作业,无光污染和烟尘等。

(3) 钢筋机械连接的注意事项。

①钢筋连接件的混凝土保护层厚度宜满足国家现行《混凝土结构设计规范》(GB 50010—2010)中受力钢筋混凝土保护层最小厚度的要求,且不得小于20mm。连接件之间的横向净距不宜小于25mm。

②受力钢筋机械连接接头的位置应相互错开。在任一接头中心至长度为钢筋直径35倍的区段范围内,有接头的受力钢筋截面面积占受力钢筋总截面面积的百分率,应符合下列规定:

a. 受拉区的受力钢筋接头百分率不宜超过50%。

b. 在受拉区的钢筋受力小的部位,接头百分率可不受限制。

c. 接头宜避开有抗震设防要求的框架的梁端和柱端的箍筋加密区;当无法避开时,接头百分率不应超过50%。

d. 受压区和装配式构件中钢筋受力较小部位,接头百分率可不受限制。

e. 对直接承受动力荷载的结构构件,接头百分率不应大于50%。

③当对具有钢筋接头的构件进行试验并取得可靠数据时,接头的应用范围可根据工程实际情况进行适当调整。

④在挤压接头中,当混凝土结构中钢筋接头部位的温度低于-20℃时,应进行专门的试验。

⑤对直接承受动力荷载的结构,其接头应满足设计的抗疲劳性能。当无专门要求时,对连接HRB335钢筋的接头,其疲劳性能应能经受应力幅度为100MPa,上限应力为180MPa的200万次循环加载。对连接HRB400钢筋的接头,其疲劳性能应能经受应力幅度为100MPa,上限应力为190MPa的200万次循环加载。

3. 钢筋的绑扎连接

钢筋绑扎时,除设计有特殊规定者外,箍筋应与主筋垂直,绑扎钢筋的铁丝丝头不应进入混凝土保护层内。其交叉点宜采用直径0.7~2.0mm的铁丝扎牢,必要时可采用点焊焊牢。

绑扎宜采取逐点改变绕丝方向的"8字形"方式交错扎结,对直径25mm及以上的钢筋,宜采取双对角线的十字形方式扎结。

根据《公路桥涵施工技术规范》(JTG/T F50—2011)4.3.7条,钢筋的绑扎接头应符合下列规定。

(1)绑扎接头的末端距钢筋弯折处的距离,不应小于钢筋直径的10倍,接头不宜位于构件的最大弯矩处。

(2)受拉钢筋绑扎接头的搭接长度,应符合表3-3-6的规定;受压钢筋绑扎接头的搭接长度,应取受拉钢筋绑扎接头搭接长度的0.7倍。

受拉钢筋绑扎接头的搭接长度　　　　　　表3-3-6

钢筋类型	混凝土强度等级		
	C20	C25	>C25
HPB235	35d	30d	25d
HRB335	45d	40d	35d
HRB400、RRB400	—	50d	45d

注:①摘自《公路桥涵施工技术规范》(JTG/T F50—2011)表4.3.7。
②当带肋钢筋直径d大于25mm时,其受拉钢筋的搭接长度应按表中值增加5d采用;当带肋钢筋直径d小于或等于25mm时,其受拉钢筋的搭接长度应按表中值减少5d采用。
③当混凝土在凝固过程中受力钢筋易受扰动时,其搭接长度宜适当增加5d。
④在任何情况下,纵向受拉钢筋的搭接长度均不应小于300mm;受压钢筋的搭接长度不应小于200mm。
⑤环氧树脂涂层钢筋的绑扎接头搭接长度,受拉钢筋按表值的1.5倍采用。
⑥两根不同直径的钢筋的搭接长度,以较细的钢筋直径计算。

(3)受拉区内HPB235钢筋绑扎接头的末端应做弯钩;HRB335、HRB400、RRB400钢筋的绑扎接头末端可不做弯钩;直径不大于12mm的受压HPB235钢筋的末端可不做弯钩,但搭接长度应不小于钢筋直径的30倍。钢筋搭接处,应在其中心和两端用铁丝扎牢。钢筋绑扎接头示意,如图3-3-7所示。

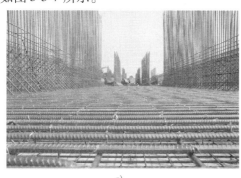

图3-3-7　钢筋绑扎接头示意

4.预应力钢筋的连接

对钢绞线、高强钢丝等,一般采用预应力连接器连接,连接原理为机械连接;对精轧螺纹钢,一般用套筒连接。如图3-3-8所示。

三、钢筋骨架和钢筋网的组成及安装

1.钢筋骨架

在现场施工时,有时将钢筋加工成骨架后,直接放入模板中,如桥墩盖梁的钢筋骨架,如图3-3-9所示。

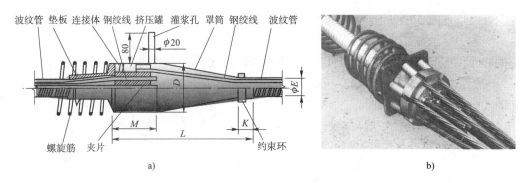

图 3-3-8 预应力钢筋的连接

图 3-3-9 桥墩盖梁的钢筋骨架

钢筋骨架的焊接拼装应在坚固的工作台上进行，操作时应符合下列规定：

（1）拼装前应按设计图纸放大样，放样时应考虑焊接变形的预留拱度。拼装时，在需要焊接的位置宜采用楔形卡卡紧，防止焊接时局部变形。

（2）骨架焊接时，不同直径钢筋的中心线应在同一平面上，较小直径的钢筋在焊接时，下面宜垫以厚度适当的钢板。施焊顺序宜由中到边对称地向两端进行，先焊骨架下部，后焊骨架上部。相邻的焊缝应采用分区对称跳焊，不得顺方向一次焊成。

（3）钢筋骨架拼装的允许偏差不得超过表3-3-7的规定。

钢筋骨架拼装的允许偏差　　　　　　　　　　　表3-3-7

骨架的宽及高：允许偏差±5 mm	骨架长度：允许偏差±10mm	箍筋间距：允许偏差±10 mm

注：摘自《公路桥涵施工技术规范》（JTG/T F50—2011）表4.4.4。

钢筋混凝土梁的钢筋骨架见图3-3-10，梁内钢筋位置的保护层厚度见图3-3-11。

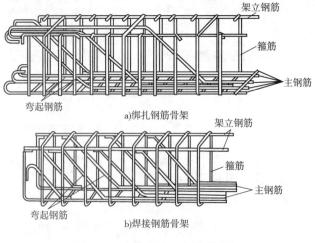

图 3-3-10 钢筋混凝土梁的钢筋骨架

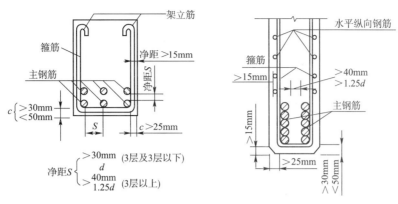

图 3-3-11 梁内钢筋位置与保护层厚度

[**工程示例 3-3-1**] 灌注桩钢筋骨架的相关规定

根据《公路桥涵施工技术规范》(JTG/T F50—2011)4.4.7条,灌注桩钢筋骨架的制作、运输与安装应符合下列规定。如图 3-3-12 所示。

a)分段制作的钢筋笼骨架　　　　　　　b)起吊钢筋笼　　　　　　　c)钢筋笼接长

图 3-3-12 钢筋笼骨架的作业场景

(1)制作时应采取必要措施,保证骨架的刚度,主筋的接头应错开布置。大直径长桩的钢筋骨架宜在胎架上分段制作,且宜编号,安装时应按编号顺序连接。

(2)应在骨架外侧设置控制混凝土保护层厚度的垫块,垫块的间距在竖向不应大于2m,在横向圆周不应少于四处。

(3)钢筋骨架在运输过程中,应采取适当的措施防止其变形。骨架的顶端应设置吊环。

(4)灌注桩钢筋骨架制作和安装质量应符合表 3-3-8 的规定。

灌注桩钢筋骨架制作和安装质量标准　　　　　　　　　　　表 3-3-8

项　　目	允许偏差	项　　目	允许偏差
主筋间距(mm)	±10	保护层厚度(mm)	±20
箍筋间距(mm)	±20	中心平面外置(mm)	20
外径(mm)	±10	顶端高程(mm)	±20
倾斜度(%)	0.5	底面高程(mm)	±50

注:摘自《公路桥涵施工技术规范》(JTG/T F50—2011)表 4.4.7。

[**工程示例 3-3-2**] T 梁钢筋骨架预拱度的设置(表 3-3-9)

T 梁钢筋骨架的预留高度参考值　　　　　　　　　　　表 3-3-9

T 梁跨径(m)	<10	10	16	20	备注:梁的钢筋骨架放样时应设预留拱度,除考虑焊接变形外,还要考虑建成后由恒载、徐变、部分活载引起的拱度不至于过大
工作台上预拱(mm)	30	30~50	40~50	50~70	

注:摘自《桥梁施工工程师手册》表 8-16。

2.钢筋网

根据《公路桥涵施工技术规范》(JTG/T F50—2011)4.4.5条,钢筋网的焊点应符合设计规定,当设计未规定时,应按下列要求进行焊接:

(1)在焊接钢筋网的受力钢筋为HPB235或冷拉HPB235钢筋的情况下,当焊接钢筋网只有一个方向为受力钢筋时,网两端边缘的两根锚固横向钢筋与受力钢筋的全部交叉点必须焊接;当焊接钢筋网的两个方向均为受力钢筋时,则沿网四周边缘的两根钢筋的全部交叉点均应焊接;其余的交叉点可焊接或绑扎一半,或根据运输和安装条件决定。

(2)当焊接钢筋网的受力钢筋为冷拔低碳钢丝,而另一方向的钢筋间距小于100mm时,除网两端边缘的两根钢筋的全部交叉点必须焊接外,中间部分的焊点距离可增大至250mm。

(3)焊接钢筋网的允许偏差不得超过表3-3-10的规定。如图3-3-13所示为用于桥面铺装的钢筋网片。

焊接钢筋网质量标准　　　　　　　　　　　　　　　　　　表3-3-10

网的长、宽:允许偏差±10mm	网眼的尺寸:允许偏差±10mm	网眼的对角线差:允许偏差15mm

注:摘自《公路桥涵施工技术规范》(JTG/T F50—2011)表4.4.5。

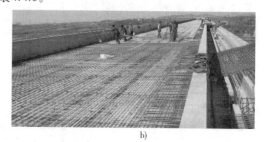

a)　　　　　　　　　　　　　　　　b)

图3-3-13　用于桥面铺装层的钢筋网片

3.钢筋网和钢筋骨架的安装质量标准

根据《公路桥涵施工技术规范》(JTG/T F50—2011)4.4.8条,绑扎或焊接的钢筋网和钢筋骨架不得有变形、松脱和开焊,钢筋安装质量应符合表3-3-11规定。

钢筋安装质量标准　　　　　　　　　　　　　　　　　　表3-3-11

项　目			允许偏差(mm)
受力钢筋间距	两排以上排距		±5
	同排	梁、板、拱肋	±10
		基础、锚碇、墩台、柱	±20
箍筋、横向水平钢筋、螺旋筋间距			±10
钢筋骨架尺寸	长		±10
	宽、高或直径		±5
绑扎钢筋网尺寸	长、宽		±10
	网眼尺寸		±20
弯起钢筋位置			±20
保护层厚度	柱、梁、拱肋		±5
	基础、锚碇、墩台		±10
	板		±3

注:摘自《公路桥涵施工技术规范》(JTG/T F50—2011)表4.4.8。

4.钢筋施工的相关场景

可采用就地绑扎或预制吊装的方法进行,如图3-3-14所示。

(1)就地绑扎:降低了预制台座的利用率,需要较多的预制台座。
(2)预制吊装:钢筋就位速度快,可缩短梁体预制周期,提高预制台座的利用率。

图 3-3-14 钢筋骨架的制作

四、普通钢筋与预应力钢筋最小混凝土保护层的规定

1. 结构耐久性的一般规定

根据《公路钢筋混凝土及预应力混凝土桥涵设计规范》(JTG D62—2004),公路桥涵应根据其所处环境条件进行耐久性设计,基本要求如表 3-3-12 所示。

结构混凝土耐久性的基本要求　　表 3-3-12

环境类别	环境条件	最大水灰比	最小水泥用量 (kg/m³)	最低混凝土强度等级	最大氯离子含量 (%)	最大碱含量 (kg/m³)
Ⅰ	温暖或寒冷地区的大气环境,与无侵蚀性的水或土接触的环境	0.55	275	C25	0.30	3.0
Ⅱ	严寒地区的大气环境、使用除冰盐环境、滨海环境	0.50	300	C30	0.15	3.0
Ⅲ	海水环境	0.45	300	C35	0.10	3.0
Ⅳ	受侵蚀性物质影响的环境	0.40	325	C35	0.10	3.0

注:摘自《公路钢筋混凝土及预应力混凝土桥涵设计规范》(JTG D62—2004)表 1.0.7。

位于Ⅲ类或Ⅳ类环境的桥梁,当确实需要耐久性时,其主要受拉钢筋宜采用环氧树脂涂层钢筋;预应力钢筋、锚具及连接器应采取专门防护措施。各式垫块如图3-3-15所示。

a)砂浆保护层垫块

b)塑料保护层垫块

c)圆形混凝土垫块保护层

d)钢筋三角垫架保护层

图3-3-15　各式垫块

2.钢筋保护层的规定

2004年交通运输部颁布的《公路钢筋混凝土及预应力混凝土桥涵设计规范》(JTG D62—2004)中,对结构耐久性提出了明确要求。同时,将混凝土净保护层厚度指标作为评价耐久性的重要指标,以强制性条文的形式加以规定。

具体规定为:普通钢筋和预应力直线形钢筋的最小混凝土保护层厚度(钢筋外缘或管道外缘至混凝土表面的距离)不应小于钢筋公称直径,后张法构件预应力直线形钢筋不应小于其管道直径的1/2,且应符合表3-3-13规定。

普通钢筋和预应力直线形钢筋最小混凝土保护层厚度(mm)　　　　表3-3-13

序号	构件类别	环境条件		
		Ⅰ	Ⅱ	Ⅲ、Ⅳ
1	基础、桩基承台: (1)基坑底面有垫层或侧面有模板(受力主筋); (2)基坑底面无垫层或侧面无模板(受力主筋)	40 60	50 75	60 85
2	墩台身、挡土结构、涵洞、梁、板、拱圈、拱上建筑(受力主筋)	30	40	45
3	人行道构件、栏杆(受力主筋)	20	25	30
4	箍筋	20	25	30
5	缘石、中央分隔带、护栏等行车道构件	30	40	45
6	收缩、温度、分布、防裂等表层钢筋	15	20	25

注:①摘自《桥规JTG D62—2004》表9.1.1。
　　②对于环氧树脂涂层钢筋,可按环境类别Ⅰ取用。

施工中,若发现图纸钢筋满足不了上述规定,施工单位应立即向建设单位反映,要求变更图纸。

[简答]

1. 根据本段内容,试述桥梁耐久性的主要保障措施,在设计中如何实现?
2. 青海玉树县属于严寒地区,现有一桥梁拟采用交通运输部标准图进行标准设计(图纸中假定的环境类别为Ⅰ类),请问是否可以直接套用该图纸进行设计?

任务四 桥梁不同部位的配筋特点

一、板桥的配筋特点

根据《公路钢筋混凝土及预应力混凝土桥涵设计规范》(JTG D62—2004)中相关的规定:钢筋混凝土简支板桥标准跨径不宜大于13m;连续板桥标准跨径不大于16m。预应力混凝土简支板桥的标准跨径不宜大于25m,连续板桥的标准跨径不宜大于30m。结合具体的施工图纸,其主要配筋特点如下:

(1)空心板图纸中的钢筋配置,均按照简支梁的内力包络图来配置。即:跨中由正弯矩控制,跨中主筋或预应力钢筋应在满足净保护层厚度和保证施工便利的条件下,尽量接近下边缘;支点附近由剪力控制,一般要进行箍筋加密或配置大量的斜筋(或弯起钢筋)来抗剪。

(2)装配式预应力空心板中,预应力钢束一般为平面线形(直线、圆曲线的组合)。在看图及施工中,应重点关注预应力管道的位置,校核其净保护层厚度,并按照图纸要求设置定位防崩钢筋。

(3)行车道板内主钢筋直径不小于10mm,人行道板内主钢筋直径不应小于8mm。在简支板跨中和连续板支点处,板内主钢筋间距不应大于200mm,其最小净距和层距应满足以下要求:受弯构件的钢筋净距应考虑浇筑混凝土时,振捣器可以顺利插入。各主钢筋间横向净距和层与层之间竖向净距,当钢筋为三层及以下时,不应小于30mm,并不小于钢筋直径;当钢筋为三层以上时,不应小于40mm,并不小于钢筋直径的1.25倍。对于束筋,此处直径采用等代直径。

(4)行车道板内应设置垂直于主钢筋的分布钢筋。分布钢筋设置在主钢筋的内侧,其直径不小于8mm,间距不应大于200mm,截面面积不宜小于板截面面积的0.1%。在主钢筋的弯折处,应设置分布钢筋。人行道板内分布钢筋直径不小于6mm,其间距不应大于200mm。

(5)斜板钢筋可按下列规定布置(图3-4-1)。

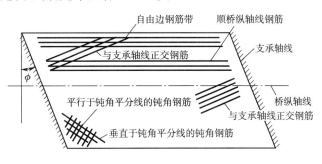

图3-4-1 斜板桥钢筋布置

①当整体式斜板的斜交角(板的支座轴线的垂直线与桥纵轴线的夹角)不大于15°时,主钢筋可平行于桥纵轴线方向设置。当整体式斜板斜交角大于15°时,主钢筋宜垂直于板的支座轴线方向布置,此时,在板的自由边上下应各设一条不少于三根主钢筋的平行于自由边的钢筋带,并用箍筋箍牢。在钝角部位靠近板顶的上层,应布置垂直于钝角平分线的加强钢筋,在钝角部位靠近板底的下层,应布置平行于钝角平分线的加强钢筋,加强钢筋直径不宜小于12mm,间距100～150mm,布置于以钝角两侧1.0～1.5m边长的扇形面积内。

②斜板分布钢筋应垂直于主钢筋方向设置,其直径、间距、数量可按上述第(4)条办理。在斜板的支座附近宜增设平行于支座轴线的分布钢筋;或将分布钢筋向支座方向呈扇形分布,过渡到平行于支承轴线。

③预制斜板的主钢筋可与桥纵轴线平行,其钝角部位加强钢筋及分布钢筋规定同上。

二、梁桥的配筋特点

根据《公路钢筋混凝土及预应力混凝土桥涵设计规范》(JTG D62—2004)中相关的规定:钢筋混凝土T形、I形截面简支梁标准跨径不宜大于16m,钢筋混凝土箱形截面简支梁标准跨径不宜大于25m,钢筋混凝土箱形截面连续梁标准跨径不宜大于30m。预应力混凝土T形、I形截面简支梁标准跨径不宜大于50m。

(1)箱形截面梁顶板承受局部荷载的受拉钢筋,其部分可在近腹板处弯起,通过腹板直伸至悬臂端,并做成弯钩。不弯起钢筋根数不应少于每米三根,并应伸至翼缘悬臂端。

(2)箱形截面梁的底板上、下层,应分别设置平行于桥跨和垂直于桥跨的构造钢筋。钢筋截面面积为:对于钢筋混凝土桥,不应小于配置钢筋的底板截面面积的0.4%;对于预应力混凝土桥,不应小于配置钢筋的底板截面面积的0.3%。以上钢筋尚可充作受力钢筋。当底板厚度有变化时可分段发置。钢筋直径不宜小于10mm,其间距不宜大于300mm。

(3)T形、I形截面梁或箱形截面梁的腹板两侧,应设置直径为6～8mm的纵向钢筋,每腹板内钢筋截面面积宜为$(0.001～0.002)bh$,其中b为腹板宽度,h为梁的高度,其间距在受拉区不应大于腹板宽度,且不应大于200mm,在受压区不应大于300mm。在支点附近剪力较大区段和预应力混凝土梁锚固区段,腹板两侧纵向钢筋截面面积应予以增加,纵向钢筋间距宜为100～150mm。

(4)钢筋混凝土梁设置弯起钢筋时,其弯起角宜取45°,弯起钢筋不得采用浮筋。弯起钢筋末端应留有锚固长度:受拉区不应小于20倍钢筋直径,受压区不应小于10倍钢筋直径,环氧树脂涂层钢筋增加25%,R235钢筋尚应设置半圆弯钩。

(5)钢筋混凝土梁采用多层焊接钢筋时,可用侧面焊缝使之形成骨架(图3-4-2)。侧面焊缝设在弯起钢筋的转折点处,并在中间直线部分适当设置短焊缝。

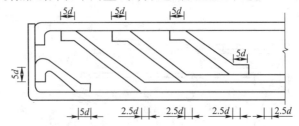

图3-4-2 焊接骨架图

焊接钢筋骨架的弯起钢筋,除用纵向钢筋弯起外,也可用专设的弯起钢筋焊接。

斜钢筋与纵向钢筋之间的焊接,宜用双面焊缝,其长度应为5倍钢筋直径,纵向钢筋之间的短焊缝应为 2.5 倍钢筋直径;当必须采用单面焊缝时,其长度应加倍。

焊接骨架的钢筋层数不应多于六层,单根钢筋直径不应大于 32mm。焊接骨架图如图 3-4-2 所示。

(6)钢筋混凝土梁中应设置直径不小于 8mm 且不小于 1/4 主钢筋直径的箍筋,其配筋率 ρ_{sv},R235 钢筋不应小于 0.18%,HRB335 钢筋不应小于 0.12%。当梁中配有按受力计算需要的纵向受压钢筋或在连续梁、悬臂梁近中间支点位于负弯矩区的梁段,应采用闭合式箍筋,同时,同排内任一纵向受压钢筋,离箍筋折角处的纵向钢筋的间距不应大于 150mm 或 15 倍箍筋直径两者中的较大者,否则应设复合箍筋。相邻箍筋的弯钩接头,沿纵向其位置应交替布置。

箍筋间距不应大于梁高的 1/2 且不大于 400mm;当所箍钢筋为按受力需要的纵向受压钢筋时,不应大于所箍钢筋直径的 15 倍,且不应大于 400mm。在钢筋绑扎搭接接头范围内的箍筋间距,当绑扎搭接钢筋受拉时不应大于主钢筋直径的 5 倍,且不大于 100mm;当搭接钢筋受压时不应大于主钢筋直径的 10 倍,且不大于 200mm。在支座中心向跨径方向长度相当于不小于一倍梁高范围内,箍筋间距不宜大于 100mm。

近梁端第一根箍筋应设置在距端面一个混凝土保护层距离处。梁与梁或梁与柱的交接范围内可不设箍筋;靠近交接面的一根箍筋,其与交接面的距离不宜大于 50mm。

(7)承受弯剪扭的构件的箍筋和纵向钢筋还应符合下列要求:

①箍筋应采用闭合式,箍筋末端做成 135°弯钩。弯钩应箍牢纵向钢筋,相邻箍筋的弯钩接头,其纵向位置应交替布置。

②承受扭矩的纵向钢筋,应沿截面周边均匀对称布置,其间距不应大于 300mm。

三、预应力钢筋的相关规定

(1)预应力混凝土梁当设置竖向预应力钢筋时,其纵向间距宜为 500~1000mm。

预应力混凝土 T 形、I 形截面梁和箱形截面梁腹板内应分别设置直径不小于 10mm 和 12mm 的箍筋,且应采用带肋钢筋,间距不应大于 250mm;自支座中心起长度不小于一倍梁高范围内,应采用闭合式箍筋,间距不应大于 100mm。

在 T 形、I 形截面梁下部的马蹄内,应另设直径不小于 8mm 的闭合式箍筋,间距不应大于 200mm。此外,马蹄内尚应设直径不小于 12mm 的定位钢筋。

(2)先张法预应力混凝土构件宜采用钢绞线、螺旋肋钢丝或刻痕钢丝用作预应力钢筋。当采用光面钢丝作预应力钢筋时,应采取适当措施,保证钢丝在混凝土中可靠锚固。

(3)在先张法预应力混凝土构件中,预应力钢绞线之间的净距不应小于其直径的 1.5 倍,且对二股、三股钢绞线不应小于 20mm,对七股钢绞线不应小于 25mm。预应力钢丝间净距不应小于 15mm。

(4)在先张法预应力混凝土构件中,对于单根预应力钢筋,其端部应设置长度不小于 150mm 的螺旋筋;对于多根预应力钢筋,在构件端部 10 倍预应力钢筋直径范围内,应设置 3~5 片钢筋网。

(5)后张法预应力混凝土构件的端部锚固区,在锚具下面应设置厚度不小于 16mm 的垫板或采用具有喇叭管的锚具垫板。锚垫板下应设间接钢筋,其体积配筋率 ρ_v 不应小于 0.5%。

(6)后张法预应力混凝土构件,直线管道净距不应小于 40mm,且不小于管道直径的 0.6 倍;对于预埋的金属或塑料波纹管和铁皮管,在竖直方向可将两管道叠置。

(7)后张法预应力混凝土构件曲线形预应力钢筋的曲线半径:钢丝束、钢绞线束的钢丝直径等于或小于5mm时,不宜小于4m;钢丝直径大于5mm时,不宜小于6m。精轧螺纹钢筋直径等于或小于25mm时,不宜小于12m;直径大于25mm时,不宜小于15m。

四、柱、墩台和桩基承台的配筋特点

(1)配有普通箍筋(或螺旋筋)的轴心受压构件(钻/挖孔桩除外),其钢筋设置应符合下列规定(图3-4-3)。

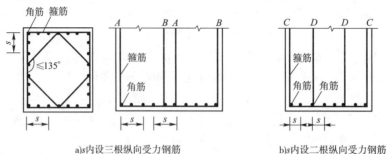

图3-4-3 柱内复合箍筋布置
A、B、C、D-箍筋编号

①纵向受力钢筋的直径不应小于12mm,净距不应小于50mm且不应大于350mm;构件的全部纵向钢筋配筋率不宜超过5%。

②箍筋应做成闭合式,其直径不应小于纵向钢筋的直径的1/4,且不小于8mm。

③箍筋间距不应大于纵向受力钢筋直径的15倍、不大于构件短边尺寸(圆形截面采用0.8倍直径)并不大于400mm。纵向钢筋截面面积大于混凝土截面面积3%时,箍筋间距不应大于纵向钢筋直径的10倍,且不大于200mm。

④构件内纵向受力钢筋应设置于离角筋中心距离s(图3-4-4)不大于150mm或15倍箍筋直径(取较大者)范围内,如超出此范围设置纵向受力钢筋,应设复合箍筋。相邻箍筋的弯钩接头,在纵向应错开布置。

(2)配有螺旋式或焊接环式间接钢筋的轴心受压构件,其钢筋的设置应符合下列规定:

①纵向受力钢筋的截面面积,不应小于箍筋圈内核心截面面积的0.5%。核心截面面积不应小于构件整个截面面积的2/3。

②间接钢筋的螺距或间距不应大于核心直径的1/5,亦不应大于80mm,且不应小于40mm。

(3)薄壁式桥墩或肋板式桥台,在墩身表层、桥台的背墙和肋板表层应设置钢筋网,其截面面积在水平方向和竖直方向分别不应小于每米250mm²(包括受力钢筋),间距不应大于400mm。

(4)桩基承台:高度宜为桩直径的1.0~2.0倍,且不小于1.5m。

①桩中距不大于3倍桩直径时,承台受力钢筋应均匀布置于全宽度内;当桩中距大于3倍桩直径时,受力钢筋应均匀布置于距桩中心1.5倍桩直径范围内,在此范围以外应布置配筋率不小于0.1%的构造钢筋。

②如承台仅有一个方向的受力钢筋时,在垂直于该各层受力钢筋方向,应设直径不小于12mm、间距不大于250mm的构造钢筋。

③承台的顶面和侧面应设置表层钢筋网,每个面在两个方向的截面面积,均不宜小于每米

400mm², 钢筋间距不应大于 400mm。在桩身顶端的承台平面内应设一层钢筋网, 平面内每一方向的每米宽度钢筋用量 1200~1500mm², 钢筋直径采用 12~16mm, 当基桩桩顶主筋伸入承台连接时, 上述钢筋不得截断。

④承台竖向连系钢筋, 其直径不应小于 16mm。

⑤承台的桩中距等于或大于桩直径的三倍时, 宜在两桩之间, 距桩中心各一倍桩直径的中间区段内设置吊筋(图 3-4-4), 其直径不应小于 12mm, 间距不应大于 200mm。

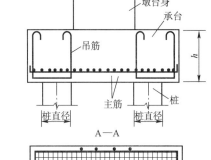

[填空]

1. 根据《公路钢筋混凝土及预应力混凝土桥涵设计规范》(JTG D62—2004)中相关的规定: 钢筋混凝土简支板桥标准跨径不宜大于_____m;连续板桥标准跨径不大于_____m。预应力混凝土简支板桥的标准跨径不宜大于_____m,连续板桥的标准跨径不宜大于_____m。

2. 对板桥而言, 行车道板内主钢筋直径不小于_____mm, 人行道板内主钢筋直径不应小于_____mm。在简支板跨中和连续板支点处, 板内主钢筋间距不应大于_____mm。

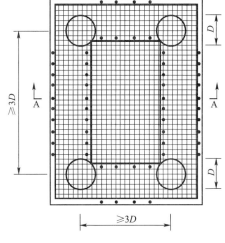

图 3-4-4 承台吊筋

3. 钢筋混凝土梁中应设置直径不小于_____mm 且不小于_____主钢筋直径的箍筋, 其配筋率 ρ_{sv}, R235 钢筋不应小于_____, HRB335 钢筋不应小于_____。

4. 钢筋混凝土梁中, 箍筋间距不应大于梁高的_____且不大于_____mm。

5. 预应力混凝土 T 形、I 形截面梁和箱形截面梁腹板内应分别设置直径不小于_____mm 和_____mm 的箍筋, 且应采用带肋钢筋, 间距不应大于_____mm;自支座中心起长度不小于一倍梁高范围内, 应采用闭合式箍筋, 间距不应大于_____mm。

6. 在先张法预应力混凝土构件中, 预应力钢绞线之间的净距不应小于其直径的_____倍, 且对二股、三股钢绞线不应小于_____mm, 对七股钢绞线不应小于_____mm。

7. 后张法预应力混凝土构件, 直线管道净距不应小于_____mm, 且不小于管道直径的_____倍。

8. 后张法预应力混凝土构件曲线形预应力钢筋的曲线半径: 钢丝束、钢绞线束的钢丝直径等于或小于 5mm 时, 不宜小于_____m;钢丝直径大于 5mm 时, 不宜小于_____m。

9. 配有螺旋箍筋的桩基础, 纵向受力钢筋的截面面积, 不应小于箍筋圈内核心截面面积的_____%。

任务五 钢筋代换

由于钢筋的供应问题, 在施工中经常会以另一强度、牌号或直径的钢筋代替设计所规定的钢筋, 称为钢筋代换。

一、代换时的注意事项

(1) 应了解设计意图和代用材料性能,并须符合现行《公路钢筋混凝土及预应力混凝土桥涵设计规范》(JTG D62—2004)的规定。重要结构中的主钢筋在代换时,应由设计单位做变更设计。

(2) 应将两者的计算强度进行换算,并对钢筋截面积做相应的改变。

(3) 其直径变化范围最好不超过 4~5mm,变更后的钢筋总截面积差值不小于原来的2%,或大于5%。

(4) 钢筋强度等级的变换不宜超过Ⅰ级。用高一级钢筋代替低一级钢筋时,宜采用改变直径的方法而不宜采用改变钢筋根数的方法来减少钢筋截面积,必要时需对构件的裂缝和变形进行校核。

(5) 以较粗钢筋代替较细钢筋时,应校核握裹力。

(6) 当代用钢筋的排数比原来的增多,截面有效高度减小或改变弯起钢筋的位置时,应复核其截面的抵抗力矩或斜截面的抗剪配筋。

(7) 当构件受裂缝宽度或抗裂性要求控制时,代换后应进行裂缝及抗裂性验算。不宜用光面钢筋代替变形钢筋。抗裂验算应按《公路桥涵设计通用规范》(JTG D60—2004)的规定进行。

二、代换公式

钢筋代换方法见表3-5-1。

钢筋代换方法　　　　　　　　　　表3-5-1

代用方法	条件	换用公式	注意事项
(1) 等强代换	当构件按强度控制时	$A_{g1}R_{g1} = A_{g2}R_{g2}$ (3-5-1) 或: $n_1 d_1^2 R_{g1} = n_2 d_2^2 R_{g2}$ (3-5-2) 多种规格时: $\sum n_1 d_1^2 R_{g1} = \sum n_2 d_2^2 R_{g2}$ (3-5-3)	(1) 当原设计配筋较小,如用较高等级钢筋按等强度代换时,将使代换的钢筋直径和面积更小,甚至低于最小配筋率或不符合构件要求的最小直径的规定,此时只能采用"等截面代换"; (2) 当采用大直径或较高等级钢筋代换小直径或较低等级钢筋时,将出现钢筋根数小于原设计的根数,但在有些构件按照钢筋与混凝土黏结力的需要,规定了最少钢筋根数,若代换钢筋根数不符合这一要求,只能按钢筋等周长或等根数代换
(2) 等面积代换	当结构构件按最小配筋率控制时	$A_{g1} = A_{g2}$ (3-5-4) 或: $n_1 d_1^2 = n_2 d_2^2$ (3-5-5)	

式(3-5-1)~式(3-5-5)中:$A_{g1}、n_1、d_1、R_{g1}$——原设计钢筋的计算面积(cm^2)、根数、直径(mm)、设计强度(MPa);

$A_{g2}、n_2、d_2、R_{g2}$——原设计钢筋的计算面积(cm^2)、根数、直径(mm)、设计强度(MPa)

(3) 等弯矩代换。有时由于钢筋直径加大或根数增多,原有排数摆不下,需要增加钢筋排数,则构件截面的有效高度 h_0 减小,使截面强度降低。因此,应对代换钢筋后的截面强度进行复核,使其不小于原设计图抗弯强度。

对矩形截面,可根据抵抗弯矩相等,按下式复核:

$$A'_g R'_g [h'_0 - (A'_g R'_g)/(2R_w b)] = A_g R_g [h_0 - (A_g R_g)/(2R_w b)] \quad (3-5-6)$$

式中:A'_g——代换后钢筋总面积,mm^2;

A_g——设计图中所用钢筋总面积,mm^2;

R'_g——代换后钢筋设计强度,MPa;

R_g——设计图中所用钢筋设计强度,MPa;

h_0——原设计钢筋的合力点至构件截面受压边缘的距离,mm;

h'_0——代换钢筋的合力点至构件截面受压边缘的距离,mm;

R_w——混凝土的弯曲抗压强度,MPa;

b——构件截面宽度,mm。

[工程示例3-5-1(钢筋代换)**]** 矩形梁原设计采用 HRB335 钢筋 4ϕ16,现拟采用 R235 钢筋代换,试计算需代换钢筋直径和根数。

解:
$$A_{g2} = A_{g1}\frac{R_{g1}}{R_{g2}} = 4 \times 201.0 \times \frac{280}{195} = 1154.5 \text{mm}^2$$

选用 2ϕ20 加 2ϕ22 代换,其计算面积为:
$$A_{g2} = 2 \times 314.2 + 2 \times 380.1 = 1388.6 \text{mm}^2 > 1154.5 \text{mm}^2$$

满足要求。

[填空]

1. 钢筋代换时,其直径变化范围最好不超过_____mm,变更后的钢筋总截面积差值不小于原来的_____,或大于_____。

2. 钢筋强度等级的变换不宜超过_____级,用高一级钢筋代替低一级钢筋时,宜采用_____的方法,而不宜采用_____的方法来减少钢筋截面积。

3. 钢筋代换包括_____、_____、_____三种。

[计算]

1. 某公路小桥,上部结构采用 1~8m 钢筋混凝土空心板,板原设计采用 HRB335 钢筋 12ϕ25,现拟采用 ϕ20 钢筋代换,试计算需代换钢筋直径和根数(计算中考虑钢筋代用方法)。

2. 某公路大桥,桥面铺装层为水泥混凝土铺装层。施工中,原设计采用 HRB 钢筋 20ϕ12,现拟采用 R235ϕ10 钢筋代换,试计算需代换钢筋直径和根数(计算中考虑钢筋代用方法)。

[工程示例3-5-2] 共和县恰不恰镇滨河西路次汗素大桥设计说明

一、概述

根据共和县城建局委托书,我院对共和县恰不恰镇滨河西路次汗索大桥进行了勘测设计。该桥的建成,将对共和县经济发展产生积极影响。

二、设计标准的采用情况

1. 设计标准

(1)设计行车速度:60km/h。

(2)设计汽车荷载等级:城-B 级。

(3)桥面宽度:0.3m 安全带 + 净4.5m 行车道 + 1.5m 人行道。

(4)环境类别:Ⅱ类。

(5)设计安全等级:二级。

(6)结构重要性系数:1.0。

(7)设计洪水频率:1/100。

2. 设计依据及采用规范

(1)《公路工程技术标准》(JTG B01—2003)。

(2)《公路桥涵设计通用规范》(JTG D60—2004)。
(3)《公路钢筋混凝土及预应力混凝土桥涵设计规范》(JTG D62—2004)。
(4)《公路圬工桥涵设计规范》(JTG D61—2005)。
(5)《公路桥涵地基与基础设计规范》(JTG D63—2007)。
(6)《公路桥梁抗震设计细则》(JTG/T B02-01—2008)。
(7)《公路桥涵施工技术规范》(JTG/T F50—2011)。
(8)《公路工程水文勘测设计规范》(JTG C30—2002)。
(9)《公路路线设计规范》(JTG D20—2006)。

三、桥位选择及结构形式的拟定

1. 桥位选择

根据共和县城建局要求，考虑桥梁的使用功能，并通过现场与县交通主管领导的协商，最终确定桥梁位于共和县恰不恰镇南边，理由如下：

该河段为宽滩河段，桥址处河槽明显，水流大部分被约束在河槽之中。且两边行人车辆基本上沿两侧便道在该处渡河，选择该处建桥可以有效地利用两边既有的道路，减少引道数量。

2. 结构形式的拟定

本着安全、经济、适用、美观的原则，最终确定桥梁上部结构采用 7~20m 预应力混凝土空心板，下部结构采用双柱式墩台，基础采用桩基，桥梁全长为 146.88m。

四、工程地质状况

1. 气象

桥址处属于内陆干旱气候，降雨量少，蒸发量大。根据共和县气象资料：年平均气温3.5℃，最低气温 -28.9℃，最高气温 31.5℃，年平均降雨量 320.3mm，年平均蒸发总量 1720.0mm，平均风速 1.8m/s，最大冻土深度 150cm。根据青海省地震动峰值加速度区划，本地区地震动峰值加速度系数为 0.10g。

2. 地形地貌及地质情况

本桥桥位处处于滨河西岸河漫滩，地貌单一，地层结构比较简单，西与污水处理厂相邻。横跨无名冲沟，地形开阔且有一定起伏。冲沟河床宽约 140m，河谷两侧发育有Ⅰ、Ⅱ级阶地，高出河床面为 6~8m。

根据钻孔资料显示，桥位处主要地层状况从上向下分布为：

(1)圆砾：厚度 1.5~2.0m，杂色，圆砾含量占全重的 50% 以上，骨架颗粒部分接触，无分选性，排列混杂，磨圆度好，稍密，其地基承载力基本容许值 $[f_{a0}] = 200$kPa，摩阻力标准值 $q_{ik} = 100$kPa。

(2)淤泥质粉土：厚度 3.1~3.4m，灰黑色，以粉土为主，土质较均匀，该层有腥臭味，湿，稍密~中密；其地基承载力基本容许值 $[f_{a0}] = 150$kPa，摩阻力标准值 $q_{ik} = 40$kPa。

(3)细砂：厚度 24.1~26.5m，灰黑色，以细砂为主，土质较均匀，中密，钻孔孔壁易坍塌，缩孔，湿。其地基承载力基本容许值 $[f_{a0}] = 140$kPa，摩阻力标准值 $q_{ik} = 40$kPa。

五、水文计算

1. 设计流量的确定

桥梁位于共和县恰不恰镇西边的无名冲沟上，根据青海省水文区划，属于黄河上游区。通过1:5万地形图勾绘流域汇水面积为 9336km²，按青海省水文分区及计算公式中柴达木区 $Q_{2\%} = 0.58F^{0.76}$，计算得 $Q_{2\%} = 603.6$m³/s，$Q_{1\%} = 670.0$m³/s。

另外,拟建桥位上游约 1km 处 214 线上,有次汗素河大桥,该桥上部结构采用 5~20m 先张法预应力混凝土空心板,下部结构双柱式桥墩、三柱式桥台、钻孔灌注桩基础,桥梁宽度为 12.5m(1.75m 人行道+9m 行车道+1.75m 人行道),其设计流量为 629m³/s。

综合以上计算结果,本次设计中偏于保守,取设计流量为 $Q_{1\%}=670.0\text{m}^3/\text{s}$。

2. 孔径计算

考虑桥位处实际地形地貌和水文计算结果、引道填方数量、下游桥梁孔径布置等因素,以不压缩天然河床为基本原则,按《公路工程水文勘测设计规范》(JTG C30—2002)中式(6.2.1-1)计算桥孔最小净长度,公式如下:

$$L_j = K_q \left(\frac{Q_P}{Q_C}\right)^{n_3} B_C$$

式中:Q_p 取 670.0 m³/s,Q_c 取 670.0 m³/s,n_3 取 0.87,K_q 取 0.95,B_C 取 105m,计算得 L_j 为 99.75m。

考虑设计中采用双柱式桥台,台前锥坡侵占桥下净空,故本次设计中采用 6~20m 预应力混凝土空心板桥,桥孔净长 106m,孔径足以满足要求。

3. 设计水位及冲刷计算

本次设计中 $Q_{1\%}$ 为 670.0 m³/s,粗率系数 1/n 河槽取 32,水面比降 $I=2.0‰$,河床表面土壤平均粒径 $\bar{d}$ 取 20mm,水文计算结果如下:

设计水位为 2763.02m,桥下设计流速 5.28m/s,计算冲刷系数 1.06,桥前最大壅水高度为 0.38m,一般冲刷深度为 5.91m,桥墩处局部冲刷深度为 1.77m,净冲刷深度为 5.54m,一般冲刷线高程为 2757.11m,桥墩处局部冲刷高程为 2755.33m,一般冲刷后墩前行进流速 $v=3.94$m/s。

六、结构设计情况及主要材料情况

1. 上部结构

(1) 上部构造采用 7×20m 后张法预应力混凝土空心板,空心板两端设置抗震锚栓,桥台台帽两侧设置防震挡块。

(2) 空心板纵向采用简支板理论计算。跨中弯矩以简支正板为设计依据,支点剪力以简支斜板为设计依据。在正常使用极限状态下,按部分预应力混凝土 A 类构件设计,桥面现浇层参与受力。

(3) 预制板纵向有关参数选用如下:

① 混凝土:重度 $\gamma=26.0\text{kN/m}^3$,弹性模量 $E_c=3.25\times10^4\text{MPa}$。
② 预应力钢筋:弹性模量 $E_p=1.95\times10^5\text{MPa}$,松弛率 $\rho=0.035$,松弛系数 $\xi=0.3$。
③ 锚具:锚具变形、钢筋回缩按 6mm(一端)计算;金属波纹管摩阻系数 $\mu=0.25$,偏差系数 $\kappa=0.0015$。
④ 竖向梯度温度效应:按《公路桥涵设计通用规范》(JTG D60—2004)规定取值。

2. 下部结构

由于桥址处地基承载力普遍较低,故下部采用双柱式墩台,基础采用钻孔灌注桩基础,桩基设计时按摩擦桩设计。

3. 主要材料情况

(1) 上部结构。

① 主梁:采用 C40 混凝土。

②铰缝:采用 C40 混凝土。
③桥面铺装:采用 13cm 厚 C40 防水混凝土及 6cm 沥青混凝土磨耗层。
④预应力钢束:采用 $\phi^s15.2$ 钢绞线。
⑤锚具:采用 OVM15-5、OVM15-4 型。
⑥普通钢筋:采用 HRB335、R235 钢筋。
⑦桥头搭板:采用 C30 混凝土,HRB335 钢筋。
⑧安全带、人行道、栏杆:采用 C25 混凝土,HRB335、R235 钢筋。
⑨泄水管:采用铸铁泄水管。
⑩伸缩缝:采用 FM-80 型。

(2)下部结构。

采用 C30 混凝土,HRB335、R235 钢筋。

七、施工注意事项

1. 混凝土

(1)水泥:应采用高品质的强度等级为 52.5 级和 42.5 级的硅酸盐水泥,同一座桥的板梁应采用同一品种水泥。

(2)粗集料:应采用连续级配,碎石宜采用锤击式破碎生产。碎石最大粒径不宜超过 20mm,以防混凝土浇筑困难或振捣不密实。

(3)混凝土:预制空心板、封锚端、铰缝、桥面现浇层和封端混凝土均采用 C40;桥面铺装采用防水混凝土。混凝土应符合《公路钢筋混凝土及预应力混凝土桥涵设计规范》(JTG D62—2004)环境类别 Ⅱ 类要求,其中最大水灰比 0.5,最小水泥用量 300kg/m³,最大氯离子含量 0.15%,最大碱含量 3kg/m³。

2. 普通钢筋

普通钢筋采用 R235 和 HRB335 钢筋,钢筋应符合《钢筋混凝土用钢 第 1 部分:热轧光圆钢筋》(GB 1499.1—2008)和《钢筋混凝土用钢 第 2 部分:热轧带肋钢筋》(GB 1499.2—2007)的规定。

3. 预应力钢筋

采用抗拉强度标准值 $f_{pk}=1860\text{MPa}$,公称直径 $d=15.2\text{mm}$ 的低松弛高强度钢绞线,其力学性能指标应符合《预应力混凝土用钢绞线》(GB/T 5224—2003)的规定。

4. 其他材料

(1)钢板:应采用《碳素结构钢》(GB/T 700—2006)规定的 Q235B 钢板。

(2)锚具:采用 15-4 型和 15-5 型系列锚具及其配件;预应力管道采用圆形金属波纹管。

(3)支座:可采用板式橡胶支座,橡胶材料可选择三元乙丙橡胶或天然橡胶。其材料和力学性能均应符合现行国家和交通运输部颁标准的规定。

5. 空心板预制

(1)浇筑空心板混凝土前应严格检查伸缩缝、泄水管、护栏、支座等附属设施的预埋件是否齐全,确定无误后方能浇筑。施工时,应保证预应力束管道及钢筋位置的准确,控制混凝土集料最大粒径不得大于 20mm。浇筑混凝土时应充分振捣密实,严格控制浇筑质量。

(2)为了防止预制板上拱度过大,及预制板与桥面现浇层由于龄期差别而产生过大收缩差,存梁期不宜超过 90d,若累计上拱值超过计算值 8mm,应采取控制措施。预制空心板在钢束张拉完成后,各存梁期跨中上拱度计算值及二期恒载所产生的下挠值如表 3-5-2 所示。

空心板拱度控制参数 表3-5-2

梁板类型	钢束张拉完上拱度（mm）	存梁30d上拱度（mm）	存梁60d上拱度（mm）	存梁90d上拱度（mm）	二期恒载产生的下挠度（mm）
边板	+9.3	+11.4	+12.0	+12.3	-8.4
中板	+10.7	+13.1	+13.8	+14.1	-10.6

注：正值表示位移向上，负值表示位移向下。

(3) 空心板预制时，除注意按本册设计图纸预埋钢筋和预埋件外，桥面系、伸缩缝、护栏及其他相关附属构造的预埋件，均应参照相关图纸施工，护栏的预埋钢筋必须预埋在预制空心板结构内。

(4) 为防止铰缝破坏，形成单板受力，在空心板设计中设置了横向加强钢板，间距按1m计。

6. 预应力施加工艺

(1) 预应力束管道的位置必须严格按坐标定位并用定位钢筋固定，定位钢筋与空心板腹板的箍筋点焊连接，严防错位和管道下垂，如果管道与普通钢筋发生碰撞，应保证管道位置不变而适当挪动钢筋位置。浇筑前应检查波纹管是否密封，防止浇筑混凝土时阻塞管道。

(2) 预制空心板的预应力钢束必须待空心板浇筑后的混凝土立方体强度达到设计混凝土强度等级的90%后，且混凝土龄期不小于7d，方可张拉。施工单位在条件具备时应适当增加龄期，提高混凝土弹性模量，减少反拱度。预应力钢束采用两端同时张拉，锚下控制应力为 $0.75 f_{pk} = 1395\text{MPa}$。

(3) 施加预应力应采用张拉力与引伸量双控。当预应力钢束张拉达到设计张拉力时，实际引伸量值与理论引伸量值的误差应控制在6%以内。实际引伸量值应扣除钢束的非弹性变形影响。

(4) 预应力钢束张拉顺序为：左N1→右N2→右N1→左N2。

(5) 孔道压浆采用C50水泥浆，要求压浆饱满。孔道压浆应在预应力筋张拉后24h内进行，当水泥浆强度达到80%时，才允许空心板梁吊装移位。

7. 空心板安装

(1) 预制空心板采用设吊环穿束的吊装方法。

(2) 桥梁架设若采用架桥机吊装，必须经过验算方可进行，且架桥机的重量必须落在墩台的立柱上。

8. 其他

(1) 封锚端混凝土浇筑前，须将预制板端部混凝土结合面浮浆清凿干净，才能浇筑新混凝土。

(2) 预制空心板顶面应拉毛，锚固端面及铰缝面等新、旧混凝土结合面均应凿毛成凹凸不小于6mm的粗糙面，100mm×100mm面积中不少于1个点，以利于新旧混凝土良好结合。

(3) 本通用图设计钢筋长度未考虑施工折减，实际施工下料时应按照有关施工规范要求进行控制。

(4) 严格控制支座高程，避免支座脱空。

(5) 桥面连续、桥面铺装、伸缩缝、护栏、泄水管另见其他通用图纸。

(6) 其他未尽事宜，参见《公路桥涵施工技术规范》(JTG/T F50—2011)。

八、针对审查意见的回复

根据青海交通工程咨询中心提供的审查意见,我单位对图纸进行了修改,基本情况如下:

(1)针对审查意见中"大桥设计为7~20m,因缺少水文计算,桥梁孔径拟定无依据。单从桥轴线断面来看,桥梁可减少一孔。请设计补充水文计算及桥址上下游已建桥梁的设计、运营等资料,为孔径确定提供依据"。

我单位补充了流量确定、孔径及冲刷计算等内容,并调查了214线相近桥梁的孔径,最终以不压缩天然河道为原则,按现行水文规范的计算公式,最终确定采用7-20后张法预应力混凝土空心板桥。

(2)针对审查意见中"根据提供的地质资料,桩基直径为1.5m,桥墩桩长采用40m、桥台桩长采用33m,偏于保守,请核查"。

我单位经过水文计算,确定了桥梁墩台位处的冲刷高程,认为桥址处冲刷深度较大且地质情况较差,圆砾层冲刷消耗完之后,其他地层抗冲刷能力更差。另外,根据调查,214线桥梁虽桩长较本桥短,但214线桥梁地质状况明显优于本桥,且214线桥梁运营时间仅9年左右,参考价值有限。

但由于桥梁上部宽度的缩减,导致上部结构横断面减少了1块中板,桥梁整体受力减小。经计算,将桥墩桩长由原来的40m调整为35m;桥台桩长由原来33m调整为31m。

(3)针对审查意见中"桥型布置立面图中缺少地质柱状图和水流方向",已按审查意见进行了补充。

(4)针对审查意见中"桥梁与道路人行道宽度不一致",已将桥梁人行道宽度调整为1.5m。

(5)针对审查意见中"应明确预应力钢绞线规格、张拉控制应力等参数",该数值已在设计说明中反映。

本工程实例的工程施工相关图见附图1~附图36。

全桥主要工程数量表

材料			单位	上部构造 空心板 预制	上部构造 空心板 现浇	上部构造 桥面铺装及桥面排水	上部构造 伸缩装置	上部构造 支座	上部构造 安全带、人行道及栏杆	上部构造 小计	下部构造 桥墩 墩帽	下部构造 桥墩 墩身	下部构造 桥墩 系梁	下部构造 桥墩 桩基	下部构造 桥台 台帽	下部构造 桥台 耳墙、挡块	下部构造 桥台 桩基	下部构造 桥台 搭板	下部构造 小计	锥坡	防护工程	全桥合计
混凝土	C40混凝土		m³	325.7	36					361.7												361.7
混凝土	C40防水混凝土		m³			97.2				97.2												97.2
混凝土	C30混凝土		m³								69.3	56.6		618.5	30.0	16.8	219.1	13.5	1023.8			1023.8
混凝土	C25混凝土		m³						67.5	67.5												67.5
混凝土	C20混凝土		m³																			
混凝土	小计		m³	325.7	36	97.2			67.5	526.4	69.3	56.6		618.5	30.0	16.8	219.1	13.5	1023.8			1550.2
沥青混凝土			m³		32.3					32.3												32.3
ϕ^S15.2钢绞线			kg	10464						1046.4												10464
钢筋	HRB335	ϕ28	kg																			
钢筋	HRB335	ϕ25	kg								3392	7264		32595.5	1220		17070		61541.5			61541.5
钢筋	HRB335	ϕ22	kg																			
钢筋	HRB335	ϕ20	kg								850					229.6		1777.8	2827.4			2827.4
钢筋	HRB335	ϕ16	kg	9072		626.9				9698.9				569.5			214.4		783.9			10482.8
钢筋	HRB335	ϕ12	kg	15146.2	2610	13285.2				31041.4						1116.6		71.4	1188			32229.4
钢筋	HRB335	ϕ10	kg	17670	378					18048												18048
钢筋	HRB335	小计	kg	41888.2	2988	13912.1				58788.3	4212	7264		33165	1220	1346.2	17284.4	1849.2	66340.8			125129.1
钢筋	R235	ϕ40	kg	2592						2592												2592
钢筋	R235	ϕ10	kg						760.2	760.2	1798	1403.5		9337	560.2		3459.8		16558.5			17318.7
钢筋	R235	ϕ8	kg	10884		362.4			4354.8	15601.2	63.5					194			257.5			15858.7
钢筋	R235	小计	kg	13476		362.4			5115	18953.4	1861.5	1403.5		9337	560.2	194	3459.8		16816			35769.4
锚具	OVM15-5		套	144						144												144
锚具	OVM15-4		套	48						48												48
锚具																						
C20水泥砂浆			m³						1.4	1.4												1.4
波纹管	D56		m	276						276												276
波纹管	D57		m	984						984												984
▱200×150×16钢板			kg																			
支座	GYZ-200×42		块					64		64												64
支座	GYZF4-200×30		块					32		32												32
M15#砂浆			m³	1.3						1.3												1.3
铸铁泄水管			套			60				60												60
FM-80 型伸缩缝			m				18.9			18.9												18.9
填方			m³																	242.8		242.8
挖方			m³																			
M10#浆砌片石			m³																	104.4		104.4
砂砾垫层			m³																	19.2		19.2
竹笼围堰(H=5m)			m																			

××公路勘测设计有限公司	共和县恰不恰镇滨河西路次汗素大桥	主要工程数量表	审定		项目负责		校核		工程号		图号	
			审核		工种负责		设计		阶段	施工图设计	日期	2010.03

附图 1

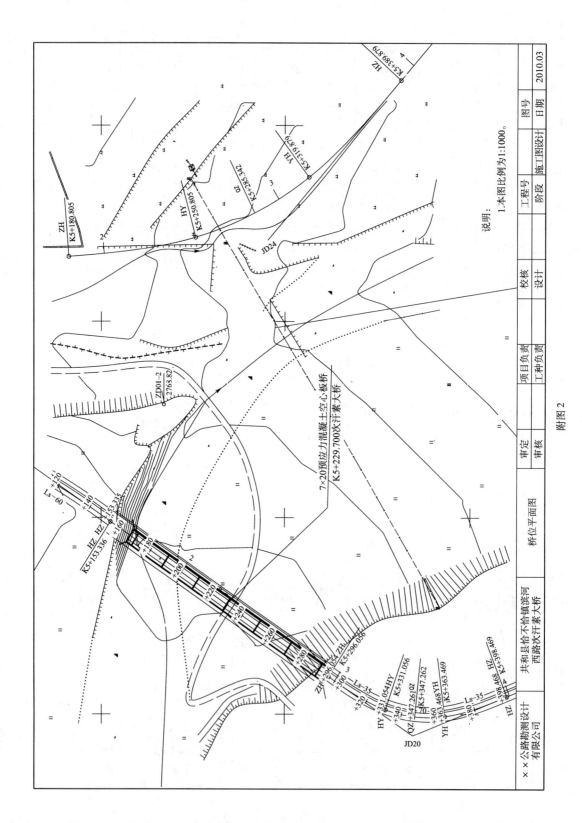

附图 2

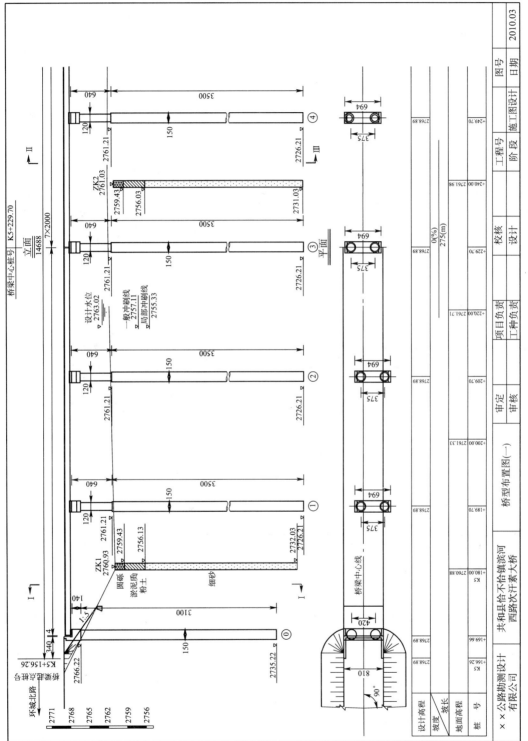

附图 3

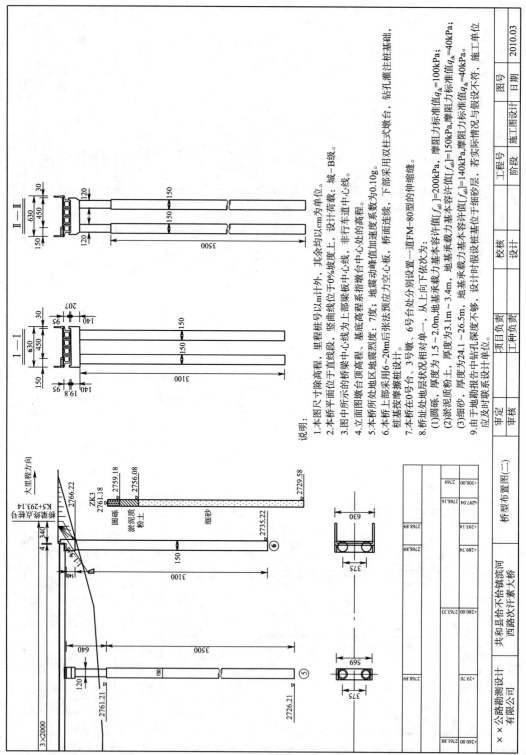

附图4

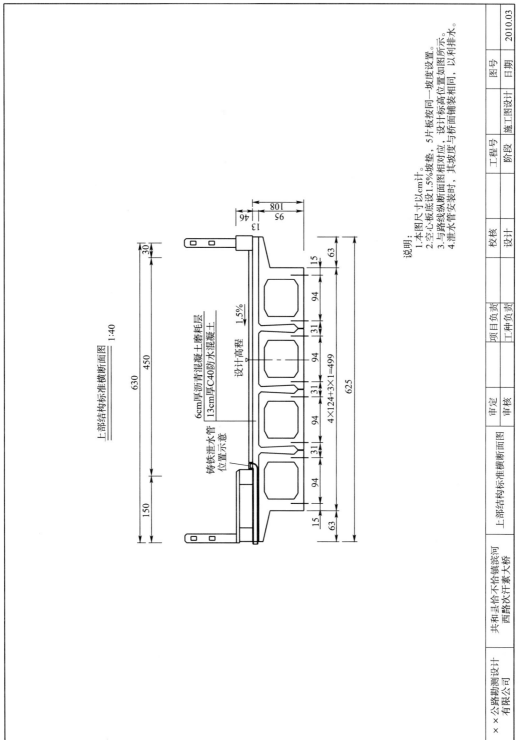

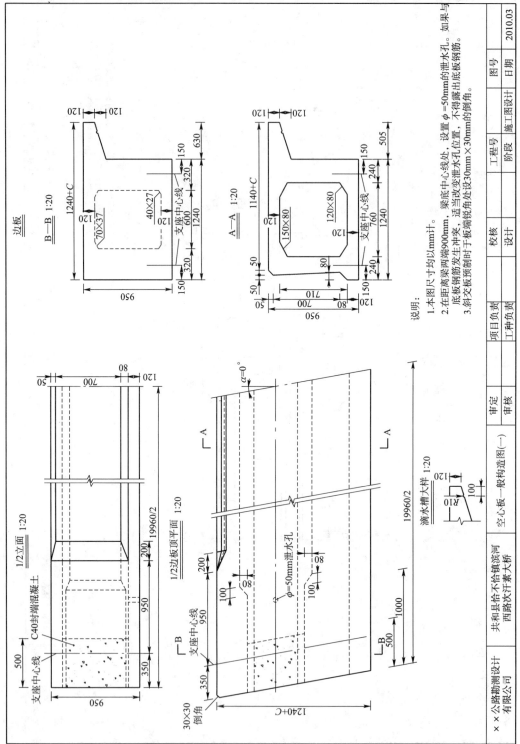

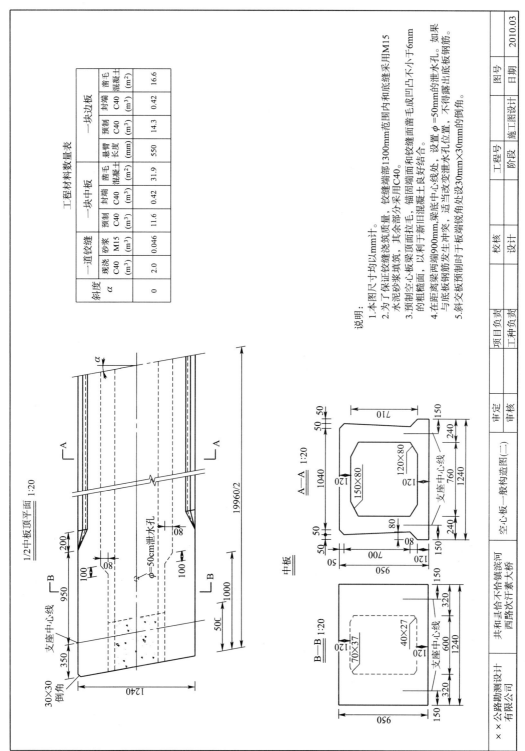

1/2立面图 1:50

中板 1:50　边板 1:50

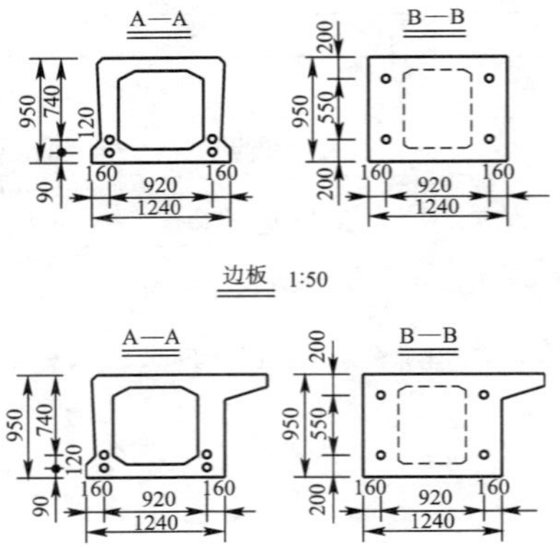

预应力钢束曲线坐标

钢束号	水平坐标 x / 竖直坐标 y	0 跨中截面	500	1000	1500	2000	2500	3000	3500	4000	4500	5000	5500	6000	6500	7000	7500	8000	8500	9000	9500	9800 锚固截面
1	y	90	90	90	90	90	90	90	90	90	90	90	90	90	90	90	90	96	114	114	179	200
2	y	210	210	210	210	210	210	210	210	210	210	210	210	218	250	308	386	465	544	623	702	750

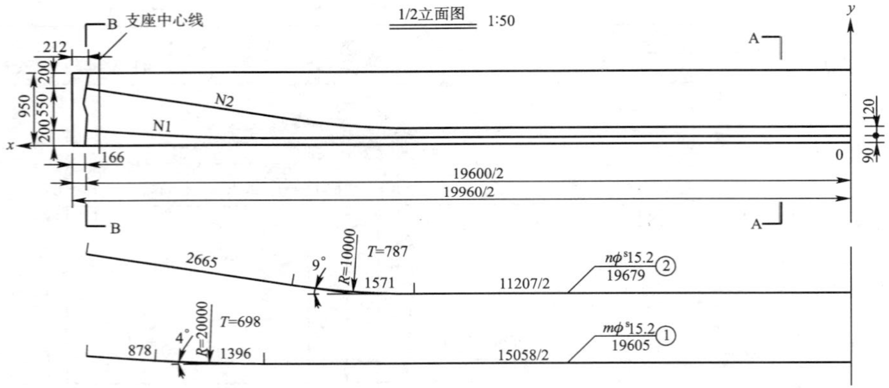

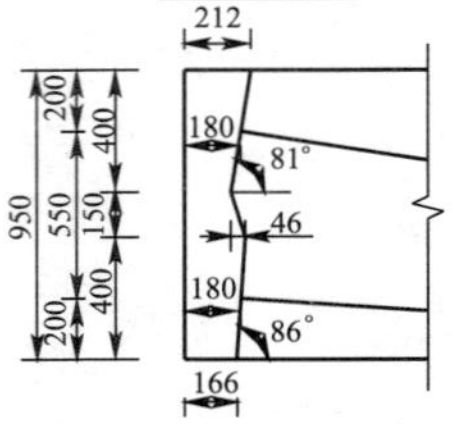

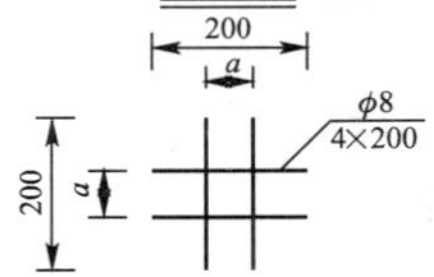

板端锚口大样 1:25

定位钢筋 1:10

预应力钢束及锚具明细表

板位	钢束编号	参数	计算长度 (mm)	下料长度 (mm)	延伸量 (mm)	束数	预应力钢束共长 (m)	张拉墙锚具(套)	波纹管长 (m)
中板	1	m=5	19605	20805	61.2	2	41.6	4×15-5	38.6
	2	n=4	19679	20879	60.3	2	41.8	4×15-4	38.8
边板	1	m=5	19605	20805	61.2	2	41.6	4×15-5	38.6
	2	n=5	19679	20879	60.3	2	41.8	4×15-5	38.7

一块边板工程材料数量表

项目		共长 (m)	单位重 (kg/m)	共重 (kg)
钢绞线	ϕ^s15.2-5	83.4	5.505	459
波纹管	D67	77.3	0.710	55
定位钢筋	φ8	128.0	0.395	51
锚具	15-5 (套)			8

一块中板工程材料数量表

项目		共长 (m)	单位重 (kg/m)	共重 (kg)
钢绞线	ϕ^s15.2-4	41.8	4.404	184
	ϕ^s15.2-5	41.6	5.505	229
波纹管	D56	38.8	0.580	23
	D67	38.6	0.710	27
定位钢筋	φ8	125.6	0.395	51
锚具	15-4 (套)			4
	15-5 (套)			4

说明：
1.本图尺寸均以mm计。
2.预应力钢束曲线竖向坐标值为钢束重心至板底距离。
3.所有预应力束张拉端均已计入600mm的预留工作长度。
4.延伸量均为两端张拉时的单端延伸量。
5.束孔定位钢筋按每0.5m计列一道，a值根据波纹管外径确定：$a=D_{外}+5$mm。
6.预应力钢束锚垫板，垫板下螺旋筋均采用锚具工厂配套产品。

××公路勘测设计有限公司	共和县恰不恰镇滨河西路次汗素大桥	预应力钢束构造图	审定		项目负责		校核		工程号		图号	
			审核		工种负责		设计		阶段	施工图设计	日期	2010.03

附图 8

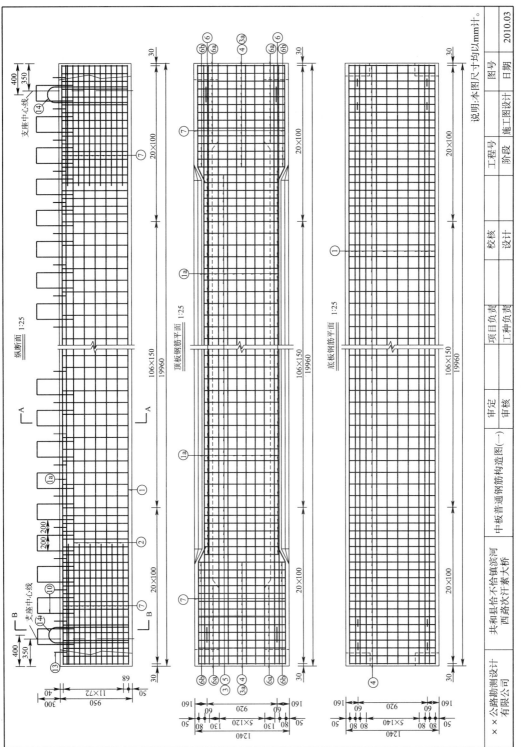

附图 9

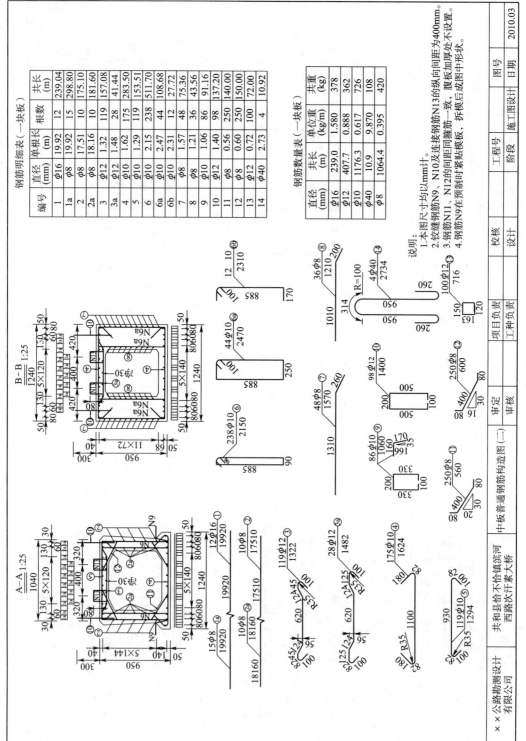

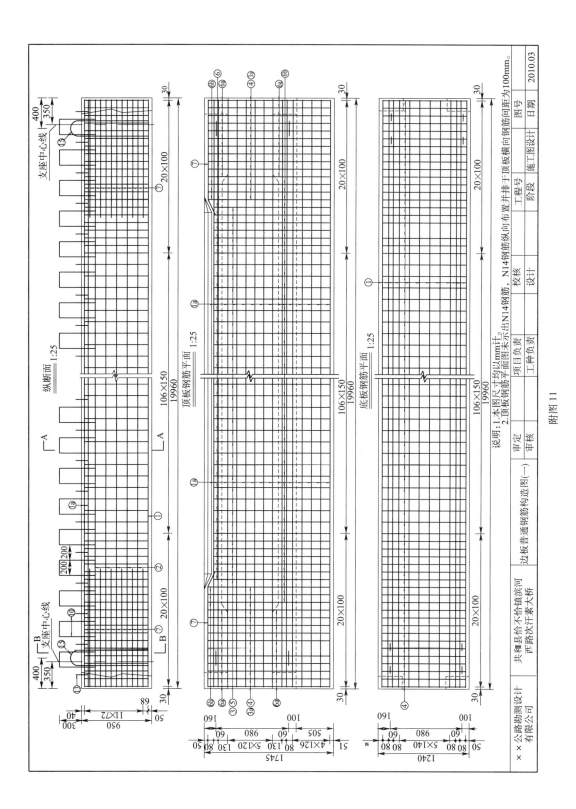

附图 11

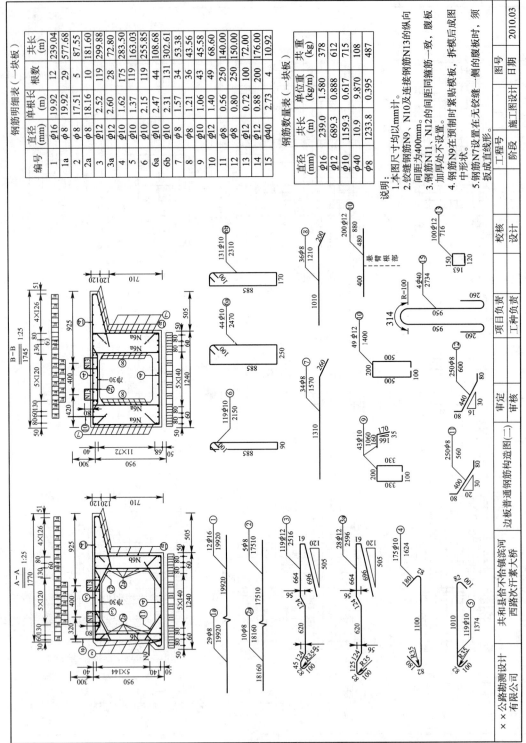

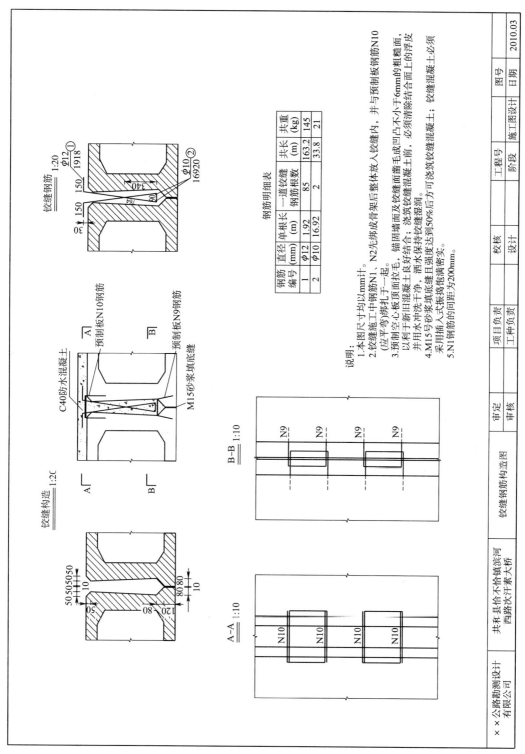

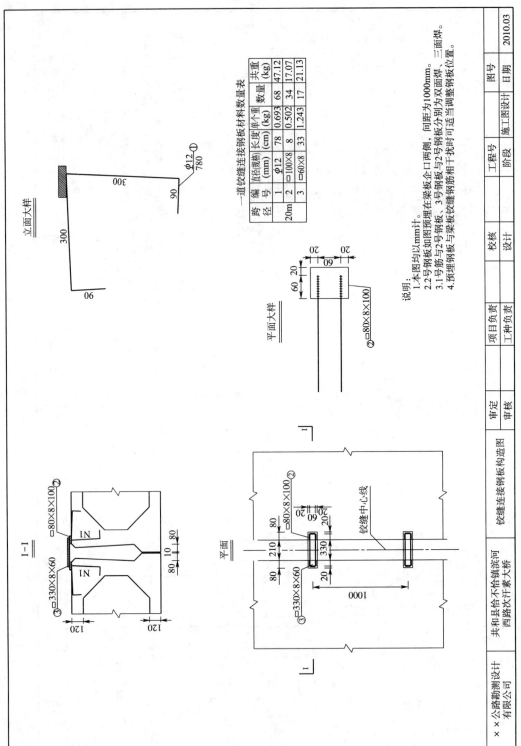

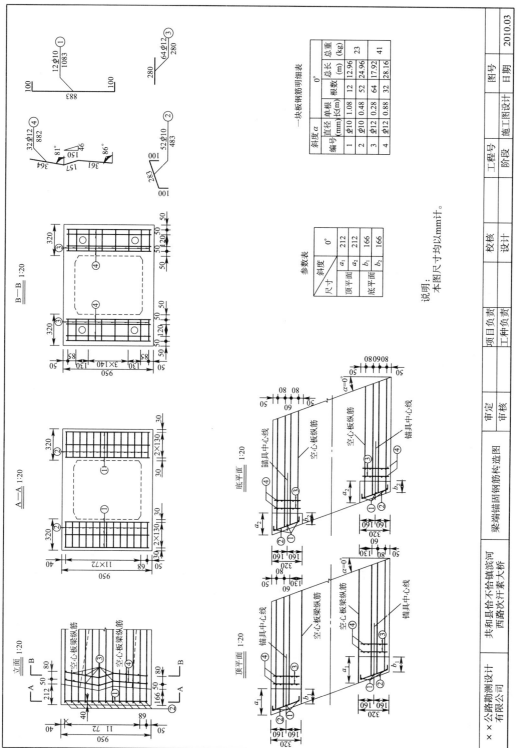

一块板钢筋明细表

角度α	编号	直径(mm)	单根长L(m)	根数	共长(m)	总重(kg)
0°	1	Φ10	0.90	20	18.00	30
	2	Φ10	0.80	20	16.00	
	3	Φ10	0.25	56	14.00	

说明：

本图尺寸均以mm计。

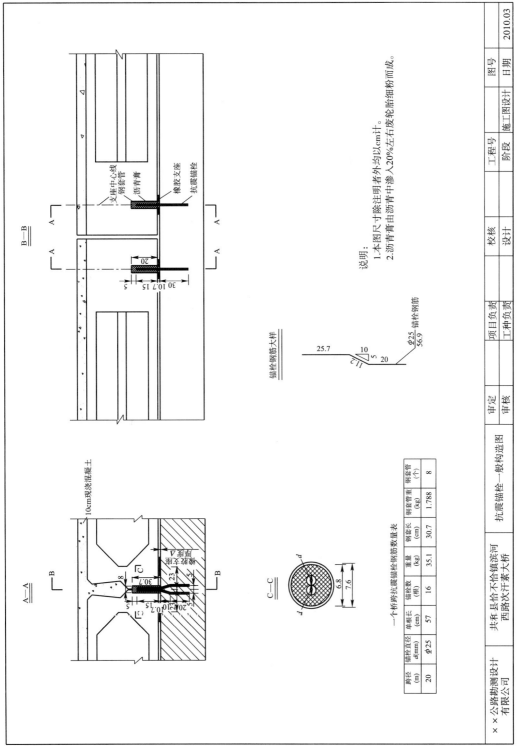

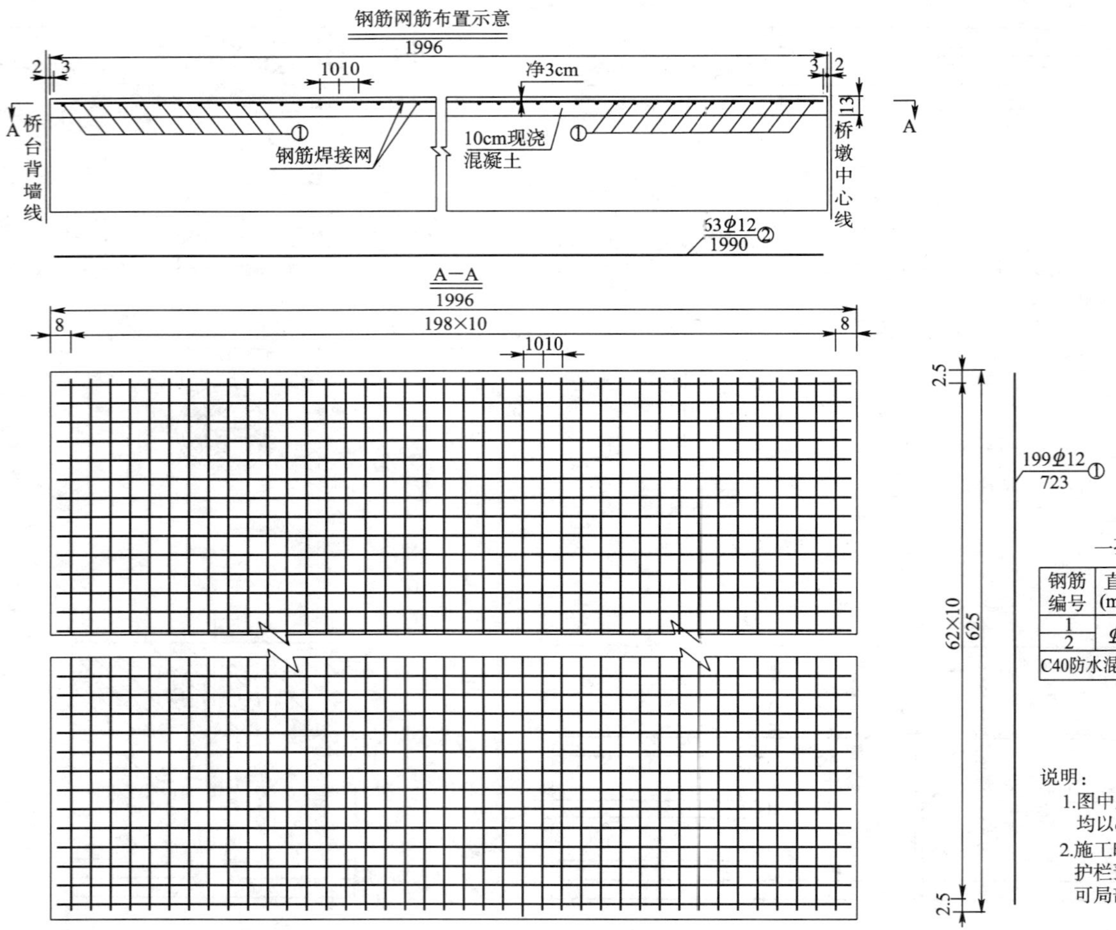

一孔桥面现浇层工程数量表

钢筋编号	直径(mm)	长度(cm)	根数	共长(m)	共重(kg)
1	Φ12	723	199	1438.8	2891.5
2		1990	63	1452.7	
C40防水混凝土现浇层		18.8m³			

说明：

1. 图中尺寸除钢筋直径以mm计，余均以cm为单位。
2. 施工时如桥面连续钢筋或伸缩缝、护栏预埋件、泄水管等发生干扰，可局部调整修改钢筋焊接网。

××公路勘测设计有限公司	共和县恰不恰镇滨河西路次汗素大桥	桥面现浇钢筋构造图	审定		项目负责		校核		工程号		图号	
			审核		工种负责		设计		阶段	施工图设计	日期	2010.03

附图 18

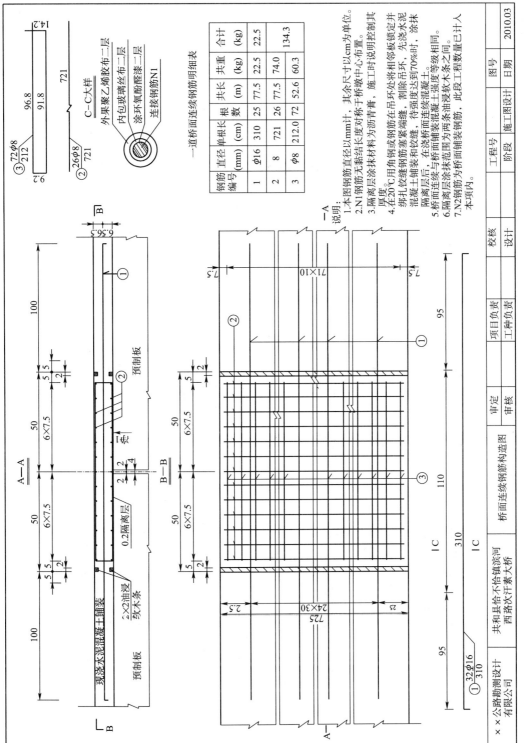

附图19

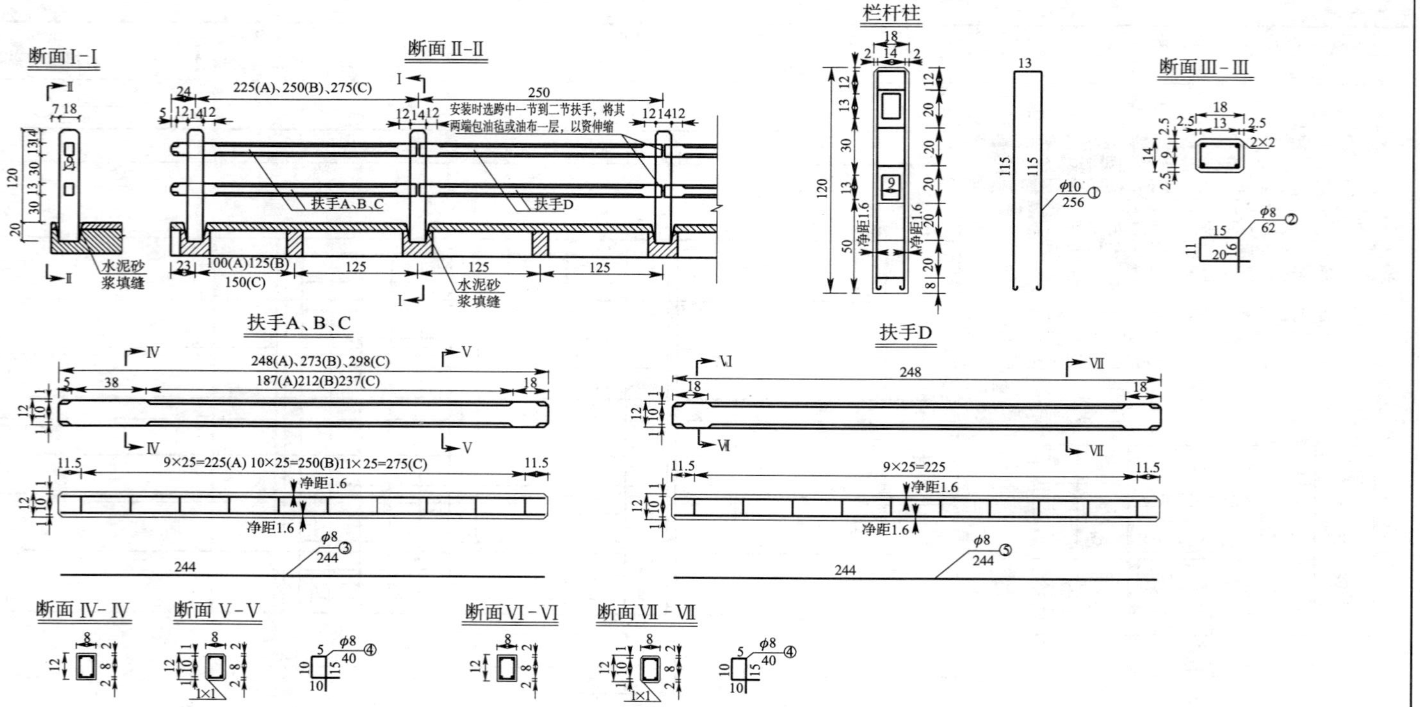

说明：
1. 本图尺寸除钢筋直径以mm计外，其余均以cm为单位。
2. 安装栏杆时，必须全桥每侧栏杆经过精确校正位置后，才允许用水泥砂浆填缝固定，固定前可用楔子楔紧。
3. 如果采用先固定栏杆柱，后安装扶手的施工顺序，则对栏杆柱上的孔眼尺寸，可以放大0.5~1cm，以利于穿扶手。

一孔上部构造栏杆数量表

跨径(m)	栏杆柱	扶手A	扶手D
20	18	8	24
合计	C25砼1.22m³砼0.56t钢筋199.3kg		

一根栏杆块件材料总表

块件代号	编号	钢筋直径(mm)	数量(根)	每根长度(cm)	共重(kg)	单位重(kg/m)	共重(kg)	总重(kg)	C25混凝土体积(m³)	安装重量(t)
栏杆柱	1	φ10	2	256	5.12	0.617	3.16	4.0	0.027	0.068
	2	φ8	6	62	3.72	0.395	1.47			
扶手A	3	φ8	4	244	9.76	0.395	3.86	4.8	0.023	0.058
	4	φ8	10	40	4.00	0.395	1.58			
扶手D	5	φ8	4	244	9.76	0.395	3.86	4.8	0.023	0.058
	6	φ8	10	40	4.00	0.395	1.58			

××公路勘测设计有限公司 | 共和县恰不恰镇恰河西路次汗素大桥 | 栏杆构造图

项目负责	审定	工程号	图号
工种负责	审核	阶段 施工图设计	日期 2010.03
设计	校核		

附图20

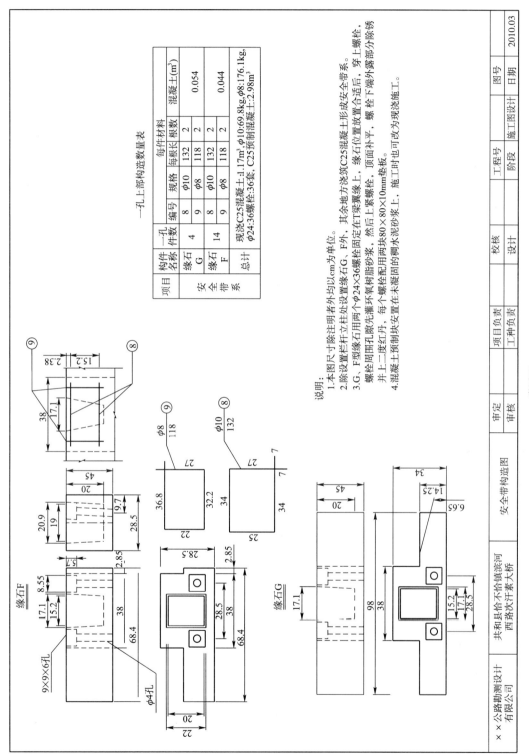

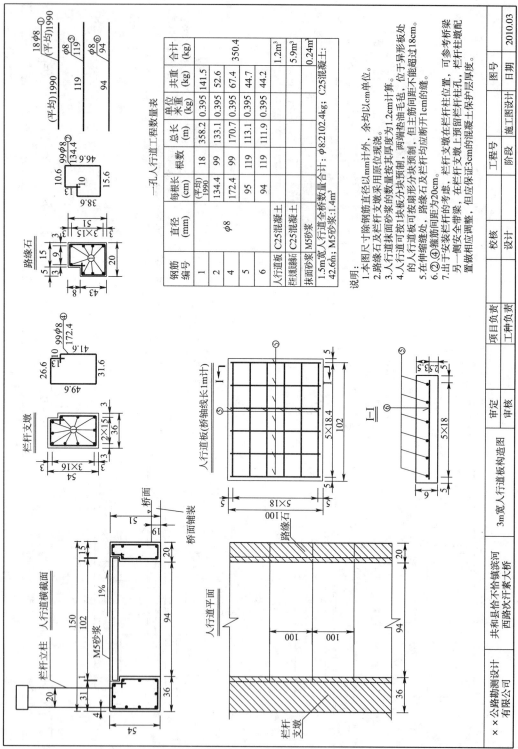

附图 22

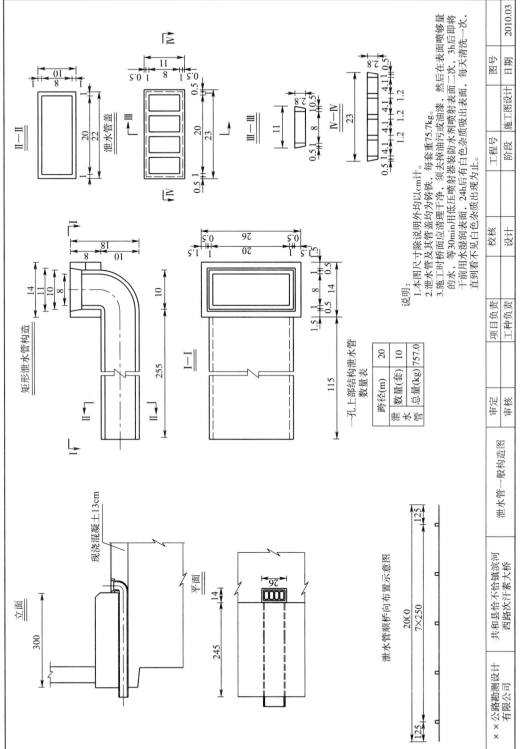

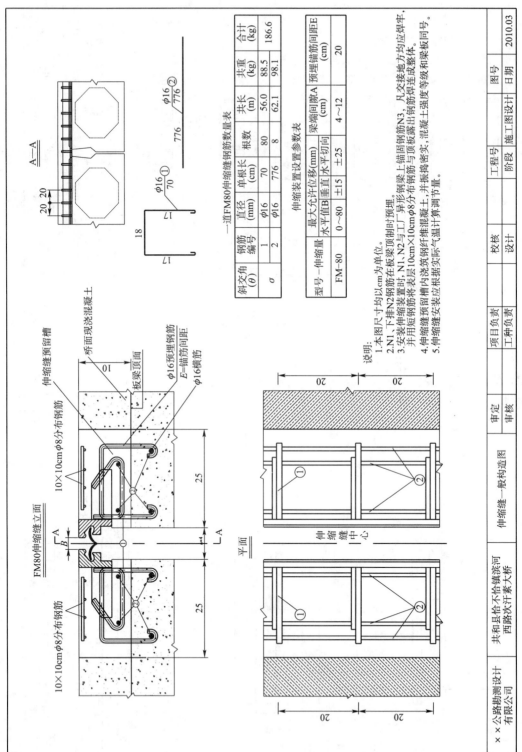

立面

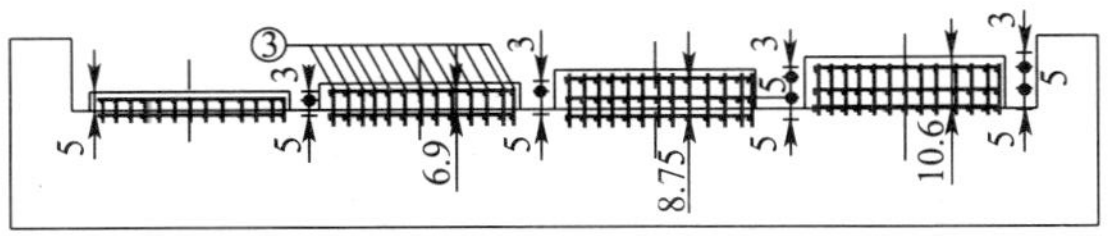

盖梁平面

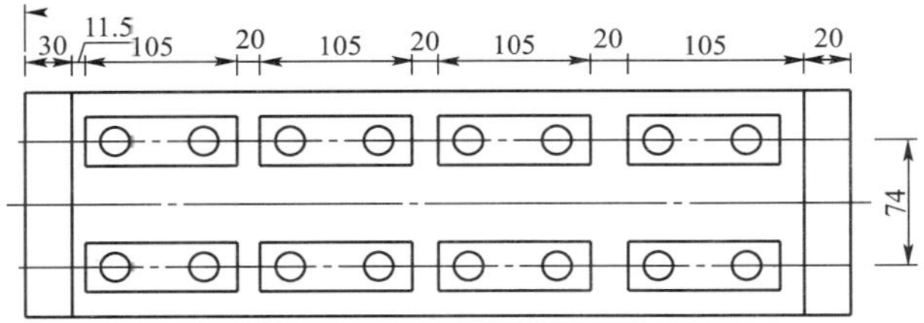

板底坡垫示意图

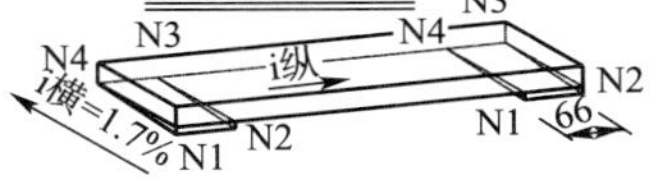

板底坡垫尺寸表

N1	N2	N3	N4
1.875cm	1.875cm	0.0	0.0

支座垫石钢筋网平面大样

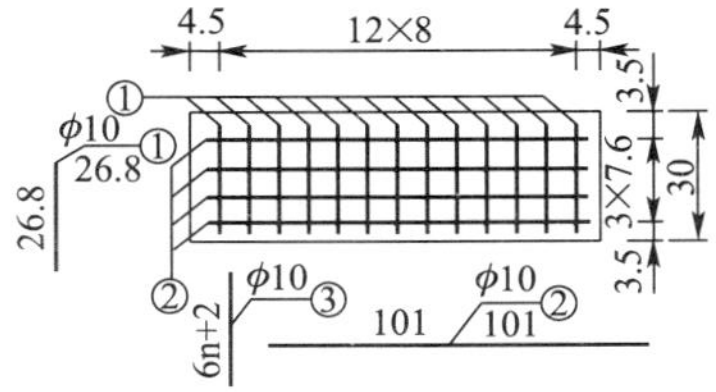

一个墩，台支座垫石材料数量表

部位	钢筋编号	直径(mm)	每根长(cm)	根数	共长(m)	共重(kg)	C30混凝土(m^3)
桥墩	1	φ10	26.8	520	139.4	86.0	0.58
	2	φ10	101	160	161.6	99.7	
	3	φ10	13.1(平均)	1008	132.5	81.8	
桥台	1	φ10	26.8	260	69.7	43.0	0.29
	2	φ10	101	80	80.8	49.8	
	3	φ10	13.1(平均)	504	66.3	40.9	

说明：
1.本图钢筋直径以mm计，其余尺寸以cm为单位。
2.3号筋钢筋长度中的n等于垫块中钢筋网层数件减1。
3.本图适合于桥墩，桥台处支座垫石。

××公路勘测设计有限公司	共和县恰不恰镇滨河西路次汗素大桥	支座垫石钢筋构造图	审定		项目负责		校核		工程号		图号	
			审核		工种负责		设计		阶段	施工图设计	日期	2010.03

附图 25

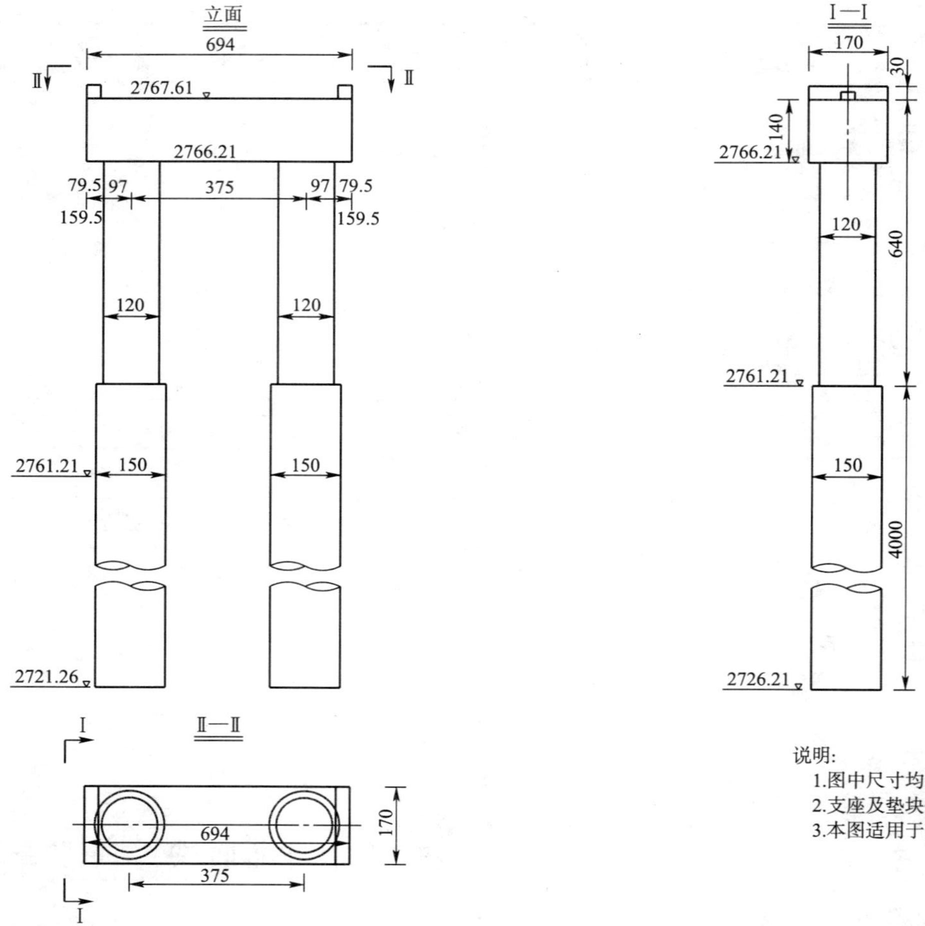

说明:
1.图中尺寸均以cm为单位。
2.支座及垫块位置本图未示出,另见设计详图。
3.本图适用于1~5号桥墩。

××公路勘测设计有限公司	共和县恰不恰镇滨河西路次汗素大桥	桥墩一般构造图	审定		项目负责		校核		工程号		图号	
			审核		工种负责		设计		阶段	施工图设计	日期	2010.03

附图 26

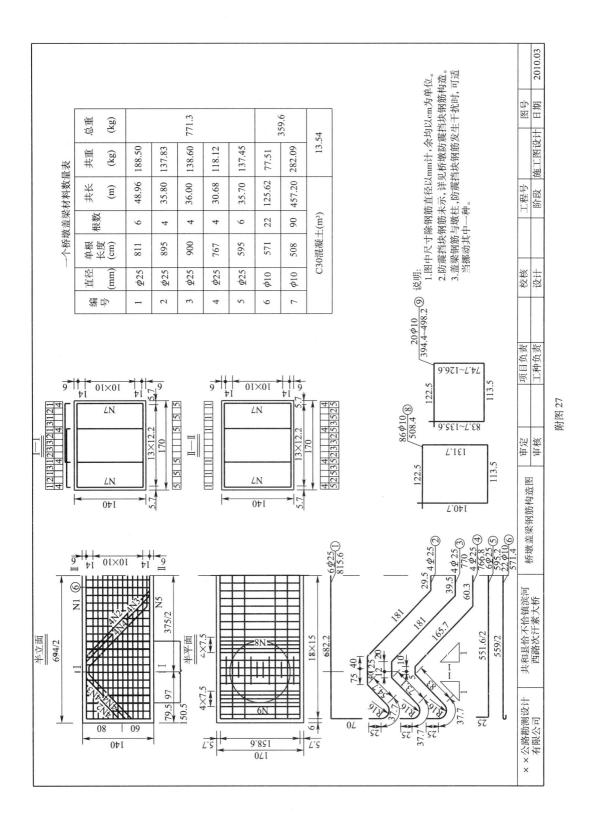

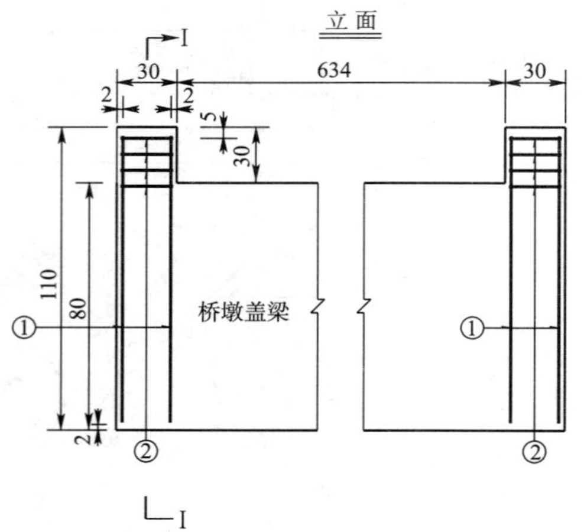

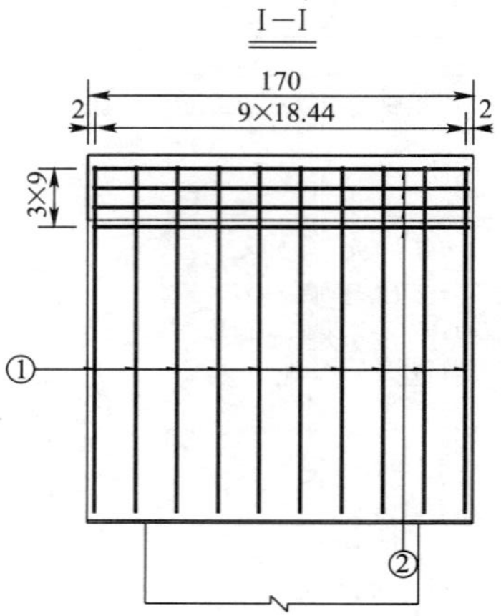

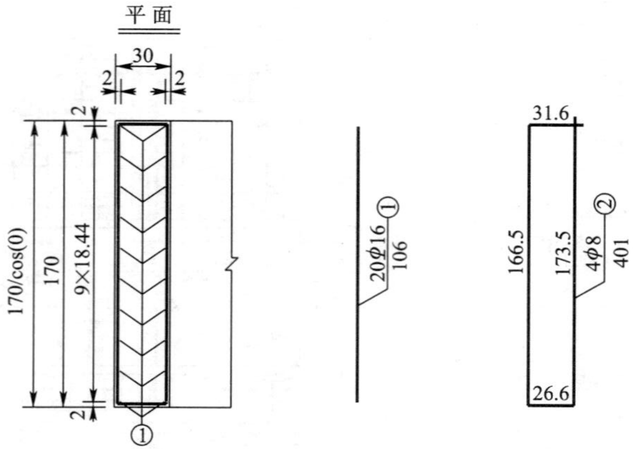

一个桥墩挡块材料数量表

编号	直径 (mm)	单根长度 (cm)	根数	共长 (m)	共重 (kg)	总重 (kg)
1	Φ16	106	40	42.40	66.99	67.0
2	φ8	401	8	32.08	12.67	127
C30混凝土(m³)				0.31		

说明：

1.图中尺寸除钢筋直径以mm计，余均以cm为单位。
2.防震挡块钢筋若与桥墩盖梁钢筋相碰，可适当调整。

××公路勘测设计有限公司	共和县恰不恰镇滨河西路次汗素大桥	桥墩挡块钢筋构造图	审定		项目负责		校核		工程号		图号	
			审核		工种负责		设计		阶段	施工图设计	日期	2010.03

附图 28

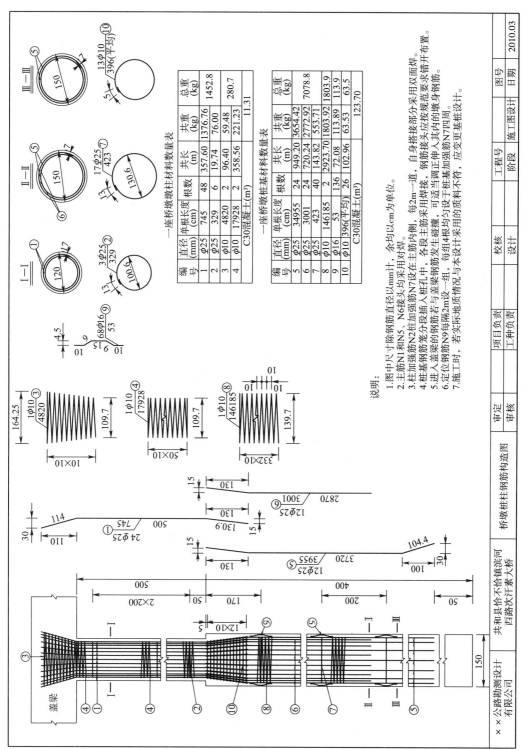

附图29

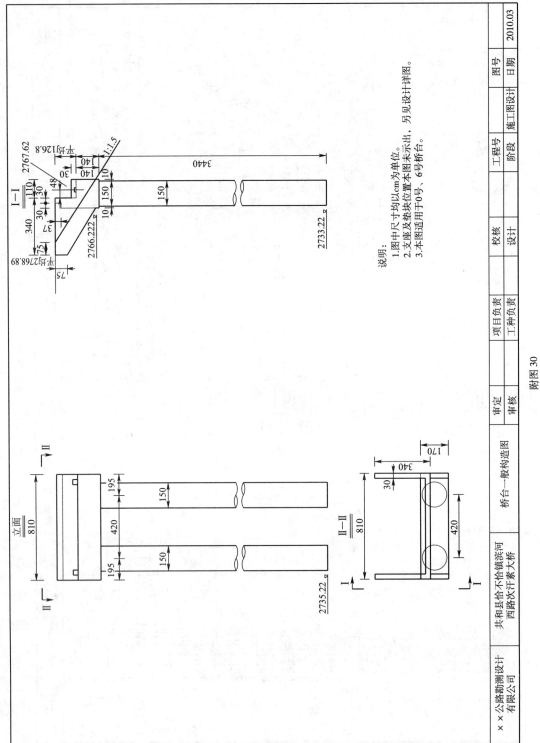

附图 30

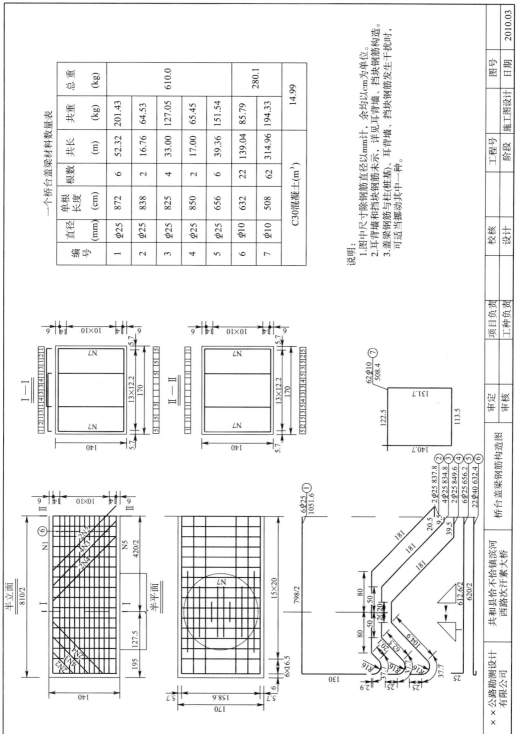

附图 31

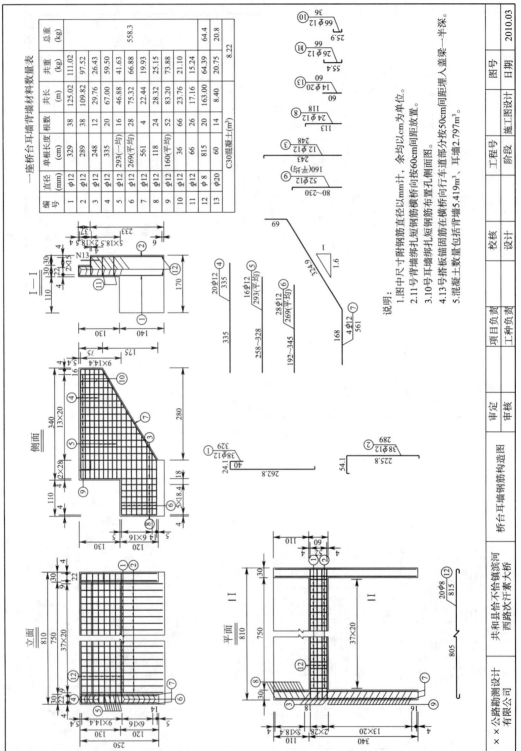

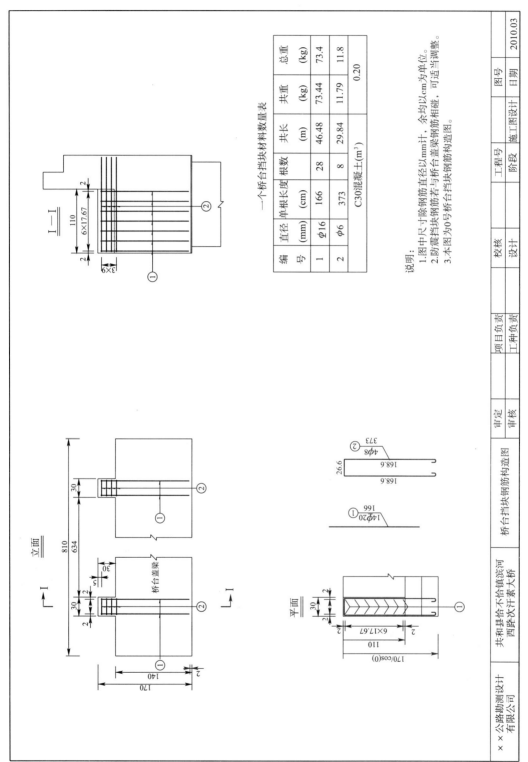

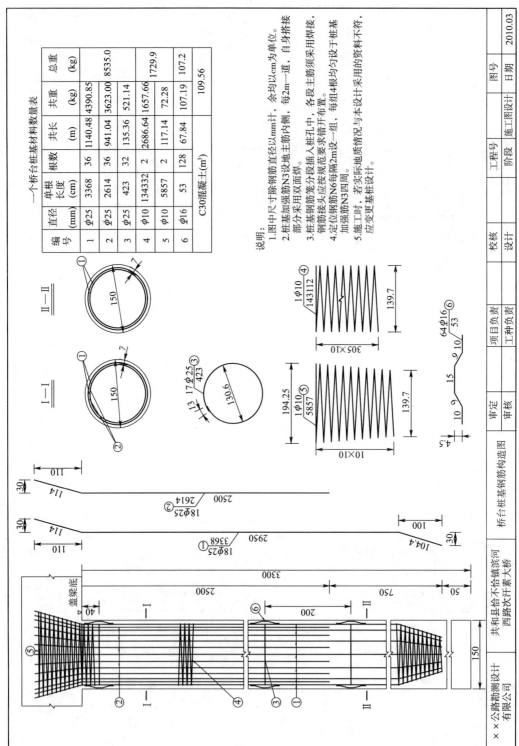

附图34

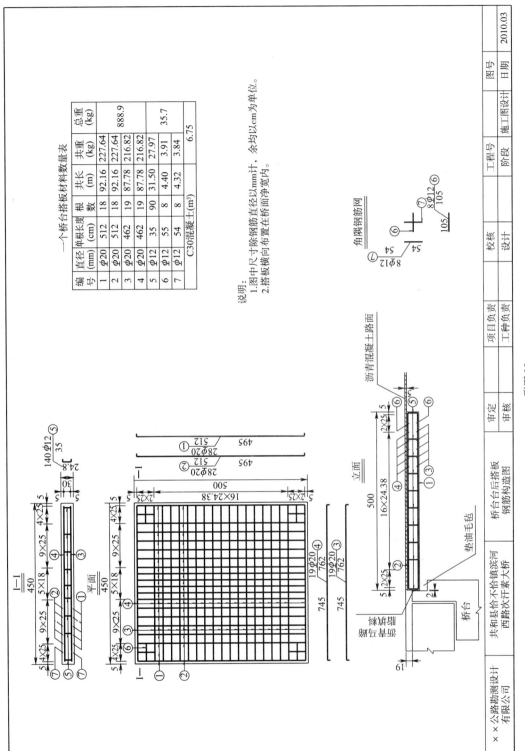

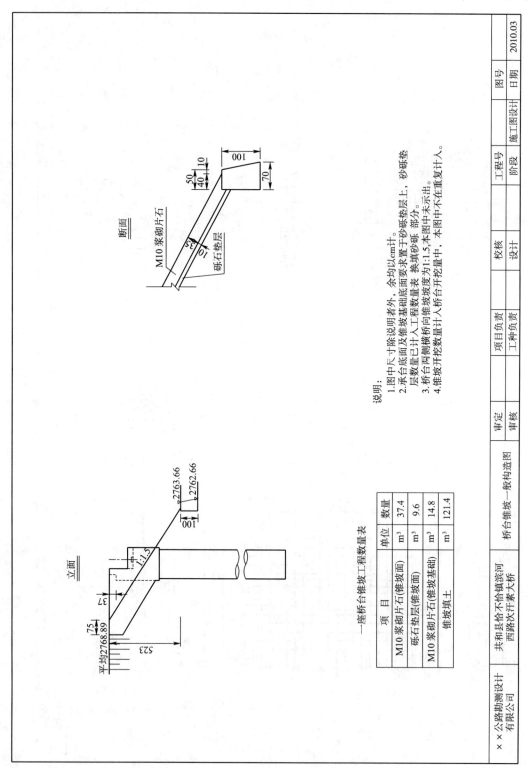

附图 36

项目四 钻（挖）孔灌注桩设计施工

任务一 桩基类别及构造特点

一、桩基分类

桩基是公路桥梁最常见的基础形式，根据《公路桥涵地基与基础设计规范》（JTG D63—2007），桩可按下列规定分类。

1. 按承载性状分类

（1）摩擦桩：桩顶荷载主要由桩侧阻力承受，并考虑桩端阻力。

（2）端承桩：桩顶荷载主要由桩端阻力承受，并考虑桩侧阻力。

单桩的荷载传递见图 4-1-1。

图 4-1-1 单桩的荷载传递

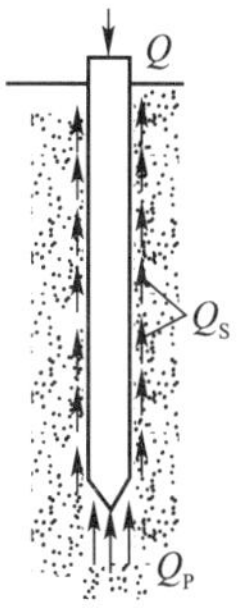

2. 按成桩方法分类

（1）非挤土桩：分为干作业法钻（挖）孔灌注桩、泥浆护壁法钻孔灌注桩、套管护壁法钻孔灌注桩。

（2）部分挤土桩：分为冲孔灌注桩、挤扩孔灌注桩、预钻孔沉桩、敞口预应力混凝土管桩等。

（3）挤土桩：沉桩（锤击、静压、振动沉入的预制桩及闭口预应力混凝土管桩等）。

3. 桩基按施工方法分类（图 4-1-2）

- 桩基础
  - 预制桩
    - 锤击、冲击施工法
      - 钢筋混凝土桩
      - 素混凝土桩
      - 预应力混凝土桩
      - H 形钢桩
      - 大直径预应力桩
      - 大直径钢管桩
    - 压柱施工法
    - 振动沉桩法
  - 就地灌注桩
    - 预先钻孔法
    - 桩内挖土下沉法
    - 钻孔法
    - 机械钻孔沉桩
      - 全套筒冲击成孔法
      - 反循环旋转成孔法
      - 冲抓钻孔法
    - 人工挖土（深基础法）
    - 打入套筒法
    - 特殊换土法
      - 就地搅拌钻孔压浆镇石法
      - 螺旋钻孔法

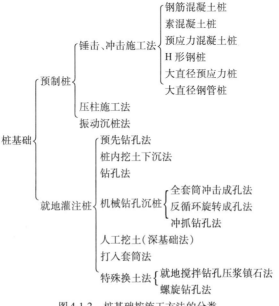

图 4-1-2 桩基础按施工方法的分类

4. 沉入桩

钢、木、钢筋混凝土等材料制作的柱状构件，经锤击、振动、涉水、静压等方式沉入或埋入地基而成的桩称为沉入桩。如图4-1-3所示为锤击沉桩场景。

图4-1-3 锤击沉桩场景

沉入桩施工前要做试桩，其主要内容包括：选择合理的施工方法和机具设备；根据桩的设计承载力确定桩的入土深度；核实最终贯入度是否符合设计要求；选定射水沉桩的射水设备和射水参数（如水压、水量等）；确定射水沉桩最后锤击的深度；验证锤击沉桩动力公式在该工点地质条件下的准确程度；确定沉桩桩尖形式和正确的接桩方法；查明沉桩土质是否有假极限和吸入现象，决定是否需要复打和复打前休止期限；确定施工时停止沉桩的控制标准；静推试验确定桩的容许承载力及桩顶位移和转角，并推求地基土水平抗力系数的比例系数 m 值。

贯入度是锤击成桩中的重要指标，是指锤击沉入桩时，根据桩的种类取每锤或每分钟桩的贯入量，以 mm/击、mm/min 计。各种沉桩方法所适用的地质条件见表4-1-1。

各种沉桩方法所适用的地质条件　　　　表4-1-1

沉桩方法	施工地质条件
锤击沉桩法	一般适用于松散、中密砂土、黏性土，根据不同的土质，选择相应坠锤、单动汽锤、双动汽锤、柴油锤、液压锤等
振动沉桩法	一般适用于砂类土、黏性土、中密及较松的碎石类土
射水沉桩法	在密实砂类土、碎石类土的土层中，用锤击法或振动法沉桩困难时，可用射水法配合进行
静力压桩法	适用于软黏性土及中密以下的砂类土，此类方法较少，规范中已取消

[**工程示例4-1-1**（沉入桩及施组的审批）] 某市迎宾大桥工程采用沉入桩基础，在平面尺寸为5m×30m的承台下，布置了148根桩，为群桩形式：顺桥方向5排桩，桩中心距为0.8m，横桥方向29排，桩中心距1m，桩长15m，分两节采用凸缘等强度接头，由专业队伍分包负责打桩作业，合同工期为2004年3月15日~4月15日，工期1个月，项目部在施工组织设计中拟采取如下措施：

①为方便预制，桩节长度分为4种，其中72根上节长7m，下节长8m（带桩靴），73根上节长8m，下节长7m，81根上节长6m，下节长9m，其余剩下的上节长9m，下节长6m。

②为了挤密桩间，增加桩与土体的摩擦力，打桩顺序定为四周向中心打。

③为防止桩顶或桩身出现裂缝，破碎，决定以贯入度为主控制。

④施工组织设计经项目经理签字认可后,上报监理工程师审批。

问题:

(1)分述上述措施是否符合规范的规定,若不符合,请说明。

(2)在沉桩过程中,遇到哪些情况应暂停沉桩?分析原因,并采取有效措施。

(3)在沉柱过程中如何妥善掌握控制桩桩尖高程与贯入度的关系?

(4)总包和分包,对于项目安全控制责任是如何分工的?

(5)施工组织设计审批程序是否正确,该如何做?

分析与答案:

(1)措施①符合现行《公路桥涵施工技术规范》规定(下称规范)。

措施②不符合规范规定,沉桩顺序应从中心向四周进行。

措施③不符合规范规定,沉桩时,应以控制桩尖设计高程为主要控制指标。

(2)在沉桩过程中,若遇到贯入度剧变、桩身突然发生倾斜、位移或有严重回弹,桩顶或桩身出现严重裂缝、破碎等情况,应暂停沉桩,分析原因,采取措施。

(3)首先明确沉桩时以控制桩尖设计高程为主,当桩尖高程高于设计高程,而贯入度较大时,应继续锤击,使贯入度接近控制贯入度;当贯入度已达到控制贯入度,而桩间高程未达到设计高程时,应继续锤击100mm左右(或30~50击)。如无异常变化,即可停止,若桩尖高程比设计高程高得多,应与设计单位和监理单位研究决定。

(4)实行总承包项目,安全控制由承包方负责,分包方服从承包方的管理。

(5)施工组织设计审批程序不对,项目经理批准后,应报送施工项目部上一级技术负责人审批。

按有关文件规定,施工组织设计必须由上一级技术负责人审批,加盖公章,填写审批表,有变更时,应有变更审批程序。

5.大直径桩和超长桩

根据《公路桥涵施工技术规范》(JTG/T F50—2011)中的术语解释:

(1)大直径桩:直径不小于2.5m的钻孔灌注桩。

(2)超长桩:桩长大于或等于90m的钻孔灌注桩。较常见于软土地基地区的桥梁,如珠江三角洲。

二、桩基特点及适用条件

桩基属于深基础,其适用的桩长范围为5~100m以上,根据《公路桥涵地基与基础设计规范》(JTG D63—2007),各类桩基需根据地质、水文等条件比较采用。其中:

(1)沉桩可用于黏性土、砂土以及碎石类土等。

(2)钻(挖)孔桩适用于各类土层(包括碎石类土层和岩石层),但应注意:

①钻孔桩用于淤泥及可能发生流砂的土层时,宜先做试桩。

②挖孔桩宜用于无地下水或地下水量不多的地层。

三、混凝土桩基构造特点

根据《公路桥涵地基与基础设计规范》(JTG D63—2007),钻孔桩设计直径不宜小于0.8m;挖孔桩直径或最小边宽度不宜小于1.2m;钢筋混凝土管桩直径可采用0.4~0.8m,管壁最小厚度不宜小于80mm。桩基钢筋笼如图4-1-4所示。

(1)桩身混凝土强度等级:钻(挖)孔桩、沉桩不应低于C25;管桩填芯混凝土不应低于C15。

(2)钢筋混凝土沉桩的桩身,应按运输、沉入和使用各阶段内力要求通长配筋。桩的两端和接桩区箍筋或螺旋筋的间距须加密,其值可取 40~50mm。

图 4-1-4　桩基钢筋笼

(3)钻(挖)孔桩应按桩身内力大小分段配筋。当内力计算表明不需配筋时,应在桩顶 3.0~5.0m 内设构造钢筋。

①桩内主筋直径不应小于 16mm,每桩的主筋数量不应少于 8 根,其净距不应小于 80mm 且不应大于 350mm。

②如配筋较多,可采用束筋。组成束筋的单根钢筋直径不应大于 36mm,组成束筋的单根钢筋根数,当其直径不大于 28mm 时不应多于 3 根,当其直径大于 28mm 时应为 2 根。束筋成束后等代直径为 $d_e=\sqrt{n}d$,式中 n 为单束钢筋根数,d 为单根钢筋直径。

③钢筋保护层净距不应小于 60mm。

④闭合式箍筋或螺旋筋直径不应小于主筋直径的 1/4,且不应小于 8mm,其中距不应大于主筋直径的 15 倍且不应大于 300mm。

⑤钢筋笼骨架上每隔 2.0~2.5m 设置一道直径为 16~32mm 的加劲箍。

⑥钢筋笼四周应设置突出的定位钢筋、定位混凝土块,或采用其他定位措施。

⑦钢筋笼底部的主筋宜稍向内弯曲,作为导向。

(4)钢筋混凝土预制桩的分节长度应根据施工条件决定,并应尽量减少接头数量。接头强度不应低于桩身强度,接头凸缘不应突出于桩身之外,在沉桩时和使用过程中接头不应松动和开裂。

(5)桩端嵌入非饱和状态强风化岩的预应力混凝土敞口管桩,应采取有效的预防渗水软化桩端持力层的措施。

(6)河床岩层有冲刷时,钻孔桩有效深度应考虑岩层最低冲刷高程。

四、桩的布置和中距

(1)群桩的布置可采用对称形、梅花形或环形。

(2)桩的中距应符合以下要求:

①摩擦桩。

锤击、静压沉桩,在桩尖处的中距不应小于桩径(或边长)的 3 倍,对于软土地基宜适当增大;振动沉入砂土内的桩,在桩端处的中距不得小于桩径(或边长)的 4 倍。桩在承台底面处的中距均不得小于桩径(或边长)的 1.5 倍。

钻孔桩中距不应小于桩径的 2.5 倍。挖孔桩中距可参照钻孔桩采用。

②端承桩。

支承或嵌周在基岩中的钻孔桩中距,不应小于桩径的 2.0 倍。

③扩孔灌注桩。

钻孔、挖孔扩底灌注桩中距不应小于1.5倍扩底直径或扩底直径加1.0m,取较大者。

边桩(或角桩)外侧与承台边缘的距离,对于直径(或边长)≤1m的桩,不应小于0.5倍的桩径(或边长)并不小于250mm;对于直径>1m的桩,不应小于0.3倍桩径(或边长)并不小于500mm。

五、承台和横系梁的构造

习惯上按承台位置的高低分为高桩承台与低桩承台两种基础。高桩承台的承台底面位于地面或冲刷线以上;低桩承台的承台底面位于地面或冲刷线以下。

承台的厚度宜为桩直径的1.0倍及以上,且不宜小于1.5m,混凝土强度等级不应低于C25。

当桩顶直接埋入承台连接时,应在每根桩的顶面上设1~2层钢筋网。当桩顶主筋伸入承台时,承台在桩身混凝土顶端平面内须设一层钢筋网,在每米内(按每一方向)设钢筋网1200~1500mm²,钢筋直径采用12~16mm,钢筋网应通过桩顶且不应截断。承台的顶面和侧面应设置表层钢筋网,每个面在两个方向的截面面积均不宜小于400mm²/m,钢筋间距不应大于400mm。

当用横系梁加强桩之间的整体性时,横系梁的高度可取为0.8~1.0倍桩的直径,宽度取为0.6~1.0倍桩的直径。混凝土的强度等级不应低于C25。纵向钢筋不应少于横系梁截面面积的0.15%,箍筋直径不应小于8mm,其间距不应大于400mm。

六、桩与承台、盖梁或横系梁的连接要求

当用桩顶主筋伸入承台连接时,桩身嵌入承台内的深度可采用100mm;伸入承台内的桩顶主筋做成喇叭形(大约与竖直线倾斜15°)。伸入承台内的主筋长度,光圆钢筋不应小于30d(设弯钩),带肋钢筋不应小于35d(不设弯钩),d为主筋直径;伸入承台的光圆钢筋与螺纹钢筋均不小于60cm。承台或盖梁内主筋应设箍筋或螺旋筋,其直径与桩身箍筋直径相同,间距为10~20cm。如图4-1-5所示。

图4-1-5 桩基与承台的连接

桩顶直接埋入承台连接时,当桩径(或边长)小于0.6m时,埋入长度不应小于2倍桩径(或边长);当桩径(或边长)为0.6~1.2m时,埋入长度不应小于1.2m;当桩径(或边长)大于1.2m时,埋入长度不应小于桩径(或边长)。桩顶与承台的连接如图4-1-6所示。

对于大直径灌注桩,当采用一柱一桩时可设置横系梁或将桩与柱直接连接。

管桩与承台连接时,伸入承台内的纵向钢筋如采用插筋,插筋数量不应少于4根,直径不应小于16mm,锚入承台长度不宜少于35倍钢筋直径,插入管桩顶填芯混凝土长度不宜小于1.0m。

横系梁的主钢筋应伸入桩内不小于35倍主筋直径。

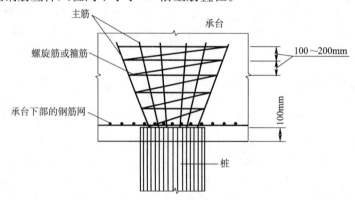

图 4-1-6　桩顶与承台的连接

[填空]

1. 桩基按照承载性状分为_____和_____。
2. 钻孔摩擦桩桩中距不应小于桩径的_____倍,支承或嵌固在基岩中的钻孔桩中距,不应小于桩径的_____倍。
3. 根据《公路桥涵地基与基础设计规范》(JTG D63—2007),钻孔桩设计直径不宜小于_____m;挖孔桩直径或最小边宽度不宜小于_____m。
4. 钻(挖)孔桩桩身混凝土强度等级不低于_____,主筋直径不应小于_____mm,混凝土保护层净距不应小于_____mm。
5. 如图 4-1-5 所示,桩基伸入承台后应做成喇叭形,主筋与竖直线倾斜角度为_____,主筋(带肋钢筋)伸入的竖直长度不小于_____倍主筋直径。

[简答]

1. 简述桩基钢筋笼的组成及各部分的特点。
2. 简述贯入度的概念及意义。

任务二　桩长的确定

一、摩擦桩桩长的确定

根据《公路桥涵地基与基础设计规范》(JTG D63—2007)5.3.3,摩擦桩单桩轴向受压承载力容许值$[R_a]$,可按下列公式计算。

$$[R_a] = \frac{1}{2}u\sum_{i=1}^{n}q_{ik}l_i + A_p q_r \tag{4-2-1}$$

$$q_r = m_0\lambda\{[f_{a0}] + k_2\gamma_2(h-3)\} \tag{4-2-2}$$

式中:$[R_a]$——单桩轴向受压承载力容许值(kN),桩身自重与置换土重(当自重计入浮力时,置换土重也计入浮力)的差值作为荷载考虑;

　　　u——桩身周长(m);

　　　A_p——桩端截面面积(m^2),对于扩底桩,取扩底截面面积;

　　　n——土的层数;

　　　l_i——承台底面或局部冲刷线以下各土层的厚度(m),扩孔部分不计;

q_{ik}——与 l_i 对应的各土层与桩侧的摩阻力标准值(kPa),宜采用单桩摩阻力试验确定,当无试验条件时按表4-2-2选用;

q_r——桩端处土的承载力容许值(kPa),当持力层为砂土、碎石土时,若计算值超过下列值,宜按下列值采用:粉砂1000kPa;细砂1150kPa;中砂、粗砂、砾砂1450kPa;碎石土2750 kPa;

$[f_{a0}]$——桩端处土的承载力基本容许值(kPa),按本规范第3.3.3条确定;

h——桩端的埋置深度(m),对于有冲刷的桩基,埋深由一般冲刷线起算;对无冲刷的桩基,埋深由天然地面线或实际开挖后的地面线起算;h的计算值不大于40m,当大于40m时,按40m计算;

k_2——容许承载力随深度的修正系数,根据桩端处持力层土类按表4-2-1选用(表4-2-1);

地基承载力宽度深度、深度修正系数 k_1、k_2 表4-2-1

土类系数	黏性土			粉土	砂土								碎石土			
	老黏性土	一般黏性土		新近沉积黏性土	—	粉砂		细砂		中砂		砾砂、粗砂		碎石、圆砾、角砾		卵石	
		$I_L \geq 0.5$	$I_L < 0.5$			中密	密实	中密	密实	中密	密实	中密	密实	中密	密实	中密	密实
k_1	0	0	0	0	0	1.0	1.2	1.5	2.0	2.0	3.0	3.0	4.0	3.0	4.0	3.0	4.0
k_2	2.5	1.5	2.5	1.0	1.5	2.0	2.5	3.0	4.0	4.0	5.5	5.0	6.0	5.0	6.0	6.0	10.0

注:①摘自(JTG D63—2007)表3.3.4。
②对于稍密和松散状态的砂、碎石土,k_1、k_2 值可采用表列中密值的50%。
③强风化和全风化的岩石,可参照所风化成的相应土类取值,其他状态下的岩石不修正。

γ_2——桩端以上各土层的加权平均重度(kN/m³),若持力层在水位以下且不透水时,不论桩端以上土层的透水性如何,一律取饱和重度;当持力层透水时则水中部分土层取浮重度;

λ——修正系数,按表4-2-3选用;

m_0——清底系数,按表4-2-4选用。

钻孔桩桩侧土的摩阻力标准值 q_{ik} 表4-2-2

土 类		q_{ik}(kPa)
中密炉渣、粉煤灰		40~60
黏性土	流塑 $I_L > 1$	20~30
	软塑 $0.75 < I_L \leq 1$	30~50
	可塑、硬塑 $0 < I_L \leq 0.75$	50~80
	坚硬 $I_L \leq 0$	80~120
粉土	中密	30~55
	密实	55~80
粉砂、细砂	中密	35~55
	密实	55~70

续上表

土 类		q_{ik}(kPa)
中砂	中密	45～60
	密实	60～80
粗砂、砾砂	中密	60～90
	密实	90～140
圆砾、角砾	中密	120～150
	密实	150～180
碎石、卵石	中密	160～220
	密实	220～400
漂石、块石		400～600

注：①摘自（JTG D63—2007）表5.3.3-1。
②挖孔桩的摩阻力标准值可参照本表采用。

修正系数 λ 值   表4-2-3

桩端土情况 \ l/d	4～20	20～25	>25
透水性土	0.70	0.70～0.85	0.85
不透水性土	0.65	0.65～0.72	0.72

注：摘自（JTG D63—2007）表5.3.3-2。

清底系数 m_0 值   表4-2-4

t/d	0.3～0.1	注：1. t、d 为桩端沉渣厚度和桩的直径；
m_0	0.7～1.0	2. $d \leqslant 1.5\mathrm{m}$ 时,$t \leqslant 300\mathrm{mm}$；$d > 1.5\mathrm{m}$ 时,$t \leqslant 500\mathrm{mm}$，且 $0.1 < t/d < 0.3$

注：摘自（JTG D63—2007）表5.3.3-3。

[工程示例4-2-1] 某桥梁桥面宽度为0.75m人行道+7m行车道+0.75m人行道,设计荷载为公路—Ⅱ级,上部结构为30m钢筋混凝土简支梁,结构重要系数为1.0,一般冲刷线高程为341.00。

每根桩承受荷载为：(1)两跨恒载反力 $N_1 = 834.53\mathrm{kN}$；(2)盖梁自重反力 $N_2 = 183.10\mathrm{kN}$；(3)系梁自重反力 $N_3 = 48.00\mathrm{kN}$；(4)一根墩柱的自重 $N_4 = 187.30\mathrm{kN}$；(5)桩每延米自重 $\pi \times 1.5^2/4 \times (25-10) = 26.5\mathrm{kN/m}$(已扣除浮力)；(6)活载竖向反力：①两跨活载反力 $N_5 = 536.68$（双列车）；②单跨活载反力 $N_5 = 409.21$（双列车）。

地基土分为两层,上层为硬塑黏性土,地基土比例系数 $m = 15000\mathrm{kN/m^4}$,桩周土摩阻力标准值 $q_K = 60\mathrm{kPa}$；下层为中密细砂夹砾石,$q_K = 50\mathrm{kPa}$,地基承载力基本允许值 $[f_{a0}] = 220\mathrm{kPa}$；地基土平均有效重度 $\gamma_2 = 8.0\mathrm{kN/m^3}$,冲刷深度及高程关系如图4-2-1所示。

问题：试确定该桥桩基长度。

[解]：设该桩局部冲刷线以下的桩长为 h，一般冲刷线高程为341.00，则：

$$[N] = N_1 + N_2 + N_3 + N_4 + N_5 + l_0 q + \frac{1}{2}qh$$

$$= 834.53 + 183.10 + 48.00 + 187.30 + 536.68 + 4.8 \times 26.5 + 0.5 \times 26.5 \times h$$

$$= 1916.81 + 13.25h \mathrm{kN}$$

式中：$[N]$——单根桩受到的全部竖向荷载(kN),局部冲刷线以下的桩自重力取一般计算。

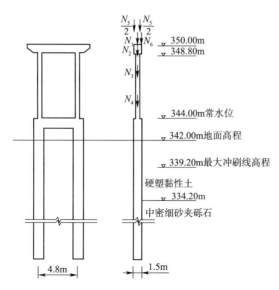

图 4-2-1 桩基受力示意

计算单桩所承受的竖向力$[R_a]$时取以下数据：桩设计直径为1.5m，采用旋转钻施工，$\triangle d=5\text{cm}$，桩周长$u=\pi\times1.55=4.867(\text{m})$，$A=\pi d^2/4=\pi\times1.5^2/4=1.77\text{m}^2$，$\lambda=0.75$，$m_0=0.80$，$k_2=1.5$，$[f_{a0}]=220\text{kPa}$，$\gamma_2=8\text{kN/m}^3$（已扣除浮力）；根据规范公式，$[R_a]$如下：

$$[R_a]=\frac{1}{2}u\sum_{i=1}^{n}q_{ik}l_i+A_p q_r=\frac{1}{2}u\sum_{i=1}^{n}q_{ik}l_i+A_p m_0 \lambda\{[f_{a0}]+k_2\gamma_2(h-3)\}$$
$$=0.5\times4.867\times[5\times60+(h-5)\times50]+0.75\times0.8\times1.77\times[220+1.5\times8\times(1.8+h-3)]$$
$$=340.02+134.42h\text{ kN}$$

即：

$$1916.81+13.25h=340.02+134.42h$$
$$h=13.01\text{m}$$

设计中必须适当保守取值，考虑3m的安全值，取$h=16\text{m}$，即局部冲刷线以下桩长为16m。由上式验算，知桩的轴向承载力满足要求。

[工程示例4-2-2] 某桥梁采用钻孔灌注桩，各土层重度及摩阻力如图4-2-2所示，$d=0.84\text{m}$，地下水位在地面以下2m处，采用泥浆护壁反循环成孔工艺（换浆法），沉渣厚度为24cm。

问题：计算土中单根桩所能承受的承载力。

[解]：(1) 桩侧阻力计算。
$$u\sum\tau_i l_i=3.14\times0.84\times(50\times5+45\times8+60\times4+50\times1)$$
$$=2375\text{kN}$$

(2) 桩端阻力计算。
$$q_r=m_0\lambda\{[f_{a0}]+k_2\gamma_2(h-3)\}$$

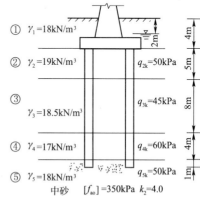

图 4-2-2 桩基示意

其中由$t/d=24/80=0.3$，查表4-2-4内插得清底系数$m_0=0.7$；
由$l/d=18/0.8=22.5$，查表4-2-3得修正系数$\lambda=0.775$；

$$\gamma_2=\frac{18\times2+8\times2+9\times5+8.5\times8+7\times4+8\times1}{2+2+5+8+4+1}=9.136\text{kN/m}^3$$

由于题目中没有冲刷,所以 h 应从天然地面线算起,$h = 4 + 18 = 22\text{m}$,代入公式得:

$$q_r = m_0\lambda[[f_{a0}] + k_2\gamma_2(h-3)] = 0.7 \times 0.775 \times [350 + 4 \times 9.136 \times (22-3)] = 566.6\text{kPa}$$

$$A_p = \frac{3.14}{4} \times 0.84^2 = 0.5539\text{m}^2$$

(3)容许承载力计算。

$$R_a = \frac{1}{2}u\sum_{i=1}^{n}q_{ik}l_i + A_p q_r = \frac{1}{2} \times 2375 + 0.5539 \times 566.6 = 1501.3\text{kN}$$

[工程示例4-2-3]西宁市南绕城快速路湟水河桥主桥桩基施工中,主要地层为中密的卵石土,原桩基设计为摩擦桩,采用冲击锥成孔;当钻孔至地面以下10m时,出现一基岩层,经补充钻探,层厚约6m,岩石为节理不发育的坚硬岩。

问题:

(1)施工单位应采取什么措施?

(2)这种情况如何处理?

答:

(1)施工单位应尽快将该情况上报监理、建设单位,由监理单位向设计单位提出变更申请,由设计单位提出最终的处理方案,监理审批。

(2)根据该情况,应将摩擦桩变更为端承桩,嵌入岩石的深度由设计单位计算后提供,施工中应严格控制嵌岩深度。

二、嵌岩桩桩长的确定

嵌岩桩因其单桩承载力高、群桩效应小、沉降收敛快等特点,在桥梁工程中应用广泛。

根据《公路桥涵地基与基础设计规范》(JTG D63—2007)5.3.5条规定,桩嵌入基岩中(不计强风化层和全风化层)的有效深度,不应小于0.5m;表4-2-5提供了部分桥梁嵌岩桩的嵌岩深度,以供参考。

部分公路桥梁嵌岩桩的嵌岩深度　　　　　表4-2-5

序号	桥梁名称	嵌岩深度(m)	岩层类别	序号	桥梁名称	嵌岩深度(m)	岩层类别
1	四川徐治二桥	6.5~14.1	砂岩	5	广东赤雁桥	2.0	风化花岗岩
2	四川南充嘉陵江桥	3.0~7.0	黏土页岩	6	河北长桑桥	3.0	片麻岩
3	山西唐河桥	8.0~9.0	风化片麻岩	7	长春地区马架子桥	3	砂岩
4	山西上寨桥	2.0~4.0	石灰岩	8	长春地区周家窑桥	6~7	泥灰岩

[填空]

根据《公路桥涵地基与基础设计规范》(JTG D63—2007)5.3.5条规定,桩嵌入基岩中(不计强风化层和全风化层)的有效深度,不应小于_____m。

[计算]

1.题目条件同[工程示例4-2-1],但桥梁位于无水的旱地上,求桩基长度。

2.题目条件同[工程示例4-2-2],如钻孔直径为0.8m,则单桩受压容许承载力为多少?(参考答案1445kN)

[案例]

某桥梁桩基采用嵌岩桩设计,原设计桩长为15.6m,嵌入弱风化石灰岩3.0m。在现场施工时发现,地面以下6m即进入弱风化石灰岩。施工单位根据这一情况,将桩长调整为9.0m(仍嵌入弱风化石灰岩3.0m)。问:施工单位的做法是否合适?为什么?

任务三 钻孔成孔方式及施工工序

一、螺旋钻孔

螺旋钻孔多属干作业法,无需任何护壁措施。成孔方法和原理随螺旋钻具的长短而不同。

1. 长螺旋钻机

长螺旋钻机的整个钻具,即钻头和钻杆都带有螺旋叶片,钻孔时在桩位处就地切削土层,被切土块、钻屑随钻头旋转,沿着带有长螺旋叶片的钻杆上升,输送到出土器后,自动排出孔外并装车运走,其成孔工艺具有良好的连续性。如图4-3-1所示为液压步履式长螺旋钻机作业场景。

2. 短螺旋钻机

其钻具只在临近钻头2~3m内装置带螺旋叶片的钻杆,在桩位处切削土层,被切土块、钻屑随钻头旋转,沿着有少量螺旋叶片的钻杆上升,积聚在短螺旋叶片上,形成"土柱",此后靠提钻、反转、甩土,将钻屑散落在孔周,一般每钻进0.5~1.0m,就要提钻甩土一次。如图4-3-2所示为KQB1000型液压步履式短螺旋钻机。

图4-3-1 液压步履式长螺旋钻机作业场景

(1)优点。

①设备简单,易于搬迁,施工方便。

图4-3-2 KQB1000型液压步履式短螺旋钻机

②因为是干作业成孔,无泥浆污染,最适合于城市人口密集区和西北、内蒙古等干旱地区。

③振动小,噪声低,对附近居民的生活和身心健康影响小。

④钻孔进度快,尤其长螺旋钻机,因其连续出土、机械化程度高,成孔速度远非其他类型的钻机可比;短螺旋钻机,因其出土不能连续,故成孔效率不及长螺旋钻机,但其成孔不用泥浆也不用水,故免去造浆加水的工序和时间,因此成孔效率也较高。

⑤成孔造价较低(因无需浮渣的辅助材料和机具设备)。

⑥因其成桩不是水下混凝土,混凝土质量好,故隐患少。

(2)缺点。

①桩端或多或少留有虚土。

②长螺旋钻成桩的单方承载力(即桩单位体积提供的承载力)较打入式预制桩低。

③适用范围限制较大(有地下水的地区不能使用)。

二、正循环回转钻孔

用泥浆以高压通过钻机的空心钻杆,从钻杆底部射出,底部的钻头(钻锥)在回转时将土层搅拌成为钻渣,被泥浆浮悬,随着泥浆上升而溢出流到井外的泥浆溜槽,经过沉淀池沉淀净化,泥浆再循环使用。井孔壁靠水头和泥浆保护。采用本法时,由于钻渣得靠泥浆浮悬才能上升携带排出孔外,故对泥浆的质量要求较高。如图4-3-3所示。

图4-3-3 正循环钻机施工原理及车载式正循环钻机

(1)优点:钻进与排渣同时连续进行,故正循环回转钻的成孔速度较快,钻孔深度较大,最大深度可达100m。

(2)缺点:需要设置泥浆槽、沉淀池、储浆池等,施工场地占地面积较大,需要大量的水和泥浆原料;机具设备较复杂,机械故障较多;其最大缺点是由于泥浆较稠,故孔壁泥浆护壁层厚度常达5~7cm,大大降低了桩周摩擦力,因而正循环回转钻机发展趋势较缓慢。

三、反循环回转钻孔

在公路桥梁钻孔桩成孔中处于主导地位。同正循环相反,泥浆由钻杆外流(注)入井孔,用真空泵或其他方法(如空气吸泥机等)将钻渣从钻杆中吸出。由于钻杆内径较井孔直径小得多,故钻杆内泥水上升速度较正循环快得多。就是清水也可把钻渣带上钻杆顶端流到泥浆沉淀池,净化后泥浆可循环使用。本法中泥浆只起辅助护壁作用,其质量要求较低。但如钻深孔或易坍土层,则仍需要高质量的泥浆。如图4-3-4所示。

(1)优点:排除钻渣连续性好,速度较正循环快,功效较高。目前此类钻机最大嵌岩桩钻孔孔径可达250cm,普通土层钻孔直径可达300cm,深度可达80~120m,钻进岩层的岩石强度可达180MPa左右。这类钻机排渣不需要泥浆,在孔壁十分稳定的地层可以用清水;在孔壁不稳定的地层中,出于固壁的特殊需要,必须调制相对密度小于1.10的优质泥浆,但原材料的用量远远低于正循环。

反循环最大的优点是孔壁保护膜较薄,不减弱桩的摩擦力。

(2)缺点:扩孔率大于正循环,钻机结构复杂,造价偏高,特别是当孔径达300cm和孔深达100m以上时,造价会更高。

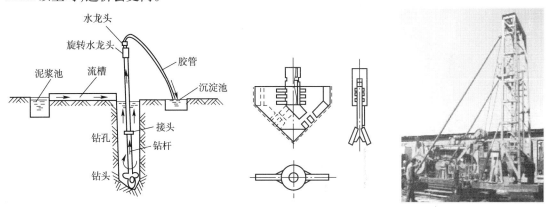

图4-3-4 反循环钻机施工原理及冲击回转反循环钻机

四、潜水钻机钻孔

潜水钻机的主要特点是钻机的动力装置同钻头连成一整体,其防水密封式电动机连接在钻头顶上。钻机工作时,这种带有动力的钻头潜入井孔水(泥浆)中,将泥浆由泥浆泵通过胶管和电动机上面连接的空心钻杆、钻头(锥)射入孔底,然后把钻头转动时搅松的钻渣浮悬在泥浆中,随同泥浆上升溢出井口,流入到泥浆沉淀池中滞留下残渣并分离出泥浆,这就是正循环式潜水钻机的生产过程。若改用真空泵或空气吸泥机等机具将钻渣从钻杆(或胶管)中吸出,就是反循环式潜水钻机的生产过程。如图4-3-5、图4-3-6所示。

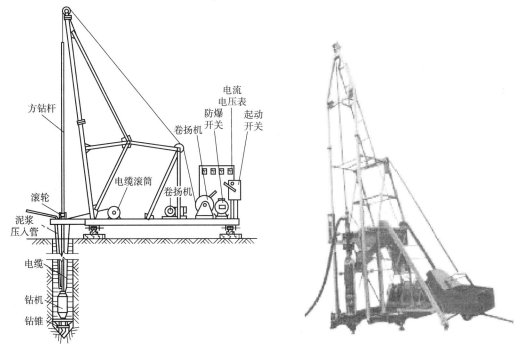

图4-3-5 正循环潜水钻机工作示意

(1)优点:潜水钻机分为正循环和反循环两种类型,其钻孔效率较一般正反循环回转钻均高些,钻具简单、轻便、易于搬运、噪声小,操作条件也有所改善。潜水钻机的成孔垂直度一般好于其他类型的钻机。

(2)缺点:一旦发生坍孔埋钻事故,钻头难以取出,可能造成较大损失。

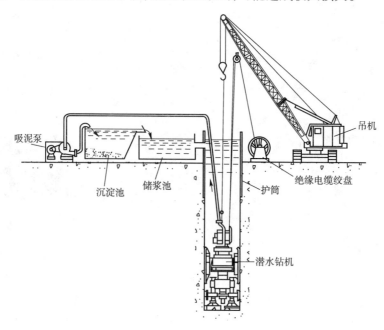

图 4-3-6　反循环潜水钻机工作示意

五、冲抓钻机钻孔

用冲抓锥张开抓瓣冲入土石中,然后收紧锥瓣绳,抓瓣便将土抓入锥中,提升冲抓锥出井孔,松绳开瓣将土卸掉。如图 4-3-7 所示。

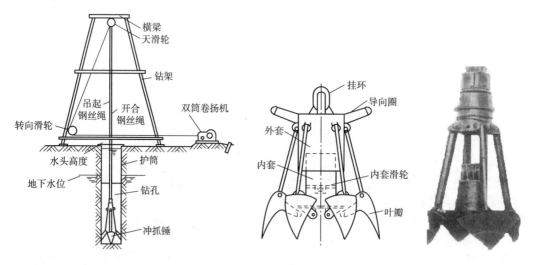

图 4-3-7　冲抓钻机钻孔示意

(1)优点:冲抓锥不需要钻杆,进尺加深时只需多松绳即可,提锥卸土也较方便。钻机结构及附属设备简单,制造容易,造价低廉,能抓起粒径较大的碎石、卵石及软岩(风化岩),且无需大量的黏稠泥浆浮渣,不需占用大面积的用地,因此成孔比较经济,适用范围较广。

(2)缺点:因无钻杆导向,不能钻斜孔;钻孔深度超过 20m 后,钻孔进度大为降低。

六、冲击钻机钻孔

分实心锥和空心锥两种。

1. 实心锥冲击钻机

用冲击式装置或卷扬机提升实心钻锥,上下往复冲击,将土石劈碎,部分被挤入井壁之内。由泥浆悬浮钻渣,使钻锥每次都能冲击到孔底新土层。冲击一定时间后,放入掏渣筒掏渣,提出孔外倒掉。如图4-3-8所示。

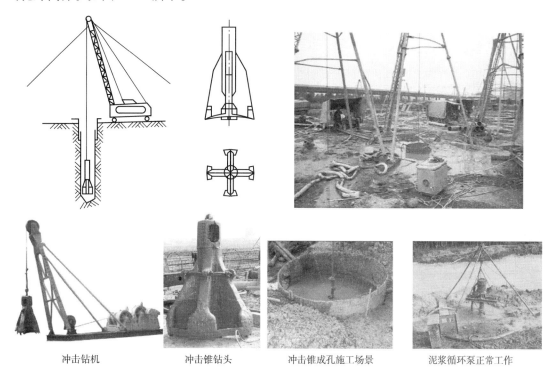

冲击钻机　　　冲击锥钻头　　　冲击锥成孔施工场景　　　泥浆循环泵正常工作

图4-3-8　冲击钻机工作示意

2. 空心锥冲击钻机

其钻孔原理与实心锥冲击机相同。只是因钻锥是空心的,在上下往复冲击时,其锥尖刮刀将孔底冲碎,而且已冲碎的钻渣可以从锥底进入空心锥管内。冲击一定时间后,将钻锥提出,倒掉锥内的钻渣,再将钻锥放入井底继续冲击钻进。

(1)优点:实心锥优点是适用的地层和土质广泛,可以说"无坚不摧"。当采用螺旋钻、回转钻、冲抓锥遇到大卵石、漂石时,只有换用实心冲击锥才能攻克。此外,冲击锥在下冲时有些钻渣被挤入孔壁,可起加强孔壁并增加土层与桩身间的侧摩阻力作用。

(2)缺点:钻普通土时,比其他方法进度慢,也不能钻斜孔;空心锥比实心锥钻孔进度快,但因锥重较轻,因而不适用于漂石和岩层;钻大直径孔时,需采取先钻小孔逐步扩孔的办法。

七、挖孔

当土层内无地下水或地下水量很少时,可以采用人工挖孔。井壁采用各种支撑防护,挖至设计高程后,可视地下水涌入量情况,灌注空气中混凝土或水下混凝土。人工挖孔工作示意图如图4-3-9所示。

图4-3-9 人工挖孔工作示意

(1)优点:无需钻孔设备,使用人工和一般挖掘、起重工具即可;成孔后可观察了解土层情况,对于岩溶等复杂地层灌注桩的成孔最为有利;孔形可圆、可方。

(2)缺点:不适用于有大量地下水的土层,桩孔深度一般也不宜超过15m,否则影响工人安全。

八、各类钻机的选择

各种钻孔方法适用的范围,与土层、孔径、孔深、是否需泥浆悬浮钻渣以及钻机的构造、功率大小有关,也与施工的技术实力和管理水平有关,一般如表4-3-1所示。

各类钻孔设备及适用范围　　　　表4-3-1

编号	钻孔机具(方法)	适用范围			泥浆作用
		土层	孔径(cm)	孔深(m)	
1	长、短螺旋钻	地下水位以上的细粒土、砂类土、砾类土、极软岩	长螺旋钻30~80 短螺旋钻50	26~70	干作业不需要泥浆
2	机动推钻(钻斗机)	细粒土、砂类土、卵石粒径小于10cm,含量少于30%的卵石土	80~200	30~60	护壁
3	正循环回转钻机	细粒土、砂类土、卵石粒径小于2cm,含量少于20%的卵石土、软岩	80~300	30~100	悬浮钻渣并护壁
4	反循环回转钻机	细粒土、砂类土、卵石粒径小于钻杆内径2/3,含量少于20%的卵石土、软岩	80~250	泵吸<40,气举150	护壁
5	正循环潜水钻机	淤泥、细粒土、砂类土、卵石粒径小于10cm,含量少于20%的卵石土	80~200	50~80	悬浮钻渣并护
6	反循环潜水钻机	同编号4	80~200	100以上(泵吸<气举)	护壁
7	全护筒冲抓和冲击钻机	各类土层	80~200	30~60	不需泥浆
8	冲抓锥	淤泥、细粒土、砂类土、砾类土、卵石土	80~200	30~50	护壁

续上表

编号	钻孔机具(方法)	适用范围			
		土层	孔径(cm)	孔深(m)	泥浆作用
9	冲击实心锥	各类土层	80~200	100	短程浮渣并护壁
10	冲击管锥	淤泥、砂类土、砾类土、松散卵石土	60~150	100	短程浮渣并护壁
11	旋挖钻机	淤泥、细粒土、砂类土	80~300	30~105	护壁
12	行星式钻孔机	各类土层	280~600	—	护壁
13	挖孔	各类土石	方形或圆形,一般为120~200,最大达350	15	支撑护壁,不需要泥浆

注:①摘自《桥梁施工百问》(第二版)表4-1。
②土的名称依照《公路土工试验规程》(JTG E40—2007)中土的工程分类规定。
③单轴极限抗压强度小于30MPa的岩石称为软岩,大于30MPa的岩石称为硬岩,小于5MPa的岩石称为极软岩。
④正、反循环回转钻机(包括潜水钻机)附着坚硬牙轮钻头时,可钻抗压强度达100MPa的硬岩。
⑤表中1~11所列各种钻机(方法)适用钻机直径和孔深系指国内一般情况下的适用范围。
⑥行星式钻机适用于大孔径桩基。

[**工程示例 4-3-1**(钻机选择)]某桥基础为6根ϕ2.0m的桩基,桩长20m,地质条件如下:原地面往下依次为黏土、砂砾石、泥岩,承包人拟选用冲爪钻成孔。采用导管法灌注水下混凝土,导管使用前进行了水密试验,为防止导管沉放过程中接触钢筋笼,导管居中后快速沉放,并将导管底部沉放到距桩底1m处,之后开始浇筑混凝土。

问题:

(1)施工单位选用的钻机类型是否合适?请说明理由。

(2)施工单位采用导管法浇筑水下混凝土时存在哪些问题?

分析与答案:

(1)不合适,应使用冲击钻。因为泥岩为较软岩石,冲抓钻不适用。

(2)还应进行导管的承压和接头抗拉试验,导管应居中稳步沉放;导管底部距桩底的距离一般为0.3~0.4m。

九、钻孔灌注桩的主要工艺流程

根据各地实践经验,钻孔灌注桩施工的工艺流程一般如图4-3-10所示。

[**填空**]

1.采用何种成孔方式,主要取决于_____。

2.对于冲击钻,泥浆的作用是_____及_____。

3.对人工挖孔桩而言,桩长一般小于_____m,直径或最小边宽度不宜小于_____m。

[**案例**]

某桥基础为4根ϕ1.5m的桩基,桩长40m,地质条件如下:原地面往下依次为0~-10m黏土、-10~-30m砂砾石、-30~-40m泥岩,试选择几种适合的成孔方式,并说明理由。

[**简答**]

钻孔灌注桩是目前最常见的桩基式样,试叙述其主要工序。

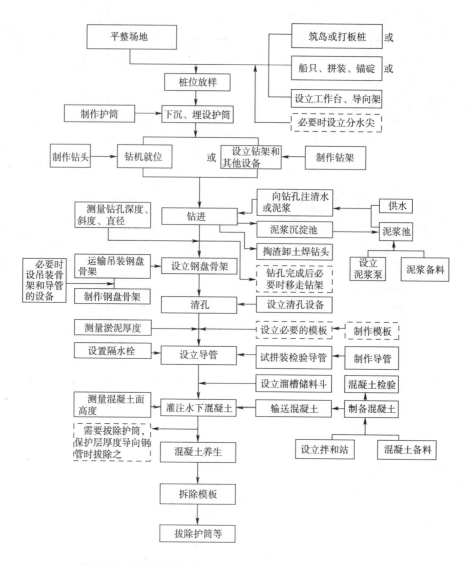

图 4-3-10 钻孔灌注桩工艺流程(注:虚线方框表示有时采用的工序)

任务四 护筒埋深计算

一、护筒的作用

(1)固定桩位,引导钻头方向。
(2)隔离地面水免其流入井孔,保证孔口不坍塌。
(3)保证孔内水位(泥浆)高出地下水或施工水位一定高度,形成静水压力(水头),保证孔壁免于坍塌。护筒式样如图 4-4-1 所示。

二、护筒的一般要求

(1)护筒一般用钢板或钢筋混凝土制成,坚实不漏水。入土较深时,应以压重、振动、锤击或辅以筒内除土等方法沉入。

(2)根据《公路桥涵施工技术规范》(JTG/T F50—2011)8.2.4的规定,护筒设置的主要要求为:

①护筒宜采用钢板卷制。在陆上或浅水区筑岛处的护筒,其内径应大于桩径至少200mm,壁厚应能使护筒保持圆筒状且不变形;在水中以机械沉设的护筒,其内径和壁厚的大小,应根据护筒的平面、垂直度偏差要求及长度等因素确定;对参与结构受力的护筒,其内径、壁厚及长度应符合设计的规定。

a)桩基施工时的钢护筒

b)护筒的埋设

c)护筒内灌注泥浆

图4-4-1 护筒式样

②护筒在埋设定位时,除设计另有规定外,护筒中心与桩中心的平面位置偏差应不大于50mm,护筒在竖直方向的倾斜度应不大于1%。

对深水基础中的护筒,平面位置的偏差可适当放宽,但不应大于80mm。

在旱地和筑岛处设置护筒时,可采用挖坑埋设法实测定位,且护筒的底部和外侧四周应采用黏质土回填并分层夯实,使护筒底口处不致漏失泥浆;在水中沉设护筒时,宜采用导向架定位,并应采取有效措施保证其平面位置、倾斜度的准确,以及护筒接长连接处的焊接质量,焊接连接处的内壁应无突出物,且应耐拉、压,不漏水。

③护筒顶宜高于地面0.3m或高于水面1.0~2.0m;在有潮汐影响的水域,护筒顶应高出施工期最高潮水位1.5~2.0m,并应在施工期间采取稳定孔内水头的措施。

当桩孔内有承压水时,护筒顶应高于稳定后的承压水位2.0m以上。

④护筒的埋置深度在旱地或筑岛处宜为2~4m,在水中或特殊情况下应根据设计要求或桩位的水文、地质情况经计算确定。对有冲刷影响的河床,护筒宜沉入施工期局部冲刷线以下1.0~1.5m,且宜采取防止河床在施工期过度冲刷的防护措施。

三、护筒埋设方法的选择(表4-4-1)

护筒埋设方法的选择　　　　　表4-4-1

护筒埋深方法	简　图	适用条件及说明
挖埋式护筒		适用干旱地或岸滩,当地下水位在地面以下大于1m时,可采用挖埋法; 当河床为很松散的细砂地层,掏坑不易成型时,可采用双层护筒,在外层护筒内挖砂或射水,里面安设正式护筒,两筒之间填筑黏土夯实(外护筒内径比内护筒外径应大40~60cm)

续上表

护筒埋深方法	简 图	适用条件及说明
填筑式护筒		适用于桩位处地面高程与施工水位(或地下水位)的高差小于1.5~2.0m(按钻孔方法和土层情况而定)时,宜采用本法(左图),填筑的土台高度,应使护筒顶端比施工水位(或地下水位)高1.5~2.0m;土台边坡以1:1.5~1:2.0为宜
围堰筑岛护筒		当水深小于3m的浅水处,一般需围堰筑岛埋设护筒,岛面应高出施工水位1.5~2.0m,也可适当提高护筒顶面高程,以减少筑岛填土体积;若岛底河床为淤泥或软土,应予挖除换以砂土;若排淤换土工作量较大,则可采用长护筒,使其沉入河底土层中
深水护筒		适用于水深在3m以上的深水河床中,其主要工序为搭设工作平台(有搭设支架、浮船、钢板桩围堰、浮运薄壳沉井、木排、筑岛等方法),下沉护筒的定位导向架与下沉护筒等

注:摘自《新编桥梁施工工程师手册》表5.2-4。

四、护筒底端埋置深度

(1)旱地或浅水处:对不透水的黏性土,护筒埋深为其直径的1.0~1.5倍,并不少于1.0m;对于砂土可将护筒周围0.5~1.0m内的砂土挖除,夯填黏性土至护筒底下0.5m以下。

(2)深水及河床软土、淤泥层较厚处,应尽可能沉入到不透水黏性土内;河床内无黏性土时,应沉入到大砾石、卵石层内0.5~1.0m;河床内为软土、淤泥、砂土层时,埋置深度可按式(4-4-1)~式(4-4-4)确定。如图4-4-2所示。

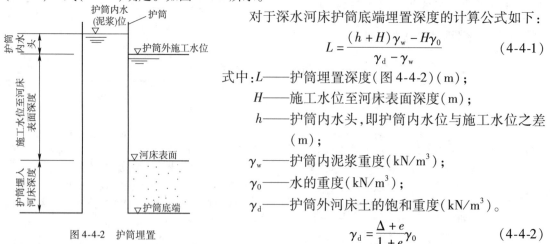

图4-4-2 护筒埋置

对于深水河床护筒底端埋置深度的计算公式如下:

$$L = \frac{(h+H)\gamma_w - H\gamma_0}{\gamma_d - \gamma_w} \quad (4-4-1)$$

式中:L——护筒埋置深度(图4-4-2)(m);
H——施工水位至河床表面深度(m);
h——护筒内水头,即护筒内水位与施工水位之差(m);
γ_w——护筒内泥浆重度(kN/m^3);
γ_0——水的重度(kN/m^3);
γ_d——护筒外河床土的饱和重度(kN/m^3)。

$$\gamma_d = \frac{\Delta + e}{1+e}\gamma_0 \quad (4-4-2)$$

其中:Δ——土粒的相对密度,砂土平均取 2.65,黏性土平均取 2.70;

e——饱和土的孔隙比,砂土为 0.33~1.0,黏性土为 0.17~0.43,软土为 1~2.3。

注:按式(4-4-2)计算后的结果小于 3m 时,采用 3m。处于潮汐影响和水流冲刷影响处,护筒埋设深度应考虑其影响。

当护筒穿过几种不相同的土质时,护筒外河床土的饱和重度取平均值,即:

$$\gamma_d = \frac{\sum \gamma_{id} l_i}{\sum l_i} \tag{4-4-3}$$

式中:γ_d——几种不同土的平均饱和重度(kN/m^3);

γ_{id}——每种不同土的饱和重度(kN/m^3);

l_i——每种不同土的层厚(m)。

由于河床土不均匀而引起局部渗透,为防止护筒底端向外发生流动、管涌,而使护筒倾斜、沉陷,按式(4-4-1)计算的 L 值应乘以安全系数 1.5~2 作为埋置深度,即护筒的实际埋置深度为:

$$L_s = (1.5 \sim 2)L \tag{4-4-4}$$

式中:L_s——护筒的实际埋置深度(m);

L——按式(4-4-1)计算的护筒埋置深度(m)。

(3)有冲刷影响的河床应埋入局部冲刷线以下不小于 1.0~1.5m。

(4)冰冻地区应埋入冰冻层以下 0.5m。

结论:护筒内水头越高,河床中水越深,泥浆重度越大,土的孔隙比越大,需要的埋置深度越深。

[工程示例 4-4-1(护筒埋深计算)] 某桩位施工时一般,施工水深为 8m。地层情况从上到下依次为:0~-1m,细砂土;-1~-3m,粗砂土;-3~-5m,高液限粉土;-5~-15m,砾石土;-15~-30m,卵石土。

问题:试确定护筒的埋置深度。

分析与答案:由于施工水深为 8m,属于深水河床,故应按式(4-4-1)~式(4-4-4)进行计算确定。从地层情况来看,护筒底端宜设置在高液限粉土层的中部较为合理,即假定 L=4m;结合《规范》相关规定,$h=1.5m$,$H=8.0m$,$\gamma_w=14kN/m^3$,$\gamma_0=10kN/m^3$,则:

根据式(4-4-2),砂土的饱和重度为:

$$\gamma_d = \frac{\Delta + e}{1 + e}\gamma_0 = \frac{2.65 + 0.67}{1 + 0.67} \times 10 = 19.9 kN/m^3$$

高液限粉土的饱和重度为:

$$\gamma_d = \frac{\Delta + e}{1 + e}\gamma_0 = \frac{2.70 + 0.3}{1 + 0.3} \times 10 = 23.1 kN/m^3$$

则有:

$$\gamma_d = \frac{\sum \gamma_{id} l_i}{\sum l_i} = \frac{19.9 \times 3 + 23.1 \times 1}{4} = 20.7 kN/m^3$$

$$L = \frac{(h+H)\gamma_w - H\gamma_0}{\gamma_d - \gamma_w} = \frac{(1.5+8) \times 14 - 8 \times 10}{20.7 - 14} = 7.9m$$

$$L_s = (1.5 \sim 2)L = 11.9 \sim 15.8m$$

考虑水深较大和地层情况,护筒埋深取 L=16m。(初步确定 L=16m 后,应根据计算结果,重新计算 γ_d 值,反复试算,直至计算的 L 值与假定值基本吻合。)

[**工程示例 4-4-2**(护筒埋设)]试分析如图 4-4-2 所示的护筒埋设是否合理。

分析与答案:①、②两种情况下,护筒的埋深是正确的。

③、④是错误的。护筒的底端均坐落在砂或粗砂的层位上,砂在水的作用下容易崩塌;另外,由于护筒被振动或冲击,使护筒四周及底端土质液化,也成为崩塌的原因。

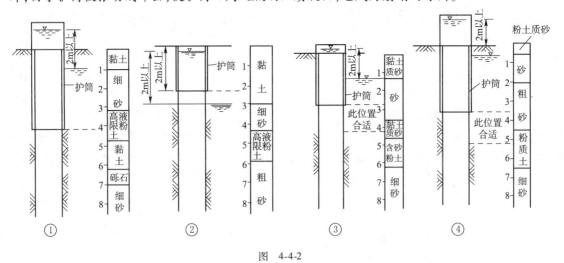

图 4-4-2

[填空]

1. 根据《公路桥涵施工技术规范》(JTG/T F50—2011),护筒内径应大于桩径至_____ mm。
2. 护筒顶宜高于地面_____ m 或水面_____ m。
3. 在有潮汐影响的水域,护筒顶应高出施工期最高潮水位_____ m。
4. 护筒的埋置深度在旱地或筑岛处宜为_____ m。

[计算]

题目条件同[工程示例 4-4-1],继续试算护筒埋深。

[简答]

护筒的作用是什么?护筒底端最好埋置于什么样的地层上?

任务五　泥浆作用及配合比特点

一、钻孔泥浆的主要性能指标

(1)相对密度:是泥浆与4℃时同体积水的质量比。相对密度大,钻孔中孔壁侧压力增大,孔壁稳定,悬浮钻渣能力也相应增大。但同时会增加泥浆原料消耗,清孔及灌注混凝土困难,对钻具产生较大磨损,降低钻进速度(在正、反循环回转钻进中速度降低更为明显)。

(2)黏度:是液体或混合液体运动时,各分子或颗粒之间产生的内摩擦力。黏度大的泥浆,产生的孔壁泥皮厚,对正循环回转钻进有利。但过大时易"糊钻",影响泥浆泵正常工作。

(3)静切力:是静止的泥浆,受外力开始流动所需的最小的力,表示泥浆结构的强度;静切力宜适当,太大则流动阻力大,流往沉淀池的泥浆钻渣不宜沉淀,影响净化速度;太小则悬浮携带钻渣效果不好,若因故停钻时,钻渣易下沉,造成积渣埋钻事故。

(4)含砂率:是泥浆内所含的砂和黏土颗粒的体积百分比。含砂率大,会降低黏度,增加沉淀,易磨损泥浆泵、水管摇头、钻锥等钻具;停钻时易造成埋钻、卡钻事故。

(5)胶体率:是泥浆静止后,其中呈悬浮状态的黏土颗粒与水分离的程度,以百分比表示。胶体率高的泥浆,黏土颗粒不易沉淀,悬浮钻渣的能力高,否则反之。故正循环回转钻进的泥浆需要较高的胶体率。

(6)失水率:是泥浆在钻孔内受内外水头压力差的作用,在一定时间内渗入地层的水量,以 mL/30min 为单位。泥浆失水率越小,则胶体率越大。失水率越小越好。

(7)酸碱度:以 pH 值表示,一般以 8~10 为宜。

泥浆的主要指标选择见表4-5-1。

泥浆性能指标选择 表4-5-1

钻孔方法	地层情况	泥浆性能指标							
		相对密度	黏度(Pa·s)	含砂率(%)	胶体率(%)	失水率(ml/30min)	泥皮厚(mm/30min)	静切力(Pa)	酸碱度(pH)
正循环	一般地层	1.05~1.20	16~22	8~4	≥96	≤25	≤2	1.0~2.25	8~10
	易坍地层	1.20~1.45	19~28	8~4	≥96	≤15	≤2	3~5	8~10
反循环	一般地层	1.02~1.06	16~20	≤4	≥95	≤20	≤3	1~2.5	8~10
	易坍地层	1.06~1.10	18~28	≤4	≥95	≤20	≤3	1~2.5	8~10
	卵石土	1.10~1.15	20~35	≤4	≥95	≤20	≤3	1~2.5	8~10
旋挖	一般地层	1.02~1.10	18~22	≤4	≥95	≤20	≤3	1~2.5	8~11
冲击	易坍地层	1.20~1.40	22~30	≤4	≥95	≤20	≤3	3~5	8~11

注:①摘自《公路桥涵施工技术规范》(JTG/T F50—2011)条文说明表8-1。
②地下水位高或其流速大时,指标取高限,反之取低限。
③地质状态较好,孔径或孔深较小的取低限,反之取高限。

二、泥浆制备

钻孔泥浆由水、黏土(或膨润土)和添加剂组成。

1. 黏土选择

泥浆原料应尽可能使用膨润土,使用黏土时应符合以下要求:

(1)自然风干后,用手不宜掰开捏碎。

(2)干土破碎时,断面有坚硬的尖锐棱角。

(3)用力切开时,切面光滑,颜色较深。

(4)水浸润后有黏滑感,加水和成泥膏后,容易搓成1mm的细长泥条,用手指揉捻,感觉砂粒不多,浸水后能大量膨胀。

(5)胶体率不低于95%。

(6)含砂率不大于4%。

(7)制浆能力不低于2.5L/kg。

2. 高级泥浆的原料和配合比

高级泥浆的固壁和悬浮钻渣效能高,在用正反循环回转钻进直径1.2m以上,孔深30m以上的井孔且地层松散宜塌孔时,宜采用高级泥浆。其原料和配合比一般有:

(1)膨润土:分钠质膨润土和钙质膨润土两种。前者质量好,大量用于炼钢、铸造、钻孔泥浆中。膨润土泥浆具有相对密度低、黏度好、含砂量少、失水率小、泥皮薄、稳定性强、固壁能力高、钻具回转阻力小、钻进率高、造浆能力大等优点。一般用量为水的8%,黏质土地层可降低至3%~5%。较差膨润土用量为水的12%左右。

(2)CMC(Carboxy Methyl Cellulose):即羧甲基纤维素,具有使地基土表面形成薄膜而使之强化和降低失水率的作用,掺入量为膨润土用量的0.05%~0.1%。

(3)FCI:铁铬木质素磺酸盐,为分散剂,可改善混杂有土、粉砂、混凝土及盐分等而使稳定液变质,可使钻渣颗粒聚集而加速沉淀,达到重复使用和高质量,掺量为膨润土用量的0.1%~0.3%。

(4)硝基腐殖酸钠盐(简称煤碱剂):它是由褐煤中提炼出来的腐殖酸用硝酸和氢氧化钠处理后的东西,其作用与FCI相似。具有很强的吸附能力,在黏土颗粒表面形成结构性溶剂化膜,阻止自由水渗透,使失水量降低,但黏度增加。掺用量与FCI同,与FCI可任选一种使用。

(5)碳酸钠(Na_2CO_3):又称碱粉或纯碱,可使pH值增大,使黏土颗粒进行分散,可增加水化膜厚度,提高泥浆的胶体率和稳定性,降低失水率。掺入量为孔中泥浆的0.1%~0.4%。

(6)PHP:即聚丙烯酰胺絮凝剂,使泥浆中的钻渣成为不分散的絮凝状态,当泥浆循环到井孔外泥浆池中时,易于被清除出去,从而使泥浆能保持不分散的低固相、低相对密度、低黏度的优良性能。掺用剂量为泥浆液的0.003%。

(7)加重剂:增加泥浆的相对密度。主要有:

①重晶石,即硫酸钡($r=4.2~4.6$)。

②方铅矿($r=6.8$)。

③珍珠岩($r>4.5$)。

④石灰石($r=2.2~2.9$)等。

其掺加量由试验确定。

(8)孔内有渗漏时,应掺锯木屑为泥水量的1%~2%;稻草末或水泥为泥水量的1.7%。

以上各种掺加剂的用量,最好先做试配,试验其配合液的各项性能指标是否符合要求。各种掺加剂宜先制成小剂量溶剂,按循环周期均匀加入,并及时测定泥浆指标,防止掺加剂过量。每循环周期相对密度差不宜超过0.01。高级泥浆性能如表4-5-2所示。

高级泥浆性能表 表4-5-2

项目	相对密度	黏度(S)	剪切力(Pa)	含砂率(%)	酸碱度pH	胶体率(%)	失水率β(mL/30min)	泥皮厚(mm)	稳定性
数值	1.03~1.10	18~22	2~5	<2%	8~10	>98	14~20	<2	<0.03

注:摘自中交一局《桥涵》手册表7-34。

3.泥浆调制

制浆前,应先把黏土块尽量打碎,使在搅拌中易于成浆,缩短搅拌时间。制浆有机械搅拌、人工搅拌和钻锥搅拌三种方法。

(1)泥浆搅拌机如图4-5-1所示。它是一个两端封闭的圆鼓,内部装有焊着金属叶片的水平轴。鼓的前端上方有进料斗,后端下方有可启闭的出浆门。进料斗口设有服孔为8~10mm的筛子。搅拌时,先将定量的清水加入搅拌鼓,然后慢慢地加进与水量相应的黏土,并开动机器搅拌。成浆后,打开出浆门出浆。

(2)人工搅拌是先将黏土加水放入制

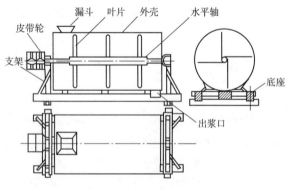

图4-5-1 泥浆搅拌机

浆池内浸透,然后用人工搅拌。

(3)利用钻锥搅拌多使用于冲击锥或冲抓锥。将黏土直接投入钻孔内,利用钻锥冲击制造泥浆。用冲抓制造泥浆时,先不将抓瓣张开,待黏土已冲搅成泥浆有护壁作用时,再开始张开瓣冲抓。

(4)调制泥浆的黏土用量计算

①在黏性土中钻孔,事先只需调制不多的泥浆,以后可在钻进过程中利用地层黏土造浆补浆。

②在砂类土、砂砾或卵石中钻孔,事先须备足黏土,其数量可按下述公式和原则计算:

$$q = V\rho_1 = \frac{\rho_2 - \rho_3}{\rho_1 - \rho_3}\rho_1$$

式中:q——每立方米泥浆所需黏土质量(kg);

V——每立方米泥浆所需黏土体积(m³);

ρ_1——黏土密度(kg/m³);

ρ_2——要求的泥浆密度(kg/m³);

ρ_3——水的密度,取1kg/m³。

各种原料造浆能力为:黄土胶泥 1~3m³/t,白土、陶土、高岭土 3.5~8m³/t,次膨润土为 9m³/t,膨润土为 15m³/t。膨润土的造浆能力一般是黄土胶泥的 5~7 倍。

三、施工不同阶段泥浆性能指标要求

钻孔施工时,不同阶段的泥浆性能指标可参考表 4-5-3 确定。

钻孔施工不同阶段泥浆性能指标　　　　表4-5-3

性能	①基浆	②鲜浆	③钻进	④回流	⑤清孔	⑥弃用
	膨润土+碱	①+PHP	②与钻屑混合	③净化+②	④+②	④沉淀中
相对密度	<1.05	<1.04	<1.2	<1.08	<1.06	>1.3
黏度(Pa·s)	20~22	20~22	20~22	20~22	20~22	20~22
含砂率(%)	<0.3	<0.3	<4	0.5~1.0	<0.3	>10
胶体率(%)	>98	100	96	98	100	<90
失水率(mL/30min)	15	<10	<18	<15	<10	>25
泥皮厚(mm/30min)	1.5	≤1	2	1.5	≤1	>5
酸碱度(pH)	9~10	10~12	9~10	9~10	8~9	<7　>14
静切力(Pa)	2~4	4~6	3~5	3~5	3~5	<1
说明	可少量掺用c.m.c改善性能	要用专门的制浆设备及储存设备,用泵运输	钻进中出口泥浆指标不宜在回流泥浆中调整	通过除砂器后在循环池中沉淀,在加入新浆回流孔内	清孔后用正循环法在桩底注入5m高鲜浆作隔离层	在循环池中清除固相沉淀

注:摘自《公路桥涵施工技术规范》(JTG/T F50—2011)条文说明表8-2。

四、泥浆性能指标检测

泥浆指标直接影响桩基施工的安全,因此,在施工过程中,应时时注意检测泥浆指标。

(1)相对密度 ρ_x：用泥浆相对密度计测定泥浆的相对密度，其具体方法是将要量测的泥浆装满泥浆杯，加盖并洗净从小孔溢出的泥浆，然后置于支架上，移动游码，使杠杆呈水平状态（即气泡处于中央），读出游码左侧所示刻度，即为泥浆的相对密度。若工地没有以上仪器时，可用一口杯，先称其质量设为 m_1，再装清水称其质量为 m_2，再倒去清水，装满泥浆并擦去杯周溢出的泥浆，称其质量为 m_3，则 $\rho_x = (m_3-m_1)/(m_2-m_1)$。泥浆相对密度计及测试情况见图4-5-2。

图 4-5-2　泥浆相对密度计及测试情况

(2)黏度 η(s)：工地采用标准漏斗黏度计测定泥浆黏度，黏度计及测试情况如图4-5-3所示。用两端开口量杯分别量取 200mL 和 500mL 泥浆，通过滤网滤去大砂粒后，将泥浆 700mL 均注入漏斗，然后使泥浆从漏斗流出，充满 500mL 量杯所需时间(s)，即为所测泥浆的黏度。

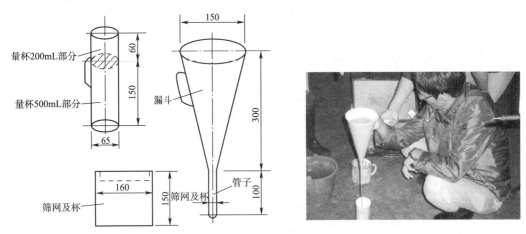

图 4-5-3　黏度计及测设情况(尺寸单位：mm)

效正方法：漏斗中注入 700mL 清水，流出 500mL，所需时间应为 15s，如偏差超过 ±1s，则量测泥浆黏度时应校正。

(3)含砂率(%)：工地采用含砂率计测定泥浆含砂率，含砂率计及测试情况如图4-5-4所示。量测时，把调制好的泥浆 50mL 倒进含砂率计，然后再倒 450mL 清水，将仪器口塞紧，摇动 1min，使泥浆与水混合均匀，再将仪器竖直静放 3min，仪器下端沉淀物的体积乘 2 就是含砂率(%)(另有一种大型的含砂率计，容积 1000mL，从刻度读出的数不用乘 2 即为含砂率)。

(4)胶体率(%)：它是泥浆中土粒保持悬浮状态的性能，也称稳定率。其测定方法：将 100mL 的泥浆放入干净量杯中，用玻璃板盖上，静置 24h 后，量杯上部的泥浆可能澄清为透明的水，量杯底部可能有沉淀物。以 100mL –(水 + 沉淀物)mL 的值即为胶体率。

(5)失水量(mL/30min)和泥皮厚(mm)：用一张 120mm × 120mm 的滤纸，置于水平玻璃板上，中央画一直径 30mm 的圆圈，将 2mL 的泥浆滴于圆圈中心，30min 后，量算湿润圆圈的平均半径减去泥浆坍平成为泥饼的平均半径(mm)，算出的结果(mm)值代表失水量，单位：

mL/min。在滤纸上量出泥饼厚度(mm),即为泥皮厚。泥皮愈平坦、愈薄,则泥浆质量愈高,泥皮厚一般不超过 2~3mm。

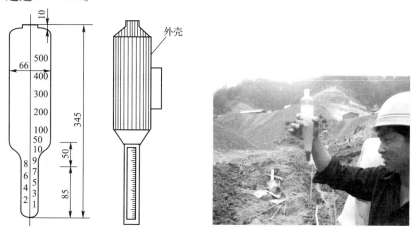

图 4-5-4 含砂率计及测设情况(尺寸单位:mm)

[工程示例 4-5-1] PHP 泥浆在深水大直径桩基施工中的应用

1. 工程地质

北江特大桥主桥为 75m+136m+75m 悬臂现浇预应力混凝土连续刚构桥,梁部采用单箱双室断面,主墩采用单箱双室型薄壁墩,每座主墩基础采用 12 根 φ250 钻孔灌注桩,最深桩长 88m。北江为国家Ⅲ级航道,桥位处水深约 26m,每日潮水两涨两落,汛期最高洪水位可达 8m 以上。河床下地层结构自上而下为:细砂层厚度约 5m,圆砾层厚度约 5.5m,卵石层厚度约 3.5m,强风化凝灰质角砾岩厚约 2m,向下 60m 全部为弱风化凝灰质角砾岩和微风化凝灰质角砾岩软硬交错夹层,而且岩面严重倾斜。微风化岩单轴抗压强度在 10~20MPa,弱风化岩单轴抗压强度在 5~9MPa。

2. PHP 泥浆的制备

1) 泥浆的发展近况

根据构成泥浆的材料不同,可分为普通泥浆、膨润土泥浆、聚合物泥浆、盐水泥浆等。近年来,桥梁钻孔桩基础有了很大的发展,特别是深水、深覆盖层、厚砂层、大直径等方面桩基础取得了突破性进展,因此高性能钻孔泥浆也得到了飞速发展,而钻孔桩高级泥浆大多是借鉴了油田泥浆的施工配比和经验。

2) PHP 泥浆的性能

高级泥浆中掺入的聚丙烯酰胺(PHP)虽然量小,但所起的作用却很大,因此又称为 PHP 泥浆。PHP 泥浆具有不分散、低密度、低固相、高黏度的性能。本桥梁施工采用反循环钻机,郑州 QJ250-1、台湾中 ZSD250 和韩国釜马 RC-300。泥浆循环采用气举反循环方式。

3) PHP 泥浆的作用

(1) 提高钻进速度。PHP 泥浆的密度可降到 1.03~1.10,密度小则对钻头所产生的阻力小,结果使钻速上升,机械效率可提高 40%,成孔速度提高 20%。

(2) 延长机械寿命。PHP 泥浆循环沉淀净化后,钻头切削的阻力减少,减轻设备的部件磨损。

(3) 保证孔径顺直。使用 PHP 泥浆钻孔由于它固相含量低,泥浆渗漏小,有利于孔壁的稳定,使孔壁顺直,扩孔率小。

(4)有效地防漏和堵漏。由于PHP泥浆低失水、高矿化、泥浆触性较强,所以在钻孔过程中遇有渗漏性地层也能充分发挥防漏、堵漏的作用。

(5)降低钻孔成本。PHP泥浆用化学絮凝计量仅为泥浆液的0.0003%,钻孔速度快,安全高效,加上泥浆循环净化能重复使用,故可大幅度地降低钻孔的总成本。

4)PHP泥浆的原料和配比(表4-5-4)

PHP泥浆基本配合比表 表4-5-4

	材料名称	掺量	使用目的及作用
原材料	膨润土	水用量6%~8%	(1)性能好;(2)产浆率高
提黏剂	羧甲基纤维素CMC	膨润土用量的0.03%~0.1%	(1)增加泥浆黏度;(2)使地层表面形成薄膜而防止孔壁剥落;(3)降低失水量
	PCA-141	根据情况添加,但每孔总量不大于5kg	
分散剂	铁铬木质素磺酸盐FCI	膨润土用量的0.1%~0.3%	(1)改善因水泥或盐分等污染泥浆的性能,可用于泥浆的再生;(2)使浆中钻渣等颗粒聚集而加速沉淀
	纯碱(Na_2CO_3)	泥浆用量的0.1%~0.4%	
	烧碱(NaOH)	膨润土用量的0.01%(与纯碱配合使用)	(1)提高pH值;(2)增加水化膜厚度;(3)提高泥浆的胶体率和稳定性;(4)降低失水量
絮凝剂	聚丙烯酰胺PHP	泥浆用量的0.003%	(1)使泥浆具有低固相、低相对密度、低失水、低矿化、触变性能强等特点;(2)清除劣质钻屑
加重剂	重晶石($BaSO_4$)	根据不同土质调整	增加泥浆密度,提高泥浆的稳定性
防漏剂	锯末、水泥、纸浆等	水用量的1%~2%	防渗防漏

在开孔前,试验室根据主墩水源和地质条件进行泥浆配制试验,在基本配合比的基础上进行修正、调配,最终确定最佳配合比。在修正配合比过程中,要对泥浆进行以下试验:

(1)泥浆密度的检验。

(2)泥浆稳定性的检验。

(3)泥浆流动性的检验。

(4)对泥皮形成性能的检验。

3. PHP泥浆的施工控制

1)PHP泥浆的现场控制

(1)为了适应钻进过程中的各种需要,回旋钻机在开钻前,必须对泥浆进行化学处理,以达到调节泥浆性能的目的。先用正循环加分散剂调节泥浆,由于冲击钻机遗留下来的泥浆相对密度、黏度和含砂率都很高,不仅增加了回旋钻机的转动阻力,而且还不利于孔底岩屑的抽吸。等泥浆全部循环开后,立即测试泥浆的各项指标,如泥浆相对密度、黏度、pH值和胶体率等。

(2)在进入强风化凝灰质砂岩,泥浆有轻微的造浆能力,这时应密切关注的是泥浆的胶体率,如果胶体率低于98%,必须加入分散剂,提高胶体率,阻止地层的吸水膨胀和坍塌现象。

钻过强风化层后,进入弱风化、微风化相互交错地层,地层已经不具备造浆能力。随着桩孔的不断加深,泥浆不断补充清水,相对密度和黏度也会随之下降,这时应加少量的膨润土或灌注混凝土保留下来的泥浆,来增加相对密度和黏度,使相对密度控制在1.10左右,黏度不低于18S,保持pH值不小于8,胶体率不低于98%。

(3)当钻进深度离终孔还有5m时,这时对泥浆的性能要作一次调整,将泥浆黏度提高到20S,如低于20S,可适当加入CMC或提黏剂2~5kg。当黏度达到20S时,开启泥沙处理器,降低相对密度和含砂量,"细水长流"地加入清水,一则补充泥沙处理器清除砂后的体积,二则可以帮助降低相对密度。当钻到设计高程后,应停止钻进,但钻头仍然要在原地转动,加入絮凝剂增加泥浆的悬浮能力,减少下放钢筋笼时的沉渣,便于二次清孔和灌注混凝土时降低泥浆的沉淀厚度,提高混凝土的灌注质量并减少灌注时间。

(4)当钻到设计高程后,在钻机空转的情况下,加入絮凝剂PHP以增加泥浆的悬浮能力,降低泥浆的沉淀厚度,并进行第一次清孔,时间约5h,泥浆相对密度降至1.12,含砂率不大于2%,黏度不低于19S,胶体率要保证在98%以上。

(5)在灌注混凝土时要做好泥浆的回收工作,把返上来的泥浆抽到其他未施工的护筒内或抽到泥浆船上储存起来。注意,距混凝土顶4m左右的泥浆含有大量的$CaSO_4$成分,应另外抽到其他泥浆船上,运回岸边的弃浆池进行处理,既节约了成本,又减少了对环境的水污染。

2) PHP泥浆控制要点

(1)根据孔位的地质柱状图,确定在不同地层钻进时应采用的泥浆性能指标,并通过试验试孔,分析泥浆性能的适用情况,进一步调查。

(2)在进入某一地质层前应调整泥浆性能指标,符合要求后方能钻进,切忌盲目进尺,尤其是在容易坍塌、漏失、串孔地层更应引起重视。

(3)每次泥浆性能的调整应建立在取样试验的基础上,关键是决定处理剂的加入量,应根据试验结果和孔内泥浆数量以及泥浆循环速度确定,可以在一个循环周期内均匀加完,切忌乱加,以免全部泥浆水土分层沉淀,造成施工质量事故和浪费。

(4)在旋转过程中,根据钻进速度,地质情况每1h应测量一次泥浆性能,如钻进速度,地层等正常情况下可适当延长泥浆的测量时间。在地质变化需要调整性能,终孔循环除砂时,应每一循环测量一次,防止出现意外。

(5)泥浆回收时,加入适量的碱和聚丙烯酰胺(PHP)等处理剂,使其符合高级泥浆要求后,才能重复使用。

4. 泥浆外的其他处理方法

泥浆的作用毕竟有一定的局限性,而要通过与其他手段共同作用方能取得满意的效果,例如必要的护筒埋置深度、护筒内水头的保持、减压钻进等。又如在砂类土、圆砾土、卵石等强透水层,在通过该地层前应着手"桥塞物"的准备,如水泥、纸浆、锯木屑等,发现漏失,先进行"桥塞",然后注入高黏度泥浆,并逐步提高水头。

5. 护筒埋设及施工过程的补漏处理

众所周知,钢护筒在施工中有导向及护壁的作用。在深水桩中最理想同时也是最保险的方法是将钢护筒直接埋进软基层中,可防止漏浆和塌孔事件的发生,可有效保证施工质量,防止施工事故的发生。但根据北江大桥钻孔地质情况,将护筒穿透厚度达16m的砾层直达风化岩层几乎是不可能的,且砾层情况也较为复杂、难度极大。综合考虑施工投资及机具配置、施工实际环境、施工控制、施工期等因素,决定对护筒的埋设采用二次跟进的办法,配合优质高级泥浆护壁的良好性能进行钻孔施工,用φ280cm、壁厚12mm钢护筒采用250kW振动锤打设。由于圆砾层和卵石层中砾石直径较大,为2~8cm,钢护筒在入土8m左右(沉入圆砾层约3m)时即很难进尺,这时停止对护筒的振动下沉,采用冲击钻小冲程开孔,并不时抛填黏土,挤密孔壁补漏防漏,同时也可作为二次跟进护筒的润滑剂。在开孔过程中,间断对护筒进行振动下沉,直到完成护筒埋设。二次跟进的深度为 2~6m,此时护筒底部还在砾石层中,仍然无法彻底消除施工漏浆隐患。为了解决这个问题,在钻孔施工中,采用"先冲击,再旋钻"的方法,先向孔内抛填黏土,用同样的方法,用冲击钻小冲程冲进挤密孔壁,待冲到岩层时改成回旋钻钻孔,此时,高级优质泥浆将起到决定性的作用。

6. 结语

本桥主墩桩基终孔后通过 KE-400 超声波侧壁测定仪检测,结果表明所有成孔质量(垂直度、桩径等)均满足规范要求。成桩后的声波透射法检测结果全部为Ⅰ类桩,抽芯结果桩底实现零沉渣,可见 PHP 泥浆在深水大直径深桩施工中的效果是非常明显的。实践证明,PHP 泥浆的作用可概括为:

(1) 保护和稳定孔壁。
(2) 有效防漏和堵漏。
(3) 提高钻进速度。
(4) 降低钻孔成本。

[填空]

1. 泥浆制备中,所选用的原材料主要是_____。
2. 泥浆的主要实测性能指标包括_____、_____、_____、_____。
3. 深水大直径桩基施工中,一般使用的泥浆是_____泥浆。
4. 护筒的埋置深度在旱地或筑岛处宜为_____m。

[简答]

结合[工程示例 4-5-1],试述 PHP 泥浆在保证桩基施工质量上发挥的作用。

任务六 成孔质量要求及清孔方法

清孔是钻孔灌注桩施工中的关键工序,其目的是抽换原钻孔内泥浆,降低泥浆的相对密度、黏度、含砂率等指标,清除钻渣,减少孔底沉淀厚度,防止桩底存留沉淀土过厚而降低桩的承载力。清孔还为灌注水下混凝土创造良好条件,使测深正确、灌注顺利,确保混凝土质量并避免出现断桩。

施工中一般采用钻机空转换浆的方法清孔或取渣清孔。采用空气吸泥机吸泥、泥浆分离器分离钻渣的方法清孔,可以达到良好效果。

根据现行《公路桥涵施工技术规范》,钻孔深度达到设计高程后,应对孔径、孔深和孔的倾斜度进行检验,符合表 4-6-1 要求后,方可清孔。

钻(挖)孔灌注桩成孔质量标准　　　　表 4-6-1

项　目		允　许　偏　差
钻(挖)孔桩	孔的中心位置(mm)	群桩:100;单排桩:50
	孔径(mm)	不小于设计桩径
	倾斜度(%)	钻孔:<1;挖孔:<0.5
	孔深(m)	摩擦桩:不小于设计规定 支承桩:比设计深度超深不小于0.05

续上表

项　目		允　许　偏　差
钻孔桩	沉淀厚度(mm)	摩擦桩:符合设计要求,设计未规定时,对于直径≤1.5m的桩,≤200;对桩径>1.5m或桩长>40m或土质较差的桩,≤300; 支承桩:不大于设计规定,设计未规定时≤50
	清孔后泥浆指标	相对密度:1.03~1.10;黏度:17~20Pa·s;含砂率:<2%;胶体率:>98%

注:①摘自《公路桥涵施工技术规范》(JTG/T F50—2011)表8.7.3。

②清孔后的泥浆指标,是从桩孔的顶、中、底部分别取样检验的平均值。本项指标的测定,限指大直径桩或有特定要求的钻孔桩。

③对冲击成孔的桩,清孔后泥浆的相对密度可适当提高,但不宜超过1.15。

一、清孔前的检测内容

根据现行桥规,钻孔深度达到设计高程后,应对孔径、孔深和孔的倾斜度进行检验,符合《公路桥涵施工技术规范》(JTG/T F50—2011)表8.7.3后方可清孔。具体项目的检测方法如下:

(1)孔位可采用红外线测距仪和钢尺测量。

(2)孔深可根据钻机的钻杆或钢丝绳下钻锥达到的深度确定,也可采用测深仪或测锤检测。

用测锤检测时,测锤的形状一般采用锥形锤,锤底直径13~15cm,高20~22cm,质量4~6kg,绳具用标准测绳。

(3)孔的倾斜度可采用专用仪器检测,当缺乏检测仪器时,可采用钻杆测斜或圆球测斜法。

①钻杆测斜法:孔深钻到位后,先不提钻杆,在孔口处的钻杆上安装一个与孔径或护筒内径一致的导向环,使钻杆柱保持在桩孔中心线位置上,然后将带有扶正圈的钻孔测斜仪下入钻杆内,分点测斜,并将各点数值在坐标纸上描述作图,检查桩孔偏斜情况。

②圆球测斜法:如图4-6-1所示,在孔口沿钻孔直径方向设一标尺,标尺中点与钻孔中心重合,并使滑轮、标尺中点和钻孔中心在同一铅垂线上,其高度为H_0;穿过滑轮的测绳一端连接于用钢筋弯制的圆球(圆球直径比钻孔直径略小些),另一端通过转向滑轮用手拉住;将圆球慢慢放入钻孔中,待测绳静止不动后,测读测绳在标尺上的偏心距e,再根据$\tan\alpha = e/H_0$求得孔斜值并绘图。使用该法精度较低。

③当检查的桩孔较深且倾斜度较大时,可根据地质及施工情况选用JDL-I型陀螺测斜仪或JJX-3型井斜仪检查,也可采用声波孔壁测定仪汇出连续的孔壁形状和垂直度。如图4-6-2所示。

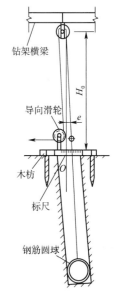

图4-6-1　圆球测斜法

二、主要清孔方法

1. 抽浆法清孔

(1)用反循环回转钻机钻孔时,可在终孔后停止进尺,利用钻机的反循环系统的泥石泵持续吸渣5~15min,使孔底钻渣清除干净。

(2) 空气吸泥机清孔：原理与气举式反循环回转钻机相同，但以灌注水下混凝土的导管作为吸泥管。高压风管可设在导管内，也可设在导管外，如图4-6-3和图4-6-4所示。分别为内风管吸泥清孔和外风管吸泥清孔示意图。使用泥浆分离器清孔如图4-6-5所示。

(3) 以导管作为吸泥泵的吸浆管清孔：系以灌注混凝土的导管代替泵吸式反循环回转的空心钻杆作为吸泥管。它的好处是清孔完毕，将特制弯管拆除即可开始灌注水下混凝土，争取时间，见图4-6-6。

孔深检查

孔径、倾斜度检查

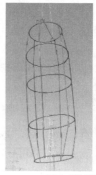
用于成孔质量检查的钢筋笼

图4-6-2　成孔后孔径的检查

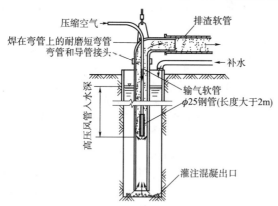

图4-6-3　内风管吸泥清孔

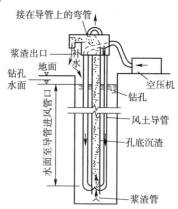

图4-6-4　外风管吸泥清孔

图4-6-5　使用泥浆分离器清孔

2. 换浆法清孔

当使用正循环回转钻进时，终孔后，停止进尺，稍提钻锥离孔底10～20cm空转，并保持泥浆正常循环，以中速将相对密度1.03～1.10的较纯泥浆压入，把钻孔内悬浮钻渣较多的泥浆换出。使清孔后泥浆的含砂率降到2%以下，黏度为17S～20S，相对密度为1.03～1.10，且孔底沉淀土厚度不大于设计规定的量值时，即可终止清孔。根据钻孔直径和深度，换浆时间为4～8h（直径1.5m，深55m的孔需8h）。

本法仅适合正循环回转钻成孔，不需另加机具，且孔内仍为泥浆护壁，不易坍孔，缺点是清孔不彻底，混凝土质量较难保证，而且清孔时间太长。

3. 掏渣法清孔

冲击、冲抓钻进过程中，冲碎的钻渣一部分连同泥浆被挤入孔壁，大部分则靠掏渣筒、大锅锥或冲抓锥清除。要求用手摸泥浆中无 2~3mm 的颗粒为止,并使泥浆的相对密度减小到 1.05~1.20。

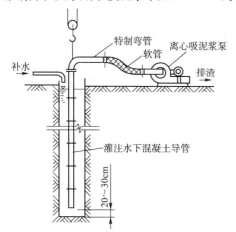

图 4-6-6 吸泥泵导管清孔示意

本法适用于各类土层摩擦桩的初步清孔,虽冲击钻进,可在清渣前,投入 1~2 袋水泥,通过冲击锥低冲程反复搅拌数次,使孔内泥浆、钻渣、水泥形成混合物,然后以掏渣工具掏出。

三、吊入钢筋笼后,灌注混凝土前,成孔质量的检测

根据《公路桥涵施工技术规范》(JTG/T F50—2011)8.2.7,在吊入钢筋骨架后,灌注水下混凝土前,应再次检查孔内泥浆性能和孔底沉淀厚度;如超过规范表 4-6-1 的规定,应进行第二次清孔,符合要求后方可灌注水下混凝土。其中泥浆指标按本单元"泥浆检测"内容进行。

孔底沉淀厚度的大小,极大地影响着桩端承载力的发挥,特别对于支承桩和混凝土的灌注质量,所以在施工过程中要严格控制孔底沉淀厚度。目前所采用的方法有四种,后三种方法精度高,但操作较麻烦,造价也较高,一般情况下可不用。在钻孔桩工程的初始阶段,可以用后三种方法来验证采用方法(1)的准确度,总结经验,然后用方法(1)进行测量,更经济、简捷、可靠。对于特大型桥沉淀厚度控制较严,应用精确方法测量。

(1)重锤法:这是一种极简易又最常用的方法。将重 1~2kg 的自制的金属制品(一般常用铜或铁)系在测绳的始端,把重锤慢慢沉入孔内,凭手感判断沉淀土顶面位置,其施工孔深与量测沉淀顶面孔深之差值为沉淀厚度。为更进一步判定沉淀厚度,可以用管状金属制品做成重锤吊入,管长可根据桩类及地质状况控制在 200~300mm。对于没特殊要求的桩均可用此方法。如图 4-6-7 所示。

(2)电阻率法:电阻率法沉淀土测定仪由测头、放大器和指示器组成。它是根据介质不同,如水、泥浆和沉淀颗粒具有不同的导电性能,由电阻阻值变化来判断沉淀土厚度。

图 4-6-7 重锤法使用测绳测沉渣厚度

检测时将测头慢慢沉入孔中,观察表头指针的变化,当出现突变时记录深度 h_1,继续下沉测头,指针再次突变,记录深度 h_2,直到测头不能下沉为止,记录深度 h_3。实际量测的孔深为 H,可以计算出沉渣厚度为($H-h_1$)或($H-h_2$)。

(3)电容法:电容法沉淀土厚度测定原理是当金属两极板间距和尺寸不变时,其电容量和介质的电解率成正比关系,水、泥浆和沉淀土等介质的电解率有明显差异,从而由电解率的变

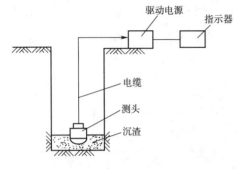

图 4-6-8 电容法测沉渣厚度原理

化量测定沉淀土的厚度。

仪器由测头、放大器、蜂鸣器和电机驱动源等组成,见图 4-6-8。测头装有电容极板和小型电机,电机带动偏心轮可以产生水平振动。一旦测头极板接触到沉渣表面,蜂鸣器就发出响声,同时面板上的红灯亮,记录深度;当测头重力不能继续沉入沉渣深部时,可开启电机使水平激振器产生振动,将测头沉至不能下沉为止。这时,沉渣厚度即为施工孔深和电容突然减小时的孔深之差。

(4)声纳法:该法测定沉淀厚度是利用声波在传播中遇到不同界面产生反射而制成的测定仪。同一个测头具有发射和接收声波的功能。其沉渣厚度计算公式为:

$$h=(t_1-t_2)\frac{C}{2}$$

式中:h——沉淀厚度(m);

C——沉渣中声波速度(m/s);

t_1——声波遇到沉渣表面时,部分声波被发射回来有接收探头接收,由发射至接收的时间差(s);

t_2——部分声波穿过沉渣厚度直达孔底原状土产生第二次反射,得到第二个反射时间差(s)。

[**工程示例 4-6-1**(清孔方法)]清孔法有哪些?其适用性是什么?

答:

常用清孔法主要有以下几种。

(1)换浆清孔法适用于正循环回转钻孔,在完成钻孔深度后提升钻锥至距孔底钻渣面 0.1~0.3m,以大泵量泵入符合清孔后性能指标的新泥浆,维持正循环 4h 以上,直到清除孔底沉渣、减薄孔壁泥皮、泥浆性能指标符合要求为止。本法清孔进度慢,对大直径、深孔可将正循环机具迅速拆除,改用抽浆法。使用此法清孔切忌将清水直接加入,否则会使稍大土颗粒不能清除,导致沉淀层过厚或孔壁泥皮变薄,给后续工程带来不必要的麻烦。

(2)抽浆法清孔较彻底迅速,适用于各种方法的钻孔,对于反循环回转钻孔完成后,可停止钻具回转,将钻锥提离孔底钻渣面 10~30cm,维持泥浆的反循环,并向孔中注入清水。应经常测量孔底沉淀厚度和孔中泥浆性能指标,满足要求后立即停止清孔。对大直径、深孔可配合气举法清孔。应注意在清孔过程中始终保持孔内原有水头高度。

(3)掏渣清孔法是用抽渣筒、大锅锥或冲抓锥清掏孔底粗钻渣,适用于机动推钻、冲抓和冲击钻孔的初步清孔。掏渣前可投入水泥 1~2 袋,再以冲锥冲成钻渣和水泥的混合物,提高掏渣工效。当要求清孔质量较高时,可用高压水管插入孔底射水,降低泥浆相对密度。对大直径、深孔应在掏渣清孔后,再用气举抽浆法清孔。

(4)喷射清孔法只宜配合换浆法或抽浆法清孔后使用,该法是在灌注水下混凝土前,对孔底进行高压射水或射风数分钟,使孔底剩余少量沉淀物漂浮后,立即灌注水下混凝土。

(5)砂浆置换清孔法适宜于掏渣清孔后使用。该法按下述工序进行:

①用掏渣筒尽量清除钻渣。

②以高压水管插入孔底射水,降低泥浆相对密度。

③以活底箱在孔底灌注 0.6m 厚的以粉煤灰与水泥加水拌和并掺入缓凝剂的特殊砂浆,

砂浆初凝时间应延长到 6~12h。

④插入比孔径稍小的搅拌器,慢速旋转,将孔底残渣搅入砂浆中。

⑤吊出搅拌器。

⑥吊入钢筋骨架。

⑦灌注水下混凝土,搅入残渣的砂浆被混凝土置换后,一直被顶托在混凝土面以上而被推到桩顶后,再予以清除。

所用的特殊砂浆常用的配合比为:水泥:粉煤灰:砂:加气剂 = 1:0.4:1.4:0.007(质量比)。

[**工程示例4-6-2**(沉淀厚度)]钻孔桩成孔,沉淀厚度过大的原因是什么?

答:

(1)泥浆性能不能满足要求,造成较大颗粒土下沉。

(2)没有及时观察土层状况,造成局部泥浆与土层不相适应;没有及时调整泥浆成分,造成少量塌落。

(3)急于求成,直接用清水清孔,使较大颗粒土沉落或护壁发生问题而造成少量坍落。

(4)钻孔完毕后,用检孔器检查时,强行下放,造成孔壁滑落。

(5)下放钢筋笼不垂直,挂掉泥皮,造成沉淀过厚。

(6)清孔中钻机所提高度不妥或钻机转速与土粒不相应,使土粒不能上浮,造成沉淀过厚。

四、清孔时的注意事项

(1)不论采用何种清孔方法,在清孔排渣时,必须注意保持孔内水头,防止坍孔。

(2)柱桩应以抽浆法清孔,清孔后,将取样盒(即开口铁盒)吊至孔底,待灌注水下混凝土前取出检查沉淀在盒内的渣土,渣土厚度应符合表4-6-1的要求。

(3)用换浆法或掏渣法清孔后,孔口、孔中部和孔底提出的泥浆的平均值应符合质量标准要求;灌注水下混凝土前,孔底沉淀厚度应不大于设计规定。

(4)不得用加深孔底深度的方法代替清孔。

[**填空**]

1.摩擦桩的沉淀厚度,直径≤1.5m的桩,≤_____mm;对桩径>1.5m或桩长>40m或土质较差的桩,≤_____mm。

2.支承桩的沉淀厚度,设计未规定时,≤_____mm。

3.沉淀厚度检测时,最常用的方法是_____。

4.根据现行《公路桥涵施工规范》,钻孔深度达到设计高程后,应对_____、_____和_____进行检验。

[**简答**]

1.清孔的目的是什么?主要的清孔方法有哪些?其各自适用条件是什么?

2.清孔时的注意事项有哪些?

任务七　水下混凝土灌注

一、灌注机具的准备

(1)导管:是灌注水下混凝土的重要工具,用钢板卷制或采用无缝钢管制成,其直径按桩长、桩径和每小时需要通过的混凝土数量决定,可按表4-7-1选用。

灌注水下混凝土用导管参考数据　　　　表4-7-1

导管参考数据	导管直径与壁厚参考表						导管作用半径与超压力关系	
	桩径(m)	通过混凝土数量(m³/h)	导管直径(cm)	导管长度(m)	导管壁厚(mm)		导管作用半径(m)	最小超压力(kPa)
					导管直径(cm) 20~25	导管直径(cm) 30~35		
	0.6~0.9	10	20	<30	3	4	4.0	250
	1.0~1.5	17	25	<30	3	4	3.5	150
	>1.5	25	30	30~50	4	5	3.0	100
	>2.5	35	35	50~100	5	6	<2.5	75

导管分节长度应便于拆除安装,并小于导管提升设备的提升高度。中间节一般为2m左右,下端节可加长至4~6m。漏斗下可配长约1m的上端节导管,以便调节漏斗高度。

导管连接方式主要有丝扣、卡口两种。丝扣连接仅用于无缝钢管制成的导管时,导管两端外周有公、母丝扣,连接时将导管接公母丝扣套入,用管子钳扳手拧紧。卡口式连接与快速接头相似,如图4-7-1所示。导管如图4-7-2所示。

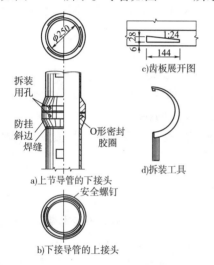

图4-7-1　卡口式连接(尺寸单位:mm)

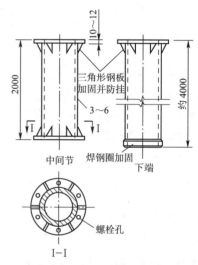

图4-7-2　导管(尺寸单位:mm)

根据《公路桥涵施工技术规范》(JTG/T F50—2011)8.2.9的规定:水下混凝土宜采用钢导管灌注,导管内径宜为200~350mm。导管使用前应进行水密、承压和接头抗拉试验,严禁采用压气试压。进行水密试验的水压不应小于孔内水深1.3倍的压力,也不应小于导管壁和焊缝可能承受灌注混凝土时最大内压力p的1.3倍,p可按式(4-7-1)计算:

$$p = \gamma_c h_c - \gamma_w H_w \tag{4-7-1}$$

式中:p——导管可能受到的最大内压力(kPa);

γ_c——混凝土拌和物的重度(取24kN/m³);

h_c——导管内混凝土柱最大高度(m),以导管全长或预计的最大高度计;

γ_w——井孔内水或泥浆的重度(kN/m³);

H_w——井孔内水或泥浆的深度(m)。

导管水密试验如图4-7-3所示,将拼装好的导管先灌入70%的水,两端封闭,一端接风管接头,输入计算的风压力。导管需滚动数次,经过15min不漏水即为合格。

a)导管水密试验

b)导管接长安装(内径25~30cm)

c)灌注水下混凝土

图4-7-3 导管法作业场景

(2)漏斗、溜槽、储料斗:导管顶部设置漏斗,其上设溜槽、储料斗和工作平台,如图4-7-3所示。

漏斗容量0.5~0.7m³,一般用5~6mm厚的钢板制成类似于圆锥形(直径800~1000mm,高900~1200mm)或棱锥形(尺寸一般为1000mm×1000mm×900mm),其插入导管长度为150mm。

储料斗作用是储放灌注首批混凝土必需的储量,将远处运来可能离析的混凝土倒入其中,拌匀后经溜槽送入漏斗。漏斗和储料斗的最小容量应根据首批灌注混凝土容量确定。

二、水下混凝土的配置

根据《公路桥涵施工技术规范》(JTG/T F50—2011)8.2.10的规定,水下混凝土的配制应符合以下条件:

(1)水泥可采用火山灰质硅酸盐水泥、粉煤灰硅酸盐水泥、普通硅酸盐水泥或硅酸盐水泥,使用矿渣硅酸盐水泥时应采取防离析措施;粗集料宜选用卵石,如采用碎石宜适当增加混凝土配合比中的含砂率,集料的最大粒径不应大于导管内径的1/8~1/6和钢筋最小净距的1/4,同时不应大于37.5mm。细集料宜采用级配良好的中砂。

(2)混凝土的初凝时间应根据气温、运距及灌注时间长短等因素确定,混凝土可经试验掺配适量缓凝剂。

(3)混凝土拌和物应有良好的和易性,灌注时应保持足够的流动性,其坍落度当桩孔直径$D<1.5$m时,宜为180~220mm;$D\geq1.5$m时,宜为160~200mm,且应充分考虑因气温、运距、施工时间的影响导致的坍落度损失。

三、首批混凝土的灌注

根据《公路桥涵施工技术规范》(JTG/T F50—2011)8.2.11的规定:首批灌注混凝土的数量应能满足导管首次埋置深度1.0m以上的需要,所需混凝土数量可按式(4-7-2)计算。如图4-7-4所示。

$$V = \frac{\pi D^2}{4}(H_1 + H_2) + \frac{\pi d^2}{4}h_1 \qquad (4-7-2)$$

式中:V——灌注首批混凝土所需数量(m³);
D——桩孔直径(m);
H_1——桩孔底至导管底端间距,一般为0.3~0.4m;
H_2——导管初次埋置深度(m);

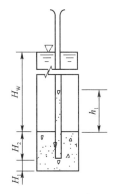

图4-7-4 首批混凝土数量计算

d——导管内径(m);

h_1——桩孔内混凝土达到埋置深度 H_2 时,导管内混凝土柱平衡导管外(或泥浆)压力所需的高度(m)。

即:$H_1 = H_w \gamma_w / \gamma_c$;

H_w、γ_w、γ_c——意义同式(4-7-1)。

[**工程示例4-7-1**(首批混凝土数量计算及储料斗选型)]如图4-7-4所示,设钻孔直径1.5m,无扩孔,导管直径0.25m,钻孔深度为孔内水面下50m,泥浆重度为11kN/m³,混凝土重度为24kN/m³,孔底有沉淀土0.1m,间距 $H_1 = 0.4 + 0.1 = 0.5$m,埋深 $H_2 = 1.0$m,求首批混凝土最小储量。

答:

$$H_1 + H_2 = 1 + 0.5 = 1.5 \text{m}$$

$$H_w = 50 - 1.5 = 48.5 \text{m}$$

$$h_1 = 48.5 \times \left(\frac{11}{24}\right) = 22.23 \text{m}$$

$$V = \frac{\pi D^2}{4}(H_1 + H_2) + \frac{\pi d^2}{4} h_1$$

$$= \frac{3.14 \times 1.5^2}{4} \times (1 + 0.5) + \frac{3.14 \times 0.25^2}{4} \times 22.23$$

$$= 2.65 + 1.09 = 3.74 \text{m}^3$$

按 1m×1m×0.8m 漏斗,能容0.42m³混凝土,故储料斗最小容量为 3.74 - 0.42 = 3.32m³。

四、混凝土灌注的一般要求

根据《公路桥涵施工技术规范》(JTG/T F50—2011)8.2.11的规定,灌注水下混凝土应符合以下条件:

(1)水下混凝土的灌注时间不得超过首批混凝土的初凝时间。直径小于2.5m桩灌注时间参考表4-7-2。

直径小于2.5m桩灌注时间参考表 表4-7-2

钻孔桩长度(m)	<20	20~40	40~60	60~70	70~80	80~100
适当灌注时间(h)	1.5~2.0	2~3	3~4	4~5	5~6	7~8

注:①灌注时间从第一盘混凝土拌和加水至灌注结束。
②如水泥初凝时间超过表列数值,首批混凝土必须加入缓凝剂。

(2)混凝土运至灌注地点时,应检查其均匀性和坍落度等,不符合要求时不得使用。

(3)首批混凝土入孔后,混凝土应连续灌注,不得中断。

(4)在灌注过程中,应保持孔内的水头高度;导管的埋置深度宜控制在2~6m,并应随时测探桩孔内混凝土面的位置,及时调整导管埋深;应将桩孔内溢出的水或泥浆引流至适当地点处理,不得任意排放。

(5)灌注时应采取措施防止钢筋骨架上浮。当灌注的混凝土顶面距钢筋骨架底部1m左右时,应降低灌注速度;混凝土顶面上升到骨架底部4m以上时,宜提升导管,使其底口高于骨架底部2m以上后再恢复正常灌注速度。

钢筋笼上升,除了一些显而易见的原因是全套管上拔、导管提升钩挂所致外,主要原因是由于混凝土表面接近钢筋笼底口,导管底口在钢筋笼底口以下3m至以上1m时,混凝土灌注的速度过快,使混凝土下落冲出导管底口向上反冲,其顶托力大于钢筋笼的重力时所致。

为了防止钢筋笼上升,当导管底口低于钢筋笼底部3m至高于钢筋笼底1m之间,且混凝土表面在钢筋笼底部上下1m之间时,应放慢混凝土灌注速度,允许的最大灌注速度与桩径有关,当桩长为50m以内时可参考表4-7-3办理。

灌注桩的混凝土表面靠近钢筋笼底部时允许的最大灌注速度　　　表4-7-3

桩径(cm)	≥250	220	200	180	150	120	100
灌注速度(m³/min)	2.5	1.9	1.55	1.25	1.0	0.55	0.4

注:本表根据京津塘高速公路宜兴埠桥测试结果推算得出,数据不多,供参考使用。

克服钢筋笼上升,除了主要从上述改善混凝土流动性能、初凝时间及灌注工艺等方面着眼外,还应从钢筋笼自身的结构及定位方式上加以考虑,具体措施为:

①适当减少钢筋笼下端的箍筋数量,可以减少混凝土向上的顶托力。

②钢筋笼上端焊固在护筒上,可以承受部分顶托力,具有防止其上升的作用。

③在孔底设置直径不小于主筋的1~2道加强环形筋,并以适当数量的牵引筋牢固地焊接于钢筋笼的底部,实践证明对于克服钢筋笼上升是行之有效的。

(6)对变截面桩,应在灌注过程中采取措施,保证变截面处的水下混凝土灌注密实。

(7)采用全护筒钻机施工的桩在灌注水下混凝土时,护筒应随导管的提升逐步上拔,上拔过程中除应保证导管的埋置深度外,同时应使护筒底口始终保持在混凝土面以下。施工时应边灌注、边排水,并应保持护筒内的水位稳定。

(8)混凝土灌注至桩顶部位时,应采取措施保持导管内的混凝土压力,避免桩顶泥浆密度过大而产生泥团或桩顶混凝土不密实、松散等现象;在灌注将近结束时,应核对混凝土的灌注数量,确定所测混凝土的灌注高度是否正确。灌注的桩顶高程应比设计高出不小于0.5m,当存在地质较差、孔内泥浆密度过大、桩径较大等情况时,应适当提高其超灌的高度;超灌的多余部分在承台施工前或接桩前应凿除,凿除后的桩头应密实、无松散层。

(9)灌注中发生故障时,应查明原因,合理确定处理方案,进行处理。

[**工程示例4-7-2**(混凝土灌注)]某省102号大桥由中标的长龙路桥公司大桥项目经理部施工,彩虹监理公司进行施工监理,全桥380根钻孔灌注桩。刚进行到第五根桩施工时,遇到下列事件:

第五根桩从9月14日7:00开始灌注混凝土,15:16因电焊机使用不当导致发电机组故障,使搅拌机及灌注设备被迫停工,路桥公司大桥项目经理部立即组织人员抢修,发电机组于17:08修复,17:13恢复施工,恢复施工后提升导管提不动,经反复转动,上下冲振,至17:32才将导管拔出,就位到预定高度,开始灌注新混凝土。17:42监理工程师到现场视察,19:34灌注完全部混凝土。当导管全部提出孔外清点时,导管总长只有48m,因此,监理工程师同意桩基按48.5m计量,承包人要求按设计桩长55.6m计量。其证据是业主提供的设计图纸(除此外,监理工程师和承包人不能再提供其他证据证明施工的实际桩长)。

问题:

1.该事件所反映施工及监理中存在的主要问题及其原因有哪些?该根桩质量是否合格?如何判断?

2.一般情况下桩基础在浇筑完混凝土后能否进行计量?本题中提到的该根桩应按多长给予计量?

分析与答案:该项事件反映,承包人和监理都存在严重问题。承包人专业技术水平差,监理基本知识、工程经验、工作经验都很缺乏,没有认真阅读合同文件和技术规范,违反监理程序、技术规范进行施工和施工监理。监理没有认真履行职责,工作态度差,不严格监理,导致该桩成为一根不合质量要求的不合格桩。

(1)从以下几项中任一项即可判定为不合格桩：

①如果钻孔或孔深只有48.4m（即导管总长48m+导管距孔底0.4m）深，但图纸设计桩长为55.6m,不符设计要求，该桩即为不合格桩。

②如果钻孔深度为55.6m,导管长只有48m,则导管底距孔底达7.2m以上，超过规范规定的0.25~0.4m,使首盘灌注的混凝土与孔中泥浆混合，混凝土质量不合要求，违反《技术规范》规定，为不合格桩。

③如果钻孔深度达到图纸的规定深度，导管也下到规范规定深度，而取出导管只有48m,则可能是在灌注中断2h后，复工时提起导管断了一截在孔中，使水进入导管中，以后灌注的混凝土不能和以前的衔接而产生断桩，且以后的混凝土与泥浆混合也不合格。

④《技术规范》规定"首批混凝土拌和物下落后，应连续灌注，不得中断"，而该项工程第五根桩灌注8h后，中断2h,此时首批混凝土已初凝，因此造成"卡管"，以至断桩。

(2)灌注中断2h的直接原因是"发电机组故障"，显然，该工程施工只有一台发电机组，且与其他作业共用（电焊等），无论从该项工程桩基施工要求还是该项工程规模仅一台发电机组显然是不符合施工要求的。

①如果承包人的施工组织设计中就只准备一台发电机组，则经监理审查并批准了该施工组织设计，说明监理不是缺乏工程经验就是不认真负责。

②如果施工组织设计有多台备用设备，则监理批准分部工程开工，分部工程开工时没有按监理程序检查设备到位情况以及设备的试车后的完好情况。

(3)承包人和监理工程师严重违反《技术规范》和《监理程序》施工。

①承包人提供不了任何证据证明桩长，说明承包人在施工过程中未作任何记录。

每根桩从钻孔到灌注混凝土后有一系列《规范》中规定的应该做的记录都能说明桩长。如：钻孔记录、清孔记录、灌注前沉淀厚度检查记录、灌注记录、导管下沉深度记录，并应经常测量混凝土面层高程等记录。

②监理工程师要对每一道工序进行验收，合格后才能准予进入下一道工序，以上事件反映均未经验收。

(4)按合同及技术规范规定，计量是按规范中规定的单位及其所包括的内容完成后，经监理检验合格后，才准予计量。

①桩基础在完成后混凝土灌注后还不能计量，因为还有后续工程或工作未完成，如养生、截桩头、无破损检验，因此还不到计量的时候。

②该桩为不合格桩，对不合格桩不予计量。

五、凿桩头

在桩基混凝土灌注过程中，由于孔内的混凝土面始终处于流动状态，原来位于桩基底部的沉渣，最终浮到了桩基的最上端。因此，桩基上端的混凝土质量是最差的。

《公路桥涵施工技术规范》(JTG/T F50—2011)8.2.11的规定：灌注的桩顶高程应比设计高程高0.5m。在实际施工中，多浇筑的混凝土必须凿除，即凿桩头，如图4-7-5所示。

[**工程示例4-7-3**(凿桩头)]如何保证桩柱接头质量，凿桩头时应注意哪些问题？

1.质量问题及现象

(1)破桩头时间过早，混凝土受到扰动后影响强度的形成或使桩头混凝土产生裂缝。

(2)把桩头凿成盆状,接柱前不易清除污染物,影响接柱质量。
(3)擅自采用爆破法破桩头,造成对桩头爆破过度,致使桩身上部出现碎裂。
(4)桩身钢筋任意弯曲或扭转,与接柱钢筋焊接,将桩身钢筋再弯曲回来或用气焊烘烤弯曲。

a)刚浇筑完成的桩基

b)使用风镐凿除桩头

c)凿除的加泥混凝土桩头

图 4-7-5 凿桩头的场景

2. 原因分析

(1)在混凝土强度未形成或未达到一定强度时(70%)进行凿除,会对混凝土产生扰动,破坏混凝土强度时形成,或使混凝土内部产生细小裂纹。
(2)对设计桩顶的高程计算或测量不准,导致灌注混凝土提前结束,致使桩头高程低于设计高程。
(3)在灌注水下混凝土时未按规范要求进行超灌、超灌高度不足或无法进行超灌(混凝土不能再向上托起泥浆)。
(4)泥浆稠度大且回淤厚度大,造成混凝土与泥浆的混合层较厚。
(5)清孔不彻底或回淤测量有误。
(6)灌注混凝土完成后,立即掏浆至桩顶设计高程,可能使泥浆掺入混凝土内,同时减小了对桩头混凝土的压力,致使混凝土的强度有所降低。
(7)为便于凿除桩头,施工时将钢筋任意弯曲或扭转。

3. 预防措施

(1)当混凝土灌至距桩头较近时,要将漏斗口至少高出桩顶 4.0m,也可搭一个 3.0m 高的平台,在平台上灌注混凝土,以便混凝土在自身压力的作用下能够将泥浆托起。
(2)灌注混凝土时应比桩顶设计高程至少超灌 80cm,以保证桩顶处混凝土在超灌部分自重作用下密实,同时保证桩头处的混凝土中不含泥浆。
(3)在混凝土灌注后必须达到一定强度(强度要求 70% 以上,平均气温在 15℃ 以上时,一般龄期达到 7d 即可,气温较低时必须延长龄期)时才能破除桩头。严禁混凝土灌注完毕后随即进行掏浆(如果先行掏浆,则会降低对桩头附近的混凝土的压力,使混凝土的密度有所降低,或使泥浆进入混凝土内,导致混凝土的强度有所降低)。

(4)凿桩头时当凿至距设计位置10cm左右时,应注意先对设计桩头高程处的四周进行凿除,然后再凿除中间部分,桩头破除后的形状应呈平面或桩中略有凸起(注意凿毛),以利接柱或浇筑系梁混凝土前冲洗桩头。

(5)凿除桩头时,钢筋的弯曲角度不得大于45°。

(6)严禁使用爆破法进行破桩头。

4. 处理措施

(1)若因意外原因,在凿除桩头后混凝土中仍含有泥浆,则应继续向下凿除,直至混凝土中不含泥浆且强度满足设计要求时为止。此时可支模板浇筑混凝土,深度较大时须先行接柱,若深度较浅时可在浇筑承台混凝土时同时浇筑。

(2)若桩身钢筋弯曲角度过大,应继续向下凿除桩身混凝土,接柱钢筋与下挖后露出的钢筋进行焊接。

[填空]

1. 使用导管灌注水下混凝土时,应先进行_____、_____、_____试验。

2. 下导管灌注混凝土时,桩孔底至导管底端间距,一般为_____~_____m。

3. 据《公路桥涵施工技术规范》(JTG/T F50—2011)8.2.11的规定:首批灌注混凝土的数量应能满足导管首次埋置深度_____m以上的需要。

4. 在桩基水下混凝土灌注过程中,应保持孔内的水头高度;导管的埋置深度宜控制在_____~_____m。

5. 根据《公路桥涵施工技术规范》(JTG/T F50—2011),桩基灌注的桩顶高程应比设计高出不小于_____m。

[简答]

试论述凿桩头的作用及注意事项。

[计算]

如图4-7-4所示,设钻孔直径为1.8m,无扩孔,导管直径0.3m,钻孔深度为孔内水面下25m,泥浆重度为$11kN/m^3$,混凝土重度为$24kN/m^3$,孔底有沉淀土0.1m,间距$H_1=0.4+0.1=0.5m$,埋深$H_2=1.0m$,求首批混凝土最小储量。

[案例分析]

某大桥采用钻孔灌注桩基础,施工中遇到下列事件:

(1)第1根桩从9月14日7:00开始灌注混凝土,10:30分桩基灌注完成1/3时,由于天气原因,下起暴雨,施工单位被迫中止。

(2)施工中,混凝土搅拌设备发生故障,导致施工中断1h。

(3)桩基设计长度为25.0m,施工中由于地质条件变化,实际成孔深度为29.0m(有相关的施工记录),在桩基施工完成后,当导管全部提出孔外清点时,导管总长只有24m。

(4)桩基在9月15日施工完成,施工单位在9月30日提供给监理单位审批的清单中,列出了该桩按29.0m计量的混凝土方量。

问题:以上事件所反映的施工及监理中存在的主要问题及其原因有哪些?该根桩质量是否合格?如何判断?

任务八　挖孔灌注桩的施工

挖孔灌注桩系用人力和适当的爆破,配合简单机具设备下井挖掘成孔,灌注混凝土成桩。根据《公路桥涵施工技术规范》(JTG/T F50—2011)8.6.1 的规定:在无地下水或有少量地下水,且较密实的土层或风化岩层中,或无法采用机械成孔或机械成孔非常困难且水文、地质条件允许的地区,可采用人工挖孔施工;岩溶地区和采空区不宜采用人工挖孔施工;孔内空气污染物超过现行国家标准《环境空气质量标准》(GB 3095—1996)规定的三级标准浓度限值,且无通风措施时,不得采用人工挖孔施工。

一、人工挖孔施工安全的规定

人工挖孔桩牵涉井下作业,必须高度重视施工人员的生命安全。根据《公路桥涵施工技术规范》(JTG/T F50—2011)8.6.2 的规定,安全应符合下列规定:

(1)施工前应制订专项安全技术方案并应对作业人员进行安全技术交底。

(2)挖孔作业前,应详细了解地质、地下水文等情况,不得盲目施工。

(3)桩孔内的作业人员必须戴安全帽、系安全带,安全绳必须系在孔口。

(4)桩孔内应设防水带罩灯泡照明,电压应为安全电压,电缆应为防水绝缘电缆,并应设置漏电保护器。

(5)人工挖孔作业时,应始终保持孔内空气质量符合第8.6.1条的要求。孔深大于10m时,必须采取机械强制通风措施。

(6)桩孔内遇岩层需爆破作业时,应进行爆破的专门设计,且宜采用浅眼松动爆破法,并应严格控制炸药用量,在炮眼附近应对孔壁加强防护或支护。孔深大于5m时,必须采用电雷管引爆。桩孔内爆破后应先通风排烟15min并经检查确认无有害气体,施工人员方可进入孔内继续作业。爆破作业的安全管理应按现行国家标准《爆破安全规程》(GB 6722—2003)中的有关规定执行。

挖孔桩施工示意如图 4-8-1 所示,孔内钻爆施工如图 4-8-2 所示。

图 4-8-1　挖孔桩施工及支护示意

图 4-8-2　孔内钻爆施工

二、支撑护壁

对岩层、较坚硬密实土层、不透水,开挖后短期不会坍孔者,可不设支撑。其余土质情况下,应设支撑护壁,以确保安全。现浇混凝土护壁是当今应用最广泛的支撑形式,有三种主要形式,如图 4-8-3 所示。

(1)等厚度护壁:适用于各类土层,多用于有渗水、涌水的土层和薄层流砂、淤质土层中,在穿过块石、孤石的堆积层需要放炮时,也可使用。每挖掘 1.2~1.5m 深时,即立模灌筑混凝土护壁,厚度 10~15cm,强度等级一般用 C15;专用作桩身截面的一部分时,其强度等级应与桩身相同。两节护壁之间留 20~30cm 空隙,以便灌注施工。空隙间宜用短木支承。为加速混凝土凝结,可掺入速凝剂。若土层松软,或需多次放炮开挖时,可在护壁内设置钢筋($\phi 8$,靠内径放)。模板不需光滑平整,以利于与桩体混凝土连接。

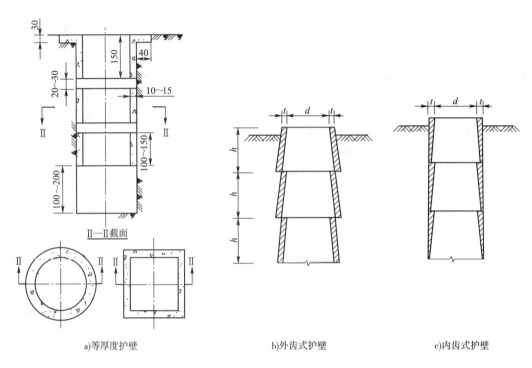

a)等厚度护壁   b)外齿式护壁   c)内齿式护壁

图 4-8-3 现浇混凝土护壁(尺寸单位:mm)

(2)外齿式护壁:其优点是作为施工用的衬体,抗塌孔的性能更好,便于人工用钢钎等捣实混凝土,增大桩侧摩阻力。

(3)内齿式护壁:其结构特点为护壁外侧面为等直径的圆柱,而内侧面则是圆锥台,上下护壁间错接 50~75mm。

[填空]

1. 人工挖孔作业时,孔深大于_____m 时,必须采取机械强制通风措施。
2. 人工挖孔作业时,较常使用的护壁形式是_____。

[简答]

试述人工挖孔桩施工的注意事项。

任务九 桩基础施工中常见问题的处理与冻土地区桩基础施工

新河高速公路第五合同段,全长 6.51km,大中桥共 13 座,桩基础 506 根,桩基础施工采用挖孔桩及钻孔桩施工工艺,对施工中出现的问题及处理方法做如下分析与总结。

一、挖孔过程中常见问题的处理

(1)孔位纠偏。测量是挖孔过程中控制的关键,也是避免孔位纠偏的有效手段,必须做到开孔前准确定位、挖孔过程中经常复核、发生偏斜时及时准确纠偏。中心偏位不大于5cm时,可通过局部凿除护壁的方法来纠偏;中心偏位大于5cm时,通过破除护壁重新开挖再护壁的方法进行处理。

(2)遇有地下水较丰富、裂隙较发育、涌水量较大时,用潜水泵抽水,砂袋或稻草封堵出水孔,控制住涌水后,再用加有固化剂、堵漏剂的混凝土对出水孔进行全面封堵,待混凝土凝固并确认安全后,再进行下道工序施工。

(3)遇有溶洞,且内有软、流塑状填充物时,必须对坑壁进行加固。一是采用钢筋网片结合浆砌片石的施工方法进行封堵、加固;二是采用浇筑混凝土的施工方法进行加固,即对该段已开挖桩基用混凝土进行回填,再重新开挖,以达到在封堵溶洞口的同时又护壁的效果。

(4)孔内爆破时,若遇施工人员中毒晕倒时,应迅速组织人员对孔内进行通风,将孔内爆破产生的烟雾、CO_2 和有毒气体迅速排出孔外,同时要组织人员进入孔内进行营救工作,但必须佩戴防毒面具,所以每次爆破后应先进行通风换气,并测定有毒气体的浓度,确认安全后方可进行施工。

(5)挖孔过程中,如遇溶槽、溶洞发育地段,无法用挖孔桩施工时,要及时更改施工工艺,采用钻孔桩施工。

二、钻孔过程中常见问题的处理

(1)钻孔支架不稳。钻孔支架不稳,会造成支架不均匀沉降、偏位,导致钻杆不垂直,使成孔不垂直,偏差过大,成为不合格桩。因此场地必须平整、夯实;钻机支架就位时并加以固定,当出现沉降时,应随时调整、加固;钻机就位时,使转盘、底座水平,使天轮的边缘、钻杆的卡盘和护筒中心在一条直线上。在钻孔过程中,采用定位导向架对钻杆进行定位。

(2)塌孔。塌孔是一种最常见的事故,孔内泥浆稀释、遇有裂隙、溶洞、水头不足等都会造成塌孔。当孔内水位突然下降回升,孔口冒细密水泡,出渣量显著增加而不见进尺,钻机负荷显著增加时,表明已塌孔,应及时查明塌孔位置。塌孔不严重时,回填片石或土到塌孔位以上,采取改善泥浆性能、加高水头、深埋护筒等措施,继续钻进;塌孔严重时,应立即将钻孔用片石或砂类土回填,或用掺入不小于5%水泥砂浆的黏土进行回填,必要时将钻机移开,避免钻机被埋入孔内,待回填稳定后重钻。

(3)钻孔偏斜、弯曲。由地质松软不均、岩面倾斜、钻架移位或遇探头石等原因造成钻孔偏斜。一旦发现应及时处理,在偏斜处吊住钻头反复扫孔,使钻孔正直。偏斜严重时,回填片石与黏质土至偏斜处顶面,待沉积密实后重新钻孔。

(4)扩孔、缩孔。扩孔是由孔壁小坍塌或钻锤摆动过大造成的,由钻锤摆动造成的扩孔应通过对钻锤大小的检查更换或调整冲程来纠正;缩孔是由地层中含遇水能膨胀的软塑土、泥质页岩或钻锤磨损过大而造成的。前者应采用失水率小的优质泥浆护壁,后者应及时焊补钻锤。缩孔可用钻头上下反复扫孔来扩大孔径。

(5)钻孔漏浆、孔口漏浆时,采取在护筒周围回填土夯筑密实、增加护筒埋置深度等措施;孔内漏浆时,向孔内填入片石、卵石或投入水泥,反复冲击,增加护壁。

(6)梅花孔或十字孔,是由冲击钻锥的自动转向装置失灵、泥浆相对密度和黏度太大和冲程太小等原因造成的,应针对上述原因采取改善措施。发生梅花孔时,应用回填片石或卵石土掺黏质土混合回填孔内,重新冲击钻孔。

(7)卡钻,因先形成了梅花孔,或钻锥磨损未及时焊补、钻孔直径变小,而新钻锥又过大,冲锥倾倒,遇到探头石,或孔内掉入物件卡住等。卡钻后不宜强提,可用小锥冲击或用冲、吸的方法将钻锥周围的钻渣松动后再提出。

(8)掉落钻物时,应迅速用打捞叉、钩、绳套等工具打捞。在任何情况下,严禁施工人员进入没有护筒或无其他防护设施的钻孔中处理故障。

三、水下混凝土浇筑常见问题的处理

水下浇筑混凝土是不停地往水下浇筑的混凝土,利用导管下口处的混凝土的压力差,使混凝土不断地从导管下口挤出,使桩孔内混凝土面逐渐均匀上升,孔内的水逐渐被混凝土取代,从而实现混凝土的浇筑。同时利用孔内水柱、混凝土自重和不停往下浇筑的混凝土的压力来起到混凝土自行压密实的效果。

(1)浇筑水下混凝土时,首批混凝土数量不够,会造成泥浆或清水从导管底口进入,使首批水下混凝土灌注失败,应立即停止灌注。若为挖孔桩,可采用人工重新开挖;若为钻孔桩,应立即组织吊车或钻机将钢筋骨架拔出混凝土面,重新钻进成孔。

(2)灌注过程中提升导管,由于计算错误或机械制动设置失灵,导致导管底口拔出已灌混凝土表面。应立即组织施工人员,依次将导管拆除并清洗干净,迅速将装有底塞的导管压重插入原混凝土拌和物表面以下 2.5m 的深处,然后在无水导管中继续浇筑,将导管提升 0.5m,按照初灌混凝土的要求继续灌注。

(3)水下混凝土灌注过程中,当导管的埋置深度过小时,要减慢混凝土灌注速度,导管上下拔动幅度要控制在 30cm 左右;导管埋置深度过大时,要及时拆除导管,并用导管上下插捣混凝土,保证混凝土密实。

(4)灌注过程中因灌注时间过长,表面混凝土已初凝,或因导管内进入异物,导致混凝土在导管内停留过久,或因混凝土离析而发生堵塞。处理方法:一是将导管连同堵塞物一起拔出,若原灌注混凝土表面尚未初凝,用新导管配重插入已灌注混凝土内 2m 深,用潜水泵将导管内泥浆抽出,然后继续灌注。但该种处理方法的桩基质量难以保证,根据检测结果需做补强处理;另一处理方法是将已灌注的混凝土作废弃处理,孔内回填片石、卵石后重新成孔。

(5)灌注过程中出现混凝土离析时,要及时查明原因,若因混凝土自身配合比原因造成的,应及时调整混凝土配合比,同时将已拌制的不合格混凝土作废弃处理;若因导管漏气造成的,灌注结束后应做补强处理。

(6)灌注过程中坍孔。其坍孔表征与钻孔期间近似,可用测深仪或测锤探测,如探头达不到混凝土面高程时即可证实发生坍孔。产生原因是:

①护筒底脚漏水。

②潮汐区未保持所需水头。

③地下水压超过原承压水头。

④孔内泥浆相对密度、黏度过低。

⑤孔口周围堆放重物或有机械振动。如坍塌数量不大,可用泥浆泵抽出混凝土表面坍塌的泥土;如不继续坍孔,可恢复正常灌注。如坍孔仍不停止,且有扩大之势,应将导管和钢筋骨架拔出,将孔内用片石、卵石回填,待孔位周围地层稳定时,再重新钻孔施工。

(7)埋管。因导管埋置过深所致,灌注过程中导管提升不动,或灌注完毕导管拔不出,统称埋管。若已成埋管故障,插入一直径稍小的护筒至已灌注混凝土中,用吸泥机吸出混凝土表面泥渣,派潜水工下至混凝土表面在水下将导管齐混凝土面切断,拔出安全护筒,重新下导管灌注,此桩灌注完成后,上下断层间应按灌注桩的补强方法和技术要求进行补强。

(8)灌短桩头。灌注结束后,桩头高程低于设计高程,属桩头灌短事故。在灌注过程中,孔壁断续发生小坍方,施工人员未发觉,未处理,是由于测探锤达不到混凝土表面造成的。可采用插入一直径稍小护筒,深入到原灌混凝土内,用吸泥机吸出坍方土和沉淀土,拔出小护筒,重新下导管灌注,灌注完成后,上下断层间应加以补强。

四、施工注意事项

1. 挖孔桩

(1)护筒顶高出地面小于30cm时,周围的铁器、小工具容易掉入孔内,易对孔下作业人员造成伤害;或下雨时,地表水流入孔内,易造成塌孔、扩孔,因此应引起注意。

(2)孔口掉入杂物可能危及孔下工人的生命安全,孔下作业人员应戴好安全帽,并在施工人员上方约1m处放置半圆形安全网或钢筋网。

(3)挖孔工作暂停时,应在孔口用钢筋网罩盖,并在附近设置醒目的标识牌,避免人员掉入孔内,造成事故。

(4)出渣,采用手动辘轳提升,设置自锁装置、制动装置,脚架固定必须牢固;出渣桶宜采用胶皮桶,严禁采用铁皮桶,吊绳采用钢丝绳且不允许有接头,桶梁及吊绳必须具备三倍以上安全系数,并经常检查;提土桶装土不得超过桶上沿。

2. 钻孔桩

(1)冲击钻成孔时,应均匀地放松钢丝绳的长度,松绳过少,形成"打孔锤",使钻机、钻架及钢丝绳受到过大的荷载,受到损坏;松绳过多,则会减少冲程,降低钻进速度,严重时钢丝绳纠缠发生事故。

(2)采用"换浆法"清孔时,以慢速、少量加水为原则,换浆时间为4~8h。

(3)清孔排渣时,必须保持孔内水头,以防止坍孔。清孔合格后,要及时灌注混凝土,避免静置时间过长,造成沉淀厚度过厚或孔壁坍塌。

(4)混凝土灌注前,对导管进行陆地压水试验,检查导管是否漏水、漏气。

3. 混凝土灌注

(1)混凝土浇筑要连续,不得中断。

(2)初灌混凝土至关重要,直接关系到桩尖的承载能力,初灌失败必须返工处理。

(3)浇筑要连续有节奏地进行,尽可能地缩短拆除导管的时间;灌注过程中导管应徐徐地提起,防止在导管内造成高压空气囊,压漏导管。

(4)浇筑快到桩顶部位时,要减慢浇筑速度,适当加大导管埋深,埋置深度不宜小于3.0m。

五、多年冻土地区桩基施工

曲麻莱至不冻泉段公路(K标段,K460+000~K503+742)路线全长43.742km,平均海拔4600m以上,地处青藏高原腹地,属于不稳定和极不稳定多年冻土区。

桥梁工程施工中受多年冻土影响最大的就是桩基础的施工,本工程桥梁桩基础均采用水中钻孔灌注桩,桩身20~24m,整个桩基础基本在多年冻土范围内,这给施工带来了很多问题。

1.施工难点

(1)在钻进过程中,多年冻土地段地质较坚硬,严重影响了钻进速度,而时间越长,冻土的融化就越严重。

(2)多年冻土中含有大量的冰块,在不被破坏的情况下,冰块与周围的土结合为一个整体,基本保持稳定,但钻孔所用的泥浆温度始终在0℃以上,因此会造成孔壁周围冻土内的冰块融化,而整个土层会因为冰块的融化而变得松散,极易发生塌孔现象。

2.施工措施

(1)在钻孔机械的选择上优先选用实心冲击钻,尽量不要使用空心钻。因为实心冲击钻的工作原理是将孔内的土向两侧挤压,这可以使冻土融化后产生的空隙被新土填满,进而增加孔壁的稳定。而空心钻是将孔内的土冲散后掏出,冻土融化后产生的空隙无法得到补充,进而造成塌孔现象发生。

(2)在钻孔时间的把握上,尽量在冬季进行钻孔施工,此时可采用干孔成孔,即在钻进过程中,保持泥浆淹没钻头3~4m即可,上部的泥浆可随着钻孔深度的增加而清除,这样使孔壁暴露在外界温度下很快就会重新冻结,保证了孔壁的稳定。

(3)在钻孔时泥浆稠度要大,在规范范围内尽量选用较大值,这样有利于孔壁的稳定。

(4)钻孔时可采用向孔内增加片石的方法,因为片石投入后会被钻头向孔底和两侧孔壁积压,进一步增强了孔壁的稳定。

(5)成孔后要尽快进行灌注施工,因为成孔后停留的时间越长,冻土融化的程度就越大,产生塌孔的可能性就越大,这就要求施工方合理组织生产,充分利用手中的人力资源和设备资源,在最短的时间内完成灌注施工,一般要求在成孔后的12h内必须完成灌注混凝土施工。试验研究表明,多年冻土中的钻孔灌注桩,在桩身混凝土温度达到0℃以前,如果混凝土的强度达到临界抗冻强度,在随后的时间里,即使混凝土温度降至较低温度,其强度仍然能继续增长至设计值。

[填空]

1.人工挖孔时,出渣桶宜采用_____,严禁采用铁皮桶。

2.钻孔过程中常见问题包括_____,_____,_____,_____,_____。

[简答]

1.钻孔灌注桩施工中,塌孔是最常见的施工病害,试述其处理措施。

2.简述多年冻土地区桩基施工的难点及相应工程措施。

[案例分析]

某桥梁采用冲击锥成孔方式,在施工过程中出现以下现象,冲击锥打入土层后(该土层较为松软,冲击锥冲击中,有回弹现象),发现锥体陷入土层,锥体较难提出,请问:

(1)这种现象的具体名称是什么?

(2)如何处理?

任务十 布袋混凝土灌注桩的施工

青海海西地区分布有大量盐渍土,对混凝土具有腐蚀性,以某具体工程为例,介绍布袋混凝土灌注桩的施工工艺。

一、工程概况

某桥梁桥址处经地质钻探,处在超强盐渍土地段,土层从上向下依次是:0～-0.8m内是未结晶岩盐,含盐量达50%以上;-0.8～-1.7m内是岩盐覆盖层,-1.7～-7.2m处是粉土,-7.2～-30.0m是岩盐结晶层和粉土层,-30m以下为岩盐层。为了使混凝土不受超强盐渍土的腐蚀,设计中将下部构造设计为38m钻孔布袋装混凝土灌注桩。

二、袋装混凝土灌注桩的原理

(1)袋装混凝土灌注桩的概念:袋装混凝土灌注桩(Bored Concrete Pile in Sack,BCPS)采用常规成孔方法成孔,钻孔过程中控制泥浆密度,防止塌孔;在卤水泥浆中放置密封、防渗、抗老化,并紧贴孔壁的防腐袋,再在袋内下放钢筋笼并浇筑水下混凝土,形成将桩基混凝土与盐渍土环境完全隔离的钻孔灌注桩。

(2)工艺原理:袋装混凝土灌注桩相对于普通钻孔灌注桩的施工工艺,主要为成孔后增加了下放防腐袋、袋内注浆袋外排浆两道工序。袋装混凝土灌注桩基础利用土工合成材料在盐渍土地基中耐腐蚀的特点,克服盐渍土环境下混凝土耐久性差、寿命预测缺乏规范依据的不足,而且能够为桥涵等构造物提供更高承载力。此技术能够基本解决超强盐渍土环境下混凝土耐久性和承载力的问题。

(3)工艺流程:布袋混凝土灌注桩施工工艺流程见图4-10-1。

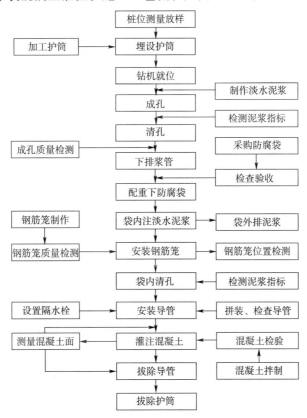

图4-10-1 布袋混凝土灌注桩施工工艺流程

三、施工前的准备工作

布袋混凝土灌注桩的施工在国内外尚无先例,无任何借鉴经验。为了取得强盐渍土腐蚀地段混凝土施工的经验,该项目在施工前在察尔汗至格尔木 K632+000 做过试桩,但与本桥的地质情况不同,因此施工难度较大。该桥的设计桩径为 1.5m,桩长 38m,依据设计需要用防腐布袋,其中布袋长 42m,直径 1.6m,是由专业厂家特殊设计制造,并对布袋的拉力、伸长率、防渗透、防腐蚀等性能进行了严格的检验,在各项指标均达到设计要求时才进行施工。

在施工中,为保证成孔,施工时采用了反旋转法钻孔。在施工前首先做了如下各项准备工作。

(1)施工机械设备:回旋钻机 2 台、挖掘机 1 台、装载机 1 台、水车 2 辆、25t 吊车 1 辆、150kW 发电机 2 台、50kW 发电机 1 台、泥浆泵 4 台、潜水泵 4 台、离心式水泵 3 台、排浆管 80m、泥浆池 7 个。其中,泥浆池的准备情况见图 4-10-2。

图 4-10-2　泥浆池的准备情况

(2)人员组合:钢筋笼制作工 10 人、混凝土工 10 人、现场施工放样技术员 4 人、试验员 2 人、各项工序配合施工的技术工人 6 人。

四、施工程序

(1)准备工作就绪后,首先根据技术人员的测设将钻机就位,钻点经检查无误后开钻,开钻时将调制好的卤水泥浆开始逐渐注入,为保证护壁尽早成型等要求,卤水泥浆制作时除用红黏土外还添加了适量的膨胀土。其次,为了使钻孔直径及垂直度都满足设计要求,每钻伸进 5m 就仔细检查一次钻孔情况,同时不定时地检测泥浆稠度及地层土质变化情况。

经观察和研究分析,设计中钻孔深度要比设计深度深 1m 左右(考虑这主要是为防止清孔时由于泥渣过多而影响实际桩深),等成孔深度达到设计要求后再进行清孔。反循环钻机作业场景如图 4-10-3 所示。

图 4-10-3　反循环钻机的作业场景

(2)测孔工序,在清孔后随即下测孔器,主要检测桩孔直径、孔深,如图4-10-4所示。

图 4-10-4 自制测孔器式样及作业场景

(3)测孔完毕,刻埋设排浆管和排浆泵,并迅速进行排浆。

①排浆管布置的原因:防腐袋在袋内注入泥浆(或淡水)排出袋外卤水泥浆过程中,由于基桩较长,会在距孔顶 10~15m 处首先出现活塞效应。为保证排浆通道顺畅,防腐袋内泥浆下泄,将防腐袋贴附在孔壁,需要在下防腐袋前,在孔内布置排浆管。

②排浆管直径、根数应按桩径、桩长确定,原则上排浆管沿孔壁均匀布设,注、排浆时间控制在 4h 内且排浆流速小于注浆流速。桩长大于 35m 时,建议孔内布置 1~2 根排浆管。

③排浆管建议采用厚度 5~6mm、直径 7.5~15cm 的普通钢管,并配备弯头和变径接头。

④排浆管底部 200cm 范围内呈梅花形设置小孔,小孔直径 5mm。

⑤排浆管可在市场直接采购定型产品,分节长度由施工单位自行确定。

⑥排浆管采用内丝扣连接,套丝长度不得小于 0.5 倍排浆管直径且不小于 40mm,丝扣连接必须密封性良好,并进行密封性试验。如采用其他方式,须确保施工快捷方便,密封良好。

⑦如桩径较大,活塞效应不明显,施工中不采用泥浆泵形成负压,为保证防腐袋内注入淡水泥浆后防腐袋能够基本与孔壁紧贴,施工过程中需要设置一定的水头差。

⑧完全利用水头差时,水头差:

$$h = \rho_s / \rho_n \times L$$

式中:h——袋内外水头差(cm);

ρ_s——袋外卤水泥浆相对密度(kg/cm^3);

ρ_n——袋内用淡水泥浆或淡水相对密度(kg/cm^3);

L——基桩设计桩长(cm)。

⑨为保证足够的水头差,水头差也可以利用虹吸现象形成(袋外排浆管引至较低的沉淀池)。

⑩袋内钢筋笼就位前,不得取消水头差。

⑪排浆泵采用自吸式离心泵,出口直径、流量与排浆管匹配。

⑫在孔内安装排浆管,排浆管与孔底距离 1m,在孔外通过弯头和变径接头与排浆泵提水口连接排浆。

⑬起动排浆泵,从孔内试抽水。若正常,则安装防腐布袋;否则,重装排浆泵和排浆管。

⑭注浆采用泥浆泵进行,注浆泵流量应与排浆泵流量配套,并在施工前试运行。见图4-10-5。

(4)下防腐袋。

①防腐袋质量控制要点。袋装混凝土灌注桩所采用的防腐袋必须具备两个作用:其一是要基本保持基桩与桩侧土相互作用的摩擦阻力以及防腐袋与混凝土的黏合力;其二是要起到

隔水、阻水防渗和阻气作用,达到桩基混凝土与桩侧盐渍土环境隔绝的目的。主要要求如下:

a.防腐袋所用土工合成材料必须符合《公路工程土工合成材料 有纺土工织物》(JT/T 514—2004)、《公路工程土工合成材料 土工膜》(JT/T 518—2004)的相关要求。

图4-10-5 下排浆管场景

b.防腐袋所用土工合成材料幅面建议按照设计要求的直径选择。原则上,防腐袋直径为120cm以下时,防腐袋采用单幅土工合成材料制作,即长度方向只有1条接缝;120cm以上时,采用两幅搭接,长度方向不得多于2条接缝。防腐袋搭接宽度不小于200mm,接缝严密、黏结充分。

c.防腐袋直径需要考虑设计基径、成孔方式、地质条件的影响,一般情况下,其直径较设计基径大8~10cm。施工过程中如发现扩孔超高5cm时,应调整钻头大小,确保成孔直径小于防腐袋直径3cm以内。

d.防腐袋下料长度及出厂长度需要考虑设计桩长、孔口工作长度、基桩孔内外水头高度、桩底绑扎及配重高度。防腐袋下料长度按下式计算:

$$L_D = L + H_w + H_d - H_p$$

式中:L_D——防腐袋下料长度;

L——基桩设计桩长;

H_w——孔口工作长度,一般约2m,且不得小于基桩孔内外水头差与100cm箍口长度之和;

H_d——桩底将扁形束成圆形以及配重牵引定位需要绑扎的长度,一般情况下,桩底绑扎长度控制在0.8倍防腐袋直径以内;

H_p——牵引防腐袋下沉至孔底所需要的配重高度,一般配重可选用圆球形铸铁或混凝土预制块,配重直径不大于基桩设计直径的0.7倍,高度不得大于基桩设计直径的0.3倍,且配重底至卡盘顶的防腐布袋长度须与孔深相同。

根据该工程的地质情况、成孔设备及工艺,建议L_D取设计桩长$L + (300~400)$cm,便于保护桩头和上部作防水处理。

e.为保证密封效果,防腐袋应采用工厂一次加工成型的合格产品,每条应标明出厂规格(包括直径、袋长),须附出厂合格证明,同一批次须有规定的强度、抗渗性能等技术指标的试验报告。防腐袋出厂前应进行100%的外观和充气检查,合格的防腐袋产品外表光滑,厚度均匀,无鼓包起毛,无划痕损伤,无油污。

f.防腐袋为上端开口、下端密封的形式。下端束口尽量选用强度高、延伸率小的塑料、麻绳或紧口卡带,避免使用质地坚硬的钢丝或钢绳绑扎,避免防腐袋施工及浇筑混凝土过程中尖头器物刺破防腐袋。运输、存储过程中,建议防腐袋单个纵向折叠,避免径向折叠,同时远离尖锐器物及油污,确保防腐袋无污染、划痕或破损。下防腐袋前,为方便操作,建议按照下料长度切割桩顶的多余长度。下防腐袋过程中,防腐袋不得随意拖拽,并采取措施防止污染。

②工艺流程:护筒安装完毕就开始下纤维材料制成的具有足够强度的防腐布袋,防腐袋采用"注水排浆法"进行安装。在防腐布袋下用螺栓固定配重袋,配重袋内装有1.5t的卵石块。防腐布袋架在特制的绞盘架上,然后缓慢地下放至布袋下剩2~3m后,再将上口固定在四周。如图4-10-6所示。

图4-10-6 下布袋的场景

(5)向防腐布袋内注入用淡水制作的泥浆,使布袋全部撑开,淡水泥浆高程达到离布袋口30~50cm处时停止注浆。如图4-10-7所示。

图4-10-7 布袋中注入淡水泥浆场景

(6)再次下测孔器,继续检测桩孔直径和深度和垂直度。如图4-10-8所示。

(7)在检测结果全部符合设计要求后,即刻下钢筋笼。如图4-10-9所示。

(8)袋内清孔。

①防腐袋内钢筋笼就位后,袋内如注入泥浆,尤其是泥浆相对密度大于$1.05kg/m^3$或注、排浆时间超过3h时,袋内应进行清孔。

②防腐袋内清孔采用反循环法清孔,边抽取孔内沉渣和稠泥浆边补充淡水。补充注入管插入孔底。

③清孔后桩底沉渣厚度:桩径≤1.5m时,沉渣厚度≤0.1倍桩径且小于100mm;桩径>1.5m或桩长>40m或土质较差时,沉渣厚度≤0.15倍桩径且小于200mm。

(9)安装导管及灌注水下混凝土。如图4-10-10所示。

图4-10-8 布袋下放后,再次下测孔器检测成孔状态

图4-10-9 在布袋中下钢筋笼

图4-10-10 导管安装及混凝土的灌注

五、钢筋笼制作工序(图 4-10-11)

(1)制作钢筋笼时,应严格控制钢筋笼焊接、绑扎的质量,下笼前应提前做好钢筋笼的检查、校对等各项钢筋安装检测评定,严格保证主筋焊接的牢固及连接处的光洁、平滑,以防钢筋笼或钢筋接头在下笼时扎破布袋。

(2)钢筋笼绑扎焊接成笼后,将声测管绑扎在钢筋笼上,每个钢筋笼要设3根声测管,以便清理混凝土成桩后超声波检测该桩的质量。

(3)钢筋笼制作时,每隔1.5m要穿3块相等距离的混凝土圆块,并使其能上下滑动,这主要是防止在下钢筋笼时,钢筋碰撞防腐袋被钢筋扎丝和焊接处划破布袋。

(4)在钢筋笼底部要焊接一块5mm厚的梅花孔的圆形钢板,同样也是为了防止钢筋头捣破防腐布袋。

(5)认真校对、检查钢筋笼的各项指标及质量,待钢筋笼构件各项指标。在下钢筋笼前,继续下一次测孔器,待各项指标都符合设计要求后,用吊车缓慢往下放钢筋笼。注意:因基桩深度为38m,吊车一次下放钢筋笼有很大困难,故本次施工采用两节。在第一节下放后高出孔口1m处支撑牢固,再下第二节,并严格保证两节钢筋笼对接处焊接要牢固,声测管也同样要焊接并用胶带缠紧直至钢筋笼下放完成。

(6)钢筋笼下放完毕后,此时要在孔内安放排浆泵、排浆管,然后安装浇筑混凝土的导管,混凝土漏斗,一切就绪后开始浇筑混凝土(浇筑程序与普通水下混凝土浇筑相同)至成桩。如图4-10-11所示。

图 4-10-11 钢筋笼加工场景

六、防腐布袋混凝土施工应注意的要点

(1)在钻孔时随时检测泥浆的稠度,为了防止坍孔,有效护壁卤水泥浆的相对密度应控制在 1.25~1.30。

(2)钻孔完成后,在下防腐布袋前,对孔内泥浆进行检测,其相对密度在 1.25~1.30 时,则要在孔内灌注淡水,孔内泥浆的相对密度要控制在 1.15~1.18。

(3)在下放防腐布袋时,在袋底部一定要有配重块,要衔接牢固并且不能触伤防腐布袋。

(4)在防腐布袋安放后,立即要在袋内注入淡水泥浆,其相对密度要控制在 1.3 左右,要高于袋外的卤水泥浆相对密度。这样布袋才能完全撑开,使其与孔壁贴紧,有利于下放钢筋笼。

[填空]

1. 袋装混凝土灌注桩相对于普通钻孔灌注桩的施工工艺，主要为成孔后增加了_____和_____两道工序。
2. 袋装混凝土灌注桩适用于_____地层。

[简答]

简述袋装混凝土灌注桩的工艺流程及相应注意事项。

任务十一　桩基础检测

一、常见桩基检测方法

根据《公路工程基桩动测技术规程》(JTG/T F81-01—2004)，基桩动力检测是指通过对桩的应力波传播特性的测定和分析来评价桩的完整性，推算桩的承载力、桩侧和桩端岩土阻力及打桩应力的检测方法。其中桩身完整性是反映桩身长度和截面尺寸、桩身材料密实性和连续性的综合状况。常见的桩身缺陷是指桩身断裂、裂缝、缩颈、夹泥、离析、蜂窝、松散等现象。

工地常见的桩基检测方法有：

1. 低应变反射波法

在桩顶施加低能量冲击荷载，实测加速度（或速度）响应时程曲线，运用一维线性波动理论的时域和频域分析，对被检桩的完整性进行评判的检测方法。根据《公路工程基桩动测技术规程》(JTG/T F81-01—2004)，采用低应变反射波法测桩时，应在成桩 14d 以后进行。低应变反射波检测桩基如图 4-11-1 所示。

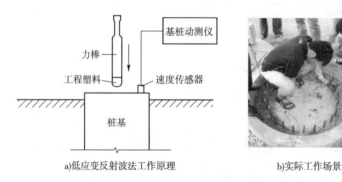

a) 低应变反射波法工作原理　　b) 实际工作场景

图 4-11-1　低应变反射波法检测桩基

2. 超声波法

根据超声波透射或折射原理，在桩身混凝土内发射并接收超声波，通过实测超声波在混凝土介质中传播的历时、波幅和频率等参数的相对变化来判定桩身完整性的检测方法。根据《公路工程基桩动测技术规程》(JTG/T F81-01—2004)，采用超声波法测桩时，被检测桩的混凝土龄期应大于 14d。见图 4-11-2 ~ 图 4-11-4。

3. 高应变动测法

在桩顶施加高能量冲击荷载，实测力和速度信号，运用波动理论反演来推算被检桩的完整性、轴向抗压极限承载力或选择桩型和桩长、监控桩锤工作效率和打入桩桩身承受的最大锤击应力。

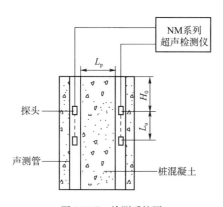
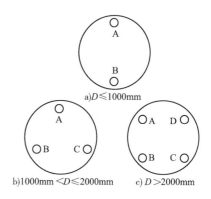

图 4-11-2 检测系统图　　　　　　　　图 4-11-3 声测管布置图

L_p-超声波测距(m);H_0-桩身第一测点的相对高程(m);L_u-测点间距(m)

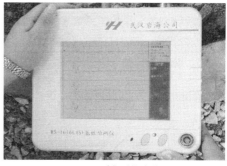

a)超声波发射器　　　b)现场实际场景　　　c)采集到的波形

图 4-11-4 超声波实测场景

根据《公路工程基桩动测技术规程》(JTG/T F81-01—2004),高应变动测法测桩时,其桩身混凝土强度等级应达到设计要求,检测混凝土预制桩和钢桩的极限承载力的最短休止期应满足下列条件:砂土 7d,粉土 10d,非饱和黏性土 15d,饱和黏性土 25d。

二、桩的检测数量

根据《公路工程基桩动测技术规程》(JTG/T F81-01—2004),桩的检测数量应符合下列规定:

(1)公路工程基桩应进行 100%的完整性检测,各种方法的选定应具有代表性和满足工程检测的特定要求。

(2)重要工程的钻孔灌注桩应埋设声测管,检测的桩数不应少于 50%。

(3)高应变动测法的抽检率可由工程设计或监理单位酌情决定,但不宜少于相近条件下总桩数的 5%,且不少于 5 根。检测方法见表 4-11-1。

检测方法一览表　　　　表 4-11-1

检测方法		检测内容
低应变反射波法		检测桩身缺陷位置及影响程度,判定桩身完整性类别
高应变动测法		分析桩侧和桩端土阻力,推算单桩轴向抗压极限承载力;检测桩身缺陷位置、类型及影响程度,判定桩身完整性类别;试打桩及打桩应力监测
超声波法	透射法	检测灌注桩中声测管之间混凝土的缺陷位置及影响程度,判定桩身完整性类别
	折射法	检测灌注桩钻芯孔周围混凝土的缺陷位置及影响程度

注:摘自《公路工程基桩动测技术规程》(JTG/T F81-01—2004)表 3.1.1。

三、检测报告

检测报告应用词规范,结论明确。其内容应包括工程概况、岩土工程勘察、检测技术及方法、桩位平面布置图、测试曲线、检测结果汇总表、结论及评价等。见表4-11-2。

桩身完整性类别划分 表4-11-2

桩身完整性类别	特　征
Ⅰ类桩	桩身完整,可正常使用
Ⅱ类桩	桩身基本完整,有轻度缺陷,不影响正常使用
Ⅲ类桩	桩身有明显缺陷,对桩身结构承载力有影响
Ⅳ类桩	桩身有严重缺陷,对桩身结构承载力有严重影响

注:摘自《公路工程基桩动测技术规程》(JTG/T F81-01—2004)表3.4.3。

[填空]

1.根据《公路工程基桩动测技术规程》(JTG/T F81-01-2004)的规定,桩身完整性类别划分为四类,分别是_____类桩、_____类桩、_____类桩、_____类桩,其中_____类桩和_____类桩不影响正常使用。

2.根据《公路工程基桩动测技术规程》(JTG/T F81-01—2004),桩的检测数量应符合下列规定:公路工程基桩应进行_____%的完整性检测;重要工程的钻孔灌注桩应埋设声测管,检测的桩数不应少于_____%;高应变动测法的抽检率可由工程设计或监理单位酌情决定,但不宜少于相近条件下总桩数的_____%,且不少于_____根。

3.超声波法与反射波法相比较,_____准确程度较高。

4.声测管布置时,当桩基直径 $D \leqslant 1000$ mm 时,宜布置_____根声测管;1000 mm $< D \leqslant 2000$ mm 时,宜布置_____根声测管;$D > 2000$ mm 时,宜布置_____根声测管。

5.常见的桩身缺陷是指桩身_____、_____、_____、_____、_____等现象。

6.采用低应变反射波法测桩时,应在成桩_____d以后进行。

7.采用高应变动测法测桩时,检测混凝土预制桩和钢桩的极限承载力的最短休止期应满足下列条件:砂土_____d,粉土_____d,非饱和黏性土_____d,饱和黏性土_____d。

8.检测混凝土灌注桩的极限承载力时,其桩身混凝土强度等级应达到_____要求,且应满足最短休止期要求。

9.采用超声波法测桩时,被检桩的混凝土龄期应大于_____d。

[简答]

1.简述反射波法、超声波法、高应变动测法的检测内容。

2.某桥梁桩基施工过程中,发现地质情况与地勘报告严重不符,施工及监理单位及时向建设单位反映了这一情况,最终补充了地质勘查,桩基由原摩擦桩变更为嵌岩桩,施工完成后,应进行桩基的哪几项检验?为什么?

项目五 扩大基础设计施工

任务一 扩大基础的设计

天然地基上浅基础指埋置深度较浅,通常在5m以内,施工常采用敞开挖基坑修筑基础的方法,也称为明挖基础或扩大基础。

一、扩大基础的常用类型与适用条件

天然地基上浅基础根据受力条件可分为刚性基础和柔性基础两大类,如图5-1-1所示。

1. 刚性基础

基础圬工具有足够的截面使材料的容许应力大于由地基反力产生的弯曲拉应力和剪应力时,a-a断面不会出现裂缝,这时,基础内不需配置受力钢筋,这种基础称为刚性基础[图5-1-1 b)]。刚性基础常用的材料有混凝土、粗料石或块石。

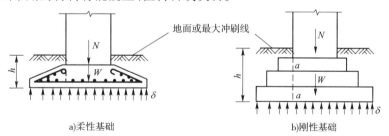

图5-1-1 天然地基上的浅基础

对于大体积混凝土基础,为了节省水泥用量,降低混凝土水化热,可掺入不多于混凝土体积20%的片石(称片石混凝土),片石抗压强度符合设计规定,设计未规定时,小桥涵墩台、基础应不低于MU30,大中桥墩台和基础以及轻型桥台应不低于MU40。

对于粗料石或片石,要求石料外形方正,厚度20~30cm,宽度和长度分别为厚度的1.0~1.5和2.5~4.0倍,错缝砌筑。

刚性基础的特点是承载力高,稳定性好,施工简便。当基础强度较好,能满足要求,刚性基础是桥梁基础的首选形式。当持力层的土质较差又较厚时,刚性基础作为浅基础是不适宜的。

扩大基础是公路桥梁中较为常见的基础形式,一般与重力式墩台搭配使用,比如U形桥台、圆端形重力式桥墩,如图5-1-2和图5-1-3所示,且需要满足以下条件:

(1)扩大基础是浅基础(基础底面至天然地面距离小于或等于5m),因此,桥址处必须无水或冲刷深度较小。

(2)地基土基本承载力$[f_{a0}]$一般至少大于250kPa,无不良地质现象的影响。

2. 柔性基础

当基础在基底反力作用下产生的弯曲拉应力和剪应力超过基础结构的极限应力,为了限

制基础裂缝宽度,防止基础断裂,必须在基础中配置足够数量的受力钢筋,这类基础称为柔性基础[图 5-1-1a]。柔性基础常用的材料为钢筋混凝土。

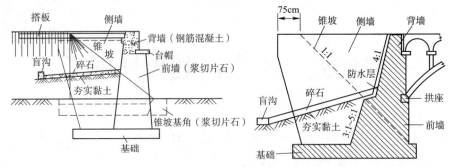

图 5-1-2　梁桥 U 形桥台扩大基础及拱桥 U 形桥台扩大基础

图 5-1-3　重力式桥墩(配刚性扩大基础)

柔性基础整体性好、抗弯刚度较大。一般在土质较差的地基上修建桥梁时,采用这种基础形式是适宜的。

3. 材料要求

1)材料强度等级

根据《公路圬工桥涵设计规范》(JTG D61—2005),石材、混凝土和砂浆的强度等级,应按下列规定采用。圬工材料的最低强度等级见表 5-1-1。

(1)石材强度等级:MU120、MU100、MU80、MU60、MU50、MU40、MU30。

(2)混凝土强度等级:C40、C35、C30、C25、C20、C15。

(3)砂浆强度等级:M20、M15、M10、M7.5、M5。

圬工材料的最低强度等级　　　　　　　　　　表 5-1-1

结构物种类	材料最低强度等级	砌筑砂浆最低强度等级
拱圈	MU50 石材 C25 混凝土(现浇) C30 混凝土(预制块)	M10(大、中桥) M7.5(小桥涵)
大、中桥墩台及基础,轻型桥台	MU40 石材 C25 混凝土(现浇) C30 混凝土(预制块)	M7.5
小桥涵墩台、基础	MU30 石材 C20 混凝土(现浇) C25 混凝土(预制块)	M5

注:摘自《公路圬工桥涵设计规范》(JTG D61—2005)表 3.2.1。

2)片石混凝土的概念

片石混凝土为混凝土中掺入不多于其体积20%的片石,片石强度等级不应低于混凝土强度等级和《公路圬工桥涵设计规范》(JTG D61—2005)中 3.2.1 条规定的石材最低强度等级。片石混凝土各项强度、弹性模量和剪变模量可按同强度等级的混凝土采用。

3)石材抗冻性要求

累年最冷月平均温度低于或等于 -10℃的地区,所用的石材抗冻性指标应符合表 5-1-2 的规定。

石材抗冻性指标　　　　　　　表 5-1-2

结构物部位	大中桥	小桥及涵洞
镶面或表面石材	50	25

注:①摘自《公路圬工桥涵设计规范》(JTG D61—2005)表 3.2.3。
②抗冻性指标,系指材料在含水饱和状态下经过 -15℃的冻结与 20℃融化的循环次数。试验后的材料应无明显损伤(裂缝、脱层),其强度不应低于试验前的 0.75 倍。
③根据以往实践经验证明材料确有足够抗冻性能者,可不做抗冻试验。

4)石材的其他要求

石材应具有耐风化和抗侵蚀性。用于浸水或气候潮湿地区的受力结构的石材的软化系数不应低于 0.8(软化系数系指石材在含水饱和状态下与干燥状态下试块极限抗压强度的比值)。

[工程示例 5-1-1]:某特大桥引桥(4×45m 先简支后连续 T 梁)桥台台身置于锚碇基础之上,圬工数量较大,约 5100m³。设计中拟采用 C20 片石混凝土,经验算符合受力要求。但 C20 片石混凝土不符合《公路圬工桥涵设计规范》(JTG D61—2005)3.2.1 的规定,如何处理?

答:桥台台身应按上述规范 3.2.1 条(强制性条文)办理,即不低于 C25 混凝土(现浇,可按 3.2.2 条规定掺入不多于体积 20% 的片石)或 M7.5 浆砌 MU40 石材。

C25 混凝土强度高于石砌体,但石砌体的耐久性、外观、受损后修补等均优于混凝土,所以不宜单纯从强度来比较。

二、刚性角

在公路桥梁设计中,刚性基础较柔性基础更为常见,这就涉及一个重要概念——刚性角。

桥梁墩台浅基础襟边宽度最小值为 20~50cm。为保证刚性基础在荷载作用下沿台阶线不致发生拉裂现象,要求台阶线对竖直线的夹角 θ(即扩散角)(图 5-1-4)满足式(5-1-1)。

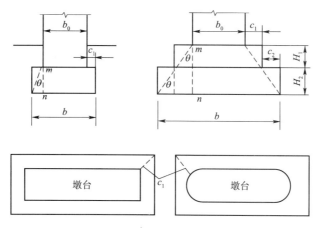

图 5-1-4　刚性角(扩散角)示意

$$\theta = \tan^{-1}\frac{C_i}{H_i} \leq [\theta] \tag{5-1-1}$$

式中:$[\theta]$——刚性角允许值,根据实验,常见材料的$[\theta]$值见表5-1-3。

刚性基础常用数据表　　　　　　　　　表5-1-3

台阶高度	厚度	襟边最小值	刚性角 θ		
			片石、块石、粗料石		混凝土
			M5以下砂浆	M5以上砂浆	
0.50~1.0m	1~2m	20~30cm	≤30°	≤35°	≤40°

注:摘自《桥梁设计常用数据手册》表5.2-30。

刚性基础台阶宽高比的允许值见表5-1-4。

刚性基础台阶宽高比的允许值　　　　　　　　　表5-1-4

基础材料	最低质量要求	台阶宽高比的允许值		
		$p_k \leq 100$	$100 \leq p_k \leq 200$	$200 \leq p_k \leq 300$
混凝土基础	C15混凝土	1:1.00	1:1.00	1:1.25
毛石混凝土基础	C15混凝土	1:1.00	1:1.25	1:1.50
毛石基础	砂浆不低于M5	1:1.25	1:1.50	—

注:①p_k为荷载效应标准组合时,基础底面处的平均压应力(kPa)。
②阶梯形毛石基础每阶伸出宽度不宜大于200mm。
③基础底面处的平均压力值超过300kPa的混凝土基础应进行抗剪计算。

[**工程示例5-1-2**]如图5-1-4所示,某U形桥台采用扩大基础,$C_1 = 1.0\mathrm{m}$,$H_1 = 1.0\mathrm{m}$,试进行基础按刚性基础设计。

请问:该基础设计是否合理?为什么?应如何改正?

答:基础设计不合理,刚性角超过了40°,改正方法有两种:

(1)H_1值不变,调小C_1值,使刚性角不超过40°。

(2)基础变更设计为柔性基础,即如图5-1-1a)所示,基础底部设置钢筋。

三、基础埋置深度的确定

确定基础的埋置深度,是刚性扩大基础设计的关键,需综合考虑地基的地质、地形条件、河流的冲刷程度、土体的冻结深度、上部结构形式等因素。当岩面倾斜较大时,不得将基础直接置于其上,应将倾斜岩面凿平,同时应注意岩体的稳定性。不得将基础的一部分置于岩层上,另一部分置于土层上,以防止基础因不均匀沉降发生倾斜甚至断裂。

《公路桥涵地基与基础设计规范》(JTG D63—2007)对桥涵墩台基础(不包括桩基础)基底埋置深度有下列规定:

(1)当墩台基底设置在不冻胀土层中,基底埋深可不受冻深限制。

(2)上部为外超静定结构的桥涵基础,其地基为冻胀土层时,应将基底埋入冻结线以下不小于0.25m。

(3)当墩台基础设置在季节性冻胀土层中时,基底的最小埋置深度可按式(5-1-2)计算。

$$d_{\min} = z_d - h_{\max} \tag{5-1-2}$$

$$z_d = \psi_{zs}\psi_{zw}\psi_{ze}\psi_{zg}\psi_{zf}z_0 \tag{5-1-3}$$

式中:$d_{\min}$——基底最小埋置深度(m);

z_d——设计冻深(m);

z_0——标准冻深(m),无实测资料时,可按本规范附录 H.0.1 条采用;

ψ_{zs}——土的类别对冻深的影响系数,按表 5-1-5 查取;

ψ_{zw}——土的冻胀性对冻深的影响系数,按表 5-1-6 查取;

ψ_{ze}——环境对冻深的影响系数,按表 5-1-7 查取;

ψ_{zg}——地形坡向对冻深的影响系数,按表 5-1-8 查取;

ψ_{zf}——基础对冻深的影响系数,取 $\psi_{zf}=1.1$;

h_{max}——基础底面下容许最大冻层厚度(m),按表 5-1-9 查取。

土的类别对冻深的影响系数 ψ_{zs}　　表 5-1-5

土的类别	黏性土	细砂、粉砂、粉土	中砂、粗砂、砾砂	碎石土
ψ_{zs}	1.00	1.20	1.30	1.40

注:摘自《公路桥涵地基与基础设计规范》(JTG D63—2007)表 4.1.1-1。

土的冻胀性对冻深的影响系数 ψ_{zw}　　表 5-1-6

冻胀性	不冻胀	弱冻胀	冻胀	强冻胀	特强冻胀	极强冻胀
ψ_{zw}	1.00	0.95	0.90	0.85	0.80	0.75

注:①摘自《公路桥涵地基与基础设计规范》(JTG D63—2007)表 4.1.1-2。
②季节性冻土分类见本规范附录 H。

环境对冻深的影响系数 ψ_{ze}　　表 5-1-7

周围环境	村、镇、旷野	城市近郊	城市市区
ψ_{ze}	1.00	0.95	0.90

注:①摘自《公路桥涵地基与基础设计规范》(JTG D63—2007)表 4.1.1-3。
②当城市市区人口为 20 万~50 万时,按城市近郊取值;当城市市区人口大于 50 万、小于或等于 100 万时,按城市市区取值;当城市市区人口超过 100 万时,按城市市区取值,5km 以内的郊区应按城市近郊取值。

地形坡向对冻深的影响系数 ψ_{zg}　　表 5-1-8

地形坡向	平坦	阳坡	阴坡
ψ_{zg}	1.0	0.9	1.1

注:摘自《公路桥涵地基与基础设计规范》(JTG D63—2007)表 4.1.1-4。

不同冻胀土类别在基础底面下容许最大冻层厚度 h_{max}　　表 5-1-9

冻胀土类别	弱冻胀	冻胀	强冻胀	特强冻胀	极强冻胀
h_{max}	$0.38z_0$	$0.28z_0$	$0.15z_0$	$0.08z_0$	0

注:①摘自《公路桥涵地基与基础设计规范》(JTG D63—2007)表 4.1.1-5。
②z_0 为标准冻深(m)。季节性冻胀土分类见本规范附录表 H.0.2。

[**工程示例 5-1-3**]某公路桥梁位于平坦旷野中,地基由均匀的中砂土组成,土的冻胀类别为弱冻胀,标准冻深为 1.5m,上部结构为简支梁,考虑冻胀影响时,该桥基础的最小埋深为多少?

答:根据《公路桥涵地基与基础设计规范》(JTG D63—2007)第 4.1.1 条计算。

设计冻深:$z_d = \psi_{zs}\psi_{zw}\psi_{ze}\psi_{zg}\psi_{zf}z_0 = 1.3 \times 0.95 \times 1.0 \times 1.0 \times 1.1 \times 1.5 = 2.038$m

基础最小埋深:$d_{min} = z_d - h_{max} = z_d - 0.38z = 2.038 - 0.38 \times 1.5 = 1.468$m

(4)涵洞基础设置在季节性冻土地基上时,出入口和自两端洞口向内各 2~6m 范围内(或可采用不小于 2m 的一段涵节长度)涵身基底的埋置深度可按式(5-1-2)计算确定。涵洞中间部分的基础埋深,可根据地区经验确定。严寒地区,当涵洞中间部分基础的埋深与洞口埋深相差较大时,其连接处应设置过渡段。冻结较深地区,也可采用将基底至冻结线处的地基土换填为粗颗粒土(包括碎石土、砾砂、粗砂、中砂,但其中粉黏粒含量不应大于 15%,或粒径小于 0.1mm 的颗粒含量不应大于 25%)的措施。

(5)涵洞基础,在无冲刷处(岩石地基除外),应设在地面或河床底以下埋深不小于 1m 处;如有冲刷,基底埋深应在局部冲刷线以下不小于 1m;如河床上有铺砌层时,基础底面宜设置在铺砌层顶面以下不小于 1m。

(6)非岩石河床桥梁墩台基底埋深安全值可按表 5-1-10 确定。

基底埋深安全值(m)　　　　　　　　　　　　表 5-1-10

桥梁类别＼总冲刷深度(m)	0	5	10	15	20
大桥、中桥、小桥(不铺砌)	1.5	2.0	2.5	3.0	3.5
特大桥	2.0	2.5	3.0	3.5	4.0

注:①摘自《公路桥涵地基与基础设计规范》(JTG D63—2007)表 4.1.1-6。
②总冲刷深度为自河床面算起的河床自然演变冲刷、一般冲刷与局部冲刷深度之和。
③表列数值为墩台基底埋入总冲刷深度以下的最小值;若对设计流量、水位和原始断面资料无把握或不能获得河床演变准确资料时,其值宜适当加大。
④若桥位上下游有已建桥梁,应调查已建桥梁的特大洪水冲刷情况。新建桥梁墩台基础埋置深度不宜小于已建桥梁的冲刷深度且酌加必要的安全值。
⑤如河床上有铺砌层时,基础底面宜设置在铺砌层顶面以下不小于 1m。

(7)岩石河床墩台基底最小埋置深度可参考表 5-1-11 确定。

岩石地基桥墩冲刷及基底埋深参考数据表　　　　　　表 5-1-11

岩石类别	极限抗压强度(MPa)	岩石特征		调查资料		建议埋入岩面深度(m)		
		调查到有冲刷的桥渡岩石特征		桥梁座数	各桥的最大冲刷深度(m)	$h<2m$	$h=2\sim10m$	$h>10m$
		岩石名称	特　征					
Ⅰ 极软岩	<5	胶结不良的长石砂岩、炭质页岩等	成分以长石为主,石英凝灰碎屑、云母次之;以黏土及铁质胶结,胶结不良,用手可捏成散沙,淋滤现象明显,但岩质均匀,节理、裂隙不发育;其他岩石风化严重,节理、裂隙发育,强度小于 5MPa,用镐、锹易挖动	2	0.65～3.0	3～4	4～5	5～7
Ⅱ 软质岩	Ⅱ₁;5～15	黏土岩、泥质页岩等	成分以黏土为主,方解石、绿泥石、云母次之;胶结成分以泥质为主,钙质铁质次之;干裂现象严重,易风化,处于水下,岩石整体性好,不透水,暴露后易干裂成碎块,碎块较坚硬,但遇水后崩解成土状	10	0.4～2.0	2～3	3～4	4～5

续上表

岩石类别	岩石特征			调查资料		建议埋入岩面深度(m)		
	极限抗压强度(MPa)	调查到有冲刷的桥渡岩石特征		桥梁座数	各桥的最大冲刷深度(m)	$h<2m$	$h=2\sim10m$	$h>10m$
		岩石名称	特征					
Ⅱ 软质岩	Ⅱ₂;15~30	砂质页岩、砂页岩互层、砂岩砾岩等	砂页岩成分同上,夹砂颗粒;砂岩以石英为主,长石、云母次之,圆砾石砂粒黏土等组成;胶结物以泥质、钙质为主,砂质次之,层理、节理较明显,砂页岩在水陆交替处易干裂、崩解	9	0.4~1.25	1~2	2~3	3~4
Ⅲ 硬质岩	>30	板岩、钙质砂岩、矽质岩、石灰岩、花岗岩、流纹岩、石英岩等	岩石坚硬,强度虽大于30MPa,但节理、裂隙、层理非常发育,应考虑冲刷;如岩体完整节理、裂隙、层理少,风化很微弱,可不考虑冲刷,但基底也宜埋入岩面0.2~0.5m	9	0.4~0.7	0.2~1.0	0.2~2.0	0.5~3.0

注:①摘自《公路工程水文勘测设计规范》(JTG C30—2002)附录C。
②在条件较好的情况下可选用埋深数值的下限,在条件较差的情况下可选用埋深数值的上限。情况特殊的桥,例如在水坝下游或流速特大等,可不受表列数值限制。
③表列调查最大冲刷值系参考桥中冲刷最深的桥墩,建议埋深值也按此值推广使用。处于非主流部分及流速较小的桥墩,可按具体情况适当减少埋深。
④岩石栏内系调查到的岩具体名称,使用时应以岩石强度作为选用表中数值的依据。
⑤表列埋深数值由岩面算起包括风化层部分,已风化成松散砂粒或土状的除外。
⑥要考虑岩性随深度变化的因素,应以基底的岩石为准,并适当考虑基底以上岩石的可冲性质。
⑦表中建议埋深系指扩大基础或沉井的埋深,如用桩基可作为最大冲刷线的位置。
⑧表中 h 为施工枯水季平均水位至岩面的距离。
⑨位于河槽的桥台,当其最大冲刷深度小于桥墩总冲刷深度时,桥台基底的埋深应与桥墩基底相同。当桥台位于河滩时,对河槽摆动不稳定河流,桥台基底高程应与桥墩基底高程相同;在稳定河流上,桥台基底高程可按照桥台冲刷结果确定。

[**工程示例 5-1-4**] 某桥梁基本数据如图 5-1-5 所示,试确定其桥梁墩台的基础高程。

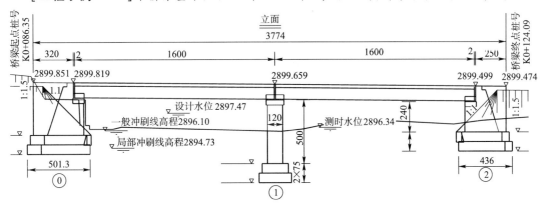

图 5-1-5 桥梁立面图(尺寸单位:cm)

四、基底承载力的确定

《公路桥涵地基与基础设计规范》(JTG D63—2007)3.3.3条规定:地基承载力基本容许值$[f_{a0}]$可根据岩土类别、状态及其物理力学特性指标按表5-1-12~表5-1-18选用,这就是"规范法"(设计施工中,确定地基承载力的一种常见方法)的概念,即通过筛分等试验初步确定地基土的种类,按表中所要求的项目进行试验,确定性能指标,查表确定承载力。

(1)一般岩石地基可根据强度等级、节理发育程度按表5-1-12确定承载力基本容许值$[f_{a0}]$。对于复杂的岩层(如溶洞、断层、软弱夹层、易溶岩石、软化岩石等)应按各项因素综合确定。

岩石地基承载力基本容许值$[f_{a0}]$　　　表5-1-12

$[f_{a0}]$(kPa)　坚硬程度 \ 节理发育程度	节理不发育	节理发育	节理很发育
坚硬岩、较硬岩	>3000	3000~2000	2000~1500
较软岩	3000~1500	1500~1000	1000~800
软岩	1200~1000	1000~800	800~500
极软岩	500~400	400~300	300~200

注:摘自《公路桥涵地基与基础设计规范》(JTG D63—2007)表3.3.3-1。

(2)碎石土地基可根据其类别和密实程度按表5-1-13确定承载力基本容许值$[f_{a0}]$。

碎石土地基承载力基本容许值$[f_{a0}]$　　　表5-1-13

$[f_{a0}]$(kPa)　土名 \ 密实程度	密实	中密	稍密	松散
卵石	1200~1000	1000~650	650~500	500~300
碎石	1000~800	800~550	550~400	400~200
圆砾	800~600	600~400	400~300	300~200
角砾	700~500	500~400	400~300	300~200

注:①摘自《公路桥涵地基与基础设计规范》(JTG D63—2007)表3.3.3-2。
②由硬质岩组成,填充砂土者取高值;由软质岩组成,填充黏性土者取低值。
③半胶结的碎石土,可按密实的同类土的$[f_{a0}]$值提高10%~30%。
④松散的碎石土在天然河床中很少遇见,需特别注意鉴定。
⑤漂石、块石的$[f_{a0}]$值,可参照卵石、碎石适当提高。

(3)砂土地基可根据土的密实度和水位情况按表5-1-14确定承载力基本容许值$[f_{a0}]$。

砂土地基承载力基本容许值$[f_{a0}]$　　　表5-1-14

$[f_{a0}]$(kPa)　土名 \ 密实程度	密实	中密	稍密	松散
砾砂、粗砂	与湿度无关	550	430	370	200
中砂	与湿度无关	450	370	330	150

续上表

[f_{a0}](kPa) 土名	密实程度	密实	中密	稍密	松散
细砂	水上	350	270	230	100
细砂	水下	300	210	190	—
粉砂	水上	300	210	190	—
粉砂	水下	200	110	90	—

注:摘自《公路桥涵地基与基础设计规范》(JTG D63—2007)表3.3.3-3。

(4)粉土地基可根据土的天然孔隙比e和天然含水率$w(\%)$按表5-1-15确定承载力基本容许值$[f_{a0}]$。

粉土地基承载力基本容许值$[f_{a0}]$ 表5-1-15

[f_{a0}](kPa) $w(\%)$ e	10	15	20	25	30	35
0.5	400	380	355	—	—	—
0.6	300	290	280	270	—	—
0.7	250	235	225	215	205	—
0.8	200	190	180	170	165	—
0.9	160	150	145	140	130	125

注:摘自《公路桥涵地基与基础设计规范》(JTG D63—2007)表3.3.3-4。

(5)老黏性土地基可根据压缩模量E_S按表5-1-16确定承载力基本容许值$[f_{a0}]$。

老黏性土地基承载力基本容许值$[f_{a0}]$ 表5-1-16

E_S(MPa)	10	15	20	25	30	35	40
$[f_{a0}]$(kPa)	380	430	470	510	550	580	620

注:①摘自《公路桥涵地基与基础设计规范》(JTG D63—2007)表3.3.3-5。
②当老黏性土$E_0<10$MPa时,承载力基本容许值$[f_{a0}]$按一般黏性土(表5-1-17)确定。

(6)一般黏性土可根据液性指数I_L和天然孔隙比e按表5-1-17确定地基承载力基本容许值$[f_{a0}]$。

一般黏性土地基承载力基本容许值$[f_{a0}]$ 表5-1-17

[f_{a0}](kPa) I_L e	0	0.1	0.2	0.3	0.4	0.5	0.6	0.7	0.8	0.9	1.0	1.1	1.2
0.5	450	440	430	420	400	380	350	310	270	240	220	—	—
0.6	420	410	400	380	360	340	310	280	250	220	200	180	—
0.7	400	370	350	330	310	290	270	240	220	190	170	160	150
0.8	380	330	300	280	260	240	230	210	180	160	150	140	130
0.9	320	280	260	240	220	210	190	180	160	140	130	120	100

续上表

$[f_{a0}]$(kPa) \ I_L \ e	0	0.1	0.2	0.3	0.4	0.5	0.6	0.7	0.8	0.9	1.0	1.1	1.2
1.0	250	230	220	210	190	170	160	150	140	120	110	—	—
1.1	—	—	160	150	140	130	120	110	100	90	—	—	—

注:①摘自《公路桥涵地基与基础设计规范》(JTG D63—2007)表3.3.3-6。
②土中含有粒径大于2mm的颗粒质量超过总质量30%以上者,$[f_{a0}]$可适当提高。
③当$e<0.5$时,取$e=0.5$;当$I_L<0$时,取$I_L=0$。此外,超过表列范围的一般黏性土,$[f_{a0}]=57.22E_S^{0.57}$。

(7)新近沉积黏性土地基可根据液性指数I_L和天然孔隙比e按表5-1-18确定承载力基本容许值$[f_{a0}]$。

新近沉积黏性土地基承载力基本容许值$[f_{a0}]$　　　　表5-1-18

$[f_{a0}]$(kPa) \ I_L \ e	≤0.25	0.75	1.25
≤0.8	140	120	100
0.9	130	110	90
1.0	120	100	80
1.1	110	90	—

注:摘自(JTG D63—2007)表3.3.3-7。

(8)基础底部承载力的修正。

当基础底面的最小边宽大于2m或基底埋置深度大于3m时,应对基础底部承载力进行修正。

根据《公路桥涵地基与基础设计规范》(JTG D63—2007)3.3.4的规定:修正后的地基承载力容许值$[f_a]$按式(5-1-4)确定。当基础位于水中不透水地层上时,$[f_a]$按平均常水位至一般冲刷线的水深每米再增大10kPa。

$$[f_a] = [f_{a0}] + k_1\gamma_1(b-2) + k_2\gamma_2(h-3) \tag{5-1-4}$$

式中:$[f_a]$——修正后的地基承载力容许值(kPa);

b——基础底面的最小边宽(m);当$b<2m$时,取$b=2m$;当$b>10m$时,取$b=10m$;

h——基底埋置深度(m),自天然地面起算,有水流冲刷时自一般冲刷线起算;当$h<3m$时,取$h=3m$;当$h/b>4$时,取$h=4b$;

k_1、k_2——基底宽度、深度修正系数,根据基底持力层土的类别按表5-1-19确定;

γ_1——基底持力层土的天然重度(kN/m³),若持力层在水面以下且为透水者,应取浮重度;

γ_2——基底以上土层的加权平均重度(kN/m³),换算时若持力层在水面以下,且不透水时,不论基底以上土的透水性质如何,一律取饱和重度。当透水时,水中部分土层则应取浮重度。

地基土承载力宽度、深度修正系数 k_1、k_2　　　　表 5-1-19

土类\系数	黏性土			粉土	砂土								碎石土			
	老黏性土	一般黏性土		新近沉积黏性土	—	粉砂		细砂		中砂		砾砂、粗砂		碎石、圆砾、角砾		卵石	
		$I_L \geqslant 0.5$	$I_L < 0.5$			中密	密实	中密	密实	中密	密实	中密	密实	中密	密实	中密	密实
k_1	0	0	0	0	0	1.0	1.2	1.5	2.0	2.0	3.0	3.0	4.0	3.0	4.0	3.0	4.0
k_2	2.5	1.5	2.5	1.0	1.5	2.0	2.5	3.0	4.0	4.0	5.5	5.0	6.0	5.0	6.0	6.0	10.0

注：①摘自《JTG D63—2007》表 3.3.4。
②对于稍密和松散状态的砂、碎石土，k_1、k_2 值可采用表列中密值的 50%。
③强风化和全风化的岩石，可参照所风化成的相应土类取值；其他状态下的岩石不修正。

五、扩大基础基底尺寸的确定

扩大基础的尺寸大小，一般以"基底截面的压应力小于地基承载力允许值"为原则来控制设计。参照《公路桥涵地基与基础设计规范》（JTG D63—2007），基础底面岩土的承载力，当不考虑嵌固作用时，可按下式验算。

（1）当基底只承受轴心荷载时：

$$p = \frac{N}{A} \leqslant [f_a] \tag{5-1-5}$$

式中：p——基底平均压应力；
　　　N——作用短期效应组合在基底产生的竖向力；
　　　A——基础底面面积。

（2）当基底单向偏心受压，承受竖向力 N 和弯矩 M 共同作用时，除满足式（5-1-5）外，尚应符合下列条件：

$$p_{\max} = \frac{N}{A} + \frac{M}{W} \leqslant \gamma_R [f_a] \tag{5-1-6}$$

式中：$p_{\max}$——基底最大压应力；
　　　M——作用短期效应组合产生于墩台的水平力和竖向力对基底重心轴的弯矩；
　　　W——基础底面偏心方向面积抵抗矩。

（3）当基底双向偏心受压，承受竖向力 N 和绕 x 轴弯矩 M_x 与绕 y 轴弯矩 M_y 共同作用时，除满足式（5-1-5）外，尚应符合下列条件：

$$p_{\max} = \frac{N}{A} + \frac{M_x}{W_x} + \frac{M_y}{W_y} \leqslant \gamma_R [f_a] \tag{5-1-7}$$

式中：M_x、M_y——作用于基底的水平力和竖向力绕 x 轴、y 轴的对基底的弯矩；
　　　W_x、W_y——基础底面偏心方向边缘绕 x 轴、y 轴的面积抵抗矩。

[**工程示例 5-1-5**] 某桥台在荷载作用下产生的竖向力合力 $N = 2580 \text{kN}$，作用在桥台基底重心轴的弯矩 $\sum M = 350 \text{kN·m}$，地基土为亚砂土（应按透水层考虑），孔隙比 $e = 0.7$，液性指数 $I_L = 0.6$，饱和重度 $\gamma_{sat} = 20 \text{kN/m}^3$，其他条件如图 5-1-6 所示，则基底尺寸应为多少？

解：

（1）确定地基承载力基本允许值：地基为亚砂土，属于黏性土，$e = 0.7$，$I_L = 0.6$，查《公路桥涵地基与基础设计规范》（JTG D63—2007）得 $[f_{a0}] = 270 \text{kPa}$。

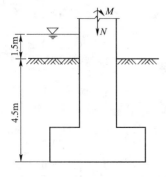

图 5-1-6 桥台立面示意图

(2)修正后的地基承载力地基承载力允许值$[f_a]$:按黏性土 $I_L=0.6>0.5$,查规范得$k_1=0,k_2=1.5$;持力层为透水层。

$$\gamma_1=\gamma_b=\frac{1}{1+e}(\gamma_0-\gamma_w)=\frac{1}{1+0.7}\times(28-10)=10.59\text{kN/m}^3$$

$$\gamma_2=\gamma_b=10.59\text{kN/m}^3$$

$$[f_a]=[f_{a0}]+k_1\gamma_1(b-2)+k_2\gamma_2(h-3)$$
$$=270+0+1.5\times10.59\times1.5=293.83\text{kPa}$$

(3)确定基础尺寸:

$$A\geqslant\frac{N}{[f_a]}=\frac{2580}{293.83}=8.78\text{m}^2$$

取$A=8.8\text{m}^2$,假设$b=4\text{m}$,则$a=2.2\text{m}$。

(4)偏心距验算:

$$e=\frac{350}{2580}=0.136<\rho=\frac{W}{A}=\frac{b}{6}=\frac{4}{6}=0.67\text{m}(符合要求)$$

(5)基底承载力验算:

$$P_{\max}=\frac{\sum N}{A}+\frac{\sum M}{W}=\frac{2580}{8.8}+\frac{350}{\frac{1}{6}\times2.2\times4^2}=293.18+59.66=349.84\text{kPa}$$

$$P_{\min}=\frac{\sum N}{A}-\frac{\sum M}{W}=\frac{2580}{8.8}-\frac{350}{\frac{1}{6}\times2.2\times4^2}=293.18-59.66=233.52\text{kPa}$$

基底应力平均值为:

$$p=\frac{1}{2}(349.84+233.52)=291.68<[f_a]=293.83\text{kPa}(符合要求)$$

取$\gamma_R=1.25$,则:

$$p_{\max}=349.84\leqslant1.25[f_a]=367.29\text{kPa}(满足要求)$$

综上所述:取$A=8.8\text{m}^2$,假设$b=4\text{m},a=2.2\text{m}$,符合要求,能通过各项验算。

注:解题时,如果持力层是透水层,则γ_1、γ_2一律采用浮重度

$$\gamma_b=\frac{1}{(1+e)}(\gamma_0-10)$$

六、基础稳定性计算

桥梁扩大基础验算稳定性时,一般进行抗倾覆稳定性验算(图5-1-7)和抗滑移稳定性验算两项内容。

1.桥涵墩台基础的抗倾覆稳定

桥涵墩台基础的抗倾覆稳定性按式(5-1-8)计算,其中应注意:

(1)弯矩应视其绕验算截面重心轴的不同方向取正负号。

(2)对于矩形凹缺的多边形基础,其倾覆轴应取基底截面的外包线。

$$k_0=\frac{s}{e_0} \tag{5-1-8}$$

$$e_0=\frac{\sum P_ie_i+\sum H_ih_i}{\sum P_i} \tag{5-1-9}$$

式中:k_0——墩台基础抗倾覆稳定性系数;

s——在截面重心至合力作用点的延长线上,自截面重心至验算倾覆轴的距离(m);

e_0——所有外力的合力 R 在验算截面的作用点对基底重心轴的偏心距;

P_i——不考虑其分项系数和组合系数的作用标准值组合或偶然作用(地震除外)标准值组合引起的竖向力(kN);

e_i——竖向力 P_i 对验算截面重心的力臂(m);

H_i——不考虑其分项系数和组合系数的作用标准值组合或偶然作用(地震除外)标准值组合引起的水平力(kN);

h_i——水平力对验算截面的力臂(m)。

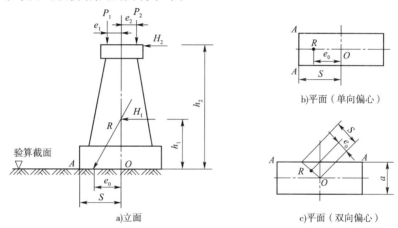

图 5-1-7 墩台基础的稳定验算示意图

O-截面重心;R-合力作用点;A-A-验算倾覆轴

2. 桥涵墩台基础的抗滑动稳定性计算

1)计算公式

桥涵墩台基础的抗滑动稳定性系数 k_c 按式(5-1-10)计算,其中 $\sum H_{ip}$ 和 $\sum H_{ia}$ 分别为两个相对方向的各自水平力总和,绝对值较大者为滑动水平力 $\sum H_{ia}$,另一个为抗滑稳定水平力 $\sum H_{ip}$。

$$k_c = \frac{\mu \sum P_i + \sum H_{ip}}{\sum H_{ia}} \quad (5\text{-}1\text{-}10)$$

式中:k_c——桥涵墩台基础的抗滑动稳定性系数;

$\sum P_i$——竖向力总和;

$\sum H_{ip}$——抗滑稳定水平力总和;

$\sum H_{ia}$——滑动水平力总和;

μ——基础底面与地基土之间的摩擦系数,通过试验确定,当缺少实际资料时,可参照表 5-1-20 采用。

基 底 摩 擦 系 数　　　　表 5-1-20

地基土分类	μ	地基土分类	μ
黏土(流塑~坚硬)、粉土	0.25	软岩(极软岩~较软岩)	0.40~0.60
砂土(粉砂~砾砂)	0.30~0.40	硬岩(较硬岩、坚硬岩)	0.60、0.70
碎石土(松散~密实)	0.40~0.50		

注:摘自《公路桥涵地基与基础设计规范》(JTG D63—2007)表 4.4.2。

2)稳定系数的规定

根据《公路桥涵地基与基础设计规范》(JTG D63—2007)4.4.3条:验算墩台抗倾覆和抗滑动稳定性时,稳定性系数不应小于表5-1-21的规定。

抗倾覆和抗滑动稳定性系数　　　　　表5-1-21

作用组合		验算项目	稳定性系数
使用阶段	永久作用(不计混凝土收缩及徐变、浮力)和汽车、人群的标准值效应组合	抗倾覆	1.5
		抗滑动	1.3
	各种作用(不包括地震作用)的标准值效应组合	抗倾覆	1.3
		抗滑动	1.2
施工阶段作用的标准值效应组合		抗倾覆 抗滑动	1.2

注:摘自《公路桥涵地基与基础设计规范》(JTG D63—2007)表4.4.3。

[工程示例5-1-6]:某桥墩两片梁自重分别为 $P_1=140\text{kN}$, $P_2=120\text{kN}$,车辆荷载产生的竖向压力 $P=200\text{kN}$,桥墩自重 $P_3=120\text{kN}$,水平力 $T=90\text{kN}$,地基土为硬塑黏土,如图5-1-8所示,则抗倾覆稳定系数和抗滑稳定系数分别为多少?

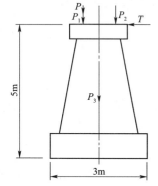

图5-1-8 重力式桥墩立面

解:(1)抗倾覆稳定系数

①合力对基底重心轴的弯矩为:

$\sum M = (200+140-120) \times 0.2 + 90 \times 5 = 494\text{kN}\cdot\text{m}$

②合力的竖向分力为:

$\sum N = 200+140+120+120 = 580\text{kN}$

③合力竖向分力对基底重心的偏心距 e_0 为:

$$e_0 = \frac{\sum M}{\sum N} = \frac{494}{580} = 0.85\text{m}$$

所以抗倾覆稳定系数:

$$k_0 = \frac{y}{e_0} = \frac{1.5}{0.85} = 1.76$$

(2)抗滑稳定系数

$\sum P_i = 580\text{kN}, \sum T_i = 90\text{kN}, \mu = 0.30$

所以抗滑稳定系数为:

$$K_c = \frac{\mu \cdot \sum P_i}{\sum T_i} = \frac{0.30 \times 580}{90} = 1.93$$

七、基础沉降计算

1.何种情况计算基础沉降

根据《公路桥涵地基与基础设计规范》(JTG D63—2007)4.3.1及其条文说明,一般有下列情况者,应验算墩台基底沉降:

(1)两相邻跨径差别悬殊。

(2)确定跨线桥或跨线渡槽下的净高时,需预先计算其墩台沉降值。

(3)当墩台建筑在地质情况复杂、土质不均匀及承载力较差的地基上时。

(4)桥梁改建或拓宽时。

2. 基础沉降量的规定

沉降计算的荷载考虑永久荷载(仅指结构自重、土侧压力及浮力)和可变荷载(仅指汽车和人群荷载)。

根据《公路桥涵地基与基础设计规范》(JTG D63—2007)4.3.3 墩台的沉降,应符合下列规定:

(1)相邻墩台不均匀沉降差值(不包括施工中的沉降),不应使桥面形成大于0.2%的附加纵坡(折角)。

(2)外超静定结构桥梁墩台间不均匀沉降差值,应满足结构受力要求。

[填空]

1. 混凝土材料的刚性角不大于_____。
2. 桥梁基础的埋置深度一般考虑_____和_____两个基本要素。
3. 某微风化花岗岩,扩大基础埋入岩层的深度宜为_____~_____m。
4. "规范法"确定地基承载力时,主要进行的试验项目是_____、_____、_____、_____。
5. 扩大基础的计算内容主要包括_____、_____、_____、_____。

[简答]

1. 何谓刚性角?在工程中如何运用?
2. 一般桥梁扩大基础的基础埋深主要受什么因素的影响?在工程中如何考虑?
3. 对明挖扩大基础验算时,应进行哪几项验算?其稳定系数的允许值分别是多少?
4. 何谓"规范法"确定地基承载力?试举出碎石土、砂土、一般黏性土确定承载力时应分别进行哪些试验。
5. 何谓地基承载力的修正?如何修正?

[计算]

1. 某公路桥基位于旷野阴坡场地中,地基由均匀黏性土组成,为冻胀土,标准冻深为1.8m,则:

(1)设计冻深为多少米?

(2)考虑冻胀影响时,基础的最小埋置深度不宜小于多少米?

2. 如图5-1-6所示,某桥台在荷载作用下产生的竖向力合力 $N=3580$kN,作用在桥台基底重心轴的弯矩 $\sum M=500$kN·m,地基土为中密的圆砾土(应按透水层考虑),其他条件如图所示,则基底尺寸应为多少?

3. 如图5-1-8所示,某桥墩两片梁自重分别为 $P_1=180$kN, $P_2=100$kN,车辆荷载产生的竖向压力 $P=300$kN,桥墩自重 $P_3=150$kN,水平力 $T=125$kN,地基土为砾砂,则抗倾覆稳定系数和抗滑稳定系数分别为多少?是否符合要求?

任务二 扩大基础的施工

一、明挖基础的适用条件及施工方法

明挖基础的适用条件及施工方法见表5-2-1。

明挖基础适用条件及施工方法　　　　　表 5-2-1

编号	明挖基础适用条件	辅助排水措施	施工要点	备 注
1	地下水较少、渗水量不大的陆地桥梁基础	强制排水	采取适当的放坡比例和边坡支护方式、开挖方式，对持力岩层附近宜采取机械（如水钻、液压炮机、岩石切割机）开挖	开挖过程中确保边坡的稳定，嵌固岩层、持力层的完整性；对距离轮廓面0.5m以内的岩石，可采用机械开挖
2	地下水丰富、渗透系数较大，浅基础	井点降水、管井降水	将地下水水位降至基础底面以下50cm	注意防止砂被掏空，引起地面下陷
3	水下4m以内，覆盖层较薄（<1m）或渗透性较差	土围堰、土袋围堰、钢丝笼围堰，排堵结合	覆盖层宜先予清除，在基础四周形成连续的堵水围堰，并结合强制抽水排水	注意围堰和边坡的稳定
4	地下水丰富，覆盖层较薄（<6m），基岩渗透性较差	深入基岩的围幕灌浆、地下连续墙、钢板桩、混凝土沉井，排堵结合	在基础四周形成连续的止水墙堵水，并结合强制抽水排水	施工时注意止水墙的稳定，并保证止水效果；采取爆破施工时，注意控制爆破对堵水系统的影响

注：摘自《新编桥梁施工工程师手册》表 4.1-1。

二、地基土常用数据

地基土常用数据见表 5-2-2～表 5-2-5。

土的物理力学特性　　　　　表 5-2-2

土类		孔隙比 e	天然含水率 w（%）	塑限含水率 w_p（%）	重度（kN/m³）	计算黏聚力 c（kPa）	计算内摩擦角 φ（°）
砂类土	砾砂、粗砂	0.4～0.5	15～18	—	20.5	0	42
		0.5～0.6	19～22	—	19.5	0	40
		0.6～0.7	23～25	—	19.0	0	38
	中砂	0.4～0.5	15～18	—	20.5	0	40
		0.5～0.6	19～22	—	19.5	0	38
		0.6～0.7	23～25	—	19.0	0	36
	细砂	0.4～0.5	15～18	—	20.5	0	38
		0.5～0.6	19～22	—	19.5	0	36
		0.6～0.7	23～25	—	19.0	0	32
	粉砂	0.5～0.6	15～18	—	20.5	5	36
		0.6～0.7	19～22	—	19.5	3	34
		0.7～0.8	23～25	—	19.0	2	28

续上表

土类			孔隙比 e	天然含水率 w (%)	塑限含水率 w_p (%)	重度 (kN/m³)	计算黏聚力 c (kPa)	计算内摩擦角 φ (°)
黏质土	亚砂土		0.4~0.5	15~18	—	21.0	6	30
			0.5~0.6	19~22	<9.4	20.5	5	28
			0.6~0.7	23~25	—	19.5	2	27
			0.4~0.5	15~18	—	21.0	7	25
			0.5~0.6	19~22	9.5~12.4	20.5	5	24
			0.6~0.7	23~25	—	19.5	3	23
	亚黏土		0.4~0.5	15~18	12.5~15.4	21.0	25	24
			0.5~0.6	19~22		20.5	15	23
			0.6~0.7	23~25		19.5	10	22
			0.7~0.8	26~29		19.0	5	21
			0.5~0.6	19~22	15.5~18.4	20.5	35	22
			0.6~0.7	23~25		19.5	15	21
			0.7~0.8	26~29		19.0	10	20
			0.8~0.9	30~34		18.5	8	19
			0.9~1.0	35~40		18.0	5	18
		黏土	0.6~0.7	23~25	18.5~22.4	19.5	40	20
			0.7~0.8	26~29		19.0	25	19
			0.8~0.9	30~34		18.5	20	18
			0.9~1.0	35~40		18.0	10	17
			0.7~0.8	26~29	22.5~26.4	19.0	60	18
			0.8~0.9	30~34		18.5	30	17
			0.9~1.0	35~40		17.5	25	16
			0.8~0.9	30~34	26.5~30.4	18.5	65	16
			0.9~1.0	35~40	—	17.5	35	15

注：①摘自《新编桥梁施工工程师手册》表4.2-1。
②土的平均密度采用：砂土 2.66×10^3 kg/m³；亚砂土 2.70×10^3 kg/m³；亚黏土 2.74×10^3 kg/m³。
③土的重度按水占孔隙的90%计算。

土石方按开挖难易分级表　　　　　　　　　　　表 5-2-3

土石等级	土石类别	土石名称	围岩 BQ 指标及开挖方法
一类土（Ⅵ级围岩）	软土	软塑状黏性土及潮湿、饱和粉细砂层、软土	可人工开挖，用脚蹬锹，一下到底
二类土（Ⅴ级围岩）	碎石土	（1）较软岩，岩体破碎； （2）软岩，岩体较破碎至破碎； （3）极破碎各类岩体，碎、裂状，松散结构； （4）第四系半干硬至硬塑的黏性土； （5）稍湿至潮湿的碎石土、卵石土、圆砾、角砾土及黄土（Q3、Q4）； （6）松软黄土、黏性土	$BQ \leq 250$，人工配合机械开挖，部分使用镐刨松才能用锹挖

续上表

土石等级	土石类别	土石名称	围岩BQ指标及开挖方法
三类土(Ⅳ级围岩)	较软岩、硬土	(1)坚硬岩,岩体破碎,碎裂结构; (2)较坚硬岩,岩体较破碎至破碎,镶嵌碎裂结构; (3)较软岩或软硬岩互层,且以软岩为主,岩体较完整至较破碎,中薄层状结构; (4)压密或成岩作用的黏性土及砂性土; (5)黄土(Q_2、Q_2); (6)一般钙质、铁质胶结的碎石土、卵石土、大块石土	350~251,人工配合机械开挖,必须全部刨松才能用锹挖
四类土(Ⅲ级围岩)	较软硬岩	(1)坚硬岩,岩体软、破碎,巨块(石)碎(石)状镶嵌结构; (2)较坚硬岩或较软硬岩层,岩体完整,块状体或中厚层结构	450~351,水钻、液压炮机、岩石切割机开挖,部分用爆破法开挖
五类土(Ⅱ级围岩)	较坚硬岩	(1)坚硬岩,岩体较完整,块状或厚层状结构; (2)较坚硬岩,岩块完整,块状整体结构	550~451,用爆破法开挖
六类土(Ⅰ级围岩)	坚硬岩	坚硬岩,岩体完整,巨整体状或巨厚层状结构	BQ>550,用爆破法开挖

注:①摘自《新编桥梁施工工程师手册》表4.2-2。
②根据《公路隧道设计规范》(JTG D70—2004),围岩分为六级,相对应的土石类别刚好对调,即六类土等于Ⅰ级围岩,一类土等于Ⅵ级围岩。但新规范Ⅲ~Ⅴ级与原规范Ⅳ~Ⅱ类的划分相差较大,对Ⅲ级以下(含三级)的岩体应慎重确定级别,以确保工程安全。
③根据《公路桥涵地基与基础设计规范》(JTG D63—2007),岩石饱和单轴抗压强度标准值f_{rk}≤5MPa为极软岩,5MPa<f_{rk}≤15MPa为软岩,15MPa<f_{rk}≤30MPa为较软岩,30MPa<f_{rk}≤60MPa为较硬岩,f_{rk}>60MPa为硬岩。

土的可松性系数表 表5-2-4

土石等级	土石类别	体积增加百分比		可松性系数	
		最初	最后	K_S	K'_S
一类土	软土	8~17	1~3	1.08~1.17	1.01~1.03
二类土	碎石土	14~24	2~5	1.14~1.24	1.02~1.05
三类土	较软岩、硬土	24~30	4~7	1.24~1.30	1.04~1.07
四类土	较软硬岩	26~45	6~20	1.26~1.45	1.06~1.20
五类土	较坚硬岩	30~50	10~30	1.30~1.50	1.10~1.30
六类土	坚硬岩	45~50	28~30	1.45~1.50	1.28~1.30

注:①摘自《新编桥梁施工工程师手册》表4.2-3。
②土的可松性是指土经过挖掘后,组织破坏,体积增加的性能。
最初体积增加百分比 $=(V_2-V_1)/V_1\times100\%$
最后体积增加百分比 $=(V_3-V_1)/V_1\times100\%$
最初可松性系数 $K_S=V_2/V_1$
最后可松性系数 $K'_S=V_3/V_1$
式中:V_1——开挖前土的自然体积;V_2——土方开挖后,土的松散体积;V_3——用于回填夯实时,土的松散体积。
③土方工程中,K_S是计算装运车辆及挖土设备(机械)的重要参数;K'_S是计算填方所需挖土工程量的重要参数。

土壤压缩率参考值表　　　　　　　　　　　　　　　　　　　表 5-2-5

土 的 类 别		土的压缩率	每立方米松散土压实后的体积（m³）
一、二类土	种植土	20%	0.80
	一般土壤	10%	0.90
	砂土	5%	0.95
三类土	天然湿度黄土	12%~17%	0.85
	一般土壤	5%	0.95
	干燥坚实土壤	5%~7%	0.94

注：①摘自《新编桥梁施工工程师手册》表 4.2-4。
②土的压缩率是指松散土经压实后的压缩量占原松散土体积的百分比。

[**工程示例 5-2-1**] 某工程开挖 5000m³ 的基坑，地下室占去体积 3500m³。请问基坑回填夯实后，弃松土多少立方米？（已知 $K_S=1.20$，$K'_S=1.05$）

解：基坑开挖后的松土体积：$5000 \times K_S = 5000 \times 1.20 = 6000$ m³

基坑回填夯实所需松土体积：$(5000-3500)/1.05 \times 1.20 = 1714$ m³

基坑回填后应弃松土体积：$6000-1714 = 4286$ m³

三、无水基坑的开挖

基坑开挖前应根据水文、地质、开挖方式及施工环境条件等因素，确定是否对坑壁采取支护措施。当基坑深度较小且坑壁土层稳定时，可直接放坡开挖；坑壁土层不易稳定且有地下水影响，或放坡开挖场地受到限制，或放坡开挖工程量大时，应按设计要求对坑壁进行支护，设计未要求时，应结合实际情况选择适宜的坑壁支护方案。

1. 基坑开挖方法

无水基坑开挖方法见表 5-2-6，挖掘机开挖的场见图 5-2-1。

无水基坑开挖方法　　　　　　　　　　　　　　　　　　　　表 5-2-6

一般小桥涵基础，工程量不大的无水基坑，可用人力施工法；大中桥基础工程，基坑深，平面尺寸大，挖方量也相应增加，可用挖掘机进行机械或半机械施工，以降低劳动强度和提高工作效率

地质及支撑情况	挖掘方法	提升方法	运输方法	附 注
土质，无支撑	挖土机（正铲）	挖土机（正铲）	挖土机直接装车	挖土机在坑底
土质，无支撑	挖土机（反铲）	挖土机（反铲）	挖土机回旋弃土	挖土机在坑缘上
土质，无支撑	挖土机（拉铲）	挖土机（拉铲）	挖土机回旋弃土	挖土机在坑缘上
土质或石质，无支撑或有支撑	人力或风动机具	传送带（H<4.5m）	传送带接运	传送带可分设在坑下或坑上
土质或石质，无支撑或有支撑	人力或风动机具	吊车、各种动臂吊机或摇头扒杆，配带活底吊斗	回旋弃土或直接装车	吊升机具设在坑缘或坑下，必要时可在坑上脚手平台接运
土质，无支撑或有支撑	吊车抓泥斗：软土（无齿双开）；硬土（有齿双开）；漂石或大砾石（四开）	抓泥斗	吊臂回旋弃土或直接装车	—

续上表

地质及支撑情况	挖掘方法	提升方法	运输方法	附 注
土质或石质,无支撑或有支撑	人力或风动机具	爬坡车:有轨(石质坑)、无轨(土质坑)、用卷扬机或绞车	爬坡车、接斗车或手推车	—
土质,无支撑或有支撑	人力挖掘	用锹向上翻弃($H<2m$)或人工接力上翻	弃土或装车	—

注:摘自《新编桥梁施工工程师手册》表4.3-4。

a)轮胎式挖掘机施工

b)使用履带式挖掘机进行基坑开挖

c)深基坑开挖完成后场景

图5-2-1 挖掘机开挖场景

2. 基坑坑壁放坡开挖的边坡度

基坑放坡开挖的边坡度有垂直坑壁、斜坡和阶梯坑壁及交坡高坑壁三种形式,如图5-2-2所示。无支护加固的垂直坑壁基坑容许深度见表5-2-7。

a)垂直坑壁　　　　　　b)斜坡和阶梯型坑壁　　　　　　c)变坡度坑壁

图5-2-2 基坑开挖边坡度类型

无支护加固的垂直坑壁基坑容许深度　　　　表5-2-7

土 类	容许深度(m)
不同土类垂直坑壁无支护的允许开挖深度,一般大于此深度则须进行支撑或放坡开挖	
密实、中密的砂类土和砾类土(充填物为砂类土)	1.00
硬塑、软塑的低液限粉土、低液限黏土	1.25
硬塑、软塑的高液限黏土、高液限黏质土夹砂砾土	1.50
坚硬的高液限黏土	2.00

(1)垂直坑壁。

对天然湿度接近最佳含水率、构造均匀,不发生坍滑、移动、松散、不均匀沉降的基础,可采用垂直坑壁。

(2)斜坡和阶梯形坑壁。

当为无水基坑且土层构造均匀时,基坑坑壁坡度可按表5-2-8确定。

基坑坑壁坡度   表5-2-8

坑壁土类	坑壁坡度		
	坡顶无荷载	坡顶有静荷载	坡顶有动荷载
砂类土	1:1	1:1.25	1:1.5
卵石、砾类土	1:0.75	1:1	1:1.25
粉质土、黏质土	1:0.33	1:0.5	1:0.75
极软岩	1:0.25	1:0.33	1:0.67
软质岩	1:0	1:0.1	1:0.25
硬质岩	1:0	1:0	1:0

注:①摘自《公路桥涵施工技术规范》(JTG/T F50—2011)表12.3.3。
②坑壁有不同土层时,基坑坑壁坡度可分层选用,并酌设平台。
③坑壁土类按照现行《公路土工试验规程》(JTG E40—2007)划分;岩面单轴极限强度<5.5MPa、5~30MPa、>30MPa时,分别定为极软、软质、硬质岩。
④当基坑深度大于5m时,基坑坑壁坡度可适当放缓或加设平台。

(3)变坡度基坑坑壁。

挖基穿过不同土层时,坑壁边坡可采取不同坡度。坡度变换处可视需要设置0.5~1.0m宽平台。

3.基坑底部工作宽度(表5-2-9)

基坑底部工作宽度可参照表5-2-9确定。

基坑底部工作宽度表   表5-2-9

项目	简图	说明
1.地下水位低于基坑底面高程的工作面	砌筑砖石时:$B=25\sim40$cm 混凝土及钢筋 混凝土时:$B=30\sim50$cm	基坑大小应满足基础施工的要求,有渗水土质的基坑坑底尺寸,应根据排水设计(包括排水沟、集水坑、排水管网等)和基础模板设计所需基坑大小而定,一般基底应比设计平面尺寸各边增宽50~100cm
2.采用集水坑明排水时	$B=70$ 15 30 25 40	一般土质 $B=70$cm
3.采用集水坑明排水时	$B=140$ 15 40 20 40 25 >80cm >50	软土时 $B=140$cm

续上表

项 目	简 图	说 明
4. 无支撑挖土时		日本土木、建筑、给排水工程《通用标准规格书》对基坑(槽底部坑净宽B,即工作面宽度)的规定如下:
5. 板桩内挖土时		

土质	挖土深度 H (m)	B(m) 无支撑挖土	B(m) 板桩内挖土	说明
软土 普通土 硬质土	$H\leq 2$ $2<H\leq 5$ $H>5$	0.5 1.0 1.0	— 1.5 1.5	边坡每3m 设置一道1m 宽台阶
软岩、 硬岩	$H\leq 2$ $2<H\leq 5$ $H>5$	0.5 1.0 1.0	— — —	边坡每3m 设置一道1m 宽台阶

注:摘自《新编桥梁施工工程师手册》表4.3-2。

[**工程示例 5-2-2**] 某基坑采用明挖法放坡开挖,坡顶无荷载,无水基坑,其地层状况从上向下依次为:$0\sim -1\mathrm{m}$,砂类土;$-1\sim -2\mathrm{m}$,卵石土;$-2\sim -3.5\mathrm{m}$,极软岩;基础底部平面尺寸为 $4.5\mathrm{m}\times 7.5\mathrm{m}$,试计算:

(1)土方开挖方量为多少(按不同土质分类计算)?

(2)假设桥梁基础混凝土体积所占空间为 $150\mathrm{m}^3$,则应回填何种土?回填的土方量应为多少?

解:(1)计算开挖方量

①土方计算中常用的体积计算公式如下:

②初步确定基底比设计平面尺寸各边增宽50cm,即基底尺寸为 $5.5\mathrm{~m}\times 8.5\mathrm{m}$,根据表5-2-8确定边坡坡度分别为:砂类土1:1,卵石土1:0.75;极软岩1:0.33。

③参照表5-2-10中的第4种情况,土质不同时应设置台阶,台阶宽度取1.0m。

④根据步骤(2)和(3)的分析画出计算简图(包含立面及侧面),确定各层的尺寸外形。见图5-2-3。

⑤根据计算简图,套用棱柱体体积计算公式,按不同土层分层计算其体积。

表5-2-10

图 形	公 式	图 形	公 式
平截方锥	$V=\dfrac{h}{6}[(2a+a_1)b+(2a_1+a)b_1]$ $=\dfrac{h}{6}[ab+(a+a_1)(b+b_1)+a_1b_1]$	长方体	$V=\dfrac{l}{6}(A_1+4A_m+A_2)$ $A_m=\dfrac{A_1+A_2}{2}$

续上表

图 形	公 式	图 形	公 式
棱柱体 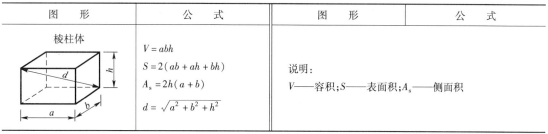	$V = abh$ $S = 2(ab + ah + bh)$ $A_s = 2h(a + b)$ $d = \sqrt{a^2 + b^2 + h^2}$	说明： V——容积；S——表面积；A_s——侧面积	

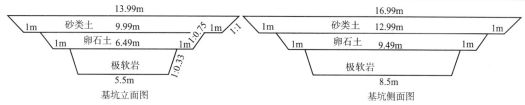

图 5-2-3

a. 砂类土：$A_1 = 13.99 \times 16.99 = 237.7 \text{m}^2$；$A_2 = 11.99 \times 14.99 = 179.7 \text{ m}^2$；$l = 1\text{m}$

$$V = \frac{l}{6}(A_1 + 4A_m + A_2) = 0.5(237.7 + 4 \times 208.8 + 179.7) = 208.8 \text{m}^3$$

b. 卵石土：$A_1 = 9.99 \times 12.99 = 129.8 \text{m}^2$；$A_2 = 8.49 \times 11.49 = 97.6 \text{ m}^2$；$l = 1\text{m}$；$V = 113.7 \text{ m}^3$

c. 极软岩：$A_1 = 6.49 \times 9.49 = 61.6 \text{m}^2$；$A_2 = 5.5 \times 8.5 = 46.8 \text{ m}^2$；$l = 1.5\text{m}$；$V = 81.3 \text{ m}^3$

（2）确定回填数量

选用碎石土进行回填，查表 5-2-4，K'_s 取 1.035，则：

$$1.035 \times (403.8 - 150) = 262.7 \text{ m}^3$$

4. 基坑开挖的支撑方式

基坑开挖的支撑方式可参照表 5-2-11 选用。

支撑方式选择表　　　　　　　　　　　　　　　　　　　　　　表 5-2-11

土的类别	地下水情况	基坑深度（m）			
		≤1.5	1.5~3.0	3.0~6.0	>6.0
		支撑方式			
砂砾土	正常湿度 少量地下水 正常湿度	一般不设支撑，在特殊情况下可设井字式撑或疏撑	疏撑 密撑	疏撑 密撑 板桩	一般设竖向密撑（即满堂撑板或板桩式支撑）
黏土 亚黏土	正常湿度 高湿度或少量地下水		井撑 疏撑	疏撑 疏撑	
亚砂土	正常湿度 高湿度或少量地下水 大量地下水		井撑 疏撑 密撑	疏撑 疏撑 板撑	
细砂	正常湿度 少量地下水	井撑或无撑、疏撑、密撑	井撑 密撑	疏撑 板撑 板撑	
淤泥	—		板撑	板撑	

注：①摘自《新编桥梁施工工程师手册》表 4.3-7。

②疏撑系指间隔撑板，即断续撑固；井撑间距较大，形成横撑式的井字形板撑。

(1) 钢板桩支护(图 5-2-4)

钢板桩由带锁口或钳口的热轧型钢制成,把这种钢板桩互相连接就形成钢板桩墙,被广泛应用于挡土和挡水。目前钢板桩常用的截面形式有 U 形、Z 形和直腹板形。钢板桩的施工可能会引起相邻地基的变形和产生噪声振动,对周围环境影响很大,因此在人口密集建筑密度很大的地区使用会受到限制,而且钢板桩本身柔性较大,如支撑或锚拉系统设置不当,其变形会很大,所以当基坑支护深度大于 7m 时,不宜采用。由于钢板桩在地下室施工结束后需要拔出,因此应考虑拔出时对周围地基土和地表土的影响。

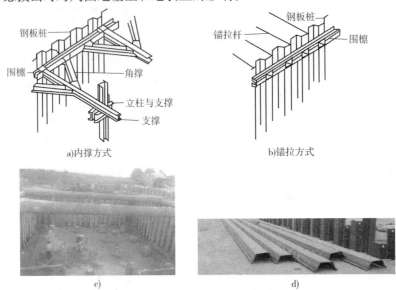

图 5-2-4 钢板桩支护结构图

(2) 型钢挡板支撑(图 5-2-5)

型钢横挡板围护墙也称桩板式支护结构。这种围护墙由工字钢(或 H 形钢)桩和横挡板(亦称衬板)组成,再加上围檩、支撑等形成一种支护体系。施工时先按一定间距打设工字钢或 H 形钢桩,然后在开挖土方时边挖边加设横挡板。施工结束拔出工字钢或 H 形钢桩,并在安全允许条件下尽可能回收横挡板。

型钢横挡板围护墙多用于土质较好、地下水位较低的地区。

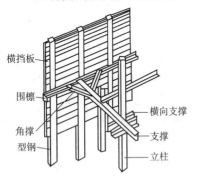

图 5-2-5 型钢横挡板支护结构

(3) 深层搅拌桩支护

深层搅拌桩(水泥土墙)是利用水泥(或石灰)等材料作为固化剂,通过深层搅拌机械,将软土和固化剂强制搅拌,利用固化剂和软土之间所产生的一系列物理化学反应,使软土硬结成具有整体性、水稳定性和一定强度的桩体(块体或墙体)。

这种支护结构多采用格栅形式,即重力坝式挡墙。当基坑土属于二、三类土,基坑深 $h \leqslant 7m$,坑边至红线间有足够的距离时,往往优先采用。由于水泥属不透水结构,因此既能挡土又能挡水,具有良好的防渗效果。

(4) 排桩支护

排桩支护是指柱列式间隔布置钢筋混凝土挖孔、钻(冲)孔灌注桩作为主要挡土结构的一种支护形式。柱列式间隔布置包括桩与桩之间有一定净距的疏排布置形式和桩与桩相切的密排布置形式。柱列式灌注桩作为挡土围护结构有很好的刚度,但各桩之间的连系差,必须在桩顶浇筑较大截面的钢筋混凝土帽梁加以可靠连接。为了防止地下水夹带土体颗粒从桩间孔隙流入(渗入)坑内,应同时在桩间或桩背采用高压注浆,设置深层搅拌桩、旋喷桩等措施,或在桩后专门构筑防水帷幕,如图 5-2-6、图 5-2-7 所示。

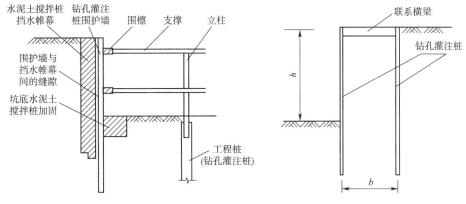

图 5-2-6　钻孔灌注桩围护墙　　　　图 5-2-7　双排桩围护墙

(5)地下连续墙

地下连续墙是在泥浆护壁的条件下分槽段构筑的钢筋混凝土墙体,地下连续墙的施工深度国内已超过 80m,厚度达 1.4m。地下连续墙具有整体刚度大的特点和良好的止水防渗效果,适用于地下水位以下的软黏土和砂土等多种地层条件和复杂的施工环境,尤其是基坑底面以下有深层软土需将墙体插入很深的情况,因此在国内外的地下工程中得到广泛的应用。如支撑得当,配合正确的施工方法和措施,可较好地控制软土地层的变形。

(6)土钉墙(图 5-2-8)

a)支护的结构组成

b)细部形式

图 5-2-8　钻孔灌注桩围护墙支撑式样

土钉墙的使用要求土体具有临时自稳能力,以便给出一定时间施工土钉墙,因此对土钉墙适用的地质条件应加以限制。《建筑基坑支护技术规程》(JGJ 120—2012)规定土钉墙适用于二、三类土基坑,非软土场地,基坑深度不宜大于 12m。土钉墙支护施工速度快、用料省、造价低,与其他桩墙支护相比,工期可缩短 50% 以上,节约造价 60% 左右;而且土钉支护可以紧贴已有建筑物施工,从而省出桩体或墙体所占用的地面。但从许多工程经验看,土钉墙的破坏几乎均是由于水的作用,水使土钉墙产生软化,引起整体或局部破坏,因此规定采用土钉墙工程必须做好降水,且其不宜作为挡水结构。土钉墙支护方式示意如图 5-2-9 所示。

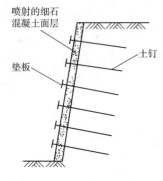

图 5-2-9 土钉墙支护方式

5. 基坑监测

大型或对周围建筑物可能有影响的基坑,在开挖过程中必须进行基坑监测,下面以具体过程实例来说明。

[工程示例 5-2-3] 北京地铁明挖基坑的监控量测

(1) 工程概况

北京地铁四号线中关村站位于中关村大街与北四环路十字交叉路口南侧,中关村大街下方,呈南北走向。车站为地下两层三跨岛式站台车站,车站中心里程 K21+391.898,全长 179.9m,标准段总宽 22.5m,高 14.65m,顶板埋深 2.3~2.7m,地下一层为站厅层,地下二层为站台层。车站共设两个风道和四个出入口,车站主体结构采用盖挖逆作法施工,1号风道及2、3号出入口采用明挖法施工,2号风道及1、4号出入口采用暗挖法施工。各明挖基坑中以1号风道结构跨度最大,开挖深度最深,距高层建筑物海龙大厦最近而作为重点监控,本例以1号风道明挖法施工基坑的监控量测为例,对地铁明挖法施工的监控量测进行全面介绍。

中关村站1号风道基坑开挖的深度为 13.4m,周边的高大建筑物主要是海龙大厦。海龙大厦与1号风道结构的最近距离为 16.2m(图 5-2-10 为中关村站平面图)。根据《北京地铁四号线工程中关村站岩土工程勘察报告》提供地质情况,中关村站1号风道穿越地层从上到下为:人工堆积层、第四纪全新世冲洪积层和第四纪晚更新世冲洪积层。

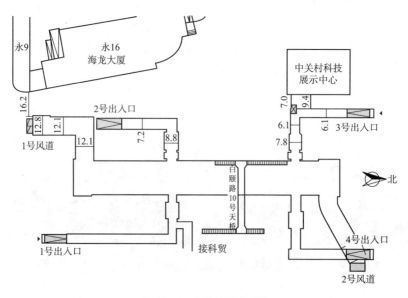

图 5-2-10 中关村站平面图

(2) 监控量测的项目

根据中关村站1号风道的结构埋深、地质及地面建筑物、管线情况和施工方法,布设了较密集、合理的监测点进行全面的地表沉降、桩顶位移、桩体变形、建筑物沉降等监测,以保证在施工时及时反馈数据,确保基坑开挖和周边建筑物的安全。

① 监测项目及频率。

监测项目见表 5-2-12。明挖基坑施工监控量测的频率与基坑开挖深度、施工状况等有关。

明挖基坑监测项目 表5-2-12

监测项目	监测方法与仪表	监测范围	测点间距	测试精度	备注
基坑内外观察	现场观察	基坑外地面、建筑地层土质描述、支护桩、内支撑	随时进行	—	含周围地面裂缝、塌陷、渗漏水、超载等
周围地表沉降	经纬仪、水平仪	周围一倍基坑开挖深度	长短边中点且间距<30m	—	—
桩顶位移	经纬仪	桩顶冠梁	长短边中点且间距<15m	1mm	—
桩体变形	测斜仪、测斜管	桩体全高，竖向间距1~2m	长短边中点竖向间距2m	—	基坑深度变化处增加
建筑物	经纬仪、水准仪	建筑物四角	—	1mm	—

基坑开挖期间监测频率见表5-2-13，基坑开挖完成后监测频率见表5-2-14。

基坑开挖期间监测频率 表5-2-13

基坑开挖深度	监测频率	基坑开挖深度	监测频率	基坑开挖深度	监测频率	基坑开挖深度	监测频率
$H\leq5$ m	1次/3d	5m<$H\leq10$m	1次/2d	10m<$H\leq15$m	1次/1d	$H>15$m	2次/1d

基坑开挖完成后监测频率 表5-2-14

基坑开挖完成后的时间	监测频率	基坑开挖完成后的时间	监测频率	基坑开挖完成后的时间	监测频率	基坑开挖完成后的时间	监测频率
1~7d	1次/1d	7~15d	1次/2d	15~30d	1次/3d	30d以后	1次/1周

注：经数据分析确认达到基本稳定后，1次/月；情况异常时，应增大监测频率。

② 监控量测管理控制标准见表5-2-15。

监测项目控制值 表5-2-15

序号	监测项目及范围	管理值 U_0 (mm)	位移平均速度控制值 (mm/d)	位移最大速度控制值 (mm/d)
1	桩顶沉降	12	1	1
2	地表沉降	20	2	2
3	桩体变形	18	2	3
4	基坑底隆起	20	2	3

（3）施工监控量测测点布置

① 地表沉降点、桩顶位移点、桩顶变形点的布设。

地表沉降点、桩顶位移点、桩顶变形点和支撑轴力点的布设是根据基坑断面、基坑周边的建筑物和降水效果综合考虑的。中关村站1号风道的地表沉降点、桩顶位移点、桩顶变形点的布设见图5-2-11。

② 建筑物变形观测点的布设。

中关村站1号风道基坑开挖和降水时，为了保证周边建筑物的安全，因此对建筑物进行变形观测。经过对建筑物的形状分析，针对1号风道开挖在海龙大厦楼顶的角上布置6个观测点。

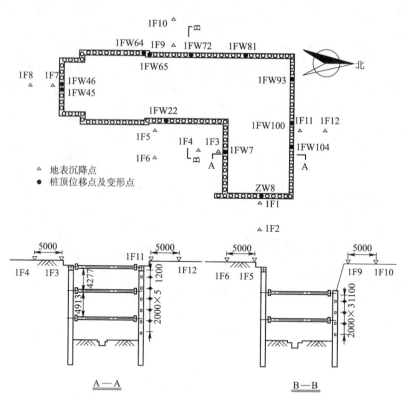

图 5-2-11 1 号风道测点布置(尺寸单位：mm)

(4)监控量测点的埋设

①监控量测点布置的原则。

a. 根据本工程设计要求、施工特点及周边环境等综合因素确定监测对象。

b. 所有观测点必须预先埋设稳固，初始值在确认点位已稳定后采集两次稳定值使用。

c. 地面沉降点的布设应考虑点位位置能反映监测对象的变化特征并有利于保护和不易受破坏的地方。

d. 如果观测点在施工中受破坏，应尽快在原来位置或距原来较近位置补设测点，以保证该测点观测的连续性。

②监控量测点的埋设。

a. 地表沉降点。

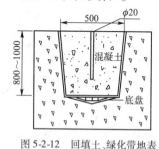

图 5-2-12 回填土、绿化带地表沉降点埋设(尺寸单位：mm)

布点时点位尽量不布在回填土、绿化带和管线周围的地方，如果必须要埋点时，埋设时要选择不易积水的地方，人工开挖直径 500mm、深 800~1000mm 的坑，用混凝土楔子夯实底部，并设 400mm×400mm 方砖底盘，插入 20mm 圆钢并用混凝土把坑回填密实(图 5-2-12)。

路面测点埋设采用 ϕ103 电钻在地面钻孔，随即打入作为监测点的钢筋，使钢筋与土体结为整体，可随土体变化而变化(图 5-2-13)。

b. 地表建(构)筑物监测点。

变形点采用弯钩式，其直径不小于 18mm，长不小于 250mm。用电锤在建筑物的墙上打孔，然后将变形点打入孔洞内并灌入高强度等级水泥，使变形点与建筑物成为一个整体。安好测点后，做好明显标志，并按顺序编号(图 5-2-14)。

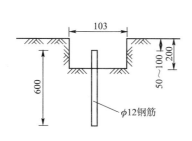
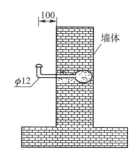

图 5-2-13 路面地表沉降点埋设　　　图 5-2-14 地表建(构)筑物监测点埋设
（尺寸单位:mm）　　　　　　　　　　（尺寸单位:mm）

c. 地下管线监测点。

地下管线监测是在管线所在覆盖土的正上方挖孔至管线布置观测点后引出地面,也可利用检查井直接布在管线上,困难时在管线上方埋设地表桩间接监测,按规定变形测量精度等级用精密水准仪,铟钢尺进行量测。

d. 钢筋应力应变监测点。

钢筋应力应变监测在围护结构中选择受力有代表性的桩布置测点,测点在竖向位置布置在各土层分界面、结构或配筋截面变化处。在平面位置上选择长短边的中点,钢筋应力计焊接在桩体主筋上。埋设钢筋应力计后要在后续工序中特别注意保护好应力传感脚线。

e. 桩顶位移监测点。

桩顶位移监测点设于冠梁上。在灌注冠梁混凝土时预埋 φ6mm 的膨胀螺栓,外露 3～5cm,经检查合格后施测取得初始值。

f. 桩体变形监测点。

测斜管应在围护桩施工时埋设在桩体内,开挖前 3～5d 重复测 2～3 次,判明测斜管处于稳定状态后,将其作为初始值,开始正式监测工作。

先将测斜管装上管底盖,用螺钉或胶固定。测斜管与测斜管之间有接管连接,测斜管与接管之间必须用螺钉固定。测斜管采用绑扎法固定在钢筋笼上与其一起沉入孔中,沉入时应注意测斜管应位于基坑内侧方向。由于混凝土的浮力作用以及振捣机械的影响,测斜管的绑扎定位一定要牢固可靠,以免混凝土浇筑时,其发生上浮或侧向移动,影响测试数据的准确性。测斜管高出冠梁 15cm,利用测斜仪测出桩体不同深度范围的水平位移,从而可以得到桩体的变形情况。

由于围护结构较深,测斜管较长,测斜管在安装中应注意导槽的方向,导槽方向必须与设计要求定准的方向一致。同时要避免测斜管自身的轴向旋转,以保证测出的数据真实反映在基坑边缘垂直面内的挠曲。在测斜管连接时,必须将上、下管段的滑槽相互对准,使测斜仪的探头能在管内平滑运行。测斜管埋设详见图 5-2-15。

(5) 监控量测数据整理及成果分析

根据施工进度和监控量测的频率进行野外测量,并将野外记录数据及时传输到计算机内,打印测量成果表,并对沉降变化分析,绘制变化曲线图。

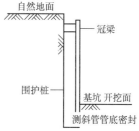

图 5-2-15 测斜管埋设示意

监测成果累积沉降值接近极限值时,及时分析原因,以便尽早采取补救措施。监测工作全部结束后,要编写沉降监测竣工报告,报告内容包括变形观测成果表,监测点平面布置图,变形时态曲线图和变形分析报告。

①中关村站1号风道地表沉降曲线(图5-2-16)。

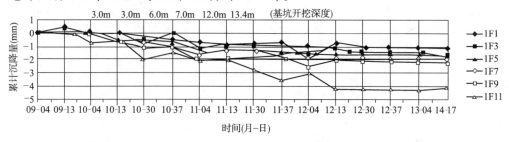

图5-2-16 中关村站1号风道地表沉降曲线

中关村站1号风道基坑开挖深度为13.4m,从地表沉降曲线(图5-2-16)可以看出:在2005年11月6日基坑开挖完成。在2005年10月6日基坑开挖完成3m,一直到10月10日第一道钢支撑架设完成,地表呈下降趋势,沉降的最大速率为0.245mm/d,小于2mm/d。从2005年10月10日至10月23日,基坑开挖深度达到7m,并架设完成第二道钢支撑,地表沉降的最大速率为0.194mm/d,小于2mm/d。从2005年10月23日至10月30日基坑开挖的过程中,地表呈回升趋势,主要是对架设的钢支撑施加轴力。从2005年10月30日至12月9日期间,1F7和1F11点变化比较大,从施工现场情况来看,1F7变化较大是当时在管线改移时,施工单位没有按要求进行回填,沉降的最大速率为0.159mm/d,小于2mm/d;1F11变化较大是施工时在其周围堆放钢筋。从2005年12月9日结构底板施工完成,沉降呈平稳趋势。由此分析应注意:基坑开挖深度与钢支撑架设要紧密;基坑开挖完成后尽早施工结构底板;基坑周边严禁堆载;基坑四周的原状土是否被扰动。

②地表建筑物海龙大厦观测点沉降曲线(图5-2-17)。

从海龙大厦观测点沉降曲线(图5-2-17)可以看出:在10月30日1号风道基坑基本开挖完成,海龙大厦每个观测点都有较小的变化。1号风道在12月22日完成结构底板混凝土浇筑之后观测点沉降呈稳定趋势,而从10月30日至12月22日期间,观测点的沉降有较小的波动。

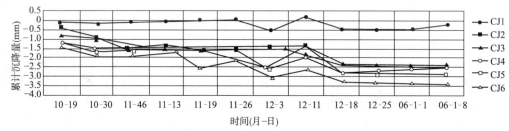

图5-2-17 海龙大厦观测点沉降曲线

③桩顶位移。

从中关村站1号风道桩顶位移曲线(图5-2-18)可以看出:1FW7、1FW45、1FW65、1FW81和1FW104桩顶位移基本为正值,ZW8、1FW22和1FW93桩顶位移基本为负值。分析成因是1FW7、1FW45、1FW65、1FW81和1FW104桩架设钢支撑并施加轴力和桩顶设冠梁;ZW8、1FW22和1FW93桩没有架设钢支撑而只依靠冠梁支护。根据图形分析的结果,现场加大监测频率,由于桩顶位移的管理值为12mm,从1号风道观测的情况来看都是安全的。

④桩体变形测量与数据整理。

将测斜仪置入测斜管内,并使导向轮完全进入导向槽内。方向应为导向轮的正向与被测位移坐标(+X)一致时测值为正,相反为负。之后根据电缆上标明的记号,每基长(测点间距)单位长度测读一次测斜管轴线相对铅垂线的倾角。测斜仪测量时先将测斜仪放入管底,自下而上测量。

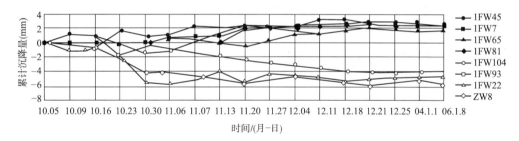

图 5-2-18　中关村站 1 号风道桩顶位移曲线

测斜仪在测斜管中是每基长(测点间距)单位长度测读一次。方法:测斜仪运动到位后,停留 3s 左右,当读数仪上的读数稳定后,按一下仪表面板上的存储键或手持存储按钮,实时测量值将被存储在读数仪中。根据测量的数据及时进行整理,绘制桩体变形曲线见图 5-2-19。

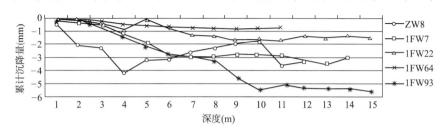

图 5-2-19　中关村站 1 号风道桩体变形曲线

图 5-2-19 描述的是中关村站 1 号风道基坑开挖完成时围护桩桩体累计变形曲线。从图 5-2-19 中可以看出:在桩体深度为 4m 时,ZW8 号桩累计变形较大,分析原因是在 ZW8 号桩只有钢围檩支撑,两侧是斜撑,且斜撑没有施加轴力;在桩体深度为 10 m 时,1FW93 号桩累计变形较大,分析原因是有渗水情况,且地层为粉质黏土,而第三道钢支撑没有架设。由于桩体变形的管理值为 18mm,从 1 号风道观测的情况来看都是安全的。

(6)总结

中关村站 1 号风道明挖基坑施工,是在北京最繁华的中关村地区进行地铁施工,而且地下管线较多,因此对周边建筑物和地表的安全要求极高。监理部专门成立监控量测小组,在监理时加大了监控的力度和频率,正因为有了监控量测数据的及时性和准确性,从而安全快速地完成了监理任务,保证了四号线的顺利完工。

6. 挖基注意事项(表 5-2-16)

挖基注意要点与水中挖基　　　　　　　表 5-2-16

项 目	注 意 要 点
一般基坑开挖	(1)根据施工期限、设备条件、工地环境及地质情况,基坑可以使用机械或人工开挖,但不论采取何种方法施工,基底均应避免超挖,已经超挖或松动部分,应将松动部分予以清除; (2)任何土质基坑,挖至规定高程后不得长时间暴露、扰动或浸泡,而削弱其承载能力;一般土质基坑,挖至接近基底高程时,应保留一层 10~20cm 厚的土(俗称最后一锹土);在基础施工前以人工突击挖除,并迅速检验,随即进行基础施工; (3)弃土应按指定地点堆放,不得妨碍基坑挖掘或其他作业,基坑上口附近不应堆土,以免影响边坡稳定

续上表

项 目	注 意 要 点	
水中挖基	排水挖基有困难或有水中挖基设备时,可采用水中挖基法	
	方 法	挖 基 特 点
	水力吸泥机	适用于砂类土及砾卵石类土,不受水深限制,其出土效率可随水压、水量的增加而提高
	空气吸泥机	适用于水深5m以上的砂类土或夹有少量碎卵石的基坑,浅水基坑不宜采用;在黏土层使用时,应与射水配合进行,以破坏黏土结构;吸泥时应同时向基坑内注水,使基坑内水位约1m,以防止流砂或涌泥
	挖掘机水中挖基	适用于各种土质,但开挖时须特别注意不能破坏基坑边坡的稳定,可采用反铲挖掘和吊机配掘,一般工效甚高

注:摘自《新编桥梁施工工程师手册》表4.3-5。

[计算]

1. 某桥梁扩大基础开挖2000m³的基坑,请问基坑回填夯实后,弃松土多少立方米?已知$K_S = 1.18$,$K'_S = 1.05$。

2. 某基坑采用明挖法放坡开挖,坡顶有静荷载,无水基坑,其地层状况从上向下依次为:0～-1m,砂类土;-1～-2m,卵石土;-2～-3.5m,极软岩;基础底部平面尺寸为5.0m×8.0m,试计算:

(1)土方开挖方量为多少?(按不同土质分类计算)

(2)若基础混凝土方量为60m³,则清运的土方量是多少?砂类土回填,回填土方量是多少?

[简答]

1. 何谓最后一锹土?其作用是什么?

2. 结合[工程示例5-2-3],简述基坑监测方案包括的主要内容。

3. 结合[工程示例5-2-3]北京地铁明挖基坑的监控量测,试述监控的目的和具体内容。

任务三 围堰设计施工

施工围堰属于临时性围堰范畴,其主要作用是确保主体工程及附属设施在修建过程中不受水流侵袭,保证正常施工条件。

一、围堰作用原理(图5-3-1)

二、围堰的一般要求

(1)围堰高度应高出施工期间可能出现的最高水位(包括浪高)0.5～0.7m。围堰修筑要求防水严密,尽量减少渗漏,以减少排水工作量。

(2)围堰施工时,一般情况下应充分利用枯水期施工。若在洪水、高潮时期,应做好周密防护。

(3)围堰断面应满足堰身强度和稳定(防止滑动、倾覆)的要求。

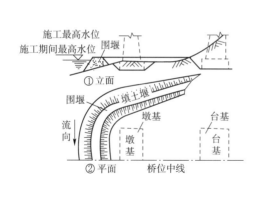 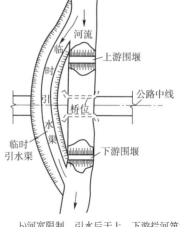

a) 河宽不限，于墩台处局部围堰　　b) 河宽限制，引水后于上、下游拦河筑堰

图 5-3-1　围堰作用原理图

三、围堰类别

围堰类型及适用条件见表 5-3-1 和图 5-3-2。

围堰类型及适用条件　　　　　　　　　　　　　表 5-3-1

围堰类型		适用条件
土石围堰	土围堰	水深≤1.5m；流速≤0.5m/s，河边浅滩，河床渗水性较小，如外坡有防护措施时，流速可大于0.5m/s
	土袋围堰	水深≤3.0m；流速≤1.5m/s，河床渗水性较小，或淤泥较浅
	土桩竹条围堰	水深1.5m～7.0m，流速≤2.0m/s，河床渗水性较小，能打桩，盛产竹木地区
	竹篱土围堰	水深1.5m～7.0m，流速≤2.0m/s，河床渗水性较小，能打桩，盛产竹木地区
	竹(铅丝)笼围堰	水深4m以内，河床难以打桩，流速较大
	堆石土围堰	流速≤3.0m/s，河床渗水性很小，石块能就地取材
板桩围堰	钢板桩围堰	深水或深基坑，流速较大的砂类土、黏质土、碎石土及风化岩等坚硬的河床；防水性能好，整体刚度较强
	钢筋混凝土板桩围堰	深水或深基坑，流速较大的砂类土、黏质土、碎石土河床。除用于挡水防水外，还可作为基础结构的一部分，亦可采取拔除周转使用，能节约大量木材
钢套箱围堰		流速≤2.0m/s，覆盖层较薄，平坦的岩石河床，埋置不深的水中基础，也可用于修建桩基承台
双壁围堰		大型河流的深水基础，覆盖层较薄、平坦的岩石河床

a) 土围堰的合龙　　　　　　b) 钢板桩围堰　　　　　　c) 双壁钢围堰

图 5-3-2　围堰类型

土石围堰的技术要求见表 5-3-2,土袋围堰见图 5-3-3。

土石围堰的技术要求　　　　　　　　　　表 5-3-2

类　别	填　料	顶宽 (m)	边坡(高:宽)	
			内侧	外侧
土围堰	渗透性较小的黏质土、砂质黏土	1~2	1:1.0~1:1.5	1:2~1:3
土袋围堰	袋内装黏质土	1~2	1:0.2~1:0.5	1:0.5~1:1
	有黏质土心墙,内外侧袋内装黏质土或砂土	2~2.5		
土桩竹条围堰	黏质土	≥水深	1:0	1:0
竹篱土围堰	黏质土	≥水深	1:0.2	1:0.2
竹(铅丝)笼围堰	笼内填卵石、石块,心墙填黏质土	≥水深	1:0	1:0.3
堆石土围堰	内外侧堆卵石、石块,心墙填黏质土	1~2	1:0~1:0.5	1:0.5~1:1

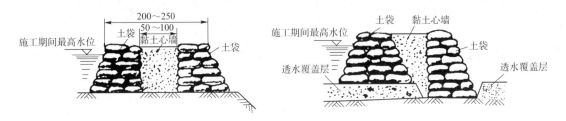

图 5-3-3　土袋围堰(尺寸单位:cm)

四、板桩围堰计算

1. 钢板桩围堰施工过程

钢板桩围堰施工过程见图 5-3-4。

a)吊起钢板桩　　b)钢板桩插打状况　　c)换大振锤补打　　d)完成的钢板桩围堰

图 5-3-4　钢板桩围堰施工过程

2. 钢板桩围堰施工计算的内容

设计板桩围堰需要计算板桩的横断面、最小入土深度、支撑间距及尺寸等。

3. 板桩围堰计算示图

板桩围堰计算示意见图 5-3-5~图 5-3-10。

说明:以下五种板桩计算图中,均以 1 延米板桩为单位。板桩的容许弯曲应力在支撑形式(一)时,可按常用数值增加 35%~50%,在形式(二)~(五)时,可增加 50%~75%,如图 5-3-6~图 5-3-10 所示。

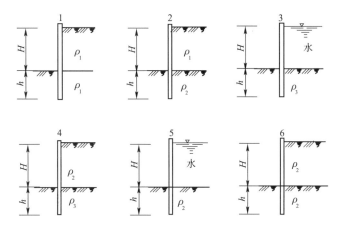

图 5-3-5 板桩围堰计算示意(6 种不同的水文地质情况)

ρ_1-天然含水率土的密度(1.7g/cm^3);ρ_2-饱和土的密度(1.1g/cm^3);ρ_3-不透水土的密度(1.9g/cm^3)

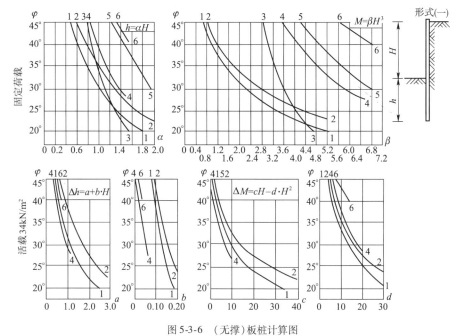

图 5-3-6 (无撑)板桩计算图

[工程示例 5-3-1] 坑深 $H=4\text{m}$,水文地质为图 5-3-5 中的第二种情况,$\varphi=25°$,单支撑,撑于桩腰[对应形式(三)],坑缘沿活载为 34kN/m^2,求钢板桩所需入土深度和钢板桩型号。

解:查图 5-3-8 曲线 2-2,计算如下:

(1)固定荷载

$$h = 0.34 \times H = 1.36\text{m}; M = 0.17 \times H^3 = 10.9\text{kN} \cdot \text{m}; R = 2.7 \times H^2 = 43\text{kN}$$

(2)活载

$$\Delta h = 0.09\text{m}; \Delta M = 1.95H^2 = 31.2\text{kN} \cdot \text{m}; \Delta R = 15.1H = 60\text{kN}$$

(3)固定荷载 + 活载

$h + \Delta h = 1.45\text{m}$(所需最小入土深度);$M + \Delta M = 42.1\text{kN} \cdot \text{m}$;$R + \Delta R = 103\text{kN}$

支撑间距:$S_1 = 0.475H + 0.16(h + \Delta h) = 2.13\text{m}; S_2 = 4 - S_1 = 1.87\text{m}$

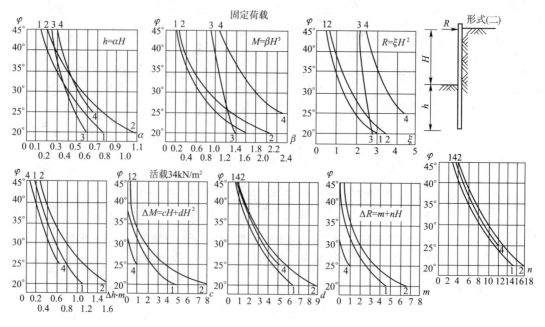

图 5-3-7 (单撑,撑于桩顶)板桩计算图

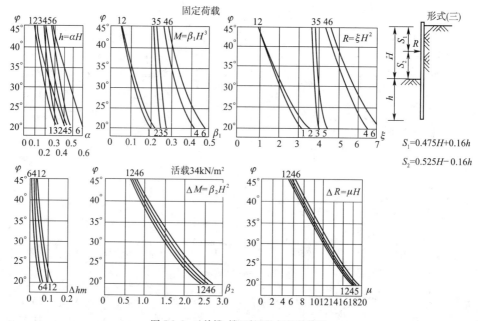

图 5-3-8 (单撑,撑于桩腰)板桩计算图

(4) 板桩断面

① 用钢板桩时:$W = \dfrac{M + \Delta M}{[\sigma]} = \dfrac{42100}{180 \times 1.5} = 156 \text{cm}^3$

选用美国拉克万纳 SP15 型钢板桩(W 为 1m 宽对 b 边的断面模量,$W = 170\text{cm}^3$)或 AP16 型($W = 196\text{cm}^3$)

② 如用木板桩(常用 $[\sigma] = 12\text{MPa}$),则:$W = 42100/(12 \times 1.5) = 2340\text{cm}^3$

板桩厚度:$d = \sqrt{\dfrac{6W}{100}} = \sqrt{\dfrac{2340 \times 6}{100}} = 11.75 \approx 12\text{cm}$

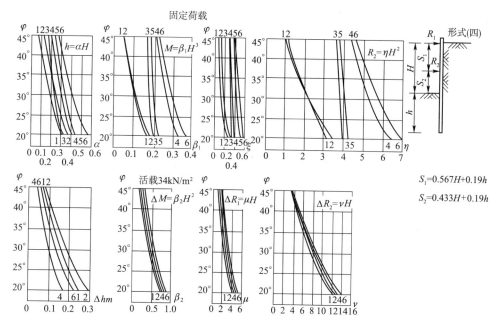

图 5-3-9 （双撑,撑于桩顶和桩腰各一处）板桩计算图

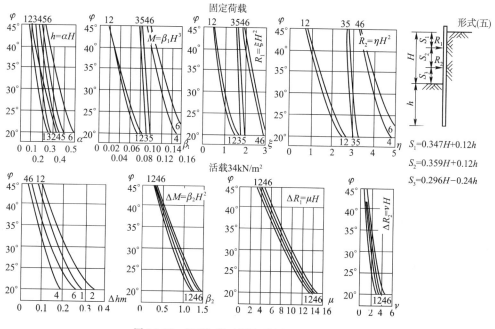

图 5-3-10 （双撑,撑于桩腰不同高度）板桩计算图

[填空]

1. 围堰高度应高出施工期间可能出现的最高水位（包括浪高）_____ ~ _____ m。

2. 围堰类型分为四类,分别是_____、_____、_____、_____。

[计算]

1. 坑深 $H=4$ m,水文地质为图 5-3-5 中的第二种情况,$\varphi=25°$,支撑对应形式（五）,坑沿活载为 34kN/m^2,求钢板桩所需入土深度和钢板桩型号。

237

2. 坑深 $H=5m$，水文地质为图 5-3-5 中的第三种情况，$\varphi=25°$，双撑，撑于桩顶和桩腰各一处［对应形式（四）］，坑沿活载为 $34kN/m^2$，求钢板桩所需入土深度和钢板桩型号。

任务四　基坑明排水法

基坑开挖底面低于地下水位时，地下水会不断渗入坑内，雨季施工时地面水亦将流入基坑（应注意防止）。为此，要保持基坑不积水，就必须做好排水工作。明排水法是指从基坑内直接排除（分为用泵汲抽除和人工降低地下水位两类），并持续至基础工程完成进行回填土后才停止。

为防止地面水流入基坑，一般在坑口四周筑截水土堰（可利用弃土作土埂），并将抽出水引开。在坑内基础范周外设排水沟和集水井，每隔 20～40m 设一个，井的直径或边宽一般为 60～80cm，深度可为 80～100cm（潜水泵抽汲时，必须保证在水中抽汲，故不宜太浅）。

基坑明排水法（集水坑排水）适用较广，除严重流沙外，一般情况均适用，但最适用于粗粒土层或渗水量较小的黏土。宽坦浅滩、流量不大的基坑开挖时，应在上游改移河沟，使基坑在干处开挖；开挖基坑如有渗水时，沿坑底四周范围以外挖集水沟、集水坑，坑壁渗水沿四周集水沟汇合于集水坑，然后用水泵排出坑外。可反复加深集水沟和集水坑，保持坑底与水沟底一定高差，排水通畅（图 5-4-1）。

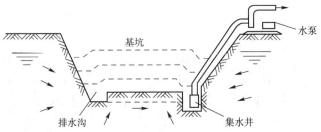

图 5-4-1　基坑明排水示意图

排水沟深 0.5m，底宽应不小于 0.3m，纵坡为 0.1%～0.5%；集水坑设置在下游位置，深度一般应大于 0.7m，用荆笆、竹篾、编筐或木笼维护，防止泥沙堵塞。

一、基坑渗水量计算

基坑开挖过程中，经常会有地下水涌出，给施工带来很大难度。施工前为估计基坑抽水所需的设备能力，应先估算基坑的渗水量。计算中主要参数是土的渗透系数 k。

1. 基坑在干涸河床时

$$Q = \frac{1.366k(H^2 - h^2)}{\lg(R + r_0) - \lg r_0} \tag{5-4-1}$$

式中：Q——基坑总渗水量（m^3/d）；

k——渗透系数；

h——抽水后稳定水位至不透水层的厚度（m）；

H——含水层厚度（m），可从钻探资料查得；

R——影响半径，作抽水试验的观测值，也可查表 5-4-1 确定（m）；

r_0——引用基坑的半径（m）。

对于不规则基坑：$r_0 = \sqrt{F/\pi}$，F 为基坑面积，π 为圆周率；

对于矩形基坑:$r_0 = \eta(A+B)/4$,A、B 为基坑的长、宽(m),η 为系数,其数值见表 5-4-2。

k——渗透系数(m/d),可通过试验确定,也可根据含水层土质查表 5-4-3 确定。

影响半径 R 值表　　　　　　　　　　　　　　　　　表 5-4-1

土的种类	粒径(mm)	所占质量(%)	R(m)	土的种类	粒径(mm)	所占质量(%)	R(m)
极细砂	0.05~0.074	<76	25~50	极粗砂	1.0~2.0	>50	400~500
细砂	0.074~0.25	>70	50~100	小砾石	2.0~3.0	—	500~600
中砂	0.25~0.5	>50	100~200	中砾石	3.0~5.0	—	600~1500
粗砂	0.05~0.074	>50	200~400	大砾石	5.0~10.0	—	1500~3000

计 算 参 数 表　　　　　　　　　　　　　　　　　　表 5-4-2

B/A	≤0.2	0.3	0.4	0.6	0.8	1.0
η	1.00	1.12	1.14	1.16	1.18	1.18

土层渗透系数 k 的经验值　　　　　　　　　　　　　表 5-4-3

土质名称	k(m/d)	土质名称		k(m/d)
高液限黏土	<0.001	砂	细	1~5
黏土质砂	0.001~0.05		中	5~20
含砂低液限黏土	0.05~0.10		粗	20~50
含砂低液限粉土	0.10~0.50	砾类土		50~150
低液限黏土(黄土)	0.25~0.50	卵石		100~500
粉土质砂	0.50~1.00	漂石(无砂质充填)		500~1000

注:按土的细颗粒多少、黏土含量、密实程度选用高低值。

[工程示例 5-4-1] 某均质粉砂土场地中有一矩形基坑 20m×50m,深度 7.0m,降水井深度 15m,地下水位为 -1.5m,基坑施工时要求水位降至基坑底面以下 0.5m,粉砂土厚度为 15m,渗透系数为 2m/d,其下伏地层为泥岩,基坑采用完整井群降水。计算基坑涌水量。

解:(1)含水层厚度:$H = 15 - 1.5 = 13.5$m

(2)抽水后稳定水位至不透水层的厚度(基坑水位的降深):$h = 13.5 - (15 - 7 - 0.5) = 6.0$m

(3)降水影响半径 R:查表 5-4-1,得 $R = 62.4$m

(4)基坑等效半径 r_0:$r_0 = 1.14 \times (20 + 50)/4 = 19.95$m

(5)基坑涌水量:$Q = \dfrac{1.366k(H^2 - h^2)}{\lg(R + r_0) - \lg r_0} = \dfrac{1.366 \times 2 \times (13.5^2 - 6.0^2)}{\lg\left(1 + \dfrac{62.4}{19.95}\right)} = 648.9 \text{m}^3/\text{d}$

2. 基坑临近有水的河沿时

$$Q = \dfrac{1.366k(H^2 - h^2)}{\lg(2D) - \lg r_0} \tag{5-4-2}$$

式中:D——基坑距河水边线的距离(m);

其余符号意义同前。

3. 缺水文地质资料时

$$Q = F_1 q_1 + F_2 q_2 \tag{5-4-3}$$

式中:F_1——基坑底面积(m^2);

q_1——基坑底面每平方米平均渗水量(m^3/h),见表 5-4-4;

F_2——基坑侧面积(m^2);

q_2——基坑侧面每平方米平均渗水量(m^3/h),见表5-4-5。

基坑底面每平方米的渗水量(q_1)　　　　　　　　　　　　　　　　表5-4-4

序号	土　类	土的特征及粒径	渗水量(m^3/h)
1	细粒土质砂、松软粉质土	基坑外侧有地表水,内侧为岸边干地,土的天然含水率<20%,土粒径<0.05mm	0.14~0.18
2	有裂隙的碎石岩层、较密实的黏质土	多裂隙透水的岩层,有孔隙水的黏质土层	0.15~0.25
3	黏土质砂、黄土层、紧密砾石土	细砂粒径0.05~0.25mm,大孔土,密度800~950kg/m^3,砾石土孔隙在20%以下	0.16~0.32
4	中粒砂、砂砾层	砂粒径0.25~1.0mm,砾石含量在30%以下,平均粒径在10mm以下	0.24~0.8
5	粗粒砂、砾石层	砂粒径1.0~2.5mm,砾石含量在30%~70%,平均最大粒径在150mm以下	0.8~3.0
6	砾卵砂、砾卵石层	砂粒径2.0mm以上,砾石、卵石含量在30%以上(泉眼总面积在0.07m^2以下,泉眼直径在50mm以下)	2.4~4.0
7	漂石、卵石土有泉眼、砂砾石有较大泉眼	石粒平均直径50~200mm,或有个别大孤石在0.5m^3以下,泉眼直径在300mm以下(泉眼总面积在0.15m^2以下)	4.0~8.0
8	砾石、卵石、漂石、粗砂、泉眼较多	—	>8.0

注:无地表水时用低限;地表水深2~4m,土中有孔隙时用中限;地表水深大于4m,松软土时用高限。

基坑侧面每平方米渗水量(q_2)　　　　　　　　　　　　　　　　表5-4-5

序号	基坑开挖及支撑情况	渗水量(m^3/h)
1	敞口放坡开挖基坑或土围堰	按表5-4-4同类土质渗水量20%~30%计
2	石笼填土心墙围堰	按表5-4-4同类土质渗水量10%~20%计
3	挡土板或单层草袋围堰	按表5-4-4同类土质渗水量10%~20%计
4	钢板桩、沉箱及混凝土支护坑壁	按表5-4-4同类土质渗水量0%~5%计
5	竹笼围堰	按表5-4-4同类土质渗水量15%~30%计

二、水泵选择

1. 离心泵

离心泵工作简图见图5-4-2,BA型离心泵见图5-4-3,BA型离心泵选择曲线见图5-4-4,常见离心泵型号指标见表5-4-6。

离心泵的使用:需先向泵体与吸水管内灌满水,排除空气,然后开泵抽水。为防止所灌的水漏掉,在底阀内装有单向阀门。使用时要注意防止漏气与脏物堵塞等情况。

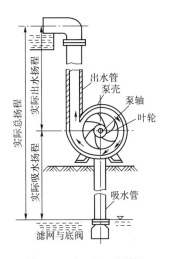

图 5-4-2 离心泵工作简图　　图 5-4-3 BA 型离心泵

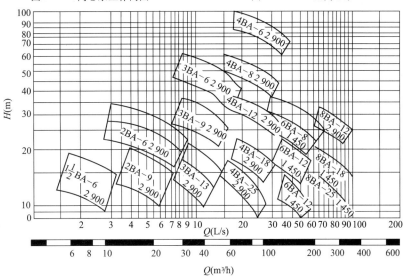

图 5-4-4 BA 型离心泵选择曲线图

常见离心泵型号指标　　表 5-4-6

型　　号		流量	总扬程	吸水扬程	电动机功率
B	BA	(m³/h)	(m)	(m)	(kW)
1.5B17	1.5BA-6	6~14	20.3~14	6.6~6	1.7
2B19	2BA 9	11~25	21~16	8~6	2.8
2B31	2BA-6	10~30	34.5~24	8.7~5.7	4.5
3B19	3BA-13	32.4~52.2	21.5~15.6	6.5~5	4.5
3B33	3BA-9	30~55	35.5~28.8	7~3	7.0

注：2B19 表示进水口直径为 50.8mm[2in(英寸)]，总扬程为 19m(最佳工作时)的单级离心泵。

2．潜水泵

潜水泵是由立式水泵与电动机组合而成，工作时完全浸在水中，使用时为防止电机烧坏，不得脱水运转或陷入泥中，也不得排灌含泥量较高的水质或泥浆水，以免泵叶被杂物堵塞。潜水泵如图 5-4-5、图 5-4-6 所示。

常用的潜水泵口径有 40mm、50mm、100mm、125mm,其相应的流量为 15m³/h、25m³/h、65m³/h、100m³/h,扬程相应为 25m、15m、7m、3.5m。

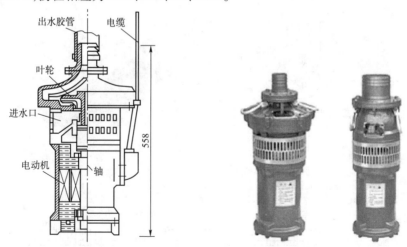

图 5-4-5 潜水泵简图(尺寸单位:mm)　　图 5-4-6 qy 型潜水泵

潜水泵具有体积小、质量轻、移动方便、安装简单和开泵不用引水等优点,因此在基坑排水中采用较广。

这种水泵必须严防无水运转,烧坏电机,故多使水泵进水口放置于集水井内,并注意随时关闭停车。

3. 水泵的主要参数

(1)水泵功率 N 的计算。

$$N = \frac{KQH}{102\eta_1\eta_2} \quad (\text{kW}) \tag{5-4-4}$$

式中:H——包括扬水、吸水和由各种阻力所造成的水头损失在内的总高度(m);

K——安全系数,一般取 2;

Q——基坑总渗水量(m^3);

η_1——水泵效率,0.4~0.6;

η_2——动力机械效率,0.75~0.85。

(2)吸水扬程。

吸水扬程,表示水泵能吸水的高度,是确定水泵安装高度的重要数据,在水泵口径不大、吸水管不长时,实际吸水高度可按表 5-4-6 所列的吸水扬程减去 1.2m(有底阀)求 0.6m(无底阀)估算。

离心泵的扬程在满足总扬程的前提下,主要是考虑吸水扬程是否能满足降水深度要求,如果不够,则可另选水泵或将水泵降低至坑壁台阶或坑底以上。

4. 水泵选择

(1)设备总排水量 V。

设备总排水量 V,一般按渗水量 Q 的 1.5 倍计算;当水泵安放在静水位以下时,按 2 倍计算。

(2)每台水泵排水量 q。

当 $V = 1.5Q$ 时,$q \leqslant 0.5Q$;$V = 2Q$ 时,$q \leqslant Q$;渗水量变化大时,宜用多台排水量小的水泵,以便施工过程中随时调节。

(3)水泵类型的选择。

$Q < 20\text{m}^3/\text{h}$,用膜式水泵、手压水泵、离心式水泵、潜水泵;

$Q = 20 \sim 60\text{ m}^3/\text{h}$,用膜式水泵、离心式水泵、潜水泵;

$Q > 60\text{ m}^3/\text{h}$,用离心式水泵。

(4)离心泵的选择。

主要根据流量和扬程而定,对于基坑排水来说,离心泵的流量应满足基坑总排水量的要求,一般选用吸水口径 $25 \sim 100\text{mm}(2 \sim 4\text{in})$ 的离心泵。

[工程示例5-4-2]题目同[工程示例5-4-1],试选择水泵型号。

解:基坑涌水量 $Q = 648.9\text{m}^3/d = 27.0\text{ m}^3/\text{h}$,故考虑使用离心泵。

(1)计算设备总排水量 V: $\qquad V = 2Q = 54.0\text{ m}^3/\text{h}$

(2)$V = 2Q$ 时,每台水泵排水量: $\qquad q \leqslant Q = 27.0\text{ m}^3/\text{h}$

(3)查图5-4-4,选择2BA-9型离心泵,其总扬程为 $21 \sim 16\text{m}$,吸水扬程为 $8 \sim 6\text{m}$,流量为 $11 \sim 25\text{ m}^3/\text{h}$,流量及扬程均符合要求。

[填空]

1. 基坑明排水法(集水坑排水)适用较广,除_____外,一般情况均适用。
2. 基坑明排水法(集水坑排水)拟定施工方案时,一般要进行两项计算,即_____和_____的计算。
3. 水泵选择时,主要考虑两个参数,分别是_____和_____。

[计算]

1. 某均质中砂土场地中有一矩形基坑10m×30m,深度5.0m,降水井深度15m,地下水位为 -2.0m,基坑施工时要求水位降至基坑底面以下1.0m,中砂土厚度为15m,渗透系数为10m/d,其下伏地层为花岗岩,基坑采用完整井群降水,计算基坑涌水量。

2. 条件同第1题,基坑位于河边,基坑距河水边线的距离为30m,计算基坑涌水量及选择水泵类型。

3. 某基坑开挖时缺少水文资料,敞口放坡开挖基坑,矩形基坑10m×15m×3.5m,地质情况以中粒砂、砂砾层为主,试初步估计其渗水量并确定水泵类型。

任务五 井点排水法

井点降水法可以完全克服流沙现象,从根本上降低地下水位,形成稳定的降落曲线,稳定了土壁(可不必放坡或坡度改陡),土壤抗剪强度增加。但设备多、费用大,桥涵基础施工中应进行技术经济比较后采用。

土质、挖深与降水方法的关系见表5-5-1。各种井点法的适用范围见表5-5-2。

土质、挖深与降水方法关系 表5-5-1

挖深(m)	亚黏土、亚砂土、粉砂土	粉砂及中砂	粉砂及砾石	大砾石、粗卵石(含有砂粒)
<5	一级井点(真空法、电渗法)	一级普通井点	1.井点;2.表面(明)排水;3.离心泵井内抽潜水	
5~12	多级井点、喷射井点(真空电渗)		多级井点	
12~20			喷射井点	
>20	用深井泵抽除地下水	—		

各种井点法的适用范围   表 5-5-2

井点类别	土壤渗透系数 (m/d)	降低水位深度 (m)	井点类别	土壤渗透系数 (m/d)	降低水位深度 (m)
一级轻型井点法	0.1~80	3~6	电渗井点法	<0.1	5~6
二级轻型井点法	0.1~80	6~9	管井点法	20~200	3~5
喷射井点法	0.1~50	8~20	深井泵法	10~80	>15
射流泵井点法	0.1<50	<10			

注：摘自《新编桥梁施工工程师手册》表4.6-3。

一、轻型井点系统布置与降水曲线

1. 作用原理

轻型井点布置如图 5-5-1a)所示，系由带有滤管的井点管和集水管等所组成的管路系统与泵浦系统(包括离心泵和真空泵等)共同作用，是人工降低地下水位的重要方法之一，获广泛应用。

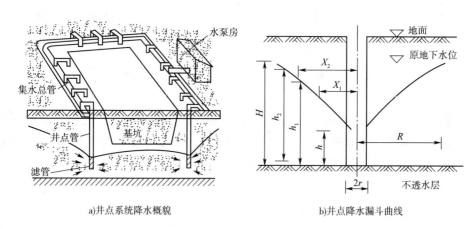

a)井点系统降水概貌   b)井点降水漏斗曲线

图 5-5-1　轻型井点系统布置与降水曲线

井点降水的基本原理如图 5-5-1b)所示，是从井中连续抽水，使井周围的地下水位下降而形成降水漏斗，当多井同时抽水，便形成若干漏斗曲线(降落曲线)的互相重叠，从而形成大面积原有地下水位的成片降低，施工降水要求连续抽设，遂使降落曲线保持稳定。

2. 井点系统降水施工平面布置

(1)线状井点各种平面布置(表 5-5-3)

线状井点各种平面布置   表 5-5-3

序号	类型	布置简图	适用条件	设计特征
1	单排线状井点加密	(布置简图)	坑宽<6m，降水深度不超过6m	线状井点两端井点间距加密，如左图所示的 $L/20$ 部分

续上表

序号	类 型	布置简图	适用条件	设计特征
2	单排线状端部延伸	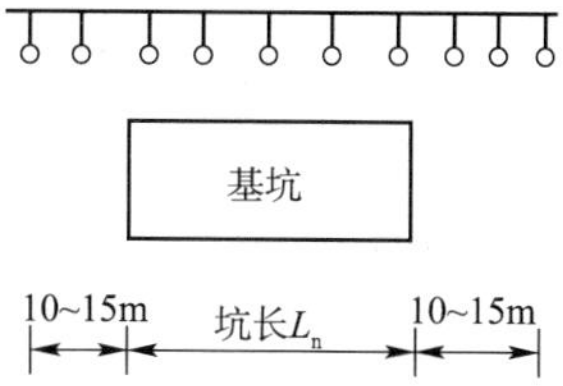 (基坑，两端延伸 10~15m，坑长L_n，10~15m)	基坑两端封闭困难，有条件采用端部延伸	有利于提高基坑两端降水效果
3	单排线状末端弯转	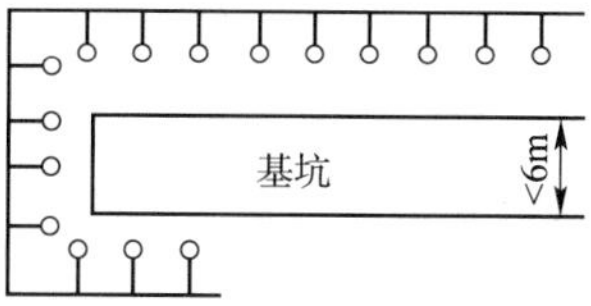 (基坑，<6m，末端弯转)	基坑端部井点转弯设置，加强降水	转弯的一端尽可能布置在来水上游最为有利
4	双排线状井点	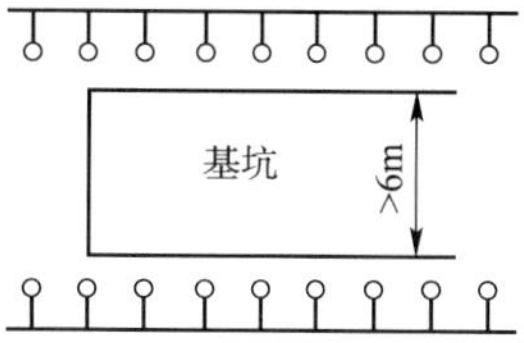 (基坑，>6m)	坑宽>6m或淤泥质亚黏土，有时坑宽不足6m时，亦采用双排	根据基坑宽度、降深要求和土条件决定，确保疏于挖掘

注：摘自《新编桥梁施工工程师手册》表4.6-4。

(2) 环圈井点平面布置(表5-5-4)

环圈井点平面布置表　　　　　　　　　表5-5-4

序号	类 型	布置简图	适用条件	设计特征
1	半环圈井点	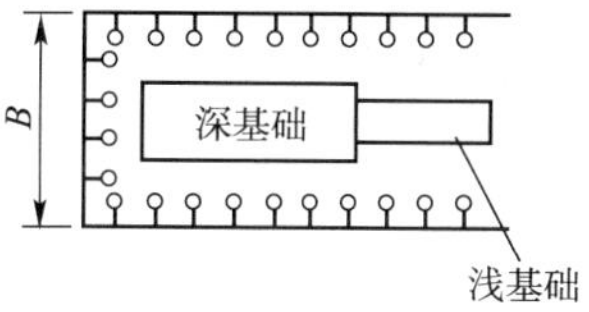 (深基础，浅基础，B)	环圈受到场地或浅基础等影响不能封闭时可用半环，并酌情延长	根据施工状况及施工要求，采取半环形，延长部分取$B/2$(左图)，并对浅基有利
2	环圈井点系统	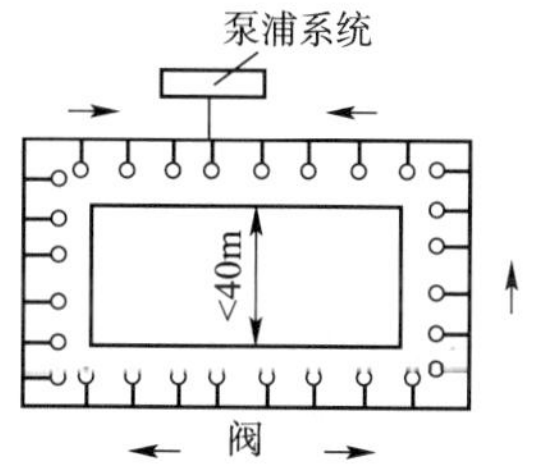 (泵浦系统，<40m，阀)	基坑宽度<40m的环圈井点降水	在泵浦系统对面装置一阀，使集水总管分向流入泵浦设备，避免紊流；环圈总点长1/5距离四角井点间距加密
3	大型环圈井点	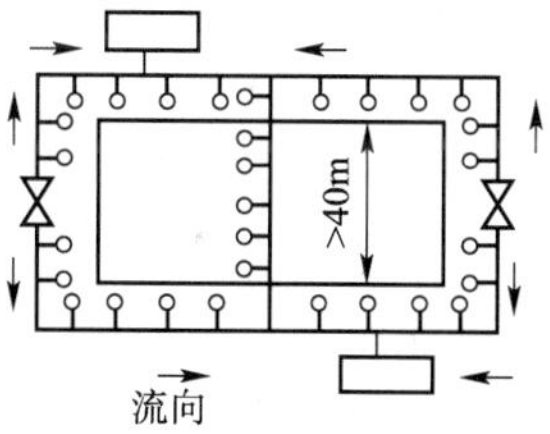 (>40m，流向)	基坑宽度>40m设置大型环圈井点降水	环圈点长>100~120m时宜设置两套泵浦，装闸阀；坑宽>40m，应考虑地质条件和降深要求设中间井点

注：摘自《新编桥梁施工工程师手册》表4.6-4。

(3)井点系统降水的高程布置(表5-5-5)

井点系统降水的高程布置表 表5-5-5

序号	类型	布置简图	说明
1	单排线状井点		单排井点降落曲线一般可按 $i = 1/3 \sim 1/5$ 布置,i 值初期陡峻,后期平缓,最佳情况可达 1/10,视水文地质和抽水时间等因素而异。左图中 H 可为 6~7m(井管长度),滤管长多为 1.0~1.2m
2	双排或环圈井点		基坑宽度>6.0m,且降深要求>6m 即需考虑双排井点布置;对矩形或方、圆形(可取六角、八角形)基坑则多取环圈井点,此类布置均可按坡降 $i = 1/10$ 估计,进行校核
3	二级井点		当采用一级轻型井点降水深度不能满足设计要求时,可考虑其他降水技术措施(如降低集水总管高度或以"土井"配合等),扩大一级井点降水深度,倘仍不能确保配合,则必须布置二级井点或改用喷射井点

注:摘自《新编桥梁施工工程师手册》表4.6-4。

(4)井点管埋深的计算

井点管埋深计算图如图5-5-2所示,可按式(5-5-1)计算埋深。

$$H_A = h_1 + h_2 + \Delta_S + \frac{r}{i} + l \quad (5-5-1)$$

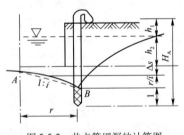

图5-5-2 井点管埋深的计算图

式中:H_A——井点水泵轴至井点滤管底的深度(m);

h_1——井点水泵轴至未降水前的地下水位的高度(m);

h_2——原地下水位至基坑底面的高度(m);

r——基坑底中心的水平距离(m);

Δ_S——降水后地下水位距基坑底面的安全深度,一般取 0.5~1.0(m);

l——滤管长度(m),根据实际使用的滤管长度确定,一般为1.2m。

如图5-5-2及式(5-5-1)所示,井点管的埋深可通过计算确定。应注意以下两点:

①当计算的 H_A 值 >7m 时,一般应考虑采用二级井点或改用喷射井点。

②为充分发挥轻型井点降水作用,当 H_A 值 >7m 时,亦可考虑配合井点加深降水的技术

措施(如"土井"),从而使 H_A 值满足一级井点降水要求。

二、轻型井点排水计算

轻型井点计算的主要内容有:计算涌水量、确定井点管数量与间距、选择抽水设备等。

1. 涌水量计算

(1)无压完整井

无压完整井井点涌水量计算图如图 5-5-3 所示,涌水量按式(5-5-2)、式(5-5-3)计算。

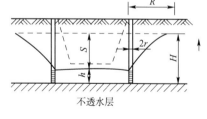

图 5-5-3 无压完整井井点涌水量计算图

① 单井涌水量:

$$Q = 1.366K \frac{(2H-S)S}{\lg R - \lg r} \quad (5\text{-}5\text{-}2)$$

② 环圈井点涌水量:

$$Q = 1.366K \frac{(2H-S)S}{\lg R - \lg x_0} \quad (5\text{-}5\text{-}3)$$

式中:Q——单井涌水量(m^3/d);

K——渗透系数(m^3/d);

H——含水层厚度(m);

R——抽水影响半径(m),除抽水试验外,$R = 1.95S\sqrt{HK}$;

S——水位降低值(m);

r——井点的半径(m);

x_0——基坑的假想半径(m);对矩形基坑,当其长宽比不大于 5 时,$x_0 = \sqrt{\dfrac{F}{\pi}}$($F$ 为基坑的平面面积)。

(2)无压不完整井

无压不完整井井点涌水量计算图如图 5-5-4 所示,涌水量按式(5-5-4)计算。

$$Q = 1.366K \frac{(2H_0-S)S}{\lg R - \lg x_0} \quad (5\text{-}5\text{-}4)$$

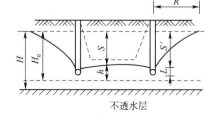

图 5-5-4 无压不完整井井点系统涌水量计算图

式中:H_0——有效带深度,系经验数值,按表 5-5-6 取值;

其余符号意义同上。

H_0 值   表 5-5-6

$S'/(S'+L)$	0.2	0.3	0.5	0.8
H_0	$1.3(S'+L)$	$1.5(S'+L)$	$1.7(S'+L)$	$1.85(S'+L)$

注:S'——地下水位至滤管端部的距离(cm);L——滤管长度(cm)。

(3)承压完整井

承压完整井环围井点涌水量计算图如图 5-5-5 所示,涌水量按式(5-5-5)计算。

$$Q = 2.37K \frac{MS}{\lg R - \lg x_0} \quad (5\text{-}5\text{-}5)$$

式中:M——承压含水层厚度(m);

其余符号意义同前。

（4）承压不完整井

承压不完整井涌水量计算图如图 5-5-6 所示，涌水量按式（5-5-6）计算。

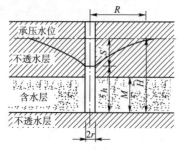 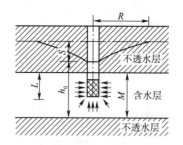

图 5-5-5 承压完整井环圈井点涌水量计算图　　图 5-5-6 承压不完整井井点系统涌水量计算图

$$Q = 2.37K \frac{MS}{\lg R - \lg x_0} \sqrt{\frac{M}{1 + 0.5r}} \sqrt{\frac{2M-1}{M}} \tag{5-5-6}$$

式中符号意义同前。

2. 单根井点最大出水量 q

$$q = 65\pi dl \sqrt{K} \tag{5-5-7}$$

式中：d——滤管直径（m）；

　　　l——滤管长度（m），一般为 1～1.7m，目前多采用 1.2m；

　　　K——渗透系数（m/d）。

3. 需用井点最少根数

$$n = 1.1 \frac{Q}{q} \tag{5-5-8}$$

式中：n——需用井点最少根数（根）；

　　　Q——井点系统总涌水量；

　　　q——单根井点最大出水量；

　　　1.1——备用系数（防止滤管漏气或堵塞失效）。

4. 井点管间距

$$D = \frac{L}{n} \tag{5-5-9}$$

式中：L——集水总管长度（m）；

　　　n——井点根数。

5. 校核方案降水要求

$$h = \sqrt{H^2 - \frac{Q}{1.366K}\left(\lg R - \frac{1}{n}\lg X_1 X_2 \cdots X_n\right)} \tag{5-5-10}$$

式中：　　h——滤管外壁处或基坑底任意点的动水位高度，对完全井算至井底，对不完全井算至有效含水层，见图 5-5-3 和图 5-5-4；

X_1、X_2、$\cdots$、X_n——所核算的滤管外壁或基坑底任意点至井点管的水平距离（m）；

　　　n——井点管数。

[**工程示例 5-5-1**] 桥涵基坑井点降水施工技术

一、工程概况

丹拉国道主干线包头（哈德门）至磴口高速公路，经河套地区，地质复杂。一般地下水位在2.0m左右，在春灌、秋灌时期，地下水位上升，地表下0.5m即出现地下水，且地质土为亚砂土、亚黏土和细砂。涵洞基坑在开挖时，基坑内地下水大量渗出，造成基坑内积水成患，坑壁连续坍塌，施工单位开始采取集水坑明排水坑壁支撑加固法进行开挖，由于基坑底部及坑壁渗水量较大，发生流沙现象，造成支撑失效，坑壁继续严重坍塌，无法进行进一步施工。后采用井点降水法降低基坑范围地下水位，保证基底及坑壁土壤疏干。通过实践证明，这种施工方法在砂性土中非常有效。

二、降水工艺

1. 轻型井点降水系统布置方案选择

考虑桥涵基坑开挖一般为2~5m深，基坑宽度小于50m，根据井点降水类型决定采用一级轻型普通井点降水，采用环状井点，真空法抽汲排水，如图5-5-7、图5-5-8所示。

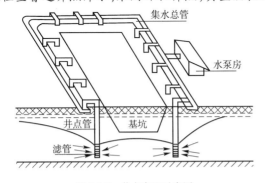
图5-5-7　井点布置示意图

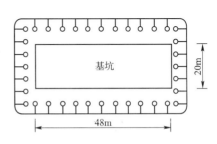
图5-5-8　环状井点布置示意图

根据本地区的地质条件，选择排水井为无压非完整井。

2. 确定井点布置原则

井点系统的平面布置应根据基坑的平面形状、大小、工程地质、工程要求降水深度、地下水径流方向和含水层渗透系数等来确定。一般情况下，当基坑宽度小于6m且降水深度不超过6m时，可用单排井点，布置在地下水上游一侧，当基坑宽度大于6m或地质不良、渗透系数较大时，采用双排井点布置在基坑的两侧。基坑面积较大时，采用环形或多边形封闭布置。封闭形井点的转角处在每边不小于5m的范围内加密主管1/3~1/2。井点管基坑壁不宜小于1.5m，井点主管的滤管应埋至抽吸深度0.5~1m处，以免进气。为了充分利用泵的抽吸能力，水泵芯应与总管保持齐平。

3. 井点降水设备

为满足井点降水需要，需要一套冲管冲孔设备：冲孔机，需要一套抽水设备：真空泵、抽汲总管、连接管及井管。井点降水设备见表5-5-7。

井 点 降 水 设 备　　　　表5-5-7

序　号	名　　称	数　量
1	变压器或发电机	自行选择，满足供电要求
2	离心式水泵	2台
3	水泵机组配件	2套
4	井点管	90根

4. 井点系统降水各参数计算

轻型井点计算的主要内容有:计算涌水量,确定井点管数量与间距,选择抽水设备等。井管间距、井管直径、井点滤管及抽水设备是影响井点降水效果的主要原因。下面以一个板涵基坑为例进行井点降水各参数计算。各项参数如下:基坑长48m,宽20m,要求降水深度$S=3.1m$,$S'=5m$,$L=15m$,渗透系数$K=0.5m/d$(砂性土),$H=S'+L=20m$。井点涌水量计算图如图5-5-9所示。

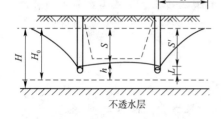

图5-5-9 承压不完整井井点系统涌水量计算图

(1)井管影响半径R

$$R = 1.95S\sqrt{HK}$$
$$= 1.95 \times 3.1\sqrt{20 \times 0.5} = 19.11m$$

(2)基坑假想半径X_0

$$X_0 = \sqrt{\frac{F}{\pi}} = \sqrt{\frac{48 \times 20}{3.14}} = 17.48m$$

(3)H_0为有效带深度,按表5-5-6取值

$$\frac{S'}{S'+L} = \frac{5}{5+1.2} = 0.8$$

$$H_0 = 1.85(S'+L) = 1.85 \times (5+1.2) = 11.5$$

(4)涌水量Q

对于无压非完整井,地下水不仅从井的侧面流入,还从井底渗入。涌水量计算如下:

$$Q = 1.366K\frac{(2H_0-S)S}{\lg R - \lg x_0} = 1.366 \times 0.5\frac{(2 \times 11.5 - 3.1) \times 3.1}{\lg 19.11 - \lg 17.48} = 1088.2 \ m^3/d$$

(5)单根井管的抽水能力

$$q = 65\pi dl\sqrt{K} = 65 \times 3.14 \times 0.05 \times 1.2\sqrt{0.5} = 8.7m^3/d$$

(6)井管数量n

$$n = 1.1\frac{Q}{q} = 1.1 \times 1088.2/8.7 = 137.6,取 n = 138$$

(7)井点管间距D

$$D = \frac{L}{n} = 2 \times (48+20)/138 = 0.99m$$

实际施工中,为保证降水效果,取$D=0.9m$。

三、施工准备

1. 材料准备

(1)井点管用直径为50mm的钢管,带管箍,下端为长2m的同直径且钻有φ10梅花形孔(6排)的滤管,外缠8号铁丝,间距20mm,外包尼龙窗纱两层,棕皮三层,缠20号铁丝,间距40mm。

(2)连接管用塑料透明管、胶皮管,一般直径取38~55cm,顶部装铸铁头。

(3)集水总管用直径为75~100mm的钢管(带接头)。

(4)滤料为粒径0.5~3.0cm的石子,含泥量小于1%。

2. 施工工艺

确定井点降水类型→井点放线定位→安装高位水泵→埋设井点管→布置安装总管→井点管与总管连接→安装抽水设备→试抽与检查→正式投入降水程序→施工完毕,拆除井点。

3. 施工注意事项

(1)施工过程中,应保证在抽水期间不停电,抽水应连续进行,特别是开始抽水阶段,时停时抽会导致井点管的滤网堵塞。同时由于中途长时间停止抽水,造成地下水位上升,会引起土方边坡塌方等事故。

(2)对轻型井点降水应经常进行检查,其出水规律为"先大后小,先浑后清",若出现异常情况,应及时进行检查,在抽水过程中,应经常检查和调节离心泵的出水阀门以控制流水量,当地下水位降到所要求的水位后,要减少出水阀门的出水量,尽量使抽吸与排水保持均匀,达到细水长流。

(3)真空度是轻型井点降水能否顺利进行的主要技术指数,现场设专人经常观测,若抽水过程中发现真空度不足,应立即检查整个抽水系统有无漏气环节,并应及时排除。

(4)在抽水过程中,特别是开始抽水时,应检查有无井点管淤塞的死井,这可通过管内水流声、管子表面是否潮湿等方法进行检查,如"死井"数量超过10%,则严重影响降水效果,应及时采取措施,采用高压水反复冲洗处理。

(5)基坑周围上部应挖好水沟,防止雨水流入基坑。

(6)井点位置应距坑边1~2m,以防止井点设置影响坑边土坡的稳定性,水泵抽出的水应按施工方案设置的明沟排出,离基坑越远越好,以防止渗下回流,进而影响降水效果。

4. 效果检查

自2003年10月31日~2003年11月3日,对该板涵降水情况进行观察,每个井管都抽水正常,排水是细水长流,出水澄清,基坑内积水明显下降,基底高程为1027.5m。共布置三个观测点,观测井管内水位变化情况,具体见表5-5-8。

水位变化记录表　　　　　　　　　　　　　表5-5-8

观测点观测日期	10月31日	11月1日	11月2日	11月3日
A	1029.80	1028.48	1027.48	1026.90
B	1029.96	1028.62	1027.51	1026.84
C	1029.88	1028.56	1027.66	1026.98

四、总结

根据对板涵的井点降水施工,顺利实现了基坑降水,保证了基础施工,缩短了工期,达到了预期目标,为下一步大范围基础施工打下了坚实的基础,取得了显著的经济效益和社会效益。

(1)经济效益:该标段12道板涵全部施工完后,通过统计节约费用17万元。包括:

①基坑节约挖方9000m³,节约8.15万元。

②节约支撑3.5万元。

③工期效益,节约模板加工、租赁费,加快工期,实现效益5.0万元。

(2)社会效益:

①试验的两座涵管基坑内水位均下降到基底高程-0.8m处,保证了基坑的顺利开挖,地基承载力经检测,也达到了设计要求。

②少量弃方,少占耕地,有利于保护内蒙古薄弱的生态环境。

③减小了工人劳动强度,保证了施工质量,有效缩短工期。

④加快了施工进度,为项目后续结构物的基坑开挖,提供了有效的模式,为河套地区地基开挖提供了经验。

[填空]

1. 井点降水法可以完全克服_____现象,从根本上降低地下水位,形成稳定的降落曲线。

2. 一级轻型井点法可降低水位_____ ~ _____ m。
3. 确定轻型井点降水施工方案时,计算的主要内容有:_____、_____、_____。

[计算]

某桥梁基坑基底尺寸为 15.0m×4.0m×4.0m,拟采用一级轻型井点法降水,土壤渗透系数 40m/d,环圈井点布置,地下水位为地面下 1.0m,地面下 5.5m 为岩石层(不透水层),试进行轻型井点降水方案的计算,并参照表 5-5-3 ~ 表 5-5-5 画出其布置图。

任务六 基底检验

一、地基检验的内容

根据《公路桥涵施工技术规范》(JTG/T F50—2011)12.6,地基检验应包括如下内容:
(1)基底的平面位置、尺寸和基底高程。
(2)基底地质情况和承载力是否与设计资料相符。
(3)基底处理和排水情况是否符合规范要求。
(4)施工记录及有关试验资料等。

二、检验方法

按桥涵大小、地基土质复杂(如溶洞、断层、软弱夹层、易溶岩等)程度及结构对地基有无特殊要求,可采用以下检验方法。
(1)小桥涵的地基检验:可采用直观或触探方法,必要时可进行土质试验。
(2)大、中桥和地基土质复杂,结构对地基有特殊要求的地基检验,宜采用触探和钻探(钻深至少4m)取样做土工试验,或按设计的特殊要求进行荷载试验。
(3)特大桥或特殊结构桥梁的地基检验应符合设计规定。

三、基底平面位置和高程的允许偏差

《公路桥涵施工技术规范》(JTG/T F50—2011)12.6 规定如下:
(1)基底的平面位置应符合设计要求,且应满足基础施工作业的需要。
(2)基底高程允许偏差:土质 ±50mm;石质 +50mm,−200mm。

四、平板荷载试验确定基底承载力

1. 基本原理

荷载板试验是原位测试方法之一。原位测试是指在岩土体原有的位置上,在保持土的天然结构、天然含水率以及天然应力状态条件下测定岩土性质。由于该试验与地基的实际工作条件比较接近,比较直观,所以能比较真实地反映在天然埋藏条件下承受荷载作用时的压缩性能,比触探、取样更可靠。根据荷载和沉降量的关系,计算地基土的变形模量和评定地基承载能力。

荷载板一般用刚性的方形板或圆形板,其面积应为 2500cm^2 或 5000cm^2,目前工程上常用的是 50cm×50cm 或 70.7cm×70.7cm 的方板。

加载方式分两大类:一类为平台加载装置,如图 5-6-1 所示;另一类为千斤顶加载装置,如图 5-6-2 所示。

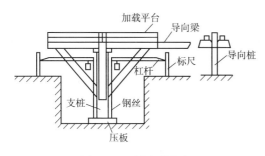
图 5-6-1 平台加载方式

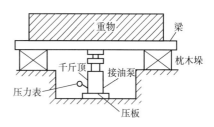
图 5-6-2 千斤顶加载方式

2. 试验步骤

(1)在承建墩台基础的土层挖试坑,坑底高程与基础底的设计高程相同。坑的大小以不影响人员工作为原则,其宽度必须为平板宽度的三倍以上。为保证试验质量,挖土和排水都应特别小心,使坑底土尽量少受扰动。

(2)安放平板及试验设备就位。

(3)加载及试验记录。

每级荷载按地基破坏荷载的 1/10~1/15 进行分级加载。加载开始时,每 5~15min 观测沉降一次。1h 后,对砂土可每 30min 观测沉降一次;对黏土则可每 60min 观测沉降一次。当每一次测出的沉降量不超过 0.1mm 时,即可认为该级荷载的沉降稳定,接着便可进行下一次加载。周而复始,直至地基破坏。

每级荷载增量持续时间相同或接近,测记每级荷载作用下荷载板沉降量的稳定值,加载至总沉降量为 25mm,或达到加载设备的最大容量为止,然后卸载,记录土的回弹值,持续时间应不小于一级荷载增量的持续时间。根据试验记录绘制荷载 P 和沉降量 S 的关系曲线,如图 5-6-3 所示。

地基在荷载作用下达到破坏分以下三个阶段:

①压密阶段(直线变形阶段):相当于 $P\text{-}S$ 曲线上的 oa 段,这一阶段荷载板沉降主要是由于土中孔隙减少引起,a 点对应荷载称为比例界限 P_r。

②剪切阶段:相当于 $P\text{-}S$ 曲线上的 ab 段,相应于 b 点荷载称为极限荷载 P_u。

③破坏阶段:相当于 $P\text{-}S$ 曲线上的 bc 段,土体变形由土颗粒剪切变位引起,土粒主要是侧向移动,地基上失稳而破坏。

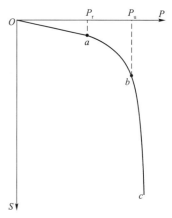
图 5-6-3 荷载与沉降量的关系
($P\text{-}S$ 曲线)

(4)地基破坏的判断

一般在满足下列条件之一时,便可认为基底已达到破坏荷载:

①荷载的沉降量超过 40mm,且最后一级荷载施加后的沉降量比前一级的大 5 倍以上。

②最后一级荷载施加后的沉降量虽比前一级的大 2 倍以上,但沉降在 24h 内仍不能达到稳定标准。

③荷载板的沉降量虽不小于 40mm,但荷载板周围的土层面上已出现裂纹(黏性较大土)或有明显的侧向挤压(砂类土)。

(5)逐级撤除设备,移至下一检测点。

3. 试验数据的处理

(1) 地基土的承载力

当 P-S 关系曲线有较明显的直线段时,一般就用直线段拐点对应的压力 P_r 值,作为地基土的承载力(图 5-6-3)。

在饱和软土地基中,P-S 关系曲线拐点不明显,此时可绘制 lgP-lgS 曲线确定拐点;也可应用相对沉降法确定地基土的承载力。

(2) 地基土的变形模量 E_0

$$E_0 = (1-\mu^2)\frac{\pi B}{4} \cdot \frac{\Delta P}{\Delta S} \tag{5-6-1}$$

式中:B——承压板直径(m),当为方形板时,$B = 2\sqrt{\dfrac{A}{\pi}}$,$A$ 为方形板面积(m^2);

$\dfrac{\Delta P}{\Delta S}$——P-S 关系曲线直线段斜率(kPa/m);

μ——地基土的泊松比,对于砂土和粉土,$\mu = 0.33$;对于可塑至硬塑黏性土,$\mu = 0.38$;对于软塑至流塑黏性土和淤泥质黏性土,$\mu = 0.41$。

[工程示例 5-6-1] 荷载板试验

1. 试验概况

试验场地位于甘肃省河西走廊中东部、祁连山北麓、阿拉善台地南缘的丘陵戈壁荒漠区,区内山地平川交错,戈壁绿洲相间。本项目路基以路堤为主,沿线路堤段地基主要以戈壁砂砾、河滩砂砾为主。农田段一般上覆 1~2m 厚的硬塑状砂质粉土或黄土状粉土,中低山区的路堤段地基主要以砾砂(松散至稍密)和裸露基岩为主。

针对全线地层结构、物质组成等地基土的特性选择了具有代表性的三个测区,各测区布设了三个测点进行荷载试验,三个试验区段依次代表金川河冲洪积平原路基段、山间坡积物砾砂地路基段、山前冲洪积平原路基段。

根据钻探及现场调绘并参考试验区段Ⅰ右侧砂砾料场开挖剖面可知,该处的地层为圆砾,中密至致密,稍湿,棕红色,分选性差,骨架颗粒以变砂岩、花岗岩为主,次圆状,骨架颗粒大部分接触,厚度最小为 4.9m,圆砾土密度为 2.194g/cm³。

试验区段Ⅱ地层岩性为浅红色砾砂,稍湿,松散至稍密,集料主要由花岗岩碎屑构成,厚度最小为 5.6m,砾砂密度为 2.08g/cm³。

根据 CZK-YCLJ-07 可知,试验区段Ⅲ附近地表为浅黄色、黄土状粉性土,土质松散不均,多植物根孔和虫孔,稍湿,坚硬,含少量角砾,厚约 1.5m;以下为圆砾,浅灰色,稍湿,中密至密实,分选性较差,由亚圆形颗粒组成,主要由变砂岩、板岩、花岗岩等岩类碎屑构成,最大粒径为 16cm,大于 5cm 的粒径约占 15%,砂土充填,厚度大于 18m 以上,圆砾密度为 2.11g/cm³。

3 个测区荷载试验结果见图 5-6-4,变形模量 E_0 统计见表 5-6-1。

变形模量 E_0 统计表(MPa)　　　　　表 5-6-1

试验测区编号	变形模量			平均值
	第一次	第二次	第三次	
1	6.52	10.22	8.83	8.52
2	2.61	2.88	4.13	3.21
3	6.22	4.55	4.85	5.21

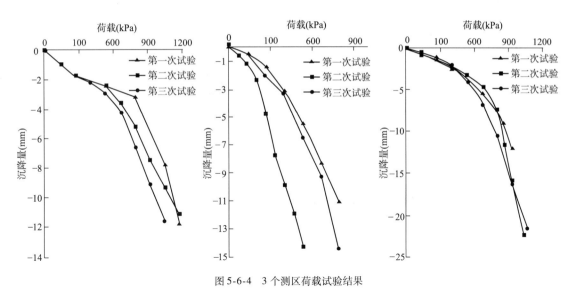

图 5-6-4 3个测区荷载试验结果

2. 主要成果

根据 P-S 曲线确定极限点 P_0，作为地基承载力，试验结果见表5-6-2。

试验结果（kPa） 表5-6-2

试验测区编号	比例界限			极限荷载			取值范围	推荐值
	第一次	第二次	第三次	第一次	第二次	第三次		
1	600	—	750	—	552	—	550~750	550
2	175	—	—	—	250	200	175~250	190
3	650	—	580	475	—	—	475~650	500

3. 结果分析

根据现场调绘以及参考附近钻探可知Ⅰ号试验区段，场地附近地层岩性相对较好稳定，主要以圆砾为主，局部层位为卵石。同时，根据 P-S 曲线来看，在较小的荷载下，沉降相对较快，但随着荷载的不断增加，该加速趋势相对平缓，且最终能达到稳定，说明表层以下土层相对密实，土层稳定。

Ⅱ号试验区段场地附近地层主要以砾砂为主，集料主要以花岗岩碎屑构成，岩性相对较好稳定。同时，根据 P-S 曲线来看，在较小的荷载下，沉降出现了一定程度的加速，但随着荷载的不断增加，该加速趋势得到了某种抑制，且最终能达到稳定。由此可见该点处的地层颗粒较细，上部结构强度较差，或者存在局部的松散现象。

Ⅲ号试验区段场地附近地表有薄层黄土状土，地层岩性相对较好稳定，主要以圆砾为主。同时，Ⅲ号区段的第1次试验就是在未清除表层黄土的情况下进行的，P-S 曲线也反映出该层相对比较松散；第2、3次试验均是在清理了表层黄土进行试验的，沉降相对较为平稳，表明该地层相对较为稳定。

五、标准贯入试验确定地基承载力

标准贯入试验是采用质量为63.5kg的穿心锤，以76cm的落距，将一定规格的标准贯入器先打入土中15cm，然后开始记录锤击数目，接着将标准贯入器再打入土中30cm，用此30cm的锤击数（N）作为标准贯入试验的指标。

标准贯入试验是国内广泛应用的一种现场原位测试手段,它不仅可用于砂土的测试,也可用于黏性土的测试。锤击数(N)的结果可用以判定砂土的密实度、黏性土的稠度、地基土的允许承载力、砂土的振动液化、地基承载力,同时也是检验地基处理效果的一种重要方法。

[填空]

桥梁明挖扩大基础施工时,确定地基承载力的常见方法有_____、_____、_____三种。

[简答]

1. 根据《公路桥涵施工技术规范》(JTG/T F50—2011),地基的检验包括哪些内容?
2. 简述荷载板试验的原理和步骤。
3. 简述标准贯入试验的原理步骤。

任务七 地基处理

一、地基处理的一般规定

(1)地基处理应根据地基土的种类、强度和密度,按照设计要求,结合现场情况,采取相应的处理方法。

(2)地基处理的范围至少应宽出基础之外0.5m。

(3)符合设计要求的细粒土、特殊土基底,修整妥善后,应尽快修建基础,不得使基底浸水和长期暴露。

(4)当地基需加固或现场开挖后地质情况与设计不符时,应按设计要求及有关规范执行。

不同基底地质条件的地基处理要点见表5-7-1。

不同基底地质条件地基处理要点 表5-7-1

基底地质	处理要点
细粒土及特殊土地基的处理	对细粒土或特殊土类的饱和软弱黏土层、粉砂土层及湿陷性黄土、膨胀土和黏土及季节性冻土,强度低,稳定性差,处理时应视该类土的处治深度、含水率等情况,按基底的要求采取固结处理,以满足设计要求
粗粒土及巨粒土地基的处理	(1)对于强度和稳定性满足设计要求的粗粒土及巨粒土基底,应将其承重面平整夯实,其范围应满足基础的要求; (2)基底有水不能彻底排干时,应堵塞或将水引至排水沟,然后在其上修筑基础
岩层	(1)对风化的岩层,应在挖至设计高程并满足地基承载力要求后尽快进行封闭,防止其继续风化; (2)在未风化的平整岩层上,基础施工前,应先将淤泥、苔藓及松动的石块清除干净,并凿出新鲜岩面; (3)对坚硬的倾斜岩层,宜将岩层面凿平,倾斜度较大、无法凿平时,则宜凿成多级台阶;台阶的宽度不宜小于0.3m

续上表

基 底 地 质	处 理 要 点
冻土层	(1)基础不应置于季节性融土层上,并不得直接与冻土接触; (2)基础的基底修筑于多年冻土层(即永冻土)上时,基底之上应设置隔温层或保温层材料,且铺筑宽度应在基础外缘加宽1m; (3)按保持冻结的原则设计的明挖基础,其多年平均地温等于或高于 $-3℃$ 时,应于冬季施工;多年平均地温低于 $-3℃$ 时,可在其他季节施工,但应避开高温季节,并应按下列规定处理: ①严禁地表水流入基坑; ②及时排除季节冻层内的地下水和冻土本身的融化水; ③必须搭设遮阳棚和防雨棚; ④施工前做好充分准备,组织快速施工;施工完成的基础应立即回填封闭,不宜间歇;必须间歇时,应采用保温材料加以覆盖,防止热量侵入; (4)施工期如有明水,应在距坑顶10m之外修排水沟,并应将水引向远离基坑的位置排出,当有融化水时也应及时排除
溶洞	(1)影响基底稳定的溶洞,不得堵塞溶洞水路; (2)干溶洞可用砂砾石、碎石、干砌或浆砌片石及灰土等回填密实; (3)基底干溶洞较大,回填处理有困难时,可设置桩基进行处理,桩基的设置应履行设计变更手续,并应由设计单位进行设计
泉眼	(1)基底泉眼的处理不论采取何种方式,均不应使基底土层饱水; (2)可将有螺口的钢管紧密打入泉眼,盖上螺帽并拧紧,阻止泉水流出;或向泉眼内压注速凝的水泥砂浆,再打入木塞堵眼; (3)堵眼有困难时,可采用管子塞入泉眼,将水引流至集水坑排出;或在基底下设盲沟引流至集水坑排出,待基础施工完成后,向盲沟压注水泥浆堵塞;采用引流排水时,应防止砂土流失,引起基础沉陷

注:摘自《新编桥梁施工工程师手册》表4.7-2。

二、地基加固

1. 换填法

根据土质情况拟定换填层厚度,一般为 $0.5\sim3.0\mathrm{m}$,换填断面示意见图5-7-1。

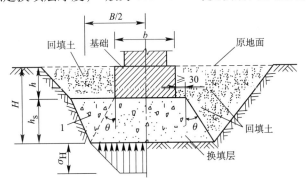

图5-7-1 换填断面示意

换填层顶面宽度应超过基础底边每侧不小于30cm,如图5-7-1中右半边所示;在填料不太困难时,宜将基础底面两侧坑壁之间全部换填,如图中左半边所示;θ 一般为 $35°\sim45°$。各种垫层的适用条件及承载力见表5-7-2。

各种垫层的适用条件及承载力 表 5-7-2

换填层材料类别	适用条件	压实度(%)	承载力标准值(kPa)
灰土	深度2m左右的软黏土、盐渍土、膨胀土、湿陷性黄土、杂填土的加固	93~95	200~250
砾类土	透水性材料垫层,适用于处理加固软弱土中透水性稍强的黏质砂土和膨胀土,不适用于湿陷性黄土和不透水的黏质土地基	94~97	150~200
中砂、粗砂、砾砂		94~97	150~200
碎石、卵石		94~97	200~300

2. 粉喷桩加固

某桥台后粉喷桩加固平面布置图见图5-7-2。

[**工程示例5-7-1**(换填法)] 某桥墩基础底面尺寸为$3m\times 9m$,荷载引起的基础底面压应力为250kPa,基础埋深3.0m,地基为均质软塑黏土。容许承载力的基本值为155kPa,采用砂垫层处理,砂垫层重度$r=18kN/m^3$,压缩模量$E_S=15MPa$,应力扩散角取35°,回填土重度为$18kN/m^3$,若砂砾垫层的厚度为2.5m,则在使用阶段进行软弱下卧层承载力验算时是否满足要求?

解:据《公路桥涵地基与基础设计规范》(JTG D63—2007)第4.5.3条计算

(1)基底处自重应力　　　　　　　　　$p'_{gk}:p'_{gk}=18\times 3=54kPa$

(2)垫层底面处的自重应力　　　　　　$p_{gk}:p_{gk}=(3+2.5)\times 18=99kPa$

(3)垫层底面的附加压应力p_{ok}:

$$p_{ok}=\frac{bl(p'_{ok}-p'_{gk})}{(b+2z\tan\theta)(l+2z\tan\theta)}$$

$$=\frac{3\times 9\times(250-54)}{(3+2\times 2.5\times \tan 35°)(9+2\times 2.5\times \tan 35°)}=65.1kPa$$

式中:p'_{ok}、p'_{gk}——基础底面压应力(kPa)、基础底面处的自重应力(kPa)。

(4)计算垫层底面处的总应力:　　　　$p_{gk}+p_{ok}=65.1+99=164.1kPa$

(5)计算垫层底面处的承载力容许值:

$$\gamma_R[f_a]=1.25\times\{[f_{a0}]+k_1\gamma_1(b-2)+k_2\gamma_2(h-3)\}$$
$$=1.25\times\{155+1\times 18\times(3-3)\}=193.75kPa$$

结论:承载力符合要求。

[**工程示例5-7-2**(扩大基础、桩基础质量控制点)] 某桥梁桥台采用扩大基础,桥墩采用钻孔灌注桩基础。为确保基础施工质量符合设计要求,需要设置质量控制点,并做好完工后的检验工作。

问题:1. 扩大基础主要的质量控制点有哪些?

2. 钻孔灌注桩主要的质量控制点有哪些?

3. 明挖地基的主要检验内容有哪些?

分析与答案:1. 扩大基础主要的质量控制点

(1)基底地基承载力的确认,满足设计要求。

(2)基底表面松散层的清理。

(3)及时浇筑垫层混凝土,减少基底暴露时间。

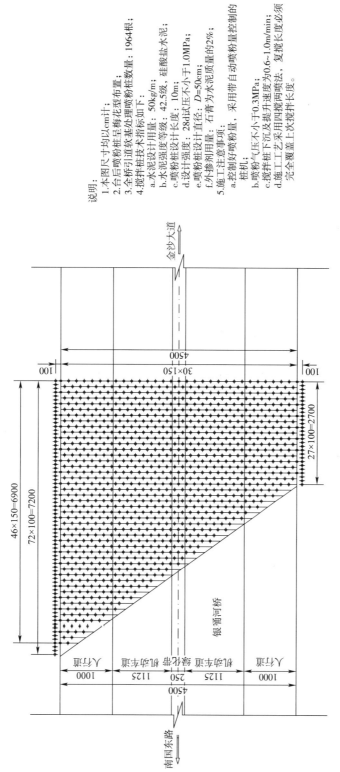

图 5-7-2 桥台后粉喷桩平面布置图

说明：
1. 本图尺寸均以cm计；
2. 台后喷粉桩呈梅花型布置；
3. 全桥引道软基处理喷粉桩数量：1964根；
4. 搅拌桩技术指标如下：
   a. 水泥设计用量：50kg/m；
   b. 水泥强度等级：42.5级，硅酸盐水泥；
   c. 喷粉桩设计长度：10m；
   d. 设计强度：28d试压不小于1.0MPa；
   e. 喷粉桩设计直径：D=50cm；
   f. 外掺剂用量：石膏为水泥质量的2%；
5. 施工注意事项：
   a. 控制好喷粉量，采用带自动喷粉量控制的桩机。
   b. 喷粉气压不小于0.3MPa；
   c. 搅拌桩下沉及提升速度为0.6~1.0m/min；
   d. 施工工艺采用四搅两喷法，复搅长度必须完全覆盖上次搅拌长度。

2. 钻孔灌注桩主要的质量控制点

(1)桩位坐标控制。

(2)垂直度的控制。

(3)孔径的控制,防止缩径。

(4)清孔质量。

(5)钢筋笼接头质量。

(6)水下混凝土的灌注质量。

3. 明挖地基的主要检验内容如下

(1)基底平面位置、尺寸大小和基底高程。

(2)基底地质情况和承载力是否与设计资料相符。

(3)地基所用材料是否达到设计标准。

[填空]

1. 地基处理的范围至少应宽出基础之外_____ m。

2. 扩大基础主要的质量控制点有:_____、_____、_____。

3. 对坚硬的倾斜岩层,宜将岩层面凿平,倾斜度较大、无法凿平时,则宜凿成多级台阶。台阶的宽度不宜小于_____ m。

[计算]

如图 5-7-1 所示,某桥台基础底面尺寸为 $4m \times 8m$,荷载引起的基础底面压应力为 200kPa,基础埋深 2.5m,地基为均质软土。容许承载力的基本值为 85kPa,采用砂垫层处理,砂垫层重度 $r=18kN/m^3$,压缩模量 $E_s=15MPa$,应力扩散角取 40°,回填土重度为 $18kN/m^3$,若砂砾垫层的厚度为 2.5m,则在使用阶段进行软弱下卧层承载力验算时是否满足要求?

项目六 桥梁墩台设计施工

任务一 常见桥梁墩台的分类

一、梁式桥台

梁式桥台分为重力式桥台、轻型桥台、组合桥台、承拉桥台。

1. 重力式桥台

重力式桥台最常见的形式是U形桥台,由台帽、台身、基础三部分组成。台后的填土压力靠自重平衡,所以桥台台身多数由石砌、片石混凝土或混凝土等圬工材料建造。适用于填土高度在8~10m以下或跨度稍大的桥梁。如图6-1-1所示为U形桥台。

该种桥台体积大,自重大,对地基的要求高。另外,要做好台后的防水措施。

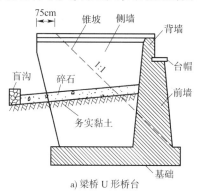
a) 梁桥U形桥台

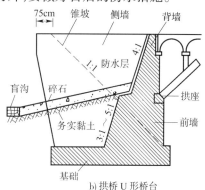
b) 拱桥U形桥台

c) U形桥台施工场景1

d) U形桥台施工场景2

图6-1-1 U形桥台

2. 轻型桥台

轻型桥台一般由钢筋混凝土材料建造,体积轻巧、自重较小。它借助结构物的整体刚度和材料强度承受外力,从而可节省材料,降低对地基强度的要求和扩大应用范围。通常分设有支撑梁的轻型桥台、钢筋混凝土薄壁桥台、加筋土桥台、埋置式桥台。

（1）设有支撑梁的轻型桥台。如图6-1-2所示，台身为直立的薄壁墙，台身两侧有翼墙用来挡土。翼墙分为一字形、八字形及耳墙式。在两桥台下部一定位置设置钢筋混凝土支撑梁，上部结构与桥台通过锚栓连接，构成四角框架结构体系，并借助台后的土压力来保持稳定。

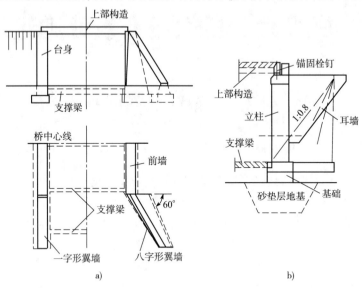

图6-1-2 设有支撑梁的轻型桥台（常见于公路小桥）

（2）钢筋混凝土薄壁桥台。如图6-1-3所示，该桥台由扶壁式挡墙和两侧的薄壁侧墙构成，其形式有悬臂式、扶壁式、撑墙式及箱式。两侧薄壁与前墙垂直时，称U字形薄壁桥台；两侧薄壁与前墙斜交时，称八字形薄壁桥台。

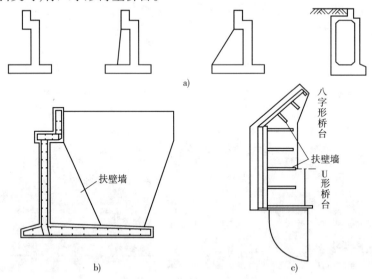

图6-1-3 钢筋混凝土薄壁桥台

（3）加筋土桥台。加筋土桥台一般是由台帽和竖向面板、拉杆、锚碇板及其填料共同组合的台身组成，如图6-1-4所示。

（4）埋置式桥台。如图6-1-5所示，台身埋在锥形护坡内，只露出台帽在外以安置支座及上部结构，其目的是减小对桥台的土压力及台身体积。按结构形式分为后倾式、肋形埋置式、双柱式、框架式。

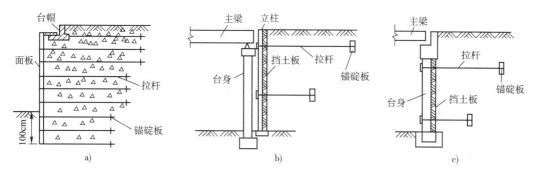

图 6-1-4　加筋土桥台和加筋土组合桥台

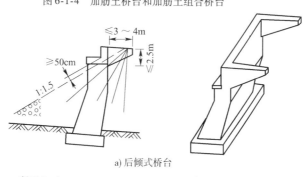

a) 后倾式桥台

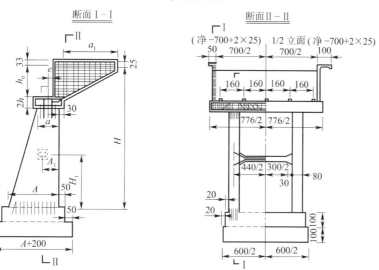

b) 肋形埋置式桥台

c) 肋板式桥台施工场景

d) 埋置式桥台施工完成情境

图　6-1-5

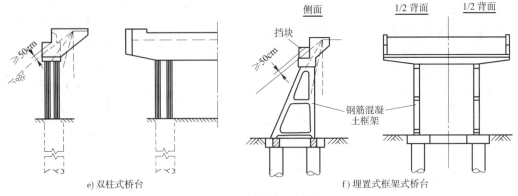

图 6-1-5　埋置式桥台(尺寸单位:cm)

3. 组合式桥台

桥台本身主要承受桥跨结构传来的竖向力和水平力,而台后的土压力由其他结构来承受,形成组合式桥台。

4. 承拉桥台

根据受力需要,要求桥台承受拉力,如图 6-1-6 所示。

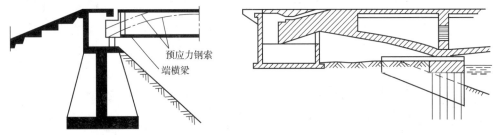

图 6-1-6　承拉桥台

二、梁式桥墩

1. 实体墩身

实体墩身由一个实体结构组成,按截面尺寸不同和墩身重力的不同分为实体重力式墩和实体薄壁式墩。

2. 空心墩身

空心墩身介于重力式桥墩和轻型桥墩之间,构造上应符合下列规定:

(1)墩身最小壁厚:钢筋混凝土不宜小于 30cm,混凝土不宜小于 50cm。

(2)为加强墩壁的抗撞能力,墩身内应设置横隔板。

(3)墩底和墩顶应设置实体段,空心段应设进入门或相应的检查设备。

西宁市南绕城快速路湟水河桥箱形空心薄壁墩如图 6-1-7 所示。

图 6-1-7　西宁市南绕城快速路湟水河桥箱形空心薄壁墩

3. 柱式桥墩

柱式桥墩在公路桥梁中最为常见,有单柱式、双柱式、三柱式等,基础可采用扩大基础或桩基础。当柱与桩直接连接,墩身高度大于 1.5 倍桩距时,应在桩柱之间布设横系梁,如图 6-1-8 所示。

a)独柱式桥墩　　　　　　　b)双柱式桥墩　　　　　　　c)三柱式桥墩

图 6-1-8　柱式桥墩

4. 柔性排架桩墩（柔性墩）

柔性排架桩墩（柔性墩）由单排或双排的钢筋混凝土桩与钢筋混凝土盖梁连接而成,可以为单排桩墩或薄壁式桥墩。

5. 框架式桥墩

框架式桥墩由构件组成的平面框架代替墩身,可以做成双层或更多层的框架,形式有 V 形、Y 形、X 形、倒梯形等,如图 6-1-9 所示。

图 6-1-9　框架式桥墩

三、梁(板)式桥墩台的一般规定

根据《公路圬工桥涵设计规范》(JTG D61—2005),梁(板)式桥墩台的一般尺寸规定如下:

(1)桥梁的墩帽和台帽厚度,特大、大跨径桥梁不应小于 0.5m;中、小跨径桥梁不应小于 0.4m。在墩、台帽内应设置构造钢筋。

(2)设置支座的墩帽和台帽上应设置支座垫石,在其内应设置水平钢筋网,与支座底板边缘相对的支座垫石边缘应向外伸出 0.1~0.2m。支座垫石顶面应高出墩、台帽顶面排水坡的上棱。墩、台顶面与梁底之间应预留更换支座时的空间。

(3)墩、台帽出檐宽度宜为 0.05~0.10m。

(4)支座边缘至墩、台身顶部边缘的距离(图 6-1-10)应视墩、台构造形式及安装上部构造的施工方法而定,其最小距离可按表 6-1-1 的规定采用。

支座边缘至墩、台身边缘的最小距离(m)　　　　表 6-1-1

桥向 跨径 l(m)	顺桥向	横桥向	
		圆弧形端头(自支座边角量起)	矩形端头
$l \geq 150$	0.30	0.30	0.50
$50 \leq l < 150$	0.25	0.25	0.40
$20 \leq l < 50$	0.20	0.20	0.30
$5 \leq l < 20$	0.15	0.15	0.20

注:当采用钢筋混凝土或预应力混凝土悬臂墩帽时,可不受本表限制,应以便于施工、养护和更换支座的原则而定。

(5)实体桥墩侧坡可采用20∶1～30∶1(竖∶横),小跨径桥梁的桥墩也可采用直坡。

实体桥墩墩身的顶宽,小跨径桥梁不宜小于0.8m(采用轻型桥台的桥梁的桥墩不宜小于0.6m);中跨径桥梁不宜小于1.0m;特大、大跨径桥梁应视上部构造类型而定。

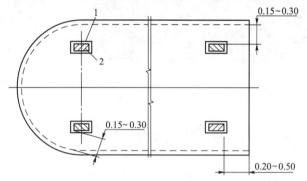

图6-1-10 支座边缘至墩、台边缘最小距离示意图(尺寸单位:m)

1-支座垫石;2-支座

[填空]

1. 梁式桥台分为_____、_____、_____、_____。

2. 肋板式桥台、双柱式桥台属于_____桥台。

3. 设有支撑梁的轻型桥台一般适用于_____的设计。

4. 桥梁的墩帽和台帽厚度,特大、大跨径桥梁不应小于_____m;中、小跨径桥梁不应小于_____m。

5. 实体桥墩墩身的顶宽,小跨径桥梁不宜小于_____m(采用轻型桥台的桥梁的桥墩不宜小于_____m);中跨径桥梁不宜小于_____m。

[简答]

试论述常见桥梁墩台式样及各自的适用范围。

任务二 U形桥台的设计施工

一、U形桥台的尺寸确定

根据《公路圬工桥涵设计规范》(JTG D61—2005)的规定:U形桥台(图6-2-1)前墙顶面宽度不宜小于0.50m,其任一水平截面的宽度,不宜小于该截面至墙顶高度的0.4倍。U形桥台前墙,可参照规范第6.1.2条规定,设置沉降缝或伸缩缝。

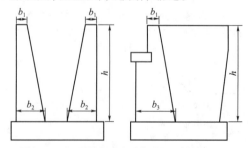

图6-2-1 U形桥台尺寸示意图(尺寸单位:mm)

$b_1 \geq 0.50$;$b_2 \geq (0.3 \sim 0.4)h$;$b_3 \geq 0.4h$

U形桥台的侧墙顶面宽度不宜小于0.50m,其任一水平截面的宽度,对于片石砌体不宜小于该截面至墙顶高度的0.4倍;块石、粗料石砌体或混凝土不宜小于0.35倍;如桥台内填料为中、粗砂或砂砾时,则上述两项可分别相应减为0.35倍和0.30倍。

当U形桥台两侧墙宽度之和不小于同一水平截面前墙全长的0.4倍时,可按U形桥台整体截面验算截面强度。当U形桥台前墙设有沉降缝或伸缩缝时,分隔的前墙和侧墙墙身或基础应分别按独立墙验算截面强度。

路基填土与U形桥台侧墙的搭接长度不宜小于0.75m。

二、U形桥台的优化设计

在工程实践中,U形桥台常常出现开裂,一部分出现在台内填料填筑过程中,另一部分出现在成桥运营阶段。通过调查分析,桥台开裂与构造设计不合理有很大关系,也与台内填料性质、填筑方式和施工有关。

U形桥台前墙与侧墙截面尺寸如图6-2-2所示,U形桥台前墙内坡比 n 如表6-2-1所示,U形桥台的墙内坡比 n_1 如表6-2-2所示。

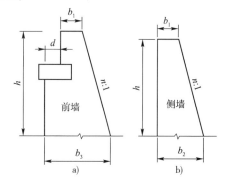

图6-2-2 前墙与侧墙截面尺寸

桥台前墙内坡比 n　　　　表6-2-1

墙顶宽度(m)	桥台高度 h(m)	内坡比 n:1
$b_1 \geq 0.5, d \geq 0.75$	5~12	3.5:1
	12~22	3:1
$b_1 \geq 0.75, d \geq 0.4$~1	5~12	3.5:1
	12~22	3:1
$b_1 \geq 1.0, d \geq 0.4$~1	5~12	3.5:1
	12~22	3:1

桥台侧墙内坡比 n_1　　　　表6-2-2

建筑材料	填料性质	侧墙顶宽(m)	桥台高度 h(m)	内坡比 n_1:1
块石、粗料石、混凝土	透水性	$b_1 = 0.5$~1	5~10	4:1
			10~22	3.5:1
片石或块石、粗料石、混凝土	透水性或非透水性	$b_1 \geq 0.75$	5~12	3.5:1
			12~22	3:1
		$b_1 < 0.75$	5~8	3.5:1
			8~22	3:1
片石	非透水性	$b_1 \leq 0.75$	5~8	3:1
		$b_1 > 0.75$	5~12	3:1

1. 台内填料对桥台构造的影响

现行规范中已经考虑到了台内填料性质对桥台构造的影响。有限元分析也表明台内填料引起的土侧压力对桥台有影响,尤其是桥台高度和宽度达到一定数值时更为显著,因此,选用合适的台内填料有助于改善桥台的受力,防止桥台开裂。如选用透水性好的砂砾石、砂性土、片块石或煤渣,同时做好台内的排水措施。位于北方寒冷地区的桥台,冬季结冰会引起填土膨胀,也会造成桥台的开裂,更要做好排水。

2. 前墙与侧墙增设外坡

通常桥台前墙与侧墙的外墙是直立式的,如图6-2-3a)所示。但是,若做成背坡式桥台,如图6-2-3b)所示,也能较好地改善桥台的受力。文献[4]用有限元方法计算了内坡比为3:1、3.5:1和4:1,背坡比10:1、20:1和直立式等几种桥台形式,计入了不同填料性质的差异,桥台高度为10~30m,宽度为12~24m,基本涵盖了桥台构造的范围。结果表明,以内坡比3.5:1和外坡比10:1拟定的桥台构造,前墙与侧墙交汇处的等效应力和最大主拉应力值最小,而该处往往是桥台最容易出现开裂的部位。

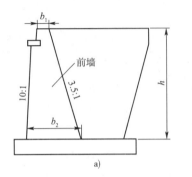 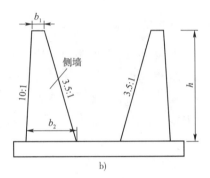

图 6-2-3 背坡式 U 形桥台

由图 6-2-3b)可知,在距墙顶 h 的侧墙截面宽度为:

$$b_2 = b_1 + h/3.5 + h/10 = b_1 + 13.5h/35 = b_1 + 0.3857h = b_1 + h/2.6$$

上式表明:

①换算内坡比2.6:1和截面系数0.3857均在规范范围内,且更趋近于0.4。

②截面系数0.3857非常接近黄金分割数0.617的余数0.383,因此,按黄金分割法中的余数确定桥台截面宽度是合理的,相当于外墙直立、墙背内坡比为2.6:1。

以上是根据规范条文所确定的桥台构造,然而在实际工程实践中仍有不少桥台出现开裂,前墙与侧墙交汇处以及前墙中部仍然是开裂的主要部位,由台内填料引起的土侧压力所致。显然,要改善桥台的受力状态,有必要再采取其他措施。

3. 增设倒角和钢筋混凝土圈梁

数值计算表明,无论桥台宽度和高度如何变化,其在受力和变形上有许多共同之处:桥台最大主拉应力集中出现在前墙与侧墙的交汇处;侧墙翼尾是桥台变形最大的部位,当桥台宽度超过20m时,前墙中部的变形也不容忽视。因此,如何减小前墙与侧墙交汇处的最大主拉应力、限制侧墙尾端顶部及前墙中部最大位移值是桥台设计的关键。

(1)增设倒角法

倒角法,即在前墙与侧墙交汇处设置倒角,如图6-2-4所示。

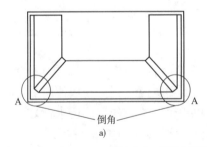 

$d=0.5m,0.75m,1m,1.25m$
A—大样图

图 6-2-4 前墙与侧墙交汇处倒角

对 0.5m×0.5m,0.75m×0.75m,1m×1m,1.25m×1.25m 四种倒角形式,用空间程序进行数值分析,结果表明:

①增设倒角可以减小前墙与侧墙交汇处的主拉应力。

②倒角越大,改善桥台交汇处受力的效果越明显。

以高 10m,宽 20m 的桥台为例,在交汇处设置倒角为 1.25m×1.25m 后,其最大主应力值由无倒角的 0.54MPa 降到设倒角后的 0.344MPa,降幅为 36%;当倒角从 0.5m×0.5m 增大到 1.25m×1.25m 时,其最大主应力值从 0.421MPa 降到了 0.344MPa;对同一高度的桥台,当桥台宽度增大,桥台的最大主应力值随之增大。增设倒角后,桥台最大主应力值改进效果明显,如宽度为 22m 时,最大主应力值是 1.42MPa,设 1m×1m 倒角后为 0.937MPa,降幅 34%;当宽度增大到 30m 时,无倒角的最大主应力值为 1.85MPa,加设倒角(1m×1m)后降为 1.013MPa,降幅为 45%,显然比桥台宽度为 22m 时的降幅大。

无论桥台宽度、高度如何变化,有无倒角对桥台台尾墙顶侧向位移影响很小,因此,在桥台交汇处设置倒角仅能较好地改善该部位的受力。

(2)钢筋混凝土圈梁法

钢筋混凝土圈梁法,即沿桥台侧墙—前墙—侧墙以及桥台空腔内设置钢筋混凝土圈梁,如图 6-2-5 所示。

采用圈梁加强后,对桥台侧墙横桥向位移的减小甚至超过 70% 以上,对其他部位的应力及位移的减小均在 20% 以上。第一道圈梁效果最为显著,第二、三圈梁位于不同高度处,对桥台前墙侧墙交汇部位的最大主应力、桥台前墙的外侧位移、侧墙的外侧位移的影响则较小。同时设置倒角和圈梁能更好地改善前墙侧墙交汇部位的最大主应力,但圈梁的作用占主导地位。

4.预应力拉筋法

这种方法对加固已经出现开裂的桥台很有效。选用高强预应力钢绞线,在布置预应力拉筋时,须满足拉筋水平力小于侧墙抗剪强度值,据此确定每束拉筋的根数、张拉力及拉筋位置,墙体材料若采用片石混凝土结构,为改善其受力,可在桥台两侧浇筑钢筋混凝土垫梁。拉筋孔道采用水平钻孔,拉筋外套镀锌管,张拉完毕后管内压注水泥砂浆。拉筋法加固 U 形桥台如图 6-2-6 所示。

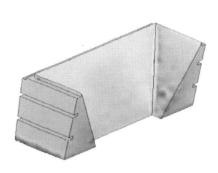

图 6-2-5 增设圈梁后的桥台

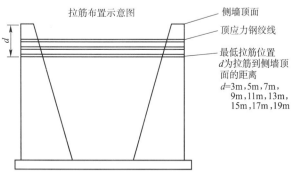

图 6-2-6 拉筋法加固 U 形桥台

通过对不同高度、不同宽度的 U 形桥台有限元分析表明,设置拉筋后桥台前、侧墙交汇处与侧墙翼尾墙踵处的最大主拉应力值能得到有效改善。当拉筋布置在距桥台顶面略大于 $1/3H$ 处,交汇处最大主拉应力值降幅 40% 左右,而侧墙翼尾墙踵处最大主拉应力降幅达 80%。可见,在桥台两侧墙对拉预应力钢绞线拉筋,无论是前、侧墙交汇处还是侧墙墙踵处,其受力都有明显改善。考虑到实际工程的可操作性和经济合理性,拉筋布置的最佳位置应结合桥台尺寸、桥台所处地质条件等,在$(1/3 \sim 2/3)H$范围内选取。

5.结论

通常增大桥跨会增加工程造价,因此,常常把桥台设置成高且宽的桥台,个别桥台高度甚至达到30m以上,从而为桥台的开裂埋下了隐患。此时,可采取增加小跨径桥梁来减小桥台高度的方法。小跨径桥梁可预制施工也可支架现浇,且造价低,更重要的是可以达到减小桥台高度的目的,减小了桥台开裂的概率。根据有限元分析,结合工程实践,建议桥台的宽度控制在20m以内,高度控制在16m以内是比较合理的。

对桥台宽度超过20m的桥台,受到台内填土压力的影响,前墙中部的变形最大,容易导致前墙中部开裂,对此,应在前墙中部设置变形缝,前墙和侧墙均作为独立挡土墙来计算。

三、片石混凝土的概念

根据《公路桥涵施工技术规范》(JTG/T F50—2011),片石混凝土仅适用于较大体积的基础、墩台身等圬工受压结构。采用片石混凝土时,可在混凝土中掺入不多于该结构体积20%的片石,片石的抗压强度等级应符合设计规定;设计未规定时,小桥涵的墩台、基础应不低于MU30,大、中桥的墩台和基础以及轻型桥台应不低于MU40。

片石混凝土施工时,应使用质地坚硬、密实、耐久、无裂纹和无风化的石料,片石的厚度应为150~300mm。在混凝土中埋放片石时应符合下列规定:

(1)片石应清洗干净并完全饱水,应在浇筑时的混凝土中埋入一半左右。

(2)当气温低于0℃时,不得埋放片石。

(3)片石应人工传递至模内,栽入混凝土面,片石铺设应均匀排列,大面朝下,小头向上,片石纹理应与受力方向垂直。片石应分布均匀,净距应不小于150mm,片石边缘距结构侧面和顶面的净距应不小于150mm,片石不得触及构造钢筋和预埋件。保证每块片石被混凝土包裹,禁止从模板上口直接投掷片石,以防扰动甚至砸断模板拉杆。

(4)混凝土应采取分层浇筑的方式,每层混凝土的厚度不应超过300mm,大致水平,分层振捣,边振捣边加片石。

片石混凝土U形桥台施工工艺流程如图6-2-7所示。

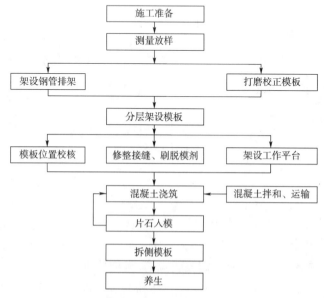

图6-2-7 片石混凝土U形桥台施工工艺流程图

(5)片石混凝土浇筑。

①严格按照施工配料单,控制混凝土的配合比、坍落度及各种外加剂。浇筑过程中对运至现场的混凝土严格进行质量检验,随机制作混凝土试件和检查混凝土坍落度,做好混凝土浇筑记录,确保混凝土质量。

②片石应选择未风化、坚硬的石料,极限抗压强度小于设计值,片石的尺寸不应大于所浇筑部位最小宽度的1/3,并不得大于300mm,表面的石粉、污泥及水锈等在填充前用水冲刷干净。

③混凝土可采用泵送或吊车料斗入模,要求混凝土出料口距离混凝土面高度小于2.0m,若高度大于2.0m,则要设置串筒,防止离析和冲击模板。

④混凝土分层浇筑,层厚以30cm左右为宜,浇筑过程保持混凝土面大致平整。

⑤混凝土振捣要密实,不要漏捣、重捣或振捣过深,且振捣时离距离模板不得小于100mm,在片石较密集的地方需要加强振捣以确保片石被混凝土密实包裹。

⑥混凝土振捣后即开始加片石,装载机将片石运送至工作平台,然后人工传递至模内栽入混凝土面,片石铺设应均匀排列,大面朝下,小头向上,片石纹理应与受力方向垂直。片石间距一般不小于100mm,离开模板距离大于150mm,以保证每块片石被混凝土包裹,禁止从模板上口直接投掷片石,以防扰动甚至砸断模板拉杆。

⑦浇筑时施工进度要视混凝土初凝时间而定,如果上层在下层初凝之后浇筑则会出现施工冷缝,但若浇筑太快则下部模板受力太大,容易导致模板变形。

⑧混凝土浇筑过程中,应配专人负责检查模板,以防模板加固不牢而变形或漏浆。

⑨对预埋件的数量、位置进行检查,并检查钢筋的安装情况。

⑩严格按高程线收面,如果上面还有其他构件用木抹收毛面即可,否则需收光面,要做到顶面平整,线形直顺。

(6)拆卸模板、养生。

①混凝土强度达到2.5MPa后开始拆模,不能太迟,否则会影响混凝土外观质量。

②拆模时应先将模板整体放松,拆除支撑和加密钢管,保证排架钢管的稳定性,以作为后续的工作平台。

③从上到下按层顺次拆除模板,防止模板碰撞台身,影响外观质量。

④取出拉杆以便重复使用,部分拉杆无法取出,则将其截断打磨至和混凝土表面平齐。

⑤用透水土工布覆盖洒水养生,至少14d。

[填空]

1.根据《公路圬工桥涵设计规范》(JTG D61—2005)的规定,U形桥台的侧墙顶面宽度不宜小于_____m,路基填土与U形桥台侧墙的搭接长度不宜小于_____m。

2.根据《公路桥涵施工技术规范》(JTG/T F50—2011),片石混凝土仅适用于较大体积的基础、墩台身等圬工受压结构。采用片石混凝土时,可在混凝土中掺入不多于该结构体积_____的片石,片石的抗压强度等级应符合设计规定;设计未规定时,小桥涵的墩台、基础应不低于_____,大、中桥的墩台和基础以及轻型桥台应不低于_____。

[简答]

1.片石混凝土U形桥台施工时,在混凝土中埋放片石时应符合什么规定?

2.简述防止U形桥台开裂的工程措施。

[案例分析]

某桥梁桥台形式拟选择 U 形桥台,桥台高度 6.5m,桥台宽度 22.0m,基础采用 2m(阶数)×1m(单阶扩基厚度)刚性扩大基础,试画出图纸并拟定桥台台身的主要尺寸。

任务三　砌筑墩台的设计施工

在公路建设中,对于石料丰富的地区,在进行桥型方案设计时,本着"因地制宜"的原则,一般考虑石砌结构,如石拱桥;或将桥梁下部墩台设计为石砌结构,如重力式圆端形石砌桥墩。石砌桥梁结构如图 6-3-1 所示。

图 6-3-1　石砌桥梁结构

一、材料要求

1. 石料

片石、块石、粗料石规格的划分,主要依据石料的形状、尺寸而定。以同样强度砂浆砌筑的 3 种石料,其砌体抗压强度依次递增。块石和粗料石加工的形状要求分别如图 6-3-2、图 6-3-3 所示。

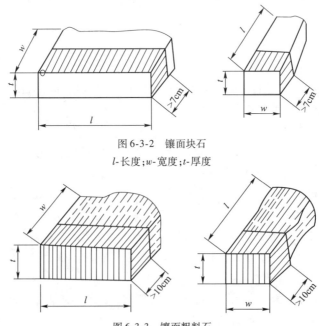

图 6-3-2　镶面块石
l-长度;w-宽度;t-厚度

图 6-3-3　镶面粗料石
l-长度;w-宽度;t-厚度

根据《公路桥涵施工技术规范》(JTG/T F50—2011)14.2.1,砌体工程所用的石料应符合下列规定:

(1)石料应符合设计规定的类别和强度,石质应均匀、不易风化、无裂纹。一月份平均气温低于 $-10℃$ 的地区,除干旱地区的不受冰冻部位外,所用石料应通过冻融试验,其抗冻性指标合格后,方可使用。

(2)片石的厚度应不小于150mm。用作镶面的片石,应选择表面较平整、尺寸较大者,并应稍加修整。

(3)块石的形状应大致方正,上下面应大致平整,厚度应为200~300mm,宽度应为厚度的1.0~1.5倍,长度应为厚度的1.5~3.0倍。块石如有锋棱锐角,应敲除。块石用作镶面时,应从外露面四周向内稍加修凿;后部可不作修凿,但应略小于修凿部分。

(4)粗料石的外形应方正,呈六面体,厚度应为200~300mm,宽度应为厚度的1.0~1.5倍,长度应为厚度的2.5~4.0倍,表面凹陷深度应不大于20mm。加工镶面粗料石时,丁石长度应比相邻顺石宽度大150mm;修凿面每100mm长应有錾路4~5条,侧面修凿面应与外露面垂直,正面凹陷深度不应超过15mm;外露面带细凿边缘时,细凿边缘的宽度应为30~50mm。

2.砌筑砂浆

根据《公路桥涵施工技术规范》(JTG/T F50—2011)14.2.3,砌筑采用砂浆应符合以下规定。

(1)砌筑用砂浆的类别和强度等级应符合设计规定。

(2)砂浆中水泥、砂、水等材料的质量应符合本规范第6章的相应规定。砂宜采用中砂或粗砂,当缺乏天然中砂或粗砂时,可采用满足质量要求的机制砂代替;在保证砂浆强度的基础上,也可采用细砂,但应适当增加水泥用量。砂的最大粒径,当用于砌筑片石时,不宜超过5mm;当用于砌筑块石、粗料石时,不宜超过2.5mm。

(3)砂浆的配合比应通过试验确定,当变更砂浆的组成材料时,其配合比应重新试验确定。砂浆应具有良好的和易性,用于石砌体时其稠度宜为50~70mm,气温较高时可适当增大。砂浆的配制宜采用质量比,并应随拌随用,保持适宜的稠度,且宜在3~4h内使用完毕;气温超过30℃时,宜在2~3h内使用完毕。在运输过程或在储存器中发生离析、泌水的砂浆,砌筑前应重新拌和;已凝结的砂浆不得使用。

(4)各类砂浆均宜采用机械拌和,拌和时间宜为3~5min。

3.小石子混凝土

根据《公路桥涵施工技术规范》(JTG/T F50—2011)14.2.4,小石子混凝土应符合下列规定:

(1)配合比设计、材料规格、强度试验及质量检验标准应符合本规范第6章规定。

(2)粗集料可采用细卵石或碎石,最大粒径不宜大于20mm。

(3)小石子混凝土的拌和物应具有良好的和易性,对片石砌体其坍落度宜为50~70mm,对块石砌体其坍落度宜为70~100mm。

二、砌筑方法

如表6-3-1~表6-3-3所示。

墩台砌筑施工要点　　　　表 6-3-1

项目	具体要求	
砌筑要点	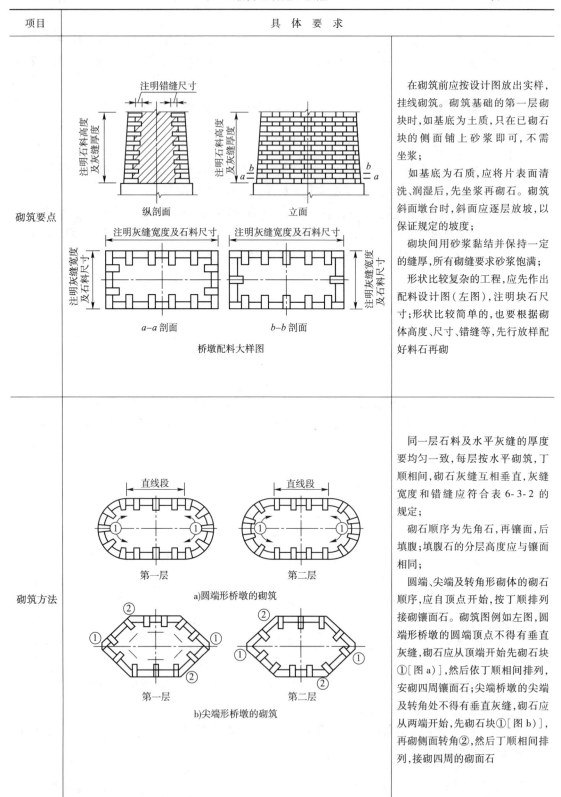 桥墩配料大样图	在砌筑前应按设计图放出实样，挂线砌筑。砌筑基础的第一层砌块时，如基底为土质，只在已砌石块的侧面铺上砂浆即可，不需坐浆。 如基底为石质，应将片表面清洗、润湿后，先坐浆再砌石。砌筑斜面墩台时，斜面应逐层放坡，以保证规定的坡度； 砌块间用砂浆黏结并保持一定的缝厚，所有砌缝要求砂浆饱满； 形状比较复杂的工程，应先作出配料设计图（左图），注明块石尺寸；形状比较简单的，也要根据砌体高度、尺寸、错缝等，先行放样配好料石再砌
砌筑方法	a) 圆端形桥墩的砌筑 b) 尖端形桥墩的砌筑	同一层石料及水平灰缝的厚度要均匀一致，每层按水平砌筑，丁顺相间，砌石灰缝互相垂直，灰缝宽度和错缝应符合表 6-3-2 的规定； 砌石顺序为先角石，再镶面，后填腹；填腹石的分层高度应与镶面相同； 圆端、尖端及转角形砌体的砌石顺序，应自顶点开始，按丁顺排列接砌镶面石。砌筑图例如左图，圆端形桥墩的圆端顶点不得有垂直灰缝，砌石应从顶端开始先砌石块①[图 a)]，然后依丁顺相间排列，安砌四周镶面石；尖端桥墩的尖端及转角处不得有垂直灰缝，砌石应从两端开始，先砌石块①[图 b)]，再砌侧面转角②，然后丁顺相间排列，接砌四周的砌面石

注：摘自《新编桥梁施工工程师手册》表 15.1-1。

浆砌镶面石灰缝规定　　　　　　　　　　　　　　　　表 6-3-2

种　类	灰缝厚度 （cm）	错缝（层间或行列间） （cm）	三块石料相接处空隙 （cm）	砌筑行列高度 （cm）
粗料石	1.5～2	不小于10	1.5～2	每层石料厚度一致
半细料石	1～1.5	不小于10	1～1.5	每层石料厚度一致
细料石	0.8～1	不小于10	0.8～1	每层石料厚度一致

注：摘自《新编桥梁施工工程师手册》表15.1-2。

墩台顶帽施工的主要工序　　　　　　　　　　　　　　　表 6-3-3

施工工序	具　体　要　求
墩、台帽放样	墩台混凝土（砌石）灌注至离墩、台帽底下 30～50cm 高度时，即需测出墩台纵横中心轴线，并开始竖立墩、台帽模板，安装锚栓孔或安装预埋支座垫板、绑扎钢筋等； 台帽放样时，应注意不要以基础中心线作为台帽背墙线，浇筑前应反复核实，以确保墩台帽中心、支座垫石等位置方向与水平高程等不出差错
模板	a) 混凝土桥墩顶帽模板　　b) 石砌桥墩墩顶帽模板 混凝土桥墩墩帽模板 墩台帽是支承上部结构的重要部分，其尺寸位置和水平高程的准确度要求较严； 浇筑混凝土应从墩台帽下 30～50cm 处至墩台帽顶面一次浇筑，以保证墩、台帽底有足够厚度的紧密混凝土； 左图为混凝土桥墩墩帽模板图。墩帽模板下面的一根拉杆可利用墩帽下层的分布钢筋，以节省铁件；台帽背墙模板应特别注意纵向支撑或拉条的刚度，防止灌注混凝土时发生鼓肚，侵占梁端空隙
钢筋和支座垫板	墩、台帽钢筋绑扎应遵照《公路桥涵施工技术规范》（JTG/T F50—2011）中有关钢筋工程的规定；墩、台帽上支座垫板的安设一般采用预埋支座垫板和预留锚栓孔的方法；前者须在绑扎墩台帽和支座垫石钢筋时，将焊有锚固钢筋的钢垫板安设在支座的准确位置上，即将锚固钢筋和墩、台帽骨架钢筋焊接固定，同时将钢垫板做成术架，固定在墩、台帽模板上； 此法在施工时垫板位置不准确，应经常检查与校正；后者须在安装墩台帽模板时，安装好预留孔模板，在绑扎钢筋时注意将锚栓孔位置留出；此法安装支座施工方便，支座垫板位置准确

注：摘自《新编桥梁施工工程师手册》表15.1-3。

三、施工规范（JTG/T F50—2011）的相关规定

《公路桥涵施工技术规范》（JTG/T F50—2011），对圬工墩台的相关规定如下：

1. 砌体的砌筑施工的规定

（1）砌块在使用前应浇水湿润，砌块的表面如有泥土、水锈，应清洗干净。

(2)砌筑基础的第一层砌块时,如基底为岩层或混凝土基础,应先将基底表面清洗、湿润,再坐浆砌筑;如基底为土质,可直接坐浆砌筑。

(3)砌体宜分层砌筑,砌体较长时可分段分层砌筑,但两相邻工作段的砌筑高差不宜超过1.2m;分段位置宜设在沉降缝或伸缩缝处,各段的水平砌缝应一致。

(4)各砌层应先砌外圈定位行列,再砌筑里层,其外圈砌块应与里层砌块交错连成一体。砌体外露面石料的镶面种类应符合设计规定,对有流冰或有漂浮物河中的墩台,其镶面宜选用较坚硬的石料或较高强度等级混凝土预制块进行镶砌。砌体里层应砌筑整齐,分层应与外圈一致,应先铺一层适当厚度的砂浆再安放砌块和填塞砌缝。砌块的外露面应进行勾缝,并应在砌筑时靠外露面预留深约20mm的空缝备作勾缝之用。砌体隐蔽面的砌缝可随砌随刮平,不另勾缝。

(5)各砌层的砌块应安放稳固,砌块间的砂浆应饱满,黏结牢固,不得直接贴靠或脱空。砌筑时,底浆应铺满,竖缝砂浆应先在已砌石块侧面铺放一部分,然后在石块放好后用砂浆填满捣实。用小石子混凝土填竖缝时,应捣固密实。

(6)砌筑上层砌块时,应避免振动下层砌块。砌筑工作中断后恢复砌筑时,已砌筑的砌层表面应加以清扫和湿润。

2.浆砌片石的砌筑施工规定

(1)片石应分层砌筑,宜以2~3层砌块组成一工作层,每一工作层的水平缝应大致找平。各工作层竖缝应相互错开,不得贯通。

(2)外圈定位行列和转角石,应选择形状较为方正及尺寸较大的片石,并长短相间地与里层砌块咬接。砌缝宽度不宜大于40mm;采用小石子混凝土砌筑时,可为30~70mm。

(3)较大的砌块应用于下层,安砌时应选取形状和尺寸较为合适的砌块,尖锐凸出部分应敲除。竖缝较宽时,应在砂浆中塞以小石块,但不得在石块下面用高于砂浆砌缝的小石片支垫。

3.浆砌块石的砌筑施工规定

(1)块石应平砌,每层石料高度应大致相同。对外圈定位行和镶面石块,应丁顺相间或两顺一丁排列,砌缝宽度应不大于30mm,上下竖缝的错开距离应不小于80mm。

(2)砌体里层平缝的宽度不应大于30mm,竖缝宽度不应大于40mm,用小石子混凝土砌筑时不应大于50mm。

4.浆砌粗料石及混凝土预制块的砌筑施工规定

(1)砌筑前,应先计算层数并选好料,砌筑时应严格控制平面位置和高度。镶面石应一丁一顺排列,砌缝应横平竖直。砌缝的宽度,对粗料石不应大于20mm,对混凝土预制砌块不应大于10mm;上下层竖缝错开的距离应不小于100mm,同时在丁石的上层或下层不宜有竖缝。砌体里层为浆砌块石时,应符合块石浆砌的规定。

(2)桥墩破冰体镶面的砌筑应符合下列规定:

①破冰棱与垂线的夹角大于20°时,镶面的横缝应垂直于破冰棱;夹角小于或等于20°时,镶面横缝可成水平。

②破冰体镶面的砌筑层次应与墩身一致。砌缝的宽度应为10~12mm。

③不得在破冰棱中线上及破冰棱与墩身相交线上设置砌缝。

四、质量检验与质量评定

根据《公路桥涵施工技术规范》(JTG/T F50—2011)14.7条,砌体质量检验与质量标准如下。

(1)砂浆及小石子混凝土的抗压强度应按不同强度等级、不同配合比分别制取试件,用于检查各施工阶段的强度,对重要及主体砌筑物,每工作班应制取试件两组;一般及次要砌筑物,每工作班可制取试件一组。小石子混凝土的抗压强度评定方法同一般混凝土。砂浆抗压强度的合格条件应符合下列规定:

①同等级试件的平均强度应不低于设计强度等级。

②任意一组试件最低值应不低于设计强度的75%。

(2)砌体施工应符合下列规定:

①砌体所用各项材料的类别、规格及质量应符合设计要求及本规范的规定。

②砌缝砂浆或小石子混凝土铺填饱满,强度应符合设计要求或本规范的规定。

③砌缝的宽度和错缝距离应符合设计或本规范的规定,勾缝应坚固、整齐,深度和形式应符合本规范的规定。

具体质量标准见表6-3-4~表6-3-6。

墩、台砌体施工质量标准 表6-3-4

项　　目		规定值或允许偏差
砂浆强度(MPa)		在合格标准内
轴线偏位(mm)		20
墩台长、宽(mm)	片石	+40,-10
	块石	+30,-10
	粗料石	+20,-10
大面积平整度(mm)	片石	30
	块石	20
	粗料石	10
竖直度或坡度(%)	片石	0.5
	块石、粗料石	0.3
墩台顶面高程(mm)		±10

注:摘自《公路桥涵施工技术规范》(JTG/T F50—2011)表14.7.3。

浆砌片石基础施工质量标准 表6-3-5

项　　目		规定值或允许偏差
砂浆强度(MPa)		在合格标准内
轴线偏位(mm)		25
平面尺寸(mm)		±50
顶面高程(mm)		±30
基底高程(mm)	土质	±50
	石质	+50,-200

注:摘自《公路桥涵施工技术规范》(JTG/T F50—2011)表14.7.4。

侧墙砌体施工质量标准 表6-3-6

项　　目		规定值或允许偏差
砂浆强度(MPa)		在合格标准内
外侧平面偏位(mm)	无镶面	+30,-10
	有镶面	+20,-10

续上表

项 目		规定值或允许偏差
宽度(mm)		+40,-10
顶面高程(mm)		±10
竖直度或坡度(%)	片石砌体	0.5
	块石、粗料石、混凝土块镶面	0.3

注:摘自《公路桥涵施工技术规范》(JTG/T F50—2011)表14.7.5。

[填空]

1. 石砌墩台,片石的厚度应不小于_____ mm。
2. 块石的形状应大致方正,上下面应大致平整,厚度应为_____ mm ~ _____ mm,宽度应为厚度的_____ ~ _____ 倍,长度应为厚度的_____ ~ _____ 倍。
3. 粗料石的外形应方正,呈六面体,厚度应为_____ mm ~ _____ mm,宽度应为厚度的_____ ~ _____ 倍,长度应为厚度的_____ ~ _____ 倍,表面凹陷深度应不大于_____ mm。

[简答]

1. 简述浆砌U形桥台维修加固的措施方法。
2. 简述小石子混凝土的概念及工程用途。

任务四　墩台模板设计

一、模板的概念

1. 模板一般规定

混凝土和钢筋混凝土墩台施工中,模板是必备的施工设施。木模板的使用周转率为30~40次,钢模板的使用周转率为1000~1200,所以桥梁施工中更多地使用钢模板。相关规范设计原则如下:

(1)宜采用钢材、胶合板或其他适宜的材料制作。
(2)在计算荷载作用下,对模板、支架按受力程序分别验算其强度、刚度及稳定性。
(3)模板板面之间应平整,接缝严密,不漏浆,保证结构物外露面美观,线条流畅,可设倒角。
(4)结构简单,制作、装拆方便。

2. 模板设计图的内容

根据《公路桥涵施工技术规范》(JTG/T F50—2011)5.1.3,模板和支架均应进行施工图设计,经批准后方可用于施工。施工图设计包括内容有:

(1)工程概况和工程结构简图。
(2)结构设计的依据和设计计算书。
(3)总装图和细部构造图。
(4)制作、安装的质量及精度要求。
(5)安装、拆除时的安全技术措施及注意事项。
(6)材料的性能质量要求及材料数量表。
(7)设计说明书和使用说明书。

3.模板构造的一般规定

根据《公路桥涵施工技术规范》(JTG/T F50—2011)5.2.3,模板的构造要求应符合下列规定:

(1)模板背面应设置主肋和次肋作为其支承系统,主肋和次肋的布置应根据模板的荷载和刚度要求进行。次肋的配置方向应与模板的长度方向相垂直,应能直接承受模板传递的荷载,其间距应按荷载数值和模板的力学性能计算确定;主肋应承受次肋传递的荷载,且应能起到加强模板结构的整体刚度和调整平直度的作用,支架或支撑的着力点应设置在主肋上。

(2)模板的配板应根据配模面的形状、几何尺寸及支撑形式决定。配板时宜选用大规格的模板为主板,其他规格的模板作为补充;配板后的板缝应规则,不得杂乱无章。

(3)对在墩柱、梁、板的转角处使用的模板及各种模板面的交接部分,应采用连接简便、结构牢固、易于拆除的专用模板。

(4)当设置对拉螺杆或其他拉筋,需要在模板上钻孔时,应使钻孔的模板能多次周转使用,并应采取措施减少或避免在模板上钻孔。

二、模板种类

1.固定式模板

固定式模板以木材或竹材制作,各部件在现场加工和安装,主要由立柱、肋木、壳板、撑木、拉杆(或钢箍)、枕梁与铁件组成。优点:接缝少、能根据墩台形状制作安装、不需起重设备;缺点:重复使用率低,不经济,适用于中小规模的个别墩台。

其中:木壳板厚3~5cm,宽15~20cm,肋木一般由方木制作,间距由板厚及混凝土侧压力决定。立柱用圆木制作,两立柱间距0.7~1.2m,拉杆是$\phi12$~$\phi20$圆钢。平均每平方米耗用木材0.05~$0.1m^3$,铁件(含拉杆)4~10kg(竹材产区,竹模板是用宽20~25mm的竹片钉在木框上制成,木框尺寸40~50cm),圆端形墩固定式模板如图6-4-1所示。

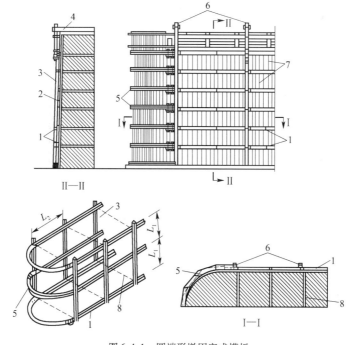

图6-4-1 圆端形墩固定式模板
1-水平肋木;2-板;3-立柱;4-木拉条;5-拱肋木;6-安装柱;7-壳板;8-拉杆

2. 拼装式模板

拼装式模板由各种尺寸的标准模板利用销钉连接，并与拉杆、加劲构件等组成墩台所需形状的模板，用钢材或木材加工制作，钢模板用 2.5～4.0mm 厚的薄钢板并以型钢为骨架，可重复使用；木模板耗用木材多，只用于墩台较少的中小桥梁，其组成如下：

(1) 标准模板：一般采用钢、木、胶合板等材料制作，边框多用角钢制作，面板宜用薄钢板、胶合板、木面板等，其连接宜用各种形式的销钉连接，如销扣与销钉、套环与销钉、回形销等连接，标准模板尺寸如表 6-4-1 所示，标准模板示意如图 6-4-2 所示，销钉示意如图 6-4-3 所示。

标准模板尺寸表　　表 6-4-1

宽(mm)	长(mm)	肋高(mm)	宽(mm)	长(mm)	肋高(mm)	宽(mm)	长(mm)	肋高(mm)	宽(mm)	长(mm)	肋高(mm)
300	1800 1500	55	150	900 750	55	200	1200	55	100	600	55

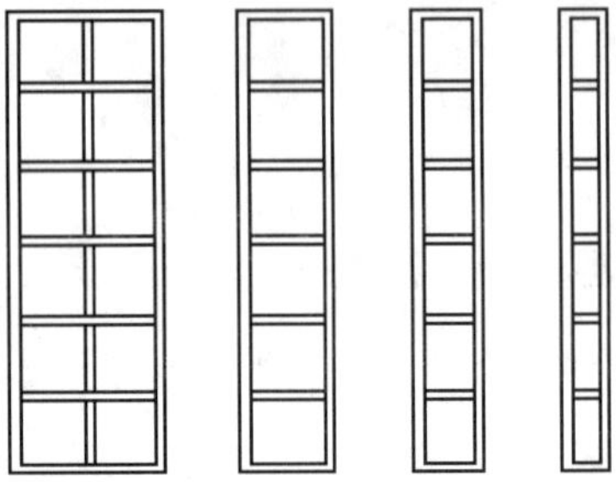

图 6-4-2　标准模板

a) 销扣与销钉　　b) 套环与销钉

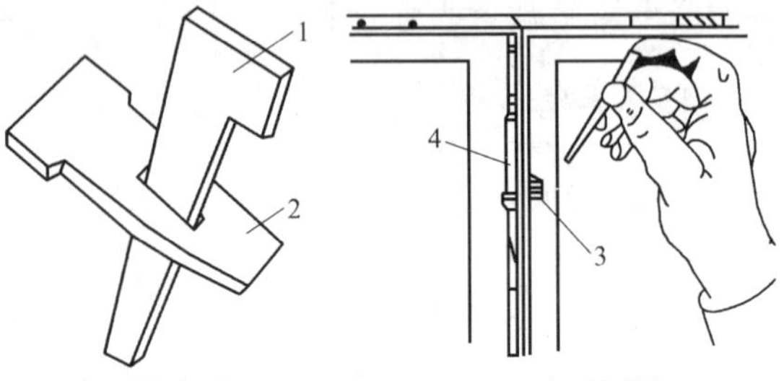

图 6-4-3　销钉

1-销钉；2-销扣；3-套环；4-销钉

(2) 异性模板：对墩台圆弧或拐角处，按需要制作一定数量异形模板，如角膜或梯形模板。

(3) 拉杆：作用是使内外模板保持精确间距，并承受混凝土侧压力，保证结构尺寸达到施工规范精度。小桥涵墩台支模时，可用 8～10 号铁丝代替拉杆，以节约钢材，拉杆拆模时一般埋于混凝土中。

(4) 加劲构件：为增加模板的强度、刚度、稳定性，在模板外侧应安装横肋和立柱，数量由计算确定。

①立柱：一般为单柱、桁架两种。单立柱宜用较大的型钢如工字钢、槽钢或较大的木枋制作；桁架立柱宜用钢桁架。

②横肋：宜用型钢如角钢、槽钢或木枋制作。

(5) 拼装式模板的组装：为加快模板的装拆速度，支模前宜将小块标准模板组装成若干大小相同的板扇，板扇大小按墩、台表面形状和吊装能力而定，如图 6-4-4、图 6-4-5 所示。

a) 夹具，卡箍与模板的连接　　b) 立柱，横肋连接夹具

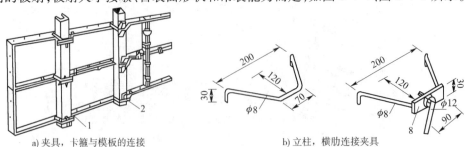

图 6-4-4　用夹具、卡箍和楔子拼装模板(尺寸单位：mm)

1-夹具；2-卡箍和楔子

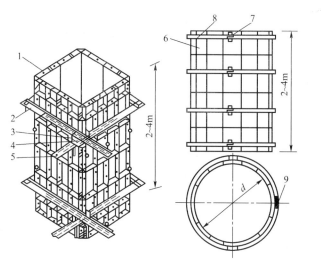

图 6-4-5 整体圆形和方形柱模(尺寸单位:mm)
1-模板;2-柱箍;3-定位销;4-卡具;5-夹具臂;6-模板;7-横肋;8-连接销子;9-可调螺丝

3. 整体吊装模板

拼装式模板用于高墩台时,可组装成整体吊装模板,每层一般为 3～5m。浇筑第一层混凝土时,应在墩台身内预埋支撑螺栓,以支承第二层模板和安装脚手架,常用钢板和型钢加工而成。

4. 组合式定型钢模板

组合式定型钢模板是公路常用模板之一。

三、模板设计

1. 竖向荷载(表 6-4-2)

竖向荷载　　　　　　　　　　　　　表 6-4-2

序号	项目	材料重度或荷载大小					
		木材(kN/m³)				钢材(kN/m³)	定型钢模(kN/m³)	
1	模板、支架、拱架、脚手架重度	松木	阔叶树	橡木、落叶松	杉木、枞木	钢材	组合钢模及连接件	组合钢模、连接件及钢楞
		6	8	7.5	5	78.5	0.5	0.75
2	新浇混凝土、钢筋混凝土或砌体的重度	混凝土、砌体(kN/m³)				钢筋混凝土(以体积计算的含筋率)(kN/m³)		
		24				≤2%,取 25		>2%,取 26
3	施工人员、施工料具运输、堆放荷载	(1)计算模板及直接支承模板的小楞时,均布荷载取 2.5kPa,另以集中荷载 2.5kN 进行验算; (2)计算直接支承小楞的梁或拱架时,均布荷载可取 1.5kPa; (3)计算支架立柱及支承拱架的其他结构构件时,均布荷载可取 1.0kPa						
4	倾倒混凝土时产生的冲击荷载	序号	向模板中供料方式					荷载大小(kPa)
		1	用小于及等于 0.2m³ 容积的容器或用溜槽、串筒、导管倾倒时					2.0
		2	用 0.2～0.8m³ 容器倾倒时					4.0
		3	用大于 0.8m³ 容器倾倒时					6.0
		4	混凝土层厚度大于 1m 时					不计
5	振捣混凝土产生的荷载	2.0kPa						
6	其他可能产生的荷载	雪荷载、冬季保暖设施荷载等,按实际情况考虑						

281

2. 水平荷载(表6-4-3)

水平荷载　　　　　表6-4-3

序号	项　目		荷　载　计　算
1	新浇混凝土对模板侧面压力	采用内部振捣器时	对竖直模板来说,新浇筑混凝土的侧压力是它的主要荷载,当混凝土浇筑速度在6m/h以下时,作用于侧面模板的最大压力可按下式计算: $$P_m = K \cdot \gamma \cdot h \quad (6\text{-}4\text{-}1)$$ 当$v/T \leqslant 0.035$时：　$h = 0.22 + 24.9v/T$　　(6-4-2) 当$v/T > 0.035$时：　$H = 1.53 + 3.8v/T$　　(6-4-3) 式中：P_m——新浇筑混凝土对侧面模板的最大压力(kPa); 　　　h——有效压头高度(m); 　　　T——混凝土入模时的温度(℃); 　　　K——外加剂影响修正系数,不加时,$K=1$;掺缓凝剂时,$K=1.2$; 　　　v——混凝土的浇筑速度(m/h); 　　　H——混凝土浇筑层(在水泥初凝时间以内)的高度(m) 混凝土侧压力计算分布图
		泵送混凝土浇筑施工时	混凝土入模温度在10℃以上时,按《公路桥涵施工技术规范》(JTG/T F50—2011)推荐,模板侧压力采用式(6-4-4)计算: $$P_m = 4.6v^{0.25} \quad (6\text{-}4\text{-}4)$$ 式中：v——混凝土的浇筑速度(m/h)
		采用外部振捣器时	模板侧压力按式(6-4-5)、式(6-4-6)计算:当$v<4.5,H \leqslant 2R$时,$p_m = \gamma H$　(6-4-5) 当$v \geqslant 4.5,H \leqslant 2R$时,$p_m = \gamma(0.27v + 0.78)K_1 K_2$　　(6-4-6) 式中：R——外部振捣器作用半径(m); 　　　H——对模板产生压力的混凝土浇筑层高度(m); 　　　K_1——混凝土拌和物的稠密度影响系数,坍落度0~2cm时,$K_1=0.8$; 　　　　　4~6cm时,$K_1=1.0$;5~7cm时,$K_1=1.2$; 　　　K_2——混凝土拌和物的温度系数,5~7℃时,$K_2=1.15$;12~17℃时, 　　　　　$K_2=1.0$;28~32℃时,$K_2=0.85$
2	倾倒混凝土时对侧面模板产生的水平荷载	竖直模板	同表6-4-2中倾倒混凝土时产生的冲击荷载,它与倾倒方法和容器大小有关
		外倾模板	h为混凝土浇筑高度,a为模板倾斜角;$a \geqslant 55°$时,沿竖直面AB按式(6-4-1)计算;$\alpha < 55°$时,将△ABC部分作为竖直荷载 模板向外侧倾斜
3	振捣混凝土时对侧面模板的压力		按4.0kPa计

3. 其他荷载(表6-4-4)

其他荷载 表6-4-4

序号	项 目		荷 载 计 算	
1	风荷载	横桥向	横向风力 = 横向风压×迎风面积； 横向风压按现行《公路桥涵设计通用规范》取值，做概略计算时，风压取0.5~1.0kPa；支架高度小于6m时，可不计风载	
		顺桥向	支架	按横向风压的70%×迎风面积
			拱架	按横向风压的40%×迎风面积
2	流水压力、流冰压力、船只、漂浮物撞击力	流水压力	流水压力合力的作用点假定在施工水位线以下1/3水深处，作用于支架桩上的流水压力p可按下式计算： $$p = 0.8A\frac{\gamma \cdot v^2}{2g} \quad (6-4-7)$$ 式中：γ——水的重度(kN/m³)； 　　　v——水的流速(m/s)； 　　　A——支架桩阻水面积(m²)； 　　　g——重力加速度	
		船只横桥向撞击力	内河航道等级	撞击力(kN)
			五级	300
			六级	110~160
			设置临时防护结构	不计
		漂浮物撞击力	$$p = \frac{W \cdot v}{gT} \quad (6-4-8)$$ 式中：W——漂浮物重力(kN)，根据河流中漂浮物状况实际调查确定； 　　　T——撞击时间，一般为1s； 　　　其余符号同上	

4. 荷载组合及验算要求

按现行桥涵施工规范，在模板支架设计时，考虑以下荷载组合，见表6-4-5。

模板、支架设计计算的荷载组合 表6-4-5

模板、支架结构类别	荷 载 组 合	
	强度计算	刚度验算
梁、板的底模板以及支承板、支架等	1+2+3+4+7+8	1+2+7+8
缘石、人行道、栏杆、柱、梁、板、拱等的侧模板	4+5	5
基础、墩台等厚大建筑物的侧模板	5+6	5

注：①摘自《公路桥涵施工技术规范》(JTG/T F50—2011)表5.2.6。
②模板、支架自重。
③新浇筑混凝土、钢筋、预应力筋或其他圬工结构物的重力。
④施工人员及施工设备、施工材料等荷载。
⑤振捣混凝土时产生的振动荷载。
⑥新浇筑混凝土对模板侧面的压力。
⑦混凝土入模时产生的水平方向的冲击荷载。
⑧设于水中的支架所承受的水流压力、波浪力、流冰压力、船只及其他漂浮物的撞击力。
⑨其他可能产生的荷载，如风荷载、雪荷载、冬季保温设施荷载等。

1) 刚度验算

根据《公路桥涵施工技术规范》(JTG/T F50—2011)5.2.7条：验算模板、支架的刚度时，其最大变形值不得超过下列允许值：

(1)结构表面外露的模板，挠度为模板构件跨度的1/400。
(2)结构表面隐蔽的模板，挠度为模板构件跨度的1/250。

(3)支架受载后挠曲的杆件(盖梁、纵梁),其弹性挠度为相应结构计算跨度的1/400。

(4)钢模板的面板变形为1.5mm,钢棱和柱箍变形为$L/500$和$B/500$(其中L为计算跨径,B为柱宽)。

2)稳定性要求

根据《公路桥涵施工技术规范》(JTG/T F50—2011)5.2.8条:验算模板、支架在自重和风荷载等作用下的抗倾覆稳定时,其抗倾覆稳定系数应不小于1.3。

四、模板拆除及制作安装的相关规定

模板、支架和拱架的拆除期限应根据结构物特点、模板部位和混凝土所达到的强度来决定。

(1)模板、支架的拆除应遵循后支先拆、先支后拆的原则顺序进行,墩台的模板宜在其上部结构施工前拆除。

(2)非承重侧模板应在混凝土强度能保证其表面及棱角不致因拆模而受损坏时方可拆除,一般应在混凝土抗压强度达到2.5MPa时方可拆除侧模板。

(3)对预应力混凝土结构,在符合上条规定后,其侧模应在预应力钢束张拉前拆除;底模及支架应在结构建立预应力后方可拆除。

(4)芯模和预留孔道内模,应在混凝土强度能保证其表面不发生塌陷或裂缝现象时,方可拆除。

(5)在低温、干燥或大风环境下拆除模板时,应采取必要的措施,防止混凝土表面产生裂缝。

(6)钢筋混凝土结构的承重模板、支架和拱架,应在混凝土强度能承受其自重力及其他可能的叠加荷载时,方可拆除,当构件跨度不大于4m时,在混凝土强度符合设计强度标准值的50%的要求后,方可拆除;当构件跨度大于4m时,在混凝土强度符合设计强度标准值的75%的要求后,方可拆除。

模板、支架制作质量标准如表6-4-6所示,安装质量标准如表6-4-7所示。

模板、支架制作质量标准 表6-4-6

	项 目		允许偏差(mm)
木模板制作	模板的长度和宽度		±5
	不刨光模板相邻两板表面高低差		3
	刨光模板相邻两板表面高低差		1
	平板模板表面最大的局部不平	刨光模板	3
		不刨光模板	5
	拼合板中木板间的缝隙宽度		2
	支架、拱架尺寸		±5
	榫槽嵌接紧密度		2
钢模板制作	外形尺寸	长和高	+0,−1
		肋高	±5
	面板端偏斜		≤0.5
	连接配件(螺栓、卡子等)的孔眼位置	孔中心与板面的间距	±0.3
		板端中心与板端的间距	+0,−0.5
		沿板长、宽方向的孔	±0.6
	板面局部不平		1.0
	板面和板侧挠度		±1

注:①摘自《公路桥涵施工技术规范》(JTG/T F50—2011)表5.3.6-1。

②板面局部不平用2m靠尺、塞尺检测。

模板、支架安装质量标准

表 6-4-7

项　目		允许偏差(mm)
模板高程	基础	±15
	柱、墙和梁	±10
	墩台	±10
模板内部尺寸	上部构造的所有构件	+5,0
	基础	±30
	墩台	±20
轴线偏位	基础	15
	柱或墙	8
	梁	10
	墩台	10
装配式构件支承面的高程		+2,-5
模板相邻两板表面高低差		2
模板表面平整		5
预埋件中心线位置		3
预留孔洞中心线位置		10
预留孔洞截面内部尺寸		+10,0
支架和拱架	纵轴的平面位置	跨度的1/1000或30
	曲线形拱架的高程(包括建筑拱度在内)	+20,-10

注：摘自《公路桥涵施工技术规范》(JTG/T F50—2011)表5.3.6-2。

［工程示例6-4-1］高泽河特大桥桥墩模板设计与混凝土施工

1. 工程概述

胶新铁路高泽河特大桥位于山东省五莲县境内，中心里程为改DK97+189.11，全桥长791.11m。桥梁结构为23×32m+1×24m预应力混凝土梁，明挖扩大基础，圆端形板式桥墩，耳墙式桥台，墩身高度8.5~11.5m，位于半径R=1200m的圆曲线上。

2. 模板制造及加工

1) 模板设计

(1) 墩身模板确定使用大块定型钢模板。考虑到桥墩不高以及桥墩的截面形式为圆端形板式桥墩，决定采用大块定型钢模，由3m、2m、1m、0.5m共四种模板节组拼。墩身及托盘采用一次立模到顶，连续浇筑成型，模板之间采用螺栓连接。

(2) 模板的强度和刚度。模板面板采用6mm厚的优质钢板，模板肋板采用100mm×10mm钢板作肋板，模板间接缝处采用∟100mm×100mm×10mm角钢作为肋板。考虑到模板接缝处的混凝土外观质量及接缝的严密性，采用面板略突出角钢肋板焊接。为保证墩身模板的整体强度及刚度，分别在0.5m、1m节平板外设置1副由14号槽钢焊接组成的桁架；2m、3m模板平模外设2副桁架，由φ22圆钢作为拉筋模板外加固，桁架结构示意见图6-4-6。圆端模

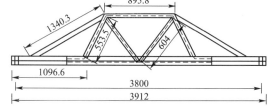

图6-4-6 桁架结构示意(尺寸单位：mm)

板与平模之间采用 M22 螺栓连接加固。

2) 模板拼装

(1) 模板处理。为避免墩身模板在第一次施工过程中面板上的污渍污染混凝土表面,首先用汽油清洗两遍模板表面,其次用电动钢丝刷刨光,打磨掉模板上的氧化锈蚀层;然后采用细棉纱对其表面进行清洁,直至用手指触摸时无污渍为止。最后,纯机油与柴油采用 7:3 的比例调兑均匀作为脱模剂,均匀满涂脱模剂。将塑料薄膜紧密粘贴于模板面板上,以防止施工过程中的二次污染现象发生。

(2) 接缝处理。首先采用电动钢丝刷将模板接缝处端面打磨干净,以防油污影响双面胶条粘贴紧密性,采用双面海绵(宽 10mm,厚 5mm)紧密粘贴于模板上,略突出于面板 1mm,在模板接缝处挤压严密。

(3) 模板拼装及加固。考虑到混凝土外观及视觉效果,以墩高 $h=10.5m$ 为例,底部采用 0.5m 节模板组拼,依次为 1 节 1m 节,3 节 3m 节组拼成型,模板拼装及加固示意见图 6-4-7。

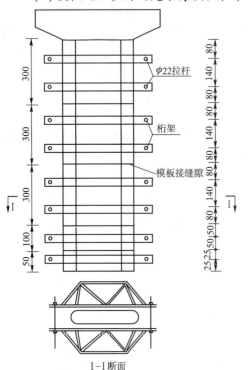

图 6-4-7 模板拼装及加固示意(尺寸单位:cm)

3) 施工测量对墩身模板的检查、控制

(1) 利用高泽河特大桥平面控制网采用极坐标法测量墩身纵、横轴线"+"字线。根据墩身截面尺寸,用墨斗线弹出立模边框轮廓线。

(2) 为保证墩身模板的垂直,对墩身顶层基础进行水准测量,在最下层模板节与顶层基础之间塞填砂浆进行找平。用水准仪对最下层模板节顶部进行水平检查合格后,才允许继续安装,加固模板。

(3) 墩身及顶帽模板一次立模到顶,安装加固完成后,利用平面控制网采用极坐标法,测量放出桥墩横轴线上混凝土尺寸外左、右 5cm 处两点,然后用钢尺对模板尺寸进行逐项检查,直至模板位置,尺寸均符合相关标准要求。

[**工程示例 6-4-2**(柱模板设计)] 柱构造截面尺寸为 600mm×800mm,柱高 4m,每节模板高 2m,采取分节浇筑混凝土,每节浇筑高度为 2m,浇筑速度为 $v=2m/h$,浇筑时气温 $T=30℃$,计算确定柱箍尺寸、间距和模板截面。

解:柱模板计算简图见图 6-4-8。

1. 柱模板受到的混凝土侧压力

$$v/T = 2/30 = 0.067 > 0.035$$
$$h = 1.53 + 3.8v/T = 1.53 + 3.8 \times 0.067 = 1.785m$$
$$p_m = K \cdot \gamma \cdot h = 1 \times 25 \times 1.785 = 44.6 kPa$$

考虑振动荷载 $4kN/m^2$,则总侧压力:$p = 44.6 + 4 = 48.6 kPa$

2. 柱箍间距 S 的计算

假定模板厚度为 35mm,每块拼板宽 100mm,则侧压力的线布荷载 $q = 48.6 \times 0.1 kN/m = 4.86 kN/m$,因为两跨连续梁的挠度系数 $k_f = 0.521$,得:

$$S = \sqrt[3]{\frac{E_t I}{4k_f q}} = \sqrt[3]{\frac{9 \times 10^3 \times \frac{1}{12} \times 100 \times 35^3}{4 \times 0.521 \times 4.86}} = 682 \text{mm}$$

式中：S——柱箍间距；

E_t——木材的弹性模量，$E_t = (9 \sim 12) \times 10^3 \text{MPa}$；

I——柱模板截面的惯性矩，$I = \frac{1}{12}bh^3 (\text{mm}^4)$；

k_f——挠度系数，两跨连续梁取 0.521；

q——侧压力线荷载，如模板每块拼板宽为 100mm，则 $q = 0.1p$；

选用柱箍间距 $S = 600 \text{mm} < 682 \text{mm}$，满足要求。

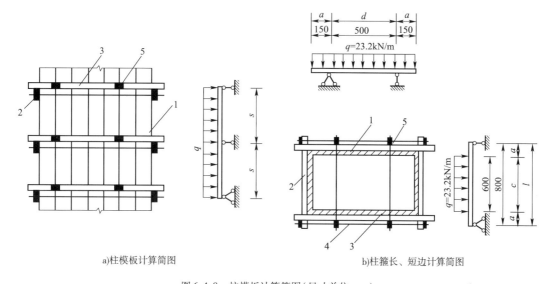

a)柱模板计算简图   b)柱箍长、短边计算简图

图 6-4-8 柱模板计算简图(尺寸单位：mm)

1-模板；2-柱箍短边木方；3-柱箍长边木方；4-钢筋拉条；5-拉紧螺栓

3. 柱箍截面计算

柱箍受到的侧压力 $p = 44.6 + 4.0 = 48.6 \text{kPa}$，现柱箍间距 $S = 600 \text{mm}$，线布荷载 $q_1 = 48.6 \times 0.6 = 29.2 \text{kN/m}$。

（1）对于长边（图 6-4-8b），假定设两根拉杆，两边悬臂 150mm，则最大弯矩为：

$$M_{max} = (1 - 4\lambda^2)\frac{q_1 d^2}{8} = \left[1 - 4 \times \left(\frac{0.15}{0.50}\right)^2\right] \times \frac{29.2 \times 0.5^2}{8} = 0.584 \text{kN} \cdot \text{m}$$

长边柱箍需截面抗拒为：$W_1 = \frac{M_{max}}{f_m} = \frac{584000}{13} = 44923 \text{mm}^3$，选用 $80 \text{mm} \times 60 \text{mm}(b \times h)$ 截面，$W = 48000 \text{mm}^3$，符合要求。

（2）对于短边，按简支梁计算，其最大弯矩为：

$$M_{max} = (2 - \eta)\frac{q_2 c l}{8} = \left(2 - \frac{600}{800}\right) \times \frac{29.2 \times 0.6 \times 0.8}{8} = 2.19 \text{kN} \cdot \text{m}$$

短柱箍需要截面抗拒为：$W_2 = M_{max}/f_m = 2190000/13 = 168462 \text{mm}^3$，选用 $80 \text{mm} \times 115 \text{mm}(b \times h)$ 截面，$W = 176333 \text{mm}^3$，符合要求。

式中：M_{max}——柱箍长短边最大弯矩；

λ——悬臂部分长度 a 与跨中长度 d 的比值,$\lambda = a/d$;
q_1——作用于长边上的线荷载;
q_2——作用于短边上的线荷载;
d——长边跨中长度;
c——短边线荷载分布长度;
l——短边计算长度;
η——c 与 l 的比值,$\eta = c/l$;
f_m——木材抗弯强度设计值,可提高 15%,采用松木 $13 \times 1.15 = 14.95 \text{MPa}$。

4. 螺栓选择

长边柱箍用两根螺栓固定,每根受到的拉力为:$N = 1/2 \times ql = 1/2 \times 29.2 \times 0.8 = 11.68 \text{kN}$

螺栓所需截面积:$A_0 = N/f = 11680/215 = 54 \text{mm}^2$,选用 $\phi 10$ 螺栓($A_0 = 78.5 \text{mm}^2$),满足要求。

式中:f——钢材抗拉强度设计值,采用 I 级钢筋,$f = 215 \text{MPa}$。

5. 模板计算

按简支梁计算:

$$M = \frac{1}{8}ql^2 = \frac{1}{8} \times 4.86 \times 0.6^2 = 0.2187 \text{kN} \cdot \text{m}$$

模板所需截面抵抗矩为:

$$W = \frac{M}{f_m} = \frac{218700}{13} = 16823 \text{mm}^3$$

假定模板截面为:$100 \text{mm} \times 35 \text{mm} \left(W = \frac{1}{6} \times 100 \times 35^2 = 20417 \text{mm}^3 \right)$,符合要求

6. 挠度验算

$$\omega = \frac{5l^4}{384EI} = \frac{5 \times 600^4}{384 \times 9 \times 10^3 \times \frac{1}{12} \times 100 \times 35^3} = 0.52 \text{mm} < [\omega] = \frac{600}{400} = 1.5 \text{mm}$$

符合刚度要求。

五、高墩模板

滑升模板的构造:滑模是由模板、围圈、支承杆(俗称爬杆、顶杆)、千斤顶、顶架、操作平台和吊架等组成。目前使用较多的是液压滑升模板和人工提升滑动模板两种模式。如图 6-4-9 所示。

(1) 模板:悬挂在围圈上,沿着所施工的混凝土结构截面的周界组配,并随着混凝土的灌注由千斤顶带动向上滑升。

(2) 围圈:在模板的外侧,按结构断面形状上下各设置一道围圈,分别支承在千斤顶架的立柱上。

(3) 支承杆:一端埋置于墩、台结构的混凝土中,一端穿千斤顶的心孔,作为千斤顶的支承杆承受施工过程中的全部荷载。

(4) 千斤顶:承受模板传来的全部荷载及风力。

(5) 顶架:千斤顶架悬挂在液压千斤顶上,用以固定围圈和保持围圈的几何形状,承受整个模板和操作平台和全部荷载,并传递给支承杆,随千斤顶向上滑升。

 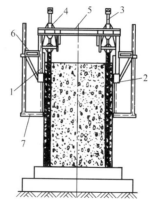 

图 6-4-9 滑升模板构造

1-模板;2-围圈;3-支承杆;4-千斤顶;5-顶架;6-操作平台;7-吊架

(6)操作平台:供施工人员在上面操作之用,支承在千斤顶架或围圈上,由大梁(或桁架)、铺板组成。

(7)吊架:吊架悬挂在操作平台和千斤顶架的立柱上,供调整和拆除模板、检查混凝土质量和修饰混凝土表面等操作之用。

滑升模板施工示意如图 6-4-10 所示,滑升模板工作过程示意如图 6-4-11 所示。

a)组装好的滑模　　　　b)支承杆与千斤顶　　　　c)内模板

d)连接钢筋的直螺纹筒　　　　e)模板组拼过程　　　　f)桥墩施工完成

图 6-4-10 滑升模板施工示意

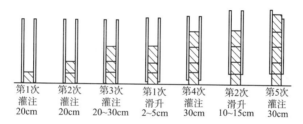

图 6-4-11 滑升模板工作过程示意

[填空]

1. 模板设计时,一般应进行_____、_____、_____的验算。

2. 根据《公路桥涵施工技术规范》(JTG/T F50—2011)5.2.7 条:验算模板刚度时,其最大变形值不得超过下列允许值:

(1)结构表面外露的模板,挠度为模板构件跨度的_____。

(2)结构表面隐蔽的模板,挠度为模板构件跨度的_____。

(3)支架受载后挠曲的杆件(盖梁、纵梁),其弹性挠度为相应结构计算跨度的_____。

(4)钢模板的面板变形为_____ mm,钢棱和柱箍变形为_____和_____(其中 L 为计算跨径,B 为柱宽)。

[简答]

1. 模板设计应进行哪些项目的验算?设计中,模板采用了哪些构造措施来保证验算通过?
2. 试述滑升模板的构造及工作原理。

[计算]

如图 6-4-12 所示为桥梁墩台现场浇筑施工图。

柱构造截面尺寸为 600mm×1000mm,柱高 4m,每节模板高 2m,采取分节浇筑混凝土,每节浇筑高度为 2m,浇筑速度为 $v=1.0\text{m/h}$,浇筑时气温 $T=38℃$,计算确定柱箍尺寸、间距和模板截面。

a)   b)   c)

图 6-4-12 桥梁墩台现场浇筑施工

任务五 现浇墩台施工

一、施工规范的相关规定

根据《公路桥涵施工技术规范》(JTG/T F50—2011)13.4 的规定:墩、台身的施工除应符合本规范其他相关章节的规定外,尚应符合下列规定:

(1)墩、台身施工前,应对其施工范围内基础顶面的混凝土进行凿毛处理,并应将表面的松散层、石屑等清理干净;对分节段施工的墩、台身,其接缝亦应作相同的凿毛和清洁处理。

(2)墩、台身高度超过 10m 时,可分节段施工,节段的高度宜根据混凝土施工条件和钢筋定尺长度等因素确定。上一节段施工时,已浇节段的混凝土强度应不低于 2.5MPa。

(3)在模板安装前,应在基础顶面放出墩、台身的轴线及边缘线;对分节段施工的墩、台身,其首节模板安装的平面位置和垂直度应严格控制。模板在安装过程中应通过测量监控措施保证墩、台身的垂直度,并应有防倾覆的临时措施;对高墩且风力较大地区的墩身模板,应考虑其抗风稳定性。

(4)应采取措施,缩短墩、台身与承台之间浇筑混凝土的间隔时间,间歇期不宜大于10d。

(5)浇筑混凝土时,串筒、溜槽等的布置应方便摊铺和振捣,并应明确划分工作区域。混凝土浇筑完成后,应及时进行养护,养护时间不得少于7d。

(6)墩、台身施工质量应符合表6-5-1的规定。

墩、台身施工质量标准　　　　表6-5-1

项 目	规定值或允许偏差		项 目	规定值或允许偏差
混凝土强度(MPa)	在合格标准内		断面尺寸(mm)	±20
竖直度(mm)	$H \leqslant 30m$	$H/1500$,且不大于20	顶面高程(mm)	±10
	$H > 30m$	$H/3000$,且不大于30		
节段间错台(mm)	5		轴线偏位(mm)	10
预埋件位置(mm)	10		大面积平整度(mm)	5

注:①摘自《公路桥涵施工技术规范》(JTG/T F50—2011)表13.4.1。
②H为墩身或台身高度。

二、墩柱现浇施工中的常见质量问题

[**工程示例6-5-1**(墩柱质量控制点)]某公路桥梁,下部构造为桩柱式桥墩,重力式桥台。施工单位工程部门在编制工程质量控制体系实施细则时,对墩柱施工明确规定质量控制关键点如下:

(1)柱身钢筋骨架质量控制。

(2)柱身平面位置控制。

(3)柱身模板强度、刚度和支撑定位控制。

(4)柱身混凝土分层浇筑振动质量控制。

在进行关键点质量控制的措施上,要求相关检测数据必须满足质量评定标准规定的偏差值,并规定墩柱主要检测内容为:断面尺寸,柱墩顶高程、竖直度、相邻间距。

问题:

(1)质量控制点有否不当,如有不当,请指出。

(2)如果基本要求满足评定标准规定,按以上墩柱主要检测内容检测合格,对混凝土浇筑外观鉴定扣分后,可否进行其分项工程质量评定?如不能进行,请说明理由。

分析与答案:

(1)质量控制点有错误和遗漏:柱身钢筋骨架质量控制应该是柱身锚固钢箍预埋质量控制,柱身模板强度、刚度和支撑定位控制应该是柱身模板接缝错台控制,应当增加柱身垂直度控制。

(2)按给定条件,不能进行其分项工程质量评定,因为主要检测内容中没有混凝土强度检验。

[**工程示例6-5-2**]桥墩混凝土施工中的离析现象及防止措施。

1.工程概况

新建铁路秦沈客运专线某特大桥,下部结构为钻孔灌注桩基础,矩形承台,圆端形板式桥墩,墩高6.0~10.0m,墩宽8.2m,墩厚1.1~1.4m,其中主河道内桥墩设破冰棱,厚0.2m。为保证桥墩混凝土的整体质量,浇筑墩身混凝土时采用大模板。侧面矩形模板长 7.0m,高 1.0~1.5m;正面半圆形模板直径 1.1~1.8m,高 1.0~1.5m。顶帽用倒梯形模板。墩身示意如图 6-5-1 所示。

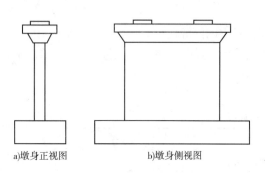

图 6-5-1 墩身示意图
a)墩身正视图　b)墩身侧视图

承台混凝土达到一定强度后,进行墩身施工。浇筑墩身混凝土时,采用混凝土运输车从拌和站运送混凝土,吊车提升料斗至串筒处,打开料斗,输送混凝土至浇筑部位。每个墩位设置四个串筒,每个串筒有两名捣固工负责振捣工作。

2. 出现的问题及原因

混凝土浇筑完成经养生拆模后,发现墩身侧面使用矩形模板部分,特别是靠近顶帽倒梯形变截面处的混凝土表面出现较为集中的"砂析流泪"现象。表现为混凝土内产生游离态的水沿模板向下流,使浆、砂分离。分析原因如下。

(1)配合比不当。

墩身混凝土的原配合比采用双级配,粗集料粒径为 10~40mm,配合比为水泥:细集料:粗集料:早强剂:水 = 1:3.14:5.34:0.01:0.65,考虑到混凝土运输过程中会损失一定水分,经现场实验,坍落度控制在 50~70mm,因此可见因灰浆少、水量多而产生游离水。

(2)振捣不当。

由于对振捣质量实施奖惩制,增加了振捣工的心理压力,使其产生宁多勿少的心理,以至过振,产生游离水。

(3)模板保养不当。

模板未清理干净且出现细微裂缝,使水析出,沿裂缝向下流,产生"流泪"现象。

(4)气温原因。

由于墩身混凝土浇筑时间较长,白天气温高,使含水率减少,而晚上气温低,如坍落度过大,则含水率较大,下部产生水蒸气在上部凝结,上部水量增多,沿模板下流。

(5)结构原因。

由于墩身顶帽为倒梯形,在浇筑顶帽混凝土时,模板承受较大压力而产生变形,且墩身较高,振捣时,灰浆逐渐上升,当浇筑至顶帽附近时,混凝土本身产生一定量的渗水,积于模板之中,沿模板流下。

3. 解决问题的措施

(1)改变配合比,变双级配为单级配,再加入 1% 的减水剂,使坍落度控制在 40~60mm。

(2)加强对振捣工的技术指导,既不漏振,也不过振。经实测统计,振捣棒一次插入时间以 25s 左右为宜,其中下棒 5~7s,振捣 10~14s,提升 5~8s。

(3)模板使用前要打磨抹光,并涂优质变压器油。模板使用后要注意保养,防止产生变形。

(4)白天浇筑混凝土过程中,在模板外侧喷水,以降低混凝土内部温度。

(5)为控制模板的变形,振捣时必须认真仔细,不得撞击钢筋、模板、拉杆和波纹管。在支撑筋上不得悬挂重物。在浇筑顶帽混凝土之前,必须检查并紧固拉杆螺栓,尽量减少工作台上的施工人员数量,以减轻顶帽模板的荷载,防止模板变形。

4. 效果

由于采取了以上措施,混凝土的浇筑质量有很大改进,顶帽变截面处的混凝土表面再没有出现"砂析流泪"现象,墩身混凝土浇筑做到了内实外美。

[填空]

1. 根据《公路桥涵施工技术规范》(JTG/T F50—2011)的规定,墩、台身高度超过_____m时,可分节段施工,上一节段施工时,已浇节段的混凝土强度应不低于_____MPa。

2. 应采取措施,缩短墩、台身与承台之间浇筑混凝土的间隔时间,间歇期不宜大于_____d。

3. 浇筑混凝土时,串筒、溜槽等的布置应方便摊铺和振捣,并应明确划分工作区域。混凝土浇筑完成后,应及时进行养护,养护时间不得少于_____d。

4. 墩、台身现浇施工,其顶面高程的允许偏差为_____mm。

[案例分析]

结合[工程示例6-5-5],说明墩台"砂析流泪"现象的原因,处理或防止措施。

任务六 大体积混凝土的施工

一、大体积混凝土温度裂缝产生的原因

在施工过程中,由于混凝土的水化作用,实心段(大体积段)内部温度变化经历升温期、降温期和稳定期三个阶段,与此同时,混凝土的体积也随之伸缩。若混凝土的体积变化受到约束,就会产生温度应力。如果该应力超过其抗裂应力,混凝土就会裂开,因此,必须对大体积段采取温控防裂措施。

如某大桥墩身实心段(尺寸为11.5m×4m×4m),除采取了外部安装钢筋网片外,还在墩身内设置了冷却水管,预埋测温点,适时测温监控并调温。在混凝土表面采取保温措施等,使最大水化热温升小于30℃,内外温差小于25℃,降温速度小于1.5℃/d。混凝土未发现有害温度裂缝。

二、《公路桥涵施工技术规范》(JTG/T F50—2011)中关于大体积混凝土的规定

水化热裂缝属于贯通性裂缝,一旦出现,对结构影响极大,且难以修复。在大体积混凝土(厚度$h>2m$)施工中,必须采取相应的工程措施避免水化热裂缝。

根据《公路桥涵施工技术规范》(JTG/T F50—2011)6.13条规定,大体积混凝土应采取如下工程措施。

(1)大体积混凝土在选用原材料和进行配合比设计时,应按照降低水化热温升的原则进行。

①宜选用低水化热和凝结时间长的水泥品种。粗集料宜采用连续级配,细集料宜采用中砂。宜掺用可降低混凝土早期水化热的外加剂和掺和料,外加剂宜采用缓凝剂、减水剂;掺和料宜采用粉煤灰、矿渣粉等。

②进行配合比设计时,在保证混凝土强度、和易性及坍落度要求的前提下,宜采取改善粗集料级配、提高掺和料和粗集料的含量、降低水胶比等措施,减少单方混凝土的水泥用量。

③大体积混凝土进行配合比设计及质量评定时,可按60d龄期的抗压强度控制。

(2)大体积混凝土的施工应提前制订专项施工技术方案,并应对混凝土采取温度控制措施。大体积混凝土的浇筑、养护和温度控制应符合下列规定。

①施工前应根据原材料、配合比、环境条件、施工方案和施工工艺等因素,进行温控设计和温控监测设计,并应在浇筑后按该设计要求对混凝土内部和表面的温度实施监测和控制。对大体积混凝土进行温度控制时,应使其内部最高温度不大于75℃、内表温差不大于25℃。

②大体积混凝土可分层、分块浇筑,分层、分块的尺寸宜根据温控设计的要求及浇筑能力合理确定;当结构尺寸相对较小或能满足温控要求时,可全断面一次浇筑。

③分层浇筑时,在上层混凝土浇筑之前应对下层混凝土的顶面作凿毛处理,且新浇混凝土与下层已浇筑混凝土的温差宜小于20℃,并应采取措施将各层间的浇筑间歇期控制在7d以内。

④分块浇筑时,块与块之间的竖向接缝面应平行于结构物的短边,并应在浇筑完成拆模后按施工缝的要求进行凿毛处理。分块施工所形成的后浇段,应在对大体积混凝土实施温度控制且其温度场趋于稳定后方可浇筑;后浇段宜采用微膨胀混凝土,并应一次浇筑完成。

⑤大体积混凝土的浇筑宜在气温较低时进行,但混凝土的入模温度应不低于5℃;热期施工时,宜采取措施降低混凝土的入模温度,且其入模温度不宜高于28℃。

⑥大体积混凝土的温度控制宜按照"内降外保"的原则,对混凝土内部采取设置冷却水管通循环水冷却,对混凝土外部采取覆盖蓄热或蓄水保温等措施进行。在混凝土内部通水降温时,进出口水的温差宜小于或等于10℃,且水温与内部混凝土的温差不宜大于20℃,降温速率不宜大于2℃/d;利用冷却水管中排出的降温用水在混凝土顶面蓄水保温养护时,养护水温度与混凝土表面温度的差值不应大于15℃。

大体积混凝土的浇筑示意如图6-6-1所示。

a)大体积混凝土"内降外保"措施

b)冷却水管出水口温度量测

图6-6-1 大体积混凝土的浇筑

⑦大体积混凝土采用硅酸盐水泥或普通硅酸盐水泥时,其浇筑后的养护时间不宜少于14d,采用其他品种水泥时不宜少于21d。在寒冷天气或遇气温骤降天气时浇筑的混凝土,除应对其外部加强覆盖保温外,尚宜适当延长养护时间。

三、对大体积混凝土墩台身或基础,为防止其温度裂缝应采取的措施

(1)采用低水化热水泥,如大坝水泥、粉煤灰水泥、矿渣水泥等。

(2)用改善集料级配、降低水灰比、掺加混合料、掺加外加剂(减水剂和膨胀剂)等方法减

少水泥用量。优良的外加剂可延缓水泥水化放热速率。

(3)混凝土分层分块浇筑,减小分层厚度,加快混凝土散热速度。分层浇筑施工的各层浇筑间隔时间不宜过长,一般为4~10d。间隔时间过长,层厚较小易出现气温变化引起的裂缝,并将增加层与层之间的约束应力。

(4)高温季节施工时,应降低拌和混凝土时所用的集料及水的温度;可在水里加入冰块以降低水温。

(5)在混凝土结构体内布置适量的温控管道,通过不断地循环冷水,从而吸收混凝土中的热量,冷却水管使用前应进行试水,冷却水应在混凝土浇筑到冷却水管高程后立即进行,但冷却水与混凝土的温差不宜太大,应合理选用。冷却管通水应持续到混凝土浇筑完成后7d以上。一般冷却水管应在每层混凝土中布设,深度均位于层厚的1/2处,水平间距为0.8~1.0m。

在设计水管时,水管应顺结构的长方向布置,尽量减少弯头和接头数目,杜绝漏水。

安装水管时,管与管之间的接头用橡胶管作套管,套管的两端则用铁丝缠紧,并设置定位架固定,避免水管在浇筑混凝土时受到冲击而产生位移。注意检查水管和接头质量,安装完毕后,及时压水检查,发现漏水,及时处理,消除隐患。

冷却水的限值为冷却水与混凝土之间的温度差限制在25℃以内。流量及水温应每2h监测一次,量测进、出水口温度,一般出水口温度应比进水温度高5~6℃。通水量不宜低于18L/min。

一般冷却过程分两期进行:一期冷却,混凝土浇筑后即通水进行降温,使混凝土内最高温度不超过50~55℃,内外差不大于25℃;二期冷却逐渐交替进行使混凝土冷却到最终稳定温度。通水时间间隔根据混凝土温度回升情况而定,并控制混凝土降温速率小于1.5℃/d,同时注意经常调换进、出水口。

冷却完毕后,对冷却管进行同混凝土强度的水泥压浆处理,水泥中应加入微膨胀剂。

(6)严格按规范要求进行各层间和各块间水平和垂直施工缝的处理,各水平施工缝间铺设金属扩张网,沿侧面混凝土表面布面布设防裂金属网,防止表面裂缝的产生。

(7)混凝土的养护。在遇气温骤降的天气或寒冷季节浇筑混凝土后,应注意覆盖保温,加强养生。保温覆盖材料以草袋效果为最佳,依次为油布、木模板、帆布。在夏季,混凝土表面应做到潮湿养护,一方面保证了混凝土强度的正常增长,另一方面降低了混凝土干缩应力,防止了混凝土表面裂缝的产生。

(8)在施工时应采取措施防止阳光暴晒混凝土用水和粗细集料。对受阳光暴晒的集料应用冷水冷却,但应注意材料含水率的变化,高温天气长距离运送混凝土,也应采取相应措施防暴晒。

(9)严格控制粗细集料:石子含泥量小于1%;砂含泥量小于2%。选择最佳集料级配,增加混凝土密实度,减少收缩、徐变。

四、在大体积混凝土浇筑中,针对埋石有何规定

(1)可埋放厚度不小于150mm且不大于300mm的石块,埋放石块的数量不宜超过混凝土结构体积的20%。

(2)应选用无裂纹、无夹层且未被烧过的、具有抗冻性能的石块。

(3)片石的抗压强度等级应符合设计规定;设计未规定时,小桥涵的墩台、基础应不低于

MU30,大、中桥的墩台和基础以及轻型桥台应不低于 MU40。

(4)石块应清洗干净,应在捣实的混凝土中埋入一半左右。

(5)石块应分布均匀,净距不小于 150mm,距结构侧面和顶面的净距不小于 150mm,石块不得接触钢筋和预埋件。

(6)受拉区混凝土或当气温低于 0℃时,不得埋放石块。

五、大体积墩台基础混凝土分块施工的注意事项

大体积墩台基础混凝土,当平截面过大,不能在前层混凝土初凝或能重塑前浇筑完成次层混凝土时,可分块进行浇筑。分块浇筑时应符合下列规定:

(1)分块宜合理布置,各分块平均面积不宜小于 $50m^2$。

(2)每块高度不宜超过 2m。

(3)块与块间的竖向接缝面应与基础平截面短边平行,与平截面长边垂直。

(4)上下邻层混凝土间的竖向接缝,应错开位置做成企口,并按施工缝处理。

(5)后浇段宜采用微膨胀混凝土,并应一次浇筑完成。

[**工程示例 6-6-1**(支架验算及大体积混凝土)]某大桥工程,主桥长 548m,桥宽 26m,其中混行道 22m,两侧人行道各 1.75m。全桥 12 孔、11 墩 2 台 01 号~11 号墩采用射水沉桩基础,梁为预应力 45mT 形梁,孔道压浆,封锚。采用双导梁安装,基础部分采用草袋子围堰,内装黄砂。其中有三跨为普通钢筋混凝土连续梁需现场浇筑,跨净组合为 30m+40m+30m,桥下净宽 13m,模板支架在上一级批准的施工组织设计中有详细的专项设计。水沉桩基础分包给专业队伍,并签订分包施工合同。备注:大体积混凝土(厚度大于 2m)。

(1)项目总工编制了变更方案,并经项目经理比准即付诸实施。

(2)方案中对支架的杆件强度做了验算。

(3)项目经理按一般安全事故进行了处理,对死、伤者家属做了抚恤、补偿。

问题:

(1)变更方案审批程序是否正确,应当怎样做?

(2)对支架的验算是否全面?

(3)在支架上现浇混凝土梁时,支架与模板应满足哪些要求?注意哪些事项?

(4)应如何控制大体积混凝土水化热温度?

(5)总包和分包,对于项目安全控制责任是如何分工的?

分析与答案:

(1)该变更方案的审批程序不对.项目经理批准后,仍须报上一级技术负责人审批。按有关文件规定:施工组织设计必须有上一级技术负责人审批,加盖公章,填写审批表,有变更时,应附合变更审批程序。

(2)对支架的验算不全面,应包括稳定、强度、刚度三个方面的验算。

(3)应满足的技术要求和注意事项:

①支架的强度、刚度、稳定性应满足规范要求.验算倾覆稳定系数不小于 1.3,受载后挠曲的杆件,挠度不得大于结构跨度的 1/400。

②支架的弹性、非弹性变形及基础的允许下沉量,应满足施工后梁体设计高程的要求。

③整体浇筑时,应采取措施,防止梁体不均匀下沉产生裂缝,若地基下沉,可能造成梁体混凝土产生裂缝时,应分段浇筑。

(4)大体积混凝土控制水化热温度的方法包括:

①用改善集料级配、降低水灰比、掺加混合料、掺加外加剂等方法减少水泥用量。

②采用水化热低的大坝水泥、矿渣水泥、粉煤灰水泥或低强度水泥。

③减少浇筑层数目,加快混凝土散热速度。

④混凝土集料要遮盖,避免日光暴晒,并用冷却水搅拌混凝土,降低入模温度。

⑤在混凝土内埋设冷却管用水冷却,冷却集料或加入冰块。

⑥混凝土浇筑安排在天中气温较低时进行。

⑦采用温控措施,加强测温工作,并实施监控。

⑧区别不同的环境、条件,对已浇筑的混凝土分别采用浇水、覆盖,积水等相应的养护方法。

(5)实行总承包的项目,安全控制由承包方负责,分包方服从承包方的管理,总承包方承担连带责任。

承包方对分包方的安全生产责任包括:审查分包方的安全施工资格和安全生产保证体系;不应将工程分包给不具备安全生产条件的分包方;在分包合同中应明确分包方安全生产责任和义务;对分包方提出安全要求,并认真监督、检查;对违反安全规定冒险蛮干的分包方,应令其停工整改;承包方应统计分包方的安全事故,按规定上报,并按分包合同约定协助处理分包方的伤亡事故。

分包方安全责任包括:分包方对本方施工现场的安全工作负责,认真履行分包合同规定的安全生产责任;遵守承包方的有关安全生产制度,服从承包方的安全生产管理,及时向承包方报告伤亡事故并参与调查,处理善后事宜。

[**工程示例6-6-2**(水化热)]某斜拉桥塔柱基础长30m,宽40m,高10m,系大体积混凝土。按照施工总体进度安排,正逢冬期施工,在编制施工组织设计时,认为大方量的混凝土在冬期施工适合于"蓄热法"养护,属常规的做法,没有较多的技术含量和难点,故没有作为一个专题编制专项技术方案。项目经理部为保证工程质量,除按常规做法外,又有针对性地决定采取了以下措施:

(1)为提高入模温度,采用热水拌和混凝土。

(2)用增加水泥用量的方法提高和易性。

(3)使用52.5级硅酸盐水泥。

结果,使混凝土产生许多裂缝。

问题:

(1)造成上述质量问题的机理是什么。

(2)分述上述措施是否妥当?依据是什么?

(3)阐述大体积混凝土浇筑质量控制的要点及控制措施。

(4)从总结教训出发,按照"城市桥梁施工组织设计"的要求确定施工方法,应注意突出重点。请问对于哪些情况,在确定施工方法时应详细而具体,不仅要拟出操作过程和方法,还应提出质量要求和技术措施,必要时应单独编制施工作业计划?

分析与答案:

(1)大体积混凝土,由于水泥的水化热,致使混凝土体内产生很高的温度,但又不易散发,导致混凝土体内部与表面产生很大的温差。当温差超过一定临界值时,会使混凝土体产生裂缝,降低混凝土强度,影响结构质量。

(2)上述措施均不妥当。

①用热水拌和混凝土固然可以提高入模温度,但是,对于大体积混凝土是要求降低入模温

度。即便是冬季,也应控制在入模时以不冻结为度,因为自身水化热足以保证混凝土不受冻伤。

②增加和易性,可以通过其他无副作用的手段。此时,非但不应增加水泥用量,还应在保证混凝土强度等级的前提下,减少水泥用量,以控制水化热。

③52.5级硅酸盐水泥属于累积最终放热量高的水泥,会增加水化热;应使用水化热低的大坝水泥、矿渣水泥、粉煤灰水泥等。

(3) 大体积混凝土浇筑的质量控制要点和措施分述如下:

①大体积混凝土浇筑的质量控制要点:

a. 合理分层分块,控制其每次浇筑的几何尺寸,加快混凝土散热速度。

b. 控制水化热。

c. 降低混凝土入仓温度。

d. 控制混凝土体的内外温差。

②大体积混凝土浇筑的质量控制措施:

a. 优先选用水化热较低的水泥。

b. 在保证混凝土强度等级的前提下,减少水泥用量。

c. 高温季节应冷却集料,或加入冰块。

d. 按规定选用合适的缓凝剂集、减水剂等外加剂,以改善混凝土的性能。

e. 在混凝土中埋设冷却水管,通水冷却降温。

f. 混凝土浇筑安排在一天气温较低时进行。

g. 采取温控措施,加强测温工作,并实施监控。

h. 区别不同的环境、条件,对已浇筑的混凝土分别采取浇水、覆盖、积水等相应的养护方法。

(4) 在下列情况中,确定施工方法应详细而具体:

①工程量大,在整个工程中占重要地位的分部分项工程。

②施工技术复杂的项目。

③采用新技术、新工艺及对工程质量起关键作用的项目。

④不熟悉的特殊结构或工人在操作上不够熟练的工序。

[**工程示例6-6-3**] 高强度大体积混凝土防裂施工技术。

1. 概述

郑州黄河公铁两用桥(下文简称郑黄桥)是北京至广州客运专线河南境内重点控制工程,为世界上最长的公铁两用桥。该桥主桥分上、下两层布置(图6-6-2),上层为公路,双向6车道,设计车速100km/h,桥面宽32.5m;下层为铁路,双线客运专线,设计时速350km/h,车桥动力仿真计算速度达420km/h。主桥分两联布置,总长1684.35m。第1联为0~7号墩,采用121.05m+5×168m+121.05m六塔单索面部分斜拉钢桁结合梁。第2联为7~12号墩,采用120.95m+3×120m+120.95m连续钢桁结合梁。

由于郑黄桥主桥跨度大,通行荷载重,为满足客运专线行车平稳性的要求,桥梁设计刚度较大,导致桥梁的承台及墩身设计尺寸均较大。主桥承台尺寸为29.6m×19.2m×5m,每个承台混凝土2828m³,墩身截面尺寸为19m×5m,高度9.18m,墩身、墩帽混凝土1427m³,承台、墩身混凝土均属大体积混凝土。

主桥承台、墩身均位于水位变动区内,根据郑州地区的气温,必须考虑混凝土的冻融破坏情况。该桥主桥承台和墩身混凝土强度等级设计均为C45,由于混凝土强度较高,需要增加胶凝材料的用量,进而增加了混凝土的水化热,使混凝土很容易开裂。确保在承台和墩身交接处不开裂或裂纹控制在允许范围内,非常困难。以下以郑黄桥主桥承台和墩身混凝土施工为例介绍相应的工程措施。

图6-6-2 郑州黄河公铁两用桥主桥效果图

2. 大体积承台、墩身混凝土施工防裂措施

1)混凝土的原材料控制

(1)水泥。选用 P.O. 42.5 低碱水泥,经检测其游离 CaO 的含量为 0.86%;碱含量为 0.59%;氯离子含量为 0.014%;各项性能指标基本稳定,均满足铁路高性能混凝土的要求,其掺量误差应控制在 ±1% 以内。

(2)粗集料。采用 0~5mm 掺量 20% 及 5~25mm 掺量 80% 的二级级配碎石,含泥量<1%,针、片状碎石含量<10%(重量比),泥块含量<0.25%,氯离子含量<0.02%,SO_3 含量≤0.5%,各项性能指标均满足铁路高性能混凝土的要求,掺量误差应控制在 ±2% 以内。对 5~25mm 碎石进行 100% 水洗且入棚存放。

(3)细集料。采用Ⅱ区中砂,细度模数 2.3~3.0,含泥量<2.5%,泥块含量<0.5%,云母含量≤0.5%,轻物质含量≤0.5%,氯离子含量<0.02%,SO_3 含量≤0.5%。各项性能指标均满足铁路高性能混凝土的要求,掺量误差应控制在 ±2% 以内。在使用前 100% 清筛,筛去豆石、泥块,入棚存放。

(4)粉煤灰、矿粉掺和料。为改善混凝土的和易性,降低混凝土的水化热,采用一级粉煤灰。粉煤灰的掺量≤30%,细度为 8.7%,含水率为 0,氯离子含量≤0.02%,烧失量≤5.0%,游离 CaO 含量≤1.0%,SO_3 含量≤3%。各项指标均满足铁路高性能混凝土的要求,掺量误差应控制在 ±1% 以内。

另外,掺加部分矿粉,以减少水泥用量,保证混凝土早期强度,降低混凝土水化热。所用矿粉的氯离子含量 0.017%,MgO 含量 6.48%,活性指数 98%,SO_3 含量 0.15%,碱含量 0.93%,各项性能指标基本稳定,均满足铁路高性能混凝土的要求,掺量误差应控制在 ±1% 以内。

(5)水。混凝土拌和用水采用黄河滩地的深井地下水,经检测其各项指标满足要求。考虑到承台和墩身的冬、夏季施工,拌制混凝土的水在冬季用锅炉加热、在夏季加冰降温后使用。

(6)外加剂。采用聚羧酸高效减水剂(JM-PCA),其具有减水、早强、缓凝、引气、坍落度损失小、容易控制掺量、容易拌和均匀等性能,并且与水泥之间具有良好的相容性。经试配,各项指标符合要求,其掺量误差应控制在 ±1% 以内。

2) 大体积混凝土配合比的选定

郑黄桥承台、墩身高强度大体积混凝土配合比设计,除应满足混凝土的强度等级、因水化热引起的温升指标及工艺性能要求外,还应考虑耐久性的要求。必须考虑控制混凝土产生温度裂缝的技术措施,以及混凝土的含气量、电通量、抗冻等级等要求。

综合考虑混凝土强度、水泥强度等级、水化热及混凝土收缩、混凝土结构环境等因素,在满足混凝土搅拌、运输、浇筑、振捣等工艺要求的前提下,尽可能降低混凝土的坍落度、含砂率等指标,适当使用粉煤灰、矿粉,以减少水泥用量。

按照上述要求,做了大量的试配合交叉试验,确定了承台、墩身C45混凝土多组成型的配合比,其胶凝材料$420\sim440$kg/m^3;砂率$0.38\sim0.40$;水胶比$0.33\sim0.38$;掺和料$30\%\sim60\%$,双掺;含气量不小于5%。优先采用的配合比(质量比)为水泥:粉煤灰:矿粉:外加剂:砂:石:水 = 265:88:88:3.528:707:1060:151。

3) 承台、墩身混凝土热工计算及降温措施

为保证郑黄桥主桥承台、墩身大体积混凝土施工质量,根据优化配置的混凝土配合比,对主桥承台、墩身结构进行有限元建模分析,模型见图6-6-3。

通过模拟混凝土实际施工过程,考虑混凝土的浇筑分层、浇筑温度、养护和边界条件,以及混凝土的弹性模量、收缩徐变、水化热的散发规律等物理热学性能,对承台、墩身大体积混凝土进行温度场及应力场仿真计算,根据计算结果制订承台不出现有害温度裂缝的温控标准,以及相应的温控措施。

根据计算结果,主桥承台按照每米一层布设四层冷却水管,主桥墩身沿宽度方向布置四层冷却管(图6-6-4)。每层均采用U形结构。

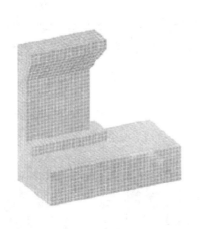

图6-6-3 主桥桥墩有限元模型

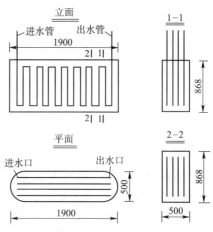

图6-6-4 墩身冷却水管布置(尺寸单位:mm)

4) 承台、墩身混凝土防裂施工现场控制

承台、墩身混凝土均一次浇筑完成。混凝土采用布料机进行浇筑,摊铺厚度根据振捣器的作用深度和混凝土的和易性确定,不宜大于30cm。每层间隔应尽可能短,必须在前层混凝土初凝前,后一层混凝土浇筑完毕。

混凝土浇筑时,根据混凝土的和易性布设足够的下料点,将混凝土振捣密实,且防止混凝土泌水,保证混凝土的均匀性,提高其抗裂性能。对已浇筑的混凝土表面用棚布遮盖,避免混凝土水分散失而过早凝结,形成施工冷缝。浇筑至冷却水管被覆盖2h后即开通循环水,开始对混凝土进行温度监控。

郑黄桥承台和墩身施工要经过冬季,必须按冬季施工要求进行养护。冬季施工时:

①混凝土浇筑完成后应立即进行保温、保湿养护,一般顶面混凝土可先用一层塑料膜覆盖,再加盖两层棉毡进行养护。

②对于结构侧面,在承台模板外面包裹棉毡保温,或利用四周基坑搭设暖棚,在暖棚内生炉烧热水养生;墩身采用钢管搭设暖棚,四周采用篷布覆盖,在暖棚内生炉烧热水养生,棚内设置温度计,注意观察温度变化。

③拆模应选择在温度变化较小的时段进行,若天气骤然变化,应采取措施保证拆模后混凝土表面的温度下降小于15℃,同时应考虑昼夜温差。

④承台拆模后四周应及时回填土,顶面继续覆盖养生至混凝土达到设计强度的75%。墩身拆模后,继续采用暖棚覆盖养生至混凝土达到设计强度的75%。

5) 大体积混凝土温度监控标准

(1) 混凝土内部最高温度不超过65℃。

(2) 混凝土中心温度与表面温度、混凝土表面温度与环境温度之间的差值,承台小于20℃,墩身小于15℃。

(3) 承台、墩身中心混凝土降温速率控制在2~3℃/d。

(4) 根据实时监测的温度资料,及时调整冷却水流量,控制进水温度和出水温度之差在10℃左右,若加大水流量后仍然超过10℃,则间隔调整入水、出水方向。

6) 承台、墩身接缝处的特殊防裂措施

根据郑黄桥的特点,在承台施工完成后,加快墩身的施工进度,尽量缩短承台、墩身混凝土的龄期差,将龄期差控制在15d之内,以减小两者之间混凝土的收缩差,降低接缝处混凝土开裂的概率。

另外,在墩身混凝土浇筑完成后,将墩身混凝土用塑料包裹,在承台面上及墩身混凝土四周,砌筑一圈水槽,水槽中灌满水,对接缝处墩身混凝土进行湿养护,以减少混凝土表面的干裂及混凝土收缩量。

3. 结语

通过采用严格的控制措施,郑州黄河公铁两用桥主桥高强度大体积承台、墩身混凝土各项质量指标均满足《客运专线铁路桥涵工程施工质量验收暂行标准》、《铁路混凝土工程施工质量验收补充标准》的要求,承台、墩身混凝土的质量优良。采用的措施对以后同类工程的施工具有借鉴作用。

[填空]

1. 对大体积混凝土进行温度控制时,应使其内部最高温度不大于_____℃、内表温差不大于_____℃。

2. 大体积混凝土分层浇筑时,在上层混凝土浇筑之前应对下层混凝土的顶面做凿毛处理,且新浇混凝土与下层已浇筑混凝土的温差宜小于_____℃,并应采取措施将各层间的浇筑间歇期控制在_____d以内。

3. 大体积混凝土的浇筑宜在气温较低时进行,但混凝土的入模温度应不低于_____℃;热期施工时,宜采取措施降低混凝土的入模温度,且其入模温度不宜高于_____℃。

4. 大体积混凝土的温度控制宜按照"_____"的原则,对混凝土内部采取设置冷却水管通循环水冷却,对混凝土外部采取覆盖蓄热或蓄水保温等措施进行。

5. 大体积混凝土施工时,在混凝土内部通水降温时,进出口水的温差宜小于或等于

_____ ℃,且水温与内部混凝土的温差宜不大于_____ ℃,降温速率宜不大于_____ ℃/d;利用冷却水管中排出的降温用水在混凝土顶面蓄水保温养护时,养护水温度与混凝土表面温度的差值应不大于_____ ℃。

6. 大体积混凝土采用硅酸盐水泥或普通硅酸盐水泥时,其浇筑后的养护时间不宜少于_____ d,采用其他品种水泥时不宜少于_____ d。

[简答]
1. 大体积混凝土在选用原材料和进行配合比设计的原则是什么?
2. 在大体积混凝土施工时,针对埋石有何规定?

任务七　锥坡及台后填土的施工

一、锥坡的概念

锥坡一般布置在桥台处,其主要作用是挡土。桥台锥坡和护坡一般采用浆砌或干砌砌体,其砌体厚度不宜小于 0.35~0.40m,见图 6-7-1。根据《公路桥涵设计通用规范》(JTG D60—2004)关于锥坡的规定如下:

(1)桥头锥体及桥台台后 5~10m 长度内的引道,可用砂性土等材料填筑。在非严寒地区当无透水性土时,可就地取土经处理后填筑。

(2)锥坡与桥台两侧正交线的坡度,当有铺砌时,路肩边缘下的第一个 8m 高度内不宜陡于 1:1;在 8~12m 高度内不宜陡于 1:1.25;高于 12m 的路基,其 12m 以下的边坡坡度应由计算确定,但不应陡于 1:1.5,变坡处台前宜设宽 0.5~2.0m 的锥坡平台;不受洪水冲刷的锥坡可采用不陡于 1:1.25 的坡度;经常受水淹没部分的边坡坡度不应陡于 1:2。

埋置式桥台和钢筋混凝土灌注桩式或排架桩式桥台,其锥坡坡度不应陡于 1:1.5。对不受洪水冲刷的锥坡,加强防护时可采用不陡于 1:1.25 的坡度。

(3)洪水泛滥范围以内的锥坡和引道的边坡坡面,应根据设计流速设置铺砌层。铺砌层的高度应为:特大、大、中桥应高出计算水位 0.5m 以上;小桥涵应高出设计水位加壅水水位(不计浪高)0.25m 以上。

(4)根据《公路工程水文勘测设计规范》(JTG C30—2002)7.6.5:锥体护坡基脚埋置深度应考虑冲刷的影响,当位于稳定、次稳定河段的河滩上,基脚底面应在一般冲刷线以下至少 0.50m;当桥台位于不稳定河流的河滩上,基脚底面应在一般冲刷线以下至少 1m。桥台锥坡大样及计算简图见图 6-7-1。

二、锥坡工程量的计算

如图 6-7-1b)所示,正交桥台锥坡工程量计算公式如下:

1. 锥形护坡体积近似公式($\theta = 90°$ 时)

外锥体积:

$$V_1 = \frac{\pi}{12}mnH^3 = K_V H^3 \qquad (6\text{-}7\text{-}1)$$

内锥体积:

$$V_2 = \frac{\pi}{12}mnH_0^3 = K_V H_0^3 \qquad (6\text{-}7\text{-}2)$$

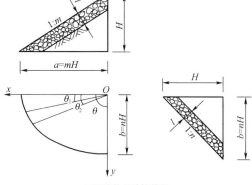

a) 锥坡大样　　　　　　　　　　　　　b) 锥坡数量计算简图

图 6-7-1　桥台锥坡大样及计算简图

锥形片石护坡体积：

$$V = V_1 - V_2 = K_V(H^3 - H_0^3) \tag{6-7-3}$$

其中：

$$K_V = \frac{\pi}{12}mn \tag{6-7-4}$$

内锥平均高度：

$$H_0 = H - \sqrt{\alpha_0 \beta_0}\, t \tag{6-7-5}$$

其中：

$$\alpha_0 = \sqrt{\frac{1+m^2}{m}},\ \beta_0 = \sqrt{\frac{1+n^2}{n}} \tag{6-7-6}$$

2. 锥形护坡表面积近似公式（$\theta = 90°$ 时）

$$A = K_A H^2 \tag{6-7-7}$$

其中：

$$K_A = K_V(\alpha_0 + \sqrt{\alpha_0 \beta_0} + \beta_0) \tag{6-7-8}$$

3. K_V、K_A 表（上述公式中的计算参数见表 6-7-1）

锥坡体积计算参数表（$\theta = 90°$ 时）　　　　表 6-7-1

m	n	α_0	β_0	$\sqrt{\alpha_0 \beta_0}$	K_V	K_A
1	1	1.414	1.414	1.414	0.262	1.110
1.5	1	1.202	1.414	1.304	0.393	1.541
1.5	1.25	1.202	1.280	1.240	0.491	1.828
1.75	1.25	1.152	1.280	1.214	0.573	2.089

都兰县西台村察汗乌苏河大桥桥台锥坡一般构造图如图 6-7-2 所示。

[练习]：对照图 6-7-2，试计算锥坡主要工程数量。

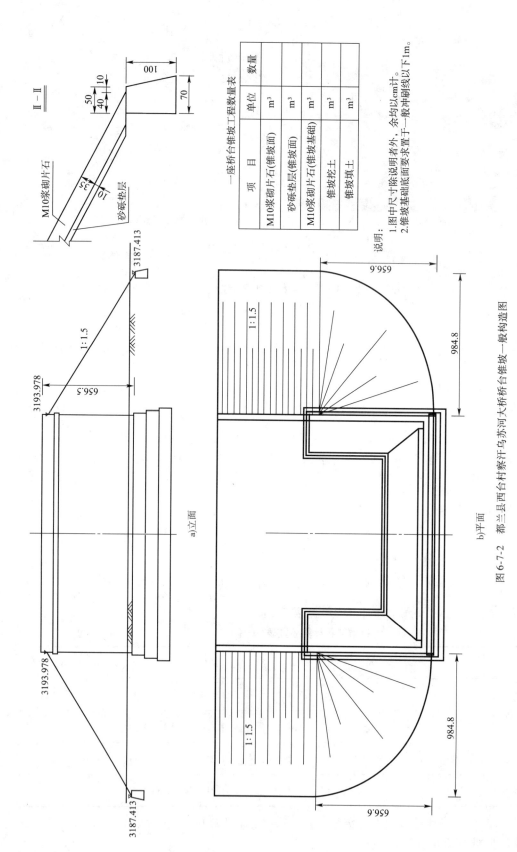

图 6-7-2 都兰县西台村蒙汗乌苏河大桥桥台锥坡一般构造图

三、搭板

1. 搭板的作用

搭板是柔性路堤与刚性桥梁的交界部位,车辆行驶时,为防止刚度突变,引起跳车,故设置搭板。

2. 相关规范规定

根据《公路桥涵设计通用规范》(JTG D60—2004)3.4.4条:高速公路、一级公路和二级公路的桥头宜设置搭板。搭板厚度不宜小于0.25m,长度不宜小于5m。

根据《公路圬工桥涵设计规范》(JTG D61—2005)6.1.9条:高速公路、一级公路和二级公路上桥梁的桥头宜设置搭板。搭板厚度不宜小于250mm,长度不宜小于6m。

路基填土与形桥台侧墙的搭接长度不宜小于0.75m。

3. 搭板设置的方法

搭板一般为钢筋混凝土的现浇板,根据以上规范规范规定,其长度不小于6m,宽度与行车道同宽,高度一般不小于0.3m,其中配置$\phi 20$的HRB335螺纹钢筋。

搭板具体式样详见项目2单元图纸。

四、台后填土

根据《公路桥涵施工技术规范》(JTG/T F50—2011)14.4.2的规定,

(1)桥涵台背、锥坡、护坡的各种填料,宜采用天然砂砾、二灰土、水泥稳定土或粉煤灰等轻质材料,不得采用含有泥草、腐殖质或冻土块的土。

(2)台背填土顺路线方向长度,自台身起,其填土的长度在顶面应不小于桥台高度加2m,在底面应不小于2m,拱桥台背填土长度不应小于台高的3~4倍。锥坡填土应与台背填土同时进行,并应按设计宽度一次填足。

(3)台背回填应严格控制分层厚度和密实度,应设专人负责监督检查,检查频率应每$50m^2$检验1点,不足$50m^2$时至少检验1点,每点均应合格,且宜采用小型机械压实。桥台台背填土的压实度不应小于96%(回填土的分层厚度宜为0.1~0.2m)。

(4)台背填土的顺序应符合设计要求。设计未规定时,拱桥台背填土宜在主拱圈安装或砌筑以前完成;梁式桥的轻型桥台台背填土,宜在梁体安装完成以后,在两端桥台平衡地进行;埋置式桥台台背填土,宜在柱侧对称、平衡地进行。

(5)对位于软土地基处的桥台,可采取先填筑在进行基础和台身施工的方式。

[**工程示例6-7-1**(桥头跳车)]如何预防桥头跳车?

1. 质量问题及现象

(1)桥头处路基沉陷,路面出现凹形。

(2)车辆行驶到桥头发生明显的颠簸。

2. 原因分析

(1)桥头路堤及堆坡范围内地基填前处理不彻底。

(2)台后压实度达不到标准,高填土引道路堤本身出现压缩变形。

(3)路面水渗入路基,使路基土软化,水土流失造成桥头路基引道下沉。

(4)地基工后沉降大于设计容许值。

(5)台后填土材料不当,或填土含水率过大。

(6)伸缩缝破损或缝内杂物积聚导致堵塞,或安装的水泥混凝土出现开裂而破碎。

3. 预防措施

(1)重视桥头地基处理,把桥头台背填土列入重点工程部位,制订合理的台背填土施工工艺。桩基础的台背填土可以先填土再浇筑盖梁。

(2)改善地基性能,清除填土范围内的种植土、腐殖土等杂物,搞好填前碾压,提高承载力,减少差异沉降。

(3)提高桥头路基压实度,有针对性地选择台背填料,如透水性好、后期压缩变形小的砂砾石或重度小、稳定性好的粉煤灰、炉渣等。在缺少砂石的地区可用石灰土、水泥土做填料,或采用轻质的流态粉煤灰进行填筑。

(4)做好桥头路堤的排水、防水工程。设置桥头搭板,其长度可根据填土高度和土后沉降值大小而定,适当加长搭板长度。

(5)优化设计方案,采用新工艺加固路堤,如根据地质情况,采用热塑土工格栅、粉喷桩、强夯等。

(6)对伸缩缝做好日常清理杂物。

4. 处理措施

(1)沉陷较轻,沉陷面积不大(凹深小于4cm),基层没有破坏的,可采用沥青混凝土填补找平。

(2)沉陷较重,沉陷面积较大,基层出现破坏,清除已破坏的旧基层,采用刚性、半刚性基层(长度范围宜大些),重铺沥青混凝土。

(3)基层未破坏,整体下沉范围较大,变化较快的可采用粉喷桩灌注基底,然后面层找平。

(4)对因为防护不当、水毁造成的基础掏空等情况产生的沉陷,应视具体情况先将破坏根源处理好,采取相应措施处理基层和面层。

(5)化学注浆,通过向路基中进行化学注浆来加固路基。

[填空]

1. 锥坡与桥台两侧正交线的坡度,当有铺砌时,路肩边缘下的第一个8m高度内不宜陡于_____;在8~12m高度内不宜陡于_____;高于12m的路基,其12m以下的边坡坡度应由计算确定,但不应陡于_____。

2. 锥坡变坡处台前宜设宽_____m~_____m的锥坡平台;不受洪水冲刷的锥坡可采用不陡于_____的坡度;经常受水淹投部分的边坡坡度不应陡于_____。

3. 埋置式桥台和钢筋混凝土灌注桩式或排架桩式桥台,其锥坡坡度不应陡于_____;对不受洪水冲刷的锥坡,加强防护时可采用不陡于_____的坡度。

[案例分析]

某工地由于资金不足,施工单位在桥台台后填筑时,拟用漂石土进行填筑,问:是否可行?理由是什么?应如何施工(要求写出相关技术要求)?

[简答]

试述桥台台后填土的注意事项(写出关键技术参数)。

项目七 装配式梁桥设计施工

任务一 装配式简支梁桥的标准设计

一、板式桥梁现状

1. 板梁应用现状

目前,板式桥梁是公路桥梁中最为量大、面广的常用桥型,它构造简单、受力明确,可采用钢筋混凝土和预应力混凝土结构,可做成实心和空心,能适应各种形状的弯、坡、斜桥,因此,在高速公路、一般公路和城市桥梁中都得到十分广泛的应用。

2. 板梁标准图历史与应用现状

旧版板式桥梁通用图在使用过程中的主要问题如下:

(1)由于标准图编制年代较早,一些主要技术指标不能满足发展需要;同时,结构类型较为单一,无法适应20世纪90年代以后大规模的高速公路建设需要。

(2)部分标准图所采用材料的老化,技术经济性差,同时,由于市场采购困难,施工很不方便。

(3)此后,各设计单位根据各自的情况和需要分别编制了各自的板梁通用图。由于受设计理论、计算手段、材料技术、施工工艺等因素制约,各类通用图思路不统一,标准不一致,无论是断面形式还是结构配筋都大相径庭,设计水平也参差不齐。

二、板式桥梁标准化原则与主要内容

2008年,交通运输部组织专家编制新标准图,新编板式桥梁通用图遵循以下原则:

(1)安全第一的原则。结构设计应满足现行标准规范的要求,充分考虑结构物的施工安全和运营安全;结构计算应采用多种手段、多种方法;说明书应对设计参数、材料使用、施工工艺、质量检验和适应范围等进行详尽而准确的阐述。

(2)适度超前的原则。在满足国内规范基础上,积极、认真地吸取国内外工程建设的成果经验和失败教训,适度超前于现行规范;施工工艺、材料选用既考虑现有施工水平、材料供应等实际状况,又适度超前于现有条件,引导相关产业技术进步。

(3)确保质量的原则。因通用图编制工程浩大,应优先选择适应面广、工程实践要求迫切、具有典型性和示范性的内容,取得突破,不盲目追求覆盖面。

根据以上原则,经调研,确定新版通用图的研究范围包括513种工况,其中:

(1)跨径,包括6m、8m、10m、13m、16m和20m。

(2)荷载,包括公路-Ⅰ级和公路-Ⅱ级。

(3)板宽,包括1.00m和1.25m。

(4)交角,包括0°、15°和30°。

(5)路基宽度,包括8.5m、10.0m、12.0m 和 2×11.25m、2×12m、2×12.75m、2×13.5m、2×16.5m、2×16.75m。

三、板式桥梁通用图标准化关键技术

1. 空心板合理结构尺寸研究

1)合理板高的拟定

考虑到汽车荷载重型化,同时结合结构耐久性的要求,新编板桥通用图增加了空心板的截面高度,以保证空心板的安全储备和耐久性,同时可以增大刚度,减小挠度。10m、13m、16m、20m 预应力混凝土空心板的板高为 600mm、700mm、800mm、950mm;6m、8m、10m 钢筋混凝土空心板的板高为 320mm、420mm、500mm。

2)顶底板及腹板合理厚度的拟定

根据有关规范规定,上缘横向受拉主筋由于有桥面铺装保护,按钢筋最小净距取值,定为2cm;下缘横向受拉主筋净距,由于内腔受外界条件干扰不大,取3cm。考虑桥梁斜向因素以及钢筋横向净距,顶底板取 12cm。

经过对腹板裂缝的分析以及综合考虑新规范的荷载变化,同时兼顾经济、合理的原则,适当提高了腹板厚度。

3)空心板合理宽度的拟定

调研发现,目前国内装配式空心板宽度有 990mm、1200mm、1240mm、1350mm、1440mm、1480mm 共六种。本次通用图空心板的研究考虑以下因素。

(1)根据《公路桥涵设计通用规范》(JTG D60—2004)4.3.1 的第六条规定,为避免单板上横向同时分配到两个车轮荷载,空心板合理的理论宽度应小于1.3m。

(2)从单辆汽车的横向布置来看,其横向轮距为1.8m,则空心板的合理宽度应小于1.8m,在相同横向分布系数的情况下实现板宽最大化。

在广泛调研的基础上,新版通用图选定 1250mm 作为 10m、13m、16m、20m 预应力混凝土空心板的宽度。考虑到农村公路建设简化施工的需要,6m、8m、10m 钢筋混凝土空心板的标准宽度选定为1000mm。此外,考虑到目前1000mm 板宽先张法台座应用较多,保留板宽1000mm 的 10m、13m、16m、20m 先张法预应力空心板作为过渡。

4)铰缝结构优化

调查表明,目前装配式板桥采用各种铰缝形式均有不同程度的纵向裂缝出现。裂缝出现的频率与铰缝形式有关,总体上呈现铰缝加深、构造连接加强则开裂减少的趋势。空心板产生沿铰缝纵向开裂的原因是多方面的,经研究分析,其中主要原因有:

(1)铰缝实际受力与横向分布计算基本假设差异的原因。铰缝在弹性受力状态为刚接板或介于刚接与铰接间较符合实际情况。

(2)铰缝钢筋构造的原因。位于铰缝内的钢筋为抗拉无效连接(自我锚固长度不足),同时其形状没有对铰缝与空心板连接面平行,对铰缝本身没有保护作用,铰缝钢筋连接薄弱。

(3)铰缝材料的原因。由于铰缝受力复杂,在荷载作用下,存在反复受力过程,很容易产生疲劳破坏,而设计中采用的混凝土的强度及耐久性不足,没有足够重视新旧混凝土间黏结力的弱化作用。

(4)施工原因分析。

①以前桥梁施工为专业队伍,现在多为农民工队伍,对结构认识不够重视,施工质量差、工艺水平偏低。

②铰缝钢筋不按设计要求施工。对于深铰缝下层钢筋的搭接绑扎没有符合设计要求。

③铰缝混凝土密实度不够,存在蜂窝。施工铰缝口尺寸偏小,难以振捣。

④板间铰缝结合面没有凿毛,铰缝混凝土与空心板的黏结差。

⑤铰缝施工时底模漏浆,造成空铰。

⑥铰缝混凝土强度未达到要求,过早加载。

(5)运营阶段因素。

①超载运输方面的原因。空心板桥横向联系本来就较弱,在超载车辆的长期反复的作用下,其铰缝混凝土破坏的速度大大加快。

②行车轨迹固定的原因。由于重车一般均行驶在靠右侧的行车道上,故导致若干板块直接承受重复的重级荷载的概率大大高于其他板块,在车辆荷载的反复作用下某些预制板铰缝更易发生疲劳破坏。

铰缝优化设计的基本思路就是加强横向连接,具体到本次通用图中采取以下措施。

(1)采用深铰缝:采用深铰缝可减少开裂是调研的结果,也是与《公路钢筋混凝土及预应力混凝土桥涵设计规范》(JTG D62—2004)第9.2.9条的规定相符的。本次通用图均采用C类铰缝(深铰缝)。

(2)加强连接钢筋:增加横向相邻两块板之间顶、底部钢筋弯折后焊接,并在铰缝中加设剪刀形竖向钢筋和纵向钢筋。

(3)加强预制板黏结性能:为加强铰缝混凝土与预制梁的黏结性能,要求在空心板预制时,按1m一道在预制板的侧模嵌上500mm长的$\phi 6$钢筋,使其形成6mm凸凹不平的粗糙面。

(4)加强桥面现浇层与预制梁的连接:在预制梁内设置伸到桥面现浇层内的剪力钢筋,以加强现浇混凝土与预制梁的结合。

(5)铰缝的施工工序改进:从结构受力角度考虑,铰缝与桥面铺装一起浇筑更加合理。因为浇筑铰缝混凝土后再浇筑桥面铺装时,铰缝已经参与受力,各板间铰缝受力并不均匀,斜交板相差尤其大。所以从尽量减少受力的角度出发,铰缝应与桥面铺装同时浇筑,优化后的铰缝构造如图7-1-1所示。

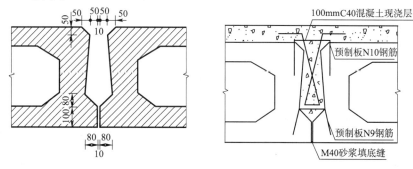

图7-1-1 铰缝及钢筋构造(尺寸单位:mm)

2.板式桥梁桥面现浇层与结构共同受力研究

在整桥的纵向计算中,桥面现浇层参与结构受力厚度的选取是非常关键的。不同计算厚度对应的非线性梯度的取值,影响到纵向计算的结果。板式桥梁桥面现浇层与结构的叠合面是整个结构的薄弱面,叠合面的抗剪强度是保证叠合前后浇筑的两部分混凝土形成整体截面而共同工作的关键。

经过计算,在叠合面位置布置了抗剪钢筋。板式桥梁考虑桥面现浇层受力对比计算分析。由计算结果可以看出,构件考虑5cm现浇层的正截面承载能力极限计算结果比不考虑现浇层的正截面承载能力极限计算结果要高0.5%。构件考虑5cm现浇层的斜截面抗剪承载力验算结果比不考虑现浇层的斜截面抗剪承载力验算结果要高2.8%。构件考虑5cm现浇层的短期效应组合,并消除结构自重产生的位移比不考虑现浇层的短期效应组合并消除结构自重产生的位移要降低16%。

综上所述,考虑5cm现浇层的作用以后板式桥梁的抗剪、抗弯极限承载能力都得到了不同程度的提高,结构刚度更是大幅度提高,相同荷载下的位移减小了16%,以上结果在实桥的检测中也得到了体现。由此可见,充分考虑5cm现浇层与空心板的共同受力是正确的、可靠的。

3. 板式桥梁板端结构受力分析研究

考虑到实际采用的锚固体系为一个立体的结构锚固在混凝土中,受力情况很复杂,与规范规定的情况有较大的差异,因此有必要采用试验和有限元的方法进一步分析板梁锚固端的应力应变情况。

新老标准图端部锚垫板所在的端部区域内的第一主应力主要表现为拉应力。应力计算结果显示出锚垫板附近的应力情况较复杂、变化剧烈。拉应力在靠近锚垫板的区域迅速增大到最大值,然后随着距离的增加其值迅速减小。梁端整体处于较低的应力状态,靠近端部主应力较大。

基于以上分析结果,此次新编通用图通过新老通用图的分析对比,同时结合老标准图的板端锚下钢筋的布置,新标准图中综合考虑各种因素,在锚下布置了双层$\phi 16$钢筋网。

4. 板式桥梁大悬臂边板防抗撞击研究

现代交通运输正向高速化和大吨位方向发展,这对交通安全设施提出了越来越高的要求。防撞护栏是确保交通安全的重要设施。迄今为止,国内外对防撞护栏的研究主要集中在护栏本身的研究上。但是,在桥梁上部结构设计中,往往忽视了在横向碰撞力作用下,空心板梁箱体和悬臂部分的结构验算,造成板式桥梁边梁的配筋往往不能满足规范的要求,存在着安全隐患。

通过计算可知,汽车碰撞时在墙背与大悬臂边板会产生很大的拉应力,远远超出了混凝土的抗拉能力。事实上,这部分应力已经由钢筋承担,所以目前设计中认为纵向钢筋和横向配筋只是作为构造钢筋配置是不合适的。

按照新规范要求,进行了空心板悬臂计算和防撞栏杆验算,证明通用图中大悬臂板防撞钢筋布置是可靠的,从而解决了大悬臂边板在受撞击下的安全隐患。

5. 板式桥梁施工工艺研究

1) 板式桥梁芯模施工工艺的研究

内模拆模困难一直是各施工单位所关注的。目前,大多数施工单位采用空心充气胶囊。因拆模时气囊在往外拖的过程中,与混凝土有直接摩擦,很容易破损,故周转次数有限,并且在混凝土浇筑过程中,因振捣器具的强力振捣,容易使气囊上浮,小则影响几何尺寸,严重时易出现质量事故。如用木模,则在拆模时需派人爬入空心板里面敲掉内撑,因空间过小,无法正常作业,劳动强度太大,况且木模周转次数也有限。调查发现,使用橡胶胶囊、木芯模、钢芯模生产一片板梁的摊销费用分别为637元、486元和267元,差量成本很大。钢芯模在板梁数量较多、观感质量要求较高的中型或大型预制场最为合适。本项目研究开发了一种钢制内模,如图 7-1-2 所示。

该内模设计简单,可自行焊接,无需工厂加工。周转次数多,可重复利用。因拆模块,不易变形,无需修补,故一般备一套即可满足需要。

2)板式桥梁吊装施工工艺的研究

预制钢筋混凝土空心板吊装时采用的吊环在制作和使用过程中主要是受拉力和反复弯折。因此,吊环拉应力设计不能按其设计应力计算,新规范规定,预制构件的吊

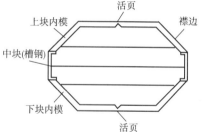

图 7-1-2 新开发钢制内模示意

环必须采用 R235 钢筋,其拉应力不应大于 50MPa,且最多考虑三个吊环起作用。若一块空心板采用 ϕ32mm 钢筋吊环,只能起吊 120kN 的重量,小于预制空心板的自重。因此,空心板的吊装不能采用吊环,可采用钢丝绳兜底吊。钢丝绳兜底吊是一种传统的吊装工艺,施工工艺成熟,施工简单、可靠,对梁体影响小。具体采用的办法是在预制板内设置预留孔,如图 7-1-3 所示。

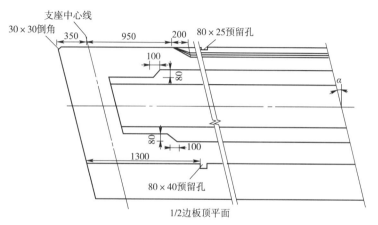

图 7-1-3 钢丝绳兜底吊预留孔示意(尺寸单位:mm)

四、空心板的构造要求

在进行公路桥梁结构(构件)设计时,计算分析是很重要的一部分,但还有更重要的一部分是有关构造要求,这或许是更值得我们关注的一部分,因为这是根据多年的工程经验以及科学试验总结出来的。

新版《公路钢筋混凝土及预应力混凝土桥涵设计规范》(JTG D62—2004)第 9.1 和第 9.2 条对板提供了一套丰富的构造规定,这对提高空心板的耐久性等方面是非常有益的。其中如下几点应特别予以注意:

(1)钢筋的混凝土保护层厚度。新编板桥通用图空心板上缘横向受拉主筋由于有桥面铺装的保护,按钢筋最小净距取值,定为 2cm,下缘横向受拉主筋净距,由于内腔受外界条件干扰不大,取 3cm。

(2)预制空心板顶面应拉毛,锚固端面和铰缝面等新、旧混凝土结合面均应凿毛成凹凸不小于 6mm 的粗糙面,100mm×100mm 面积中不少于 1 个点,以利于新旧混凝土的良好结合。

(3)现浇混凝土连续段处的预制空心板、桥面板内纵向钢筋应保证其搭接长度和焊接质量,以充分利用钢筋的强度。

(4) 斜板的钢筋应充分满足《公路钢筋混凝土及预应力混凝土桥涵设计规范》(JTG D62—2004)第9.2.7条的要求,并特别注意钝角部位加强钢筋的布置。

五、空心板桥的施工要求

良好的设计意愿需要通过严格的施工及良好的质量控制管理才能实现。新编板式桥梁通用图在设计说明书中列出了较为详细的施工要点说明,概述如下。

(1) 浇筑空心板混凝土前应严格检查伸缩缝、泄水管、护栏、支座等附属设施的预埋件是否齐全,确定无误后方可浇筑。施工时,应保证预应力束管道及钢筋位置准确,控制混凝土集料最大粒径不得大于20mm。浇筑混凝土时应充分振捣密实,严格控制浇筑质量。

(2) 为了防止预制板上拱度过大,及预制板与桥面现浇层由于龄期差别而产生过大收缩差,存梁期不宜超过90d,若累计上拱值超过计算值,应采取控制措施。新版通用图说明书中提供了各种预制空心板板型在不同跨度下钢束张拉完成后,各存梁期跨中上拱度计算值及二期恒载所产生的下挠值,施工时应参考这些提供的数据严格控制质量。

(3) 空心板预制时,除注意按设计图纸预埋钢筋和预埋件外,桥面系、伸缩缝、护栏及其他相关附属构造预埋件,应参照相关图纸施工,护栏预埋钢筋必须预埋在预制空心板结构内。

(4) 对于预应力混凝土板桥,预应力的施加工艺也是应该予以充分注意和重视的。预应力束管道的位置必须严格按坐标定位,并用定位钢筋固定,定位钢筋与空心板腹板的箍筋点焊连接,严防错位和管道下垂,如果管道与普通钢筋发生碰撞,应保证管道位置不变而适当挪动钢筋位置。

浇筑前应检查波纹管是否密封,防止浇筑混凝土时阻塞管道。预制空心板的预应力钢束必须待空心板浇筑后的混凝土立方体强度达到混凝土设计强度等级的85%后,且混凝土龄期不小于7d,方可张拉。施工单位在条件具备时宜适当增加龄期,提高混凝土弹性模量,减小反拱度,预应力钢束采用两端同时张拉,施加预应力应采用张拉力与引伸量双控。当预应力钢束张拉达到设计张拉力时,实际引伸量值与理论引伸量值的误差应控制在6%以内。实际引伸量值应扣除钢束的非弹性变形影响。

此外,设计图说明中对钢束的张拉均提供了张拉顺序,施工时应严格遵守,张拉完成后,孔道压浆应饱满。

(5) 由于吊环吊装较难满足新版规范的要求,本次板桥通用图均采用了设吊孔穿束兜板底加扁担梁的吊装方法吊装预制空心板,该方法施工工艺成熟,施工简单、可靠,对梁体影响小。桥梁架设若采用架桥机吊装,必须经过验算方可进行,且架桥机的自重宜落在墩台的立柱上。

[填空]

1. 新版标准图中,10m、13m、16m、20m 预应力混凝土空心板的板高为 _____ mm、_____ mm、_____ mm、_____ mm;6m、8m、10m 钢筋混凝土空心板的板高为 _____ mm、_____ mm、_____ mm。

2. 混凝土立方体强度达到混凝土设计强度等级的 _____ % 后,且混凝土龄期不小于 _____ d,方可张拉。

3. 新标准图中综合考虑各种因素,在锚下布置了双层 φ _____ 钢筋网。

4. 新标准图中,考虑 _____ cm 现浇层与空心板的共同受力是正确、可靠的。

5. 新标准图中,空心板的吊装不能采用吊环,可采用 _____ 吊。

6. 新标准图中，预制空心板顶面应拉毛，锚固端面和铰缝面等新、旧混凝土结合面均应凿毛成凹凸不小于_____mm 的粗糙面，_____mm × _____mm 面积中不少于1个点，以利于新旧混凝土良好地结合。

7. 钢筋的混凝土保护层厚度。新编板桥通用图空心板上缘横向受拉主筋由于有桥面铺装的保护，按钢筋最小净距取值，定为_____cm，下缘横向受拉主筋净距，由于内腔受外界条件干扰不大，取_____cm。

[简答]
1. 什么是标准设计？什么跨径的何种桥型一般用标准设计？
2. 交通运输部最新的标准图体现了哪些较新的设计理念？
3. 新标准图对空心板的铰缝构造有什么样的要求？
4. 新标准图对空心板的施工有什么样的要求？

任务二 预应力作用及相关计算

依赖于预应力钢筋张拉之后的回缩，预应力作为一种外加力作用于结构上，其主要作用是抵消一部分结构自重或车辆荷载。因此，预应力梁板相对普通钢筋混凝土梁板而言，可以实现大跨径。

一、张拉控制应力及张拉控制力的确定

根据《桥规 JTG D62—2004》6.1.3 的规定，预应力混凝土构件，预应力钢筋的张拉控制应力值 σ_{con} 应符合下列规定：

（1）钢丝、钢绞线的张拉控制应力值

$$\sigma_{con} \leqslant 0.75 f_{pk} \tag{7-2-1}$$

（2）精轧螺纹钢筋的张拉控制应力值

$$\sigma_{con} \leqslant 0.90 f_{pk} \tag{7-2-2}$$

式中：f_{pk}——预应力钢筋抗拉强度标准值。

当对构件进行超张拉或计入锚圈口摩擦损失时，钢筋中最大控制应力（千斤顶油泵上显示的值）对钢丝和钢绞线不应超过 $0.8 f_{pk}$；对精轧螺纹钢筋不应超过 $0.95 f_{pk}$。

（3）张拉控制力的确定

①钢绞线、钢丝的张拉控制应力。

抗拉强度设计值：

$$f_{pd} = f_{pk}/1.47 \tag{7-2-3}$$

式中：f_{pk}——抗拉强度标准值，取自现行国家标准规定的极限抗拉强度。

②精轧螺纹钢的张拉控制应力。

抗拉强度设计值：

$$f_{pd} = f_{pk}/1.2 \tag{7-2-4}$$

③张拉控制力的确定。

$$N = f_{pd} \cdot A_y \tag{7-2-5}$$

其中：f_{pd}——抗拉强度设计值；

A_y——钢筋截面面积。

二、预应力损失

公路桥涵的持久状况设计应按正常使用极限状态的要求,采用作用(或荷载)的短期效应组合、长期效应组合或短期效应组合并考虑长期效应组合的影响,对构件的抗裂性、裂缝宽度和挠度进行验算,并使各项计算值不超过《公路钢筋混凝土及预应力混凝土桥涵设计规范》(JTG D62—2004)规定的各相应限值。

预应力混凝土构件在持久状态正常使用极限状态计算中,应考虑预应力损失的影响。

《桥规 JTG D62—2004》规定,预应力混凝土构件在持久状态正常使用极限状态计算中,应考虑下列因素引起的预应力损失:预应力钢筋与管道壁之间的摩擦 σ_{l1};锚具变形、钢筋回缩和接缝压缩 σ_{l2};预应力钢筋与台座之间的温差 σ_{l3};混凝土的弹性压缩 σ_{l4};预应力钢筋的应力松弛 σ_{l5};混凝土的收缩和徐变 σ_{l6}。

其中,摩擦损失 σ_{l1}、温差损失 σ_{l3} 和混凝土弹性压缩损失 σ_{l4} 采用了与《桥规 JTG D62—2004》完全相同的表达形式,其余三项计算表达形式做了局部修改。

1. 摩擦损失 σ_{l1}

后张法预应力筋与管道壁之间的摩擦引起的预应力损失,按式(7-2-6)计算:

$$\sigma_{l1} = \sigma_{con}[1 - e^{-(\mu\theta + kx)}] \tag{7-2-6}$$

式中:σ_{con}——预应力钢筋锚下的张拉控制应力(MPa);

μ——预应力钢筋与管道壁的摩擦系数,按表7-2-1采用;

θ——从张拉端至计算截面曲线管道部分切线的夹角之和(rad);

k——管道每米局部偏差对摩擦的影响系数,按表7-2-1采用;

x——从张拉端至计算截面的管道长度,可近似地取该段管道在构件纵轴上的投影长度。

系数 k 和 μ 值　　　　表7-2-1

管道成型方式	k	μ	
		钢绞线、钢丝束	精轧螺纹钢筋
预埋金属波纹管	0.0015	0.20~0.25	0.50
预埋塑料波纹管	0.0015	0.14~0.17	—
预埋铁皮管	0.0030	0.35	0.40
预埋钢管	0.0010	0.25	—
抽心成型	0.0015	0.55	0.60

注:摘自《桥规 JTG D62—2004》表6.2.2。

2. 锚具变形、钢筋回缩和接缝压缩 σ_{l2}

预应力直线钢筋,由锚具变形、钢筋回缩和接缝压缩引起的预应力损失,计算表达式为:

$$\sigma_{l2} = \frac{\sum \Delta l}{l} E_p \tag{7-2-7}$$

式中:Δl——张拉端锚具变形、钢筋回缩和接缝压缩值(mm),按表7-2-2采用;

l——张拉端至锚固端之间的距离(mm);

E_P——预应力钢筋的弹性模量(MPa)。

锚具变形、钢筋回缩和接缝压缩值(mm)　　　表7-2-2

锚具、接缝类型		Δl	锚具、接缝类型	Δl
钢丝束的钢制锥形锚具		6	墩头锚具	1
夹片式锚具	有顶压时	4	每块后加垫块的缝隙	1
	无顶压时	6	水泥砂浆接缝	1
带螺帽锚具的螺帽缝隙		1	环氧树脂砂浆接缝	1

注：摘自《桥规 JTG D62—2004》表6.2.3。

3. 温差损失 σ_{l3}

在先张法中，钢筋的张拉和临时锚固是在常温下进行的。当采用蒸汽或其他加热方法养护混凝土时，钢筋将因受热而伸长，而加力台座不受升温的影响，设置在两个加力台座上的临时锚固点间的距离保持不变，这样将使钢筋松动。降温时钢筋与混凝土已经黏结为一体，无法恢复到原来的应力状态，于是产生了应力损失。

$$\sigma_{l3} = 2(t_2 - t_1) \tag{7-2-8}$$

式中：t_2——混凝土加热养护时，受拉钢筋的最高温度(℃)；

t_1——张拉钢筋时，制造场地的温度(℃)。

4. 混凝土的弹性压缩损失 σ_{l4}

(1) 先张法构件的弹性压缩损失

在先张法中，构件受压时钢筋已与混凝土黏结，两者共同变形，由混凝土弹性压缩引起的应力损失为：

$$\sigma_{l4} = a_{EP}\sigma_{pc} \tag{7-2-9}$$

式中：a_{EP}——预应力钢筋弹性模量与混凝土弹性模量的比值；

σ_{pc}——在计算截面预应力钢筋重心处，由全部钢筋预加力产生的混凝土法向应力(MPa)。

(2) 后张法构件分批张拉引起的弹性压缩损失

在后张法中，如果所有的预应力钢筋一次同时张拉，预加力是在混凝土弹性压缩完成之后量出的，故无需考虑此项损失。但是，事实上由于受张拉设备的限制，钢筋往往需分批张拉，这样，先张拉的钢筋就要受到后张拉者所引起的混凝土弹性压缩产生的应力损失。第一批张拉的钢筋此项应力损失最大，以后逐批减小，最后一批无此项损失。

$$\sigma_{l4} = a_{EP}\sum\Delta\sigma_{pc} \tag{7-2-10}$$

式中：$\Delta\sigma_{pc}$——在计算截面先张拉的钢筋重心处，由后张拉各批钢筋产生的混凝土法向应力(MPa)。

5. 钢筋的应力松弛(徐舒)损失 σ_{l5}

试验研究指出，钢材的应力松弛(徐舒)与钢的成分、加工方式、张拉应力的大小及时同等因素有关。预应力钢筋由于钢筋松弛引起的预应力损失极值，可按下列规定计算：

(1) 预应力钢丝、钢绞线

$$\sigma_{l5} = \psi\xi\left(0.52\frac{\sigma_{pe}}{f_{pk}} - 0.26\right)\sigma_{pe} \tag{7-2-11}$$

式中：ψ——张拉系数，一次张拉时，$\psi=1.0$；超张拉时，$\psi=0.9$；

ξ——钢筋松弛系数，Ⅰ级松弛(普通松弛)，$\xi=1.0$；Ⅱ级松弛(低松弛)，取$\xi=0.3$；

σ_{pe}——传力锚固时的钢筋应力,对后张法构件,$\sigma_{pe} = \sigma_{con} - \sigma_{l1} - \sigma_{l2} - \sigma_{l4}$;对先张法构件,$\sigma_{pe} = \sigma_{con} - \sigma_{l2}$;

f_{pk}——预应力钢筋的抗拉强度标准值。

(2)精轧螺纹钢筋

一次张拉:
$$\sigma_{l5} = 0.05\sigma_{con} \tag{7-2-12}$$

超张拉:
$$\sigma_{l5} = 0.035\sigma_{con} \tag{7-2-13}$$

预应力钢丝、钢绞线当需分阶段计算钢筋应力松弛损失时,其中间值与终极值的比值应根据建立预应力的时间按表7-2-3确定。

钢筋松弛损失中间值与终极值的比值　　　　表7-2-3

时间(d)	2	10	20	30	40
比值	0.5	0.61	0.74	0.87	1.00

6. 混凝土收缩和徐变损失 σ_{l6}

由于混凝土收缩和徐变的影响,会使预应力混凝土构件产生变形,因而引起预应力钢筋的应力损失。

7. 各阶段的预应力损失

综上所述,所列各项预应力损失在不同的施工方法中所考虑的也不相同。从损失完成的时间上看,有些损失出现在混凝土预压完成以前,有些损失出现在混凝土预压后;有些损失很快就完成,有些损失则需要延续很长时间。通常按损失完成的时间将其分为两组:

第一批损失:传力锚固时的损失,损失发生在混凝土预压过程完成以前,即预施应力阶段;

第二批损失:传力锚固后的损失,损失发生在混凝土预压过程完成以后的若干年内,即使用荷载作用阶段。

不同施工方法所考虑的各阶段预应力损失值组合情况列于表7-2-4。

各阶段预应力损失值的组合　　　　表7-2-4

预应力损失的组合	先张法构件	后张法构件
传力锚固时的损失(第一批)$\sigma_{l,I}$	$\sigma_{l2} + \sigma_{l3} + \sigma_{l4} + 0.5\sigma_{l5}$	$\sigma_{l1} + \sigma_{l2} + \sigma_{l4}$
传力锚固后的损失(第二批)$\sigma_{l,II}$	$0.5\sigma_{l5} + \sigma_{l6}$	$\sigma_{l5} + \sigma_{l6}$

在设计预应力混凝土构件时,应根据所采用的施工方法,按照不同的工作阶段考虑有关的预应力损失。在各项损失中,一般来说,以混凝土收缩、徐变引起的应力损失最大。此外,在后张法中摩擦损失的数值也较大;当预应力钢筋长度较短时,锚具变形损失也不小,这些都应予以重视。

三、预应力构件的分类

根据《桥规 JTG D62—2004》6.1.2 规定,预应力混凝土构件可根据桥梁使用和所处环境的要求进行设计,公路桥梁中常见的混凝土构件类别有两大类:全预应力混凝土构件和部分预应力混凝土构件。

(1)全预应力混凝土构件:此类构件在作用(或荷载)短期效应组合下控制的正截面的受拉边缘不允许出现拉应力(不得消压)。

大跨度、特殊结构、重要桥梁一般均按全预应力构件进行设计,即正截面只有压应力,没有拉应力。

(2)部分预应力混凝土构件。此类构件在作用(或荷载)短期效应组合下控制的正截面受拉边缘可出现拉应力;当拉应力加以限制时,为 A 类预应力混凝土构件;当拉应力超过限值时,为 B 类预应力混凝土构件。

跨径大于 100m 桥梁的主要受力构件,不宜进行部分预应力混凝土设计。见表 7-2-5。

预应力混凝土 B 类构件的裂缝宽度限制　　　　表 7-2-5

环境条件	采用钢丝、钢绞线的预应力混凝土构件	采用精轧螺纹钢筋的预应力混凝土构件
Ⅰ类、Ⅱ类	0.1mm	0.2mm
Ⅲ类、Ⅳ类	不得进行部分预应力混凝土 B 类构件的设计	0.15mm

注:①Ⅰ类环境——温暖或寒冷地区的大气环境,与无侵蚀性的水或土接触的环境;Ⅱ类环境——严寒地区的大气环境,使用除冰盐环境,滨海环境。Ⅲ类环境——海水环境;Ⅳ类环境——受侵蚀性物质影响的环境。
②严寒地区:累年最冷月平均温度低于 -10℃地区。寒冷地区:累年最冷月平均温度高于 -10℃,低于或等于 0℃的地区。
③累年是指近期 30 年,不足 30 年的取实际年数,但不得小于 10 年。
④除冰盐环境是指北方城市依靠喷洒盐水除冰化雪的且其主梁受到侵蚀的环境,滨海环境是指海水浪溅区以外且其前无建筑物遮挡的环境,海水环境是指潮汐区、浪溅区及海水中的环境;受侵蚀性物质影响的环境是指某些化学工业和石油化工厂的气态、液态和固态侵蚀物质影响的环境。

四、预应力的施加

1. 张拉设备

预应力张拉最重要的设备是千斤顶,其中千斤顶、油压泵、油压表必须配套标定。根据《公路桥涵施工技术规范》(JTG/T F50—2011)7.6 的规定:

(1)预应力筋的张拉宜采用穿心式双作用千斤顶,整体张拉或放张宜采用具有自锚功能的千斤顶;张拉千斤顶的额定张拉力宜为所需张拉力的 1.5 倍,且不得小于 1.2 倍。与千斤顶配套使用的压力表应选用防振型产品,其最大读数应为张拉力的 1.5~2.0 倍,标定精度应不低于 1.0 级。张拉机具设备应与锚具产品配套使用,并应在使用前进行校正、检验和标定。

(2)张拉用的千斤顶与压力表应配套标定、配套使用,标定应在经国家授权的法定计量技术机构定期进行,标定时千斤顶活塞的运行方向应与实际张拉工作状态一致。当处于下列情况之一时,应重新进行标定。

①使用时间超过 6 个月。
②张拉次数超过 300 次。
③使用过程中千斤顶或压力表出现异常情况。
④千斤顶检修或更换配件后。

(3)采用测力传感器测量张拉力时,测力传感器应按相关国家标准的规定每年送检一次,后张法施工中预应力锚具安装和预应力钢束伸长量量测示意如图 7-2-1 所示。

2. 施加预应力前的准备工作

(1)施工现场已具备经批准的张拉顺序、张拉程序和施工作业指导书,经培训掌握预应力施工知识和正确操作的施工人员,以及能保证操作人员和设备安全的防护措施。

(2)锚具安装正确,结构或构件混凝土已达到要求的强度和弹性模量(或龄期)。

3. 预应力筋施加预应力时的规定

(1)千斤顶安装时,工具锚应与前端的工作锚对正,工具锚和工作锚之间的各根预应力筋不得错位、扭绞。实施张拉时,千斤顶与预应力筋、锚具的中心线应位于同一轴线上。

（2）预应力筋的张拉顺序和张拉控制应力应符合设计规定。当施工中需要对预应力筋实施超张拉或计入锚圈口预应力损失时，可比设计规定提高5%，但在任何情况下均不得超过设计规定的最大张拉控制应力。

a)

b)

图7-2-1 后张法施工中预应力锚具安装和预应力钢束伸长量量测

（3）预应力筋采用应力控制方法张拉时，应以伸长值进行校核。实际伸长量与理论伸长量的差值应符合设计规定；设计未规定时，其偏差应控制在±6%以内，否则应暂时停止张拉，待查明原因并采取措施予以调整后，方可继续张拉。对环形筋、U形筋等曲率半径较小的预应力束，其实际伸长值与理论伸长值的偏差宜通过试验确定。

（4）预应力筋的理论伸长值 ΔL_L（mm）可按下式计算：

$$\Delta L_\mathrm{L} = \frac{P_\mathrm{P} L}{A_\mathrm{P} E_\mathrm{P}} \tag{7-2-14}$$

$$P_\mathrm{P} = \frac{P[1 - e^{-(kx+\mu\theta)}]}{kx + \mu\theta} \tag{7-2-15}$$

式中：P_P——预应力筋的平均张拉力（N），直线筋取张拉端的拉力；两端张拉的曲线筋，按式（7-2-15）计算；

L——预应力筋的长度（mm）；

A_P——预应力筋的截面面积（mm^2）；

E_P——预应力筋的弹性模量（N/mm^2）；

P——预应力筋张拉端的张拉力（N）；

x——从张拉端至计算截面的孔道长度（m）；

θ——从张拉端至计算截面曲线孔道部分切线的夹角之和（rad）；

k——孔道每米局部偏差对摩擦的影响系数，见表7-2-6；

μ——预应力筋与孔道壁的摩擦系数，见表7-2-6。

系数 k 及 μ 值表　　　　　表7-2-6

管道成型方式	k	μ 值	
		钢丝束、钢绞线	螺纹钢筋
预埋铁皮管道	0.0030	0.35	0.4
预埋钢管	0.0010	0.25	—
抽芯成型孔道	0.0015	0.55	0.60
预埋金属波纹管	0.0015	0.20~0.25	0.50
预埋塑料波纹管	0.0015	0.14~0.17	0.45

注：摘自《公路桥涵施工技术规范》（JTG/T F50—2011）附录C1。

(5)预应力筋张拉时,应先调整到初应力 σ_0,该初应力宜为张拉控制应力 σ_{con} 的 10%~25%,伸长值应从初应力时开始量测。预应力筋的实际伸长值除量测的伸长量外,尚应加上初应力以下的推算伸长值。预应力筋张拉的实际伸长值 ΔL_S(mm)可按式(7-2-16)计算:

$$\Delta L_S = \Delta L_1 + \Delta L_2 \tag{7-2-16}$$

式中:ΔL_1——从初应力至最大张拉应力间的实测伸长值(mm);

ΔL_2——初应力以下的推算伸长值(mm),可采用相邻级的伸长值。

[**工程示例 7-2-1**(预应力张拉实测伸长量计算)]某预应力梁张拉时分级加载,10%、20%、50%、100%张拉控制应力时,千斤顶的实测走行量分别为 2.8mm、4.5mm、11.8mm、21.9mm,计算的预应力钢束理论伸长量为 22.5mm,问:预应力钢束的实测伸长量为多少?

解:初应力取为张拉控制应力 σ_{con} 的 10%,则有:

$$\Delta L_S = \Delta L_1 + \Delta L_2 = (4.5-2.8) + (21.9-2.8) = 20.8\text{mm}$$

(6)预应力筋的锚固,应在张拉控制应力处于稳定状态下进行。锚固阶段张拉端锚具变形、预应力筋的内缩量和接缝压缩值,应不大于设计规定或不大于表 7-2-7 的容许值。

锚具变形、预应力筋回缩和接缝压缩容许值　　表 7-2-7

锚具、接缝类型		变形形式	容许值 ΔL_R(mm)
钢制锥形锚具		预应力筋回缩、锚具变形	6
夹片式锚具	有顶压时	预应力筋回缩、锚具变形	4
	无顶压时		6
墩头锚具		缝隙压密	1
粗钢筋锚具(用于螺纹钢筋)		预应力筋回缩、锚具变形	1
每块后加垫板的缝隙		缝隙压密	1
水泥砂浆接缝		缝隙压密	1
环氧树脂砂浆接缝		缝隙压密	1

注:摘自《公路桥涵施工技术规范》(JTG/T F50—2011)表 7.6.3。

(7)在预应力筋张拉、锚固过程中及锚固完成后,均不得大力敲击或振动锚具。预应力筋锚固后需要放松时,对夹片式锚具宜采用专门的放松装置松开;对支撑式锚具可采用张拉设备缓慢地松开。

(8)预应力筋在实施张拉或放张作业时,应采取有效的安全防护措施,预应力筋两端的正面严禁站人和穿越。

(9)预应力筋张拉、锚固及放松时,均应填写施工记录。

五、桥梁结构的耐久性

1. 耐久性的概念

混凝土结构的耐久性是指结构对气候作用、化学侵蚀、物理作用或任何其他破坏过程的抵抗能力。由于混凝土的缺陷(例如裂隙、孔道、气泡、孔穴等),环境中的水及侵蚀性介质就可能渗入混凝土内部,产生碳化、冻融、锈蚀作用而影响结构的受力性能,并且结构在使用年限内还会受到各种机械物理损伤(腐损、撞击等)及冲刷、溶蚀、生物侵蚀的作用。混凝土结构的耐久性问题表现为:混凝土损伤(裂缝、破碎、酥裂、磨损、溶蚀等);钢筋的锈蚀,脆化、疲劳、应力腐蚀;以及钢筋与混凝土之间黏结锚固作用的削弱三个方面。从短期效果而言,这些问题影响结构的外观和使用功能;从长远看,则会降低结构安全度,成为发生事故的隐患,影响结构的使用寿命。

影响混凝土结构耐久性的因素十分复杂,主要取决于以下四个方面:

(1)混凝土材料的自身特性。

(2)混凝土结构的设计与施工质量。

(3)混凝土结构所处的环境条件。

(4)混凝土结构的使用条件和防护措施。

混凝土材料的自身特性和结构的设计与施工质量是决定其耐久性的内因。混凝土的材料组成,如水灰比、水泥品种和数量、集料的种类与级配都直接影响混凝土结构的耐久性。混凝土的缺陷(例如裂缝、气泡、空穴等)会造成水分和侵蚀性物质渗入混凝土内部,与混凝土发生物理化学作用,影响混凝土结构的耐久性。

混凝土结构所处的环境条件和防护措施,是影响混凝土结构耐久性的外因。外界环境因素对混凝土结构的破坏是环境因素对混凝土结构物理化学作用的结果。

2. 提高混凝土耐久性的技术措施

综合国内外研究成果和工程经验,一般是从三个方面解决混凝土桥梁结构的耐久性问题:

(1)采用高耐久性混凝土,增强混凝土的密实度,提高混凝土自身抗破损能力。

(2)加强桥面排水和防水层设计,改善桥梁的环境作用条件。

(3)改进桥梁结构设计,其中包括加大混凝土保护层厚度;加强构造钢筋,防止和控制裂缝发展;采用具有防腐保护的钢筋(例如体外预应力筋、无黏结预应力筋、环氧涂层钢筋等)。

1)结构混凝土耐久性的基本要求

提高混凝土自身的耐久性是解决混凝土结构耐久性的前提和基础。混凝土的耐久性主要取决于混凝土的材料组成,其中水灰比、水泥用量、强度等级等均对耐久性有较大影响。

新颁布的《桥规 JTG D62—2004》在总则中增加了耐久性设计内容,明确规定了不同使用环境下,结构混凝土的基本要求,对影响混凝土耐久性的最大水灰比、最小水泥用量、最低混凝土强度等级、最大氯离子含量和最大碱含量做出了限制规定。具体见表7-2-8。

结构混凝土耐久性的基本要求　　　　表7-2-8

环境类别	环 境 条 件	最大水灰比	最小水泥用量 (kg/m^3)	最低混凝土强度等级	最大氯离子含量 (%)	最大碱含量 (kg/m^3)
Ⅰ	温暖或寒冷地区的大气环境,与无侵蚀性的水或土接触的环境	0.55	275	C25	0.30	3.0
Ⅱ	严寒地区的大气环境,使用除冰盐环境,滨海环境	0.50	300	C30	0.15	3.0
Ⅲ	海水环境	0.45	300	C35	0.10	3.0
Ⅳ	受侵蚀性物质影响的环境	0.40	325	C35	0.10	3.0

注:①摘自《桥规 JTG D62—2004 表1.0.7》。

②有关规范对海水环境中结构混凝土的最大水灰比和最小水泥用量有更详细规定时,可参照执行。

③表中氯离子含量系指其与水泥用量的百分率。

④当有实际工程经验时,处于Ⅰ类环境中结构混凝土的最低强度等级可比表中降低一个等级。

⑤预应力混凝土构件中的最大氯离子含量为0.06%,最小水泥用量为350kg/m³,最低混凝土强度等级为C40或按表中规定Ⅰ类环境提高三个等级,其他环境类别提高两个等级。

⑥特大桥和大桥混凝土中的最大碱含量宜降至1.8kg/m³,当处于Ⅲ类、Ⅳ类或使用除冰盐和滨海环境时,宜使用非碱活性集料。

控制混凝土的最大水灰比(或水胶比)和最小水泥(或胶凝材料)用量是十分重要的。水灰比(或水胶比)和水泥(或胶凝材料)用量不仅影响混凝土的强度,而且是影响混凝土耐久性的主要因素。为了防止钢筋腐蚀以及提高混凝土的抗冻性,混凝土应尽可能地密实,使其具有良好的抗渗透性能。为此,除了选择级配良好的集料和精心施工,保证混凝土充分捣实和水泥充分水化外,水灰比(或水胶比)是影响混凝土密实性的最重要的条件。为了保证混凝土有足够的耐久性,控制最低水泥(或胶凝材料)用量也很重要,因为单位水泥(或胶凝材料)用量较高的混凝土,混凝土拌和物比较均匀,可减少混凝土捣实中出现的局部缺陷。混凝土抗冻融的能力与其含气量有密切关系,因此,有抗冻要求的结构混凝土应掺入适量的引气剂。

2)加大钢筋的混凝土保护层厚度

混凝土保护层碳化是钢筋锈蚀的前提。就一般情况而言,只有保护层混凝土碳化,钢筋表层钝化膜破坏,钢筋才有可能锈蚀。因此,加大钢筋的混凝土保护层厚度,是保护钢筋免于锈蚀,提高混凝土结构耐久性的最重要措施之一。普通钢筋和预应力直线形钢筋最小混凝土保护层厚度见表7-2-9。

普通钢筋和预应力直线形钢筋最小混凝土保护层厚度(mm) 表7-2-9

序号	构件类别	环境条件		
		Ⅰ	Ⅱ	Ⅲ、Ⅳ
1	基础、桩基承台(1)基坑底面有垫层或侧面有模板(受力主筋) (2)基坑底面无垫层或侧面无模板(受力主筋)	40 60	50 75	60 85
2	墩台身、挡土结构、涵洞、梁、板、拱圈、拱上建筑(受力主筋)	30	40	45
3	人行道构件、栏杆(受力主筋)	20	25	30
4	箍筋	20	25	30
5	缘石、中央分隔带、护栏等行车道构件	30	40	45
6	收缩、温度、分布、防裂等表层钢筋	15	20	25

注:①摘自《桥规(JTG D62—2004)》表9.1.1。
②对于环氧树脂涂层钢筋,可按环境类别Ⅰ取用。
③保护层厚度大于50mm时,应在保护层内设置钢筋网。

3)加强构造配筋,防止和控制混凝土裂缝

混凝土结构的任何损伤与破坏,一般都是首先在混凝土中出现裂缝,裂缝是反映混凝土结构病害的晴雨表。反过来,裂缝的存在会增加混凝土的渗透性,提供了使侵蚀破坏作用逐步升级、混凝土耐久性不断下降的渠道。当混凝土开裂后,侵蚀速度将大大加快,形成导致混凝土结构耐久性进一步退化的恶性循环。

因此,防止和控制混凝土的裂缝,对提高混凝土结构的耐久性是十分重要的。控制混凝土的裂缝,除按规范要求,控制正常使用极限状态的工作裂缝以外,更重要的是要采取构造措施,控制混凝土施工及使用过程中大量出现的非工作裂缝。

《桥规JTG D62—2004》突出强调了水平防缩钢筋和箍筋在控制裂缝中的作用,提高了水平防收缩钢筋的配筋率和箍筋间距的限制。

《桥规JTC D62—2004》规定,T形、I形截面梁或箱形截面梁的腹板两侧,应设置直径6~8mm的纵向钢筋(一般称水平防收缩钢筋),每腹板内钢筋截面面积宜为$(0.001 \sim 0.002)bh$,其中b为腹板宽度,h为梁的高度,其间距在受拉区不应大于腹板宽度,且不应大于200mm,在受压区不应大于300mm。在支点附近剪力较大区段和预应力混凝土梁锚固区段,腹板两侧纵向钢筋截面面积应予增加,纵向钢筋间距宜为100~150mm。

《桥规JTC D62—2004》规定,钢筋混凝土梁中应设置直径不小于8mm,且不小于1/4主筋直径的箍筋。其间距应符合下列规定:箍筋间距不应大于梁高的1/2,且不大于400mm;当所箍钢筋为按受力需要的纵向受压钢筋时,不应大于所箍钢筋直径的15倍,且不应大于400mm。在钢筋绑扎搭接接头范围内的箍筋间距,当绑扎搭接钢筋受拉时,不应大于主钢筋直径的5倍,且不大于100mm;当搭接钢筋受压时,不应大于主钢筋直径的10倍,且不大于200mm。在支座中心向跨径方向长度相当于不小于一倍梁高范围内,箍筋间距不宜大于100mm。

《桥规 JTG D62—2004》规定,预应力混凝土T形、I形截面梁和箱形截面梁腹板内应分别设置直径不小于10mm和12mm的箍筋,且应采用带肋钢筋,间距不应大于250mm;自支座中心起长度不小于一倍梁高范围内,应采用闭合式箍筋,间距不应大于100mm。在T形、I形截面梁下部的马蹄内,应另设直径不小于8mm的闭合式箍筋,间距不应大于200mm。

《桥规 JTG D62—2004》规定的上述指标,都比《桥规 JTJ 023—1895》有所提高。腹板内由水平防收缩钢筋和箍筋构成的钢筋网,是防止和控制收缩裂缝的重要构造措施。

4) 提高后张法预应力钢筋管道压浆质量的措施

后张法预应力钢筋管道压浆质量是影响预应力混凝土梁耐久性的关键之一。《桥规 JTG D62—2004》规定,预应力钢筋管道压浆用水泥浆的抗压强度不应低于30MPa,其水灰比宜为0.4~0.5。为减少收缩,可通过试验掺入适量膨胀剂。

《耐久性设计与施工指南 CCES 01》认为,预应力筋的锈蚀会导致结构的突然破坏,事先不易发现,在耐久性设计中必须特别重视,并宜采用多重防护手段。对于可能遭受氯盐侵蚀的预应力混凝土结构,预应力筋、锚具、连接器等钢材组件宜采用环氧涂层或涂锌防锈处理;后张预应力体系的管道必须具有密封性能,不宜使用金属的波纹管,应采用有良好密封性能的高密度塑料波形管,管道灌浆材料和灌浆方法要事先通过试验验证,尽可能降低浆体硬化后形成的气孔,并采用真空灌浆工艺,必要时还可在灌浆材料中掺入适量的阻锈剂。预应力筋的锚头,应采用无收缩高性能混凝土封端,其强度等级应高于构件本体混凝土的强度等级,水胶比不低于本体混凝土,不大于0.4,并需对新老混凝土的连接面进行防水处理。

5) 加强桥面排水和桥面铺装层的防水设计

桥面排水和铺装层防水层对桥面的防护有重要作用,必须精心设计与施工。

桥面排水设计应与桥面的纵、横断面设计密切配合,合理地选择和布设泄水管。对于可能遭受氯盐侵蚀的桥面,应加大桥面纵、横向的排水坡度,尽快将水排除,并应考虑结构发生挠曲或施加预应力引起的反拱对桥面排水的影响,防止桥面积水。

应加强泄水管和伸缩缝周边的构造细节处理,防止水分从泄水管和伸缩缝处渗入梁体(或墩台盖梁)。必要时可对泄水管和伸缩缝周边梁体进行防水处理。

桥面铺装层应采用密实性较好的C30以上等级的混凝土,混凝土铺装层内应设置钢筋网,防止混凝土开裂。采用复合纤维混凝土或在混凝土中掺入水泥基渗透结晶防水材料(赛柏斯),都能收到较好的防水效果。

桥面铺装层顶面应设置防水层,特别是连续梁(或悬臂梁)的负弯矩段更应十分重视防水层设计。

最后还需指出,解决混凝土结构耐久性问题还涉及施工及养护管理等方面的问题,应参照有关养护规范执行。

[填空]

1. 张拉千斤顶的额定张拉力宜为所需张拉力的_____倍,且不得小于_____倍。
2. 《桥规》(JTG D62—2004)规定,钢筋混凝土梁中应设置直径不小于_____mm,且不小于_____主筋直径的箍筋。其间距应符合下列规定:箍筋间距不应大于梁高的_____,且不大_____mm。

3.《桥规》(JTG D62—2004)规定,预应力钢筋管道压浆用水泥浆的抗压强度不应低于_____MPa,其水灰比宜为_____~_____。

4. 上部梁板的受力主筋,位于Ⅰ类环境,其最小的混凝土净保护层厚度为_____cm。

[简答]

1. 何谓结构的耐久性?在桥涵设计中,从哪些方面进行考虑?
2. 简述部分预应力混凝土B类构件的裂缝宽度限制要求。
3. 7根$\phi^s15.2$的钢绞线组成一束,其标准强度为1860MPa,其张拉控制应力为多少?
4. 上部梁板结构预应力钢束张拉时,要得到实测伸长量,假定初应力为15%σ_{con},张拉过程中至少要量测几次千斤顶的走行量,为什么?

任务三 先张法梁板的设计及施工

一、先张法的概念

在控制空心板成本方面,先张法预应力空心板也做了有益的尝试。其施工工序为先张拉空心板预应力钢绞线,并绑扎底板、腹板、顶板钢筋,安装模板其次整体或分两次浇筑混凝土然后拆模、养生、封端,当混凝土的强度与弹性模量达到设计值后,释放预应力钢绞线,这类空心板梁结构的截面多采用圆形断面。如图7-3-1所示。

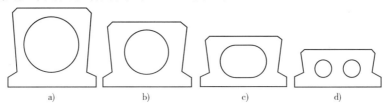

图7-3-1 先张法空心板断面

先张法的优势在于不需要采用锚具,并利于批量生产,但是这种工艺需要在预制设备上投入较大资金,因此项目规模必须足够大,板梁数量足够多才能体现出经济优势。而且先张法的施工工艺决定了其预应力筋只能水平布置,虽能有效抵抗跨中正弯矩,却不具备弯起预应力筋所能提供的抗剪能力及对降低主拉应力的作用,因此只适用于较小跨径。基于以上特性,先张法空心板的限制条件较多,而且由于其预应力是依靠预应力筋在混凝土中自锚作用形成的,施工工艺要求也较高。

适用范围:需要梁板数目较多的情况(如整条线路的桥梁);中小跨径(其预应力钢束一般直线设置,常见于标准跨径16m、20m的空心板)。

二、先张法空心板图纸特点

以具体先张法施工图(图7-3-2)为例进行分析,可以得出以下结论:
(1)图纸中仅1号筋为预应力钢束,选用$\phi^s12.7$高强度低松弛钢绞线,松弛率小于3.5%。
(2)普通钢筋采用$\phi12$的HRB335螺纹钢筋、$\phi8$的R235光圆钢筋,普通钢筋设置中没有粗钢筋。

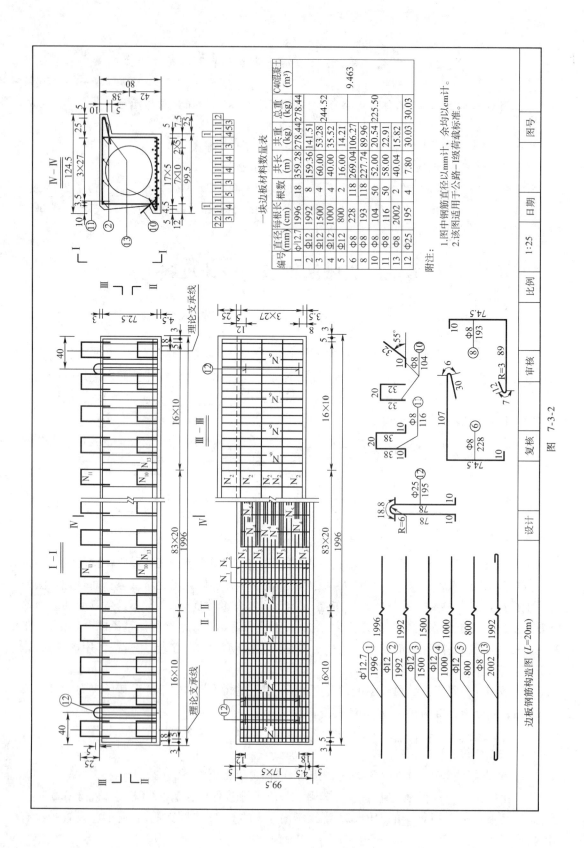

(3)预应力钢束布置在空心板底缘,直线布置。

(4)为方便普通钢筋的绑扎,空心板中未设置短斜筋、弯起钢筋,梁板抗剪全部由箍筋与混凝土承担。

(5)与常见简支梁配筋原理一致,在空心板支座附近,为有效抵抗支点剪力,箍筋进行了加密设计。如图纸中,空心板中间箍筋间距为20cm,两端为10cm。

(6)为加强空心板与桥面现浇铺装层的连接,设置了N_{11}的连接钢筋,该筋一部分埋入空心板内部。

三、先张法预应力空心板施工工艺流程(图7-3-3)

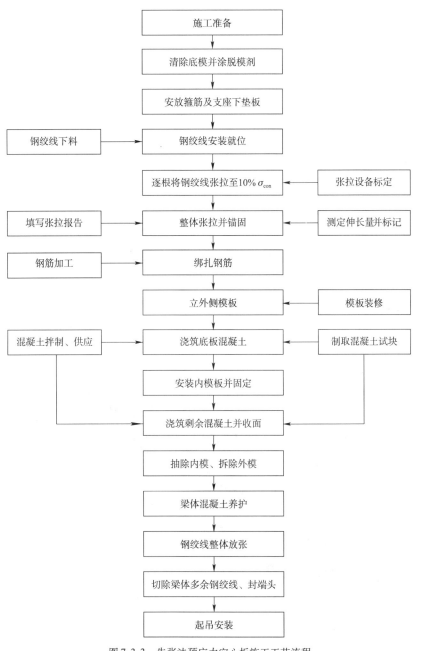

图7-3-3 先张法预应力空心板施工工艺流程

四、"施工规范"中的相关规定

1. 张拉台座

台座是先张法施加预应力的主要设备,它承受着构件制作时的全部张拉力,张拉台座必须受力后不倾覆、不滑动、不变形。按《公路桥涵施工技术规范》(JTG/T F50—2011)7.7 的规定:先张法的墩式台座结构应符合下列规定:

(1)承力台座应进行专门设计,并应具有足够的强度、刚度和稳定性,其抗倾覆安全系数应不小于 1.5,抗滑移系数应不小于 1.3。

(2)锚固横梁应有足够的刚度,受力后挠度应不大于 2mm。如图 7-3-4、图 7-3-5 所示分别为先张法的单根张拉台座布置图和先张法多根整批张拉台座布置图。

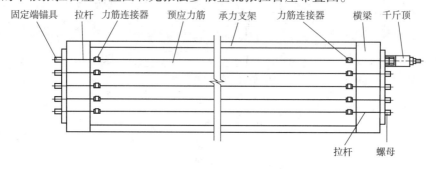

图 7-3-4 先张法的单根张拉台座布置图

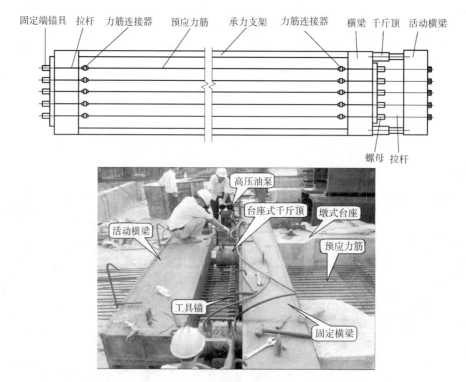

图 7-3-5 先张法的多根整批张拉台座布置图

2. 墩式台座

墩式台座由传力墩、台座板、台面和横梁等组成,其构造通常采用传力墩与台座板、台面共同受力形式,依靠自重平衡张拉力并可减小台墩自重和埋深。

台座长度和宽度由场地大小、构件类型和产量等因素确定,一般长不大于150m,每组宽不大于2.0m。张拉力可达1000~2000kN。适于生产中小型构件或多层重叠浇筑的预应力混凝土构件。

墩式台座构造如图7-3-6所示。

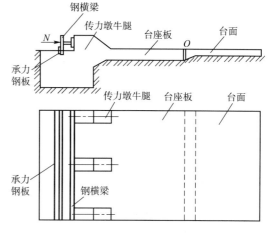

图7-3-6 墩式台座构造

(1)抗倾覆验算。

见图7-3-7,取台座绕 O 点的力矩,并忽略土压力的作用,则:

平衡力矩

$$M_r = G_1 l_1 + G_2 l_2 \quad (7\text{-}3\text{-}1)$$

倾覆力矩

$$M_{DV} = N \cdot h_1 \quad (7\text{-}3\text{-}2)$$

抗倾覆力矩安全系数 K 应满足以下条件:

$$K = \frac{M_r}{M_{DV}} = \frac{G_1 l_1 + G_2 l_2}{N h_1} \geq 1.5 \quad (7\text{-}3\text{-}3)$$

(2)抗滑移验算。

见图7-3-8,台座的抗滑移力为:

$$N_1 = N' + F + E'_p \quad (7\text{-}3\text{-}4)$$

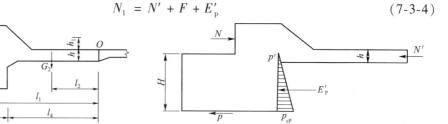

图7-3-7 抗倾覆计算简图 　　　　图7-3-8 抗滑移计算简图

其中:

$$F = \mu(G_1 + G_2) \quad (7\text{-}3\text{-}5)$$

$$E'_p = \frac{(p_{cp} + p')(H - h)B}{2} \quad (7\text{-}3\text{-}6)$$

$$p_{cp} = \gamma H \tan^2\left(45° + \frac{\varphi}{2}\right) - \gamma H \tan^2\left(45° - \frac{\varphi}{2}\right) \quad (7\text{-}3\text{-}7)$$

$$p' = \frac{h \cdot p_{cp}}{H} \quad (7\text{-}3\text{-}8)$$

作用于台座上的滑动力为 N,则抗滑移安全系数 K 应满足以下条件:

$$K = \frac{N_1}{N} = \frac{N' + F + E'_p}{N} \geq 1.3 \quad (7\text{-}3\text{-}9)$$

式中:G_1——台座外伸部分的重力;

l_1——G_1 点至 O 点的水平距离;

G_2——台座部分的重力;

l_2——G_2 点至 O 点的水平距离;

N——预应力钢筋的张拉力;

h_1——N 作用点至 O 点的垂直距离;

N'——台面的抵抗力(kN/m),当混凝土强度为 10~15MPa 时,台面厚:$d=60$mm, $N'=150~200$kN/m; $d=80$mm, $N'=200~250$kN/m; $d=100$mm, $N'=250~300$kN/m;

F——混凝土台座与土的摩阻力;

μ——摩擦系数,对黏性土,$\mu=0.25~0.40$;砂土 $\mu=0.40$;碎石 $\mu=0.40~0.50$;

E'_p——台座底部和座面上土压力的合力;

p_{cp}——台座后面的最大土压力;

γ——土的重度;

φ——土的内摩擦角,粉质黏土 $\varphi=30°$,细砂 $\varphi=20°~30°$,中砂 $\varphi=30°~40°$;

H——台座的埋设深度;

h——台座板厚度;

B——台座宽度。

[**工程示例 7-3-1**] 墩式先张法张拉台座的设计与稳定性验算

1. 工程概况

某高速公路 A 中桥上部结构采用 16m 先张法预应力空心板,数量为 120 片,要求三个月完成。空心板混凝土为 C50 混凝土,钢绞线采用低松弛高强度钢绞线,标准强度 1860MPa,公称直径为 $d=15.24$mm,公称面积为 $S=140$mm²,张拉控制应力为 1339.2MPa。空心板底 $b=1$m,$h=0.7$m,中板底部设置钢绞线 15 束,边板底部设置钢绞线 16 束。

在每年的 5~10 月份,先张法空心板的一个制作周期大约为 7d,根据工期要求,笔者设计了 103m 双生产线墩式张拉台座,每 7d 可以生产 12 片空心板,120 片梁板需要 70d 的时间,加上施工准备 15d 和 5d 机动时间,可以满足三个月内完成任务。张拉台座各部分结构形式见图 7-3-9。

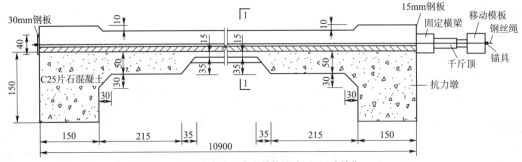

图 7-3-9 墩式先张法台座结构形式图(尺寸单位:cm)

2. 设计要点

(1)由图中可见,整个张拉台座就如同一个"板凳"埋在地下,两侧粗壮的"凳腿"是张拉台座的抗力墩,而上露的"凳面"就是预制梁板的底模。制作时可用挖掘机配合人工挖出形状,然后铺设钢筋再浇筑水泥混凝土浇筑而成。为了降低造价,抗力墩等下部可采用 C25 片石混凝土。台座横断面见图 7-3-10。

(2)整个张拉台设计并行两条生产线,总宽度为 4.5m。每块底模宽为 0.994m,为防止底模漏浆,两侧用胶粘贴 3mm 厚橡胶条。台座底模质量的优劣直接影响着预制空心板的几何尺寸和外观,所以在进行底模施工时,必须严格控制其宽度、平整度和直顺度。由于构件放张时会对底模产生搓动力,所以底模的混凝土强度应不小于 30MPa,并做 5cm 水磨石。

(3)抗力墩张拉端及锚固端都布设钢筋网以防止混凝土开裂,并预埋15mm厚钢板,以使应力分散。由于空心板放张后中间起拱,梁端将对台座产生集中荷载,为了防止台面被压裂,应在预定梁端台面底部布设钢筋网。

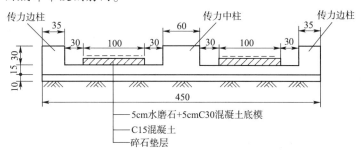

图7-3-10 台座横断面图(尺寸单位:cm)

(4)本设计采用千斤顶进行张拉和放张,施工单位应根据张拉力和伸长量选择千斤顶的吨位和行程。由于张拉力的准确性对空心板质量的影响至关重要,所以张拉机具进场之前必须经检测单位校验合格。

3. 稳定性验算

稳定性验算是张拉台座设计的重点工作,以下例说明台座设计。

1)张拉台座抗倾覆验算

墩式张拉台抗倾覆验算,是指张拉台的重力力矩抵抗钢绞线的张拉力矩的富余程度是否满足1.5倍的安全系数。

(1)计算准备。

由设计要求可知:每根钢绞线的张拉力 $f = 0.75 R_y^b \times S = 187.5 \text{kN}$,考虑最不利情况为两条生产线同时生产边板,所以总张拉力:$F = 187.5 \times 32 = 6000 \text{kN}$。

抗力墩重力:G_1 = 体积×混凝土重力密度 = 1.5 ×1.5 ×4.5 ×24 = 243kN。

抗力墩重力:G_2 = 体积×混凝土重力密度 = 2.5 ×0.5 ×4.5 ×24 = 135kN。

(2)验算。

墩式台座的抗倾覆能力以台座的倾覆安全系数 K_0 表示,有关规范要求 $K_0 = M_1/M \geq 1.5$(式中 M_1 为抗倾覆力矩,M 为倾覆力矩)。

考虑到混凝土抗力墩和混凝土台面相互作用的顶点角部为应力集中点,所以抗倾覆验算的倾覆点应设在此处台面以下40~50mm处。又因为大部分梁板保护层厚度 $d <$ 50mm,所以倾覆力臂 $e \leq$ 100mm。

对照图7-3-11,如不考虑土压力,则抗倾覆力矩:

$$M_1 = G_1 L_1 + G_2 L_2 \quad (7\text{-}3\text{-}10)$$

倾覆力矩:

$$M = F \times e \quad (7\text{-}3\text{-}11)$$

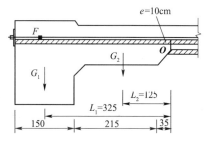

图7-3-11 台座抗倾覆计算图(尺寸单位:mm)

式中:G_1——传力墩的自重;
L_1——抗力墩重心至倾覆转动点 O 的力臂;
G_2——抗力墩外伸台面局部加厚部分的自重;
L_2——抗力墩外伸台面局部加厚部分重心至倾覆转动点 O 的力臂;
F——张拉力的合力;

e——张拉力合力 F 的作用点到倾覆转动点 O 的力臂。

经计算:$M_1 = 243 \times 3.25 + 135 \times 1.25 = 958.5 \text{kN} \cdot \text{m}$;$M = 6000 \times 0.1 = 600 \text{kN} \cdot \text{m}$;$K_0 = M_1/M = 958.5/600 = 1.60 > 1.5$,该张拉台座抗倾覆能力满足要求。

2)张拉台抗滑移验算

抗滑移能力按下式验算:

$$K_c = T/F \geq 1.3 \tag{7-3-12}$$

式中:K_c——抗滑移安全系数;

T——抗滑移力,对于独立的台墩,由侧壁土压力和底部摩阻力等产生;

F——总张拉力。

由于整个张拉台座由传力墩和台面连成一个整体,钢绞线所产生的张拉力作用于张拉台自身,所以抗滑移问题转变成传力墩的抗压能力,保守计算,传力墩受压面积大约为 $S = 0.3 \times 0.3 \times 4 = 0.36 \text{m}^2$,C25 混凝土可抵御压力 $T = 0.36 \times 25000 = 9000 \text{kN}$,总张拉力 $F = 6000 \text{kN}$。则有 $K_c = T/F = 1.5 > 1.3$,张拉台座抗滑移能力满足要求。

值得一提的是,张拉台座结构尺寸的确定和稳定性验算需要经过多次试算,才能得到结构尺寸合适并且稳定性满足要求的"双赢"结果。经过造价分析,制作这样一座张拉台造价约需 6 万元,经济可行。

4. 先张法预应力筋的张拉特点

(1)张拉前,应对台座、锚固横梁及各项张拉设备进行详细检查,符合要求后方可进行操作。

(2)同时张拉多根预应力筋时,应预先调整其单根预应力筋的初应力,使相互之间的应力一致,再整体张拉。张拉过程中,应使活动横梁与固定横梁始终保持平行,并应检查预应力筋的预应力值,其偏差的绝对值不得超过按一个构件全部预应力筋预应力总值的 5%。

(3)先张法预应力筋的张拉程序应符合设计规定;设计未规定时,其张拉程序可按表 7-3-1 的规定进行。

先张法预应力筋张拉程序   表 7-3-1

预应力筋种类		张 拉 程 序
钢丝、钢绞线	夹片式等具有自锚性能的锚具	普通松弛预应力筋:$0 \to$ 初应力 $\to 1.03\sigma_{con}$(锚固)
		低松弛预应力筋:$0 \to$ 初应力 $\to \sigma_{con}$(持荷 5min 锚固)
	其他锚具	$0 \to$ 初应力 $\to 1.05\sigma_{con}$(持荷 5min)$\to 0 \to \sigma_{con}$(锚固)
螺纹钢筋		$0 \to$ 初应力 $\to 1.05\sigma_{con}$(持荷 5min)$\to 0.9\sigma_{con} \to \sigma_{con}$(锚固)

注:①摘自《公路桥涵施工技术规范》(JTG/T F50—2011)表 7.7.3-1。
②表中 σ_{con} 为张拉时的控制应力值,包括预应力损失值。
③超张拉数值超过第 7.6.3 条规定的最大超张拉应力限制时,应按该条规定的限制张拉应力进行张拉。
张拉螺纹钢筋时,应在超张拉并持荷 5min 后放张至 $0.9\sigma_{con}$ 时再安装模板、普通钢筋及预埋件等。

(4)张拉时,预应力筋的断丝数量不得超过表 7-3-2 的规定。

先张法预应力筋断丝限制   表 7-3-2

类 别	检 查 项 目	控 制 数
钢丝、钢绞线	同一构件内断丝数不得超过钢丝总数的百分比	1%
钢筋	断 筋	不容许

注:摘自《公路桥涵施工技术规范》(JTG/T F50—2011)表 7.7.3-2。

(5)预应力筋张拉完毕后,其位置与设计位置的偏差应不大于 5mm,同时不应大于构件最短边长的 4%,且宜在 4h 内浇筑混凝土。

5. 先张法理论伸长量计算

$$\Delta L = \frac{PL}{E_g A_y} \tag{7-3-13}$$

式中：p——预应力钢筋张拉力(N)；

L——预应力钢筋长度(m)；

E_g——预应力钢筋弹性模量(MPa)；

A_y——预应力钢筋截面面积(mm^2)。

6. 先张法预应力筋的放张

(1)预应力筋放张时构件混凝土的强度和弹性模量(或龄期)应符合设计规定；设计未规定时，混凝土的强度应不低于设计强度等级值的80%，弹性模量应不低于混凝土28d弹性模量的80%。

(2)在预应力筋放张之前，应将限制位移的侧模、翼缘模板或内模拆除。

(3)预应力筋的放张顺序应符合设计规定；设计未规定时，应分阶段、均匀、对称、相互交错地放张。

(4)多根整批预应力筋的放张，当采用砂箱放张时，放砂速度应均匀一致；采用千斤顶放张时，放张宜分数次完成；单根钢筋采用拧松螺母的方法放张时，宜先两侧后中间，并不得一次将一根预应力筋松完。

(5)预应力筋放张后，对钢丝和钢绞线，应采用机械切割的方式进行切断；对螺纹钢筋，可采用乙炔—氧气切割，但应采取必要措施防止高温对其产生不利影响。

(6)长线台座上预应力筋的切断顺序，应由放张端开始，依次向另一端切断。

7. 先张法预应力筋的放张方法

(1)千斤顶放张法：凡采用千斤顶成批张拉的预应力筋，仍然可采用千斤顶整批放张(图7-3-12)，该法是目前最常用的放张方式。

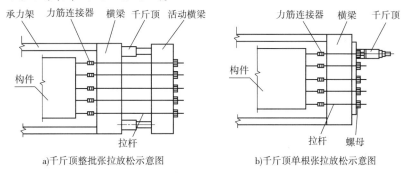

图7-3-12 千斤顶放张布置图

与张拉时的布置一样，将预应力筋张拉到接近控制应力时拧松工具丝杠上的螺母，并留出放张后回缩的距离，然后徐徐回油，预应力筋徐徐回缩。放张的关键是"慢"，否则构件跨中上部易出现竖向裂缝。

(2)砂箱放松法：砂箱放松预应力钢丝的装置，由砂箱、螺杆、横梁、承力架四部分组成(图7-3-13)。砂箱内预先装入干燥而洁净的砂，装砂量约为砂箱容积的2/3。钢丝张拉完毕后，由于预应力作用，将砂压紧。混凝土强度达到要求时，打开砂箱出砂口，砂子在压力作用下缓慢往外流出，砂箱中的活塞逐渐套入套筒内，钢丝就得到放松。这种方法比较安全可靠，设备简单，操作方便，劳动强度较轻。但砂箱放张时，放张速度应注意尽量一致，以免构件受扭损伤。

(3)螺杆放张法：螺杆放张装置由螺杆、钢横梁、传力架等组成(图7-3-14)。承力架通过螺杆固定在台座的横梁上,预应力钢丝用夹具锚定在承力架上。混凝土强度达到要求时,由两人用大扳手将两个螺母同时缓慢拧松,然后剪断钢丝。此放张方法可用于小构件。

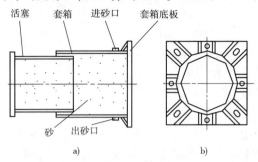

图 7-3-13 砂箱放张装置示意图

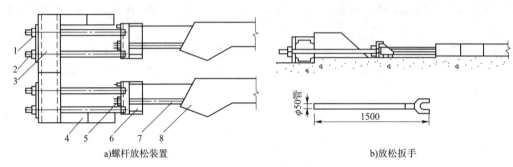

a)螺杆放松装置　　　　　　　　　　b)放松扳手

图 7-3-14　螺杆放张装置示意图(尺寸单位:mm)

1-螺母;2-螺杆;3-钢横梁;4-台墩;5-夹具;6-传力架;7-冷拔钢丝;8-构件

[**工程示例7-3-2**] 长线台座法施工30m先张预应力空心板梁施工技术

1. 工程概况

渝黔高速公路立交中桥为渝黔高速公路上跨重庆枢纽江北客站铁路线而设的立交桥,铁路正线与公路路线夹角为47°25′59″,铁路中心里程DIK20+388.2,公路中心里程为K1+742.8,该桥按斜交30°设计,桥梁全长111.29m。

该桥梁部采用3×30m预应力混凝土空心板梁,斜度为30°,分为中板和边板两种类型,中板宽1.43m,边板宽1.68m,板高1.40m,空心板采用C40混凝土。底板内共布设19根预应力筋,间距为7.2cm,预应力筋采用270级$\phi_{15.24}^{j}$mm高强度低松弛钢绞线,每根设计控制应力为196kN,引伸量为21.4cm,板梁横断面示意如图7-3-15所示。

2. 梁场布置

经现场踏勘研究分析,决定将预制场设于贵阳台后已成形的高速公路路基上,梁场布置示意如图7-3-16所示。

(1)梁台。制梁台纵向布置2列,横向布置3排。台面设置于已成形的高速公路路基上,采用C30混凝土,台面厚30cm,宽142cm。两端采用2m×2m×2m扩大基础作为抗滑移的固定端。

(2)拌和站。拌和站设于张拉端的右后方,采用2台JZS—500型强制式搅拌机,通过1台HPL—1200混凝土自动配料机喂料,功率为0.33m³/min,满足施工要求。

(3)龙门吊。在制梁贵阳端及渝黔公路右侧设存梁场。制梁场设1副2×50t的龙门吊,作为板梁混凝土浇筑及纵、横向移梁的吊具。在梁场两侧设龙门轨道,顺地势设2%的纵坡。

3. 张拉台座的设计

1)张拉台座的结构

为满足施工需要,本张拉台座采用双线长距离墩式台座,其有效张拉总长达 103.4m。基础采用钢筋混凝土台阶式基础,其上设 70cm 高的传力墩,台座结构见图 7-3-17。

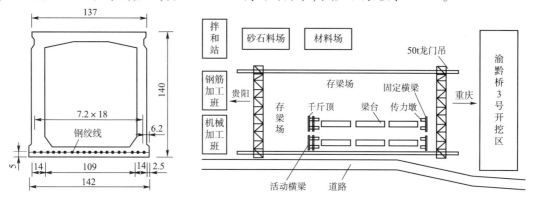

图 7-3-15 板梁横断面示意(尺寸单位:cm)　　　图 7-3-16 梁场布置示意

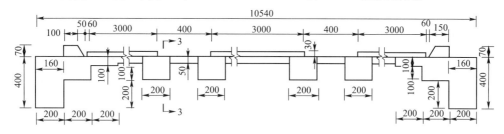

图 7-3-17 张拉台座结构(尺寸单位:cm)

2) 截面设计

(1) 配筋计算。

截面有效高度:$h_0 = 1500 - 40 = 1460\text{mm}$;$A_g = Nh_1/0.85h_0f_g = 3751\text{mm}^2$

设计规范规定:纵向受拉钢筋(Ⅱ级)的最小配筋率不小于 0.15%,不大于 3.56%,故 $A_{gmin} = 0.015 \times 500 \times 1460 = 1095\text{mm}^2$;$A_{gmax} = 0.0356 \times 500 \times 1460 = 25988\text{mm}^2$

(2) 弯起钢筋 A_g 验算。

选用 6φ25,$A_g = 2940\text{mm}^2$,满足规范要求 $A_g \geq 0.15bh_0 = 1095\text{mm}^2$

(3) 箍筋布置。

采用 φ20 钢筋,间距 100mm,满足规范要求。

4. 施工工艺

预应力施工采用纵向将 3 片板梁的钢绞线连在一起同时整体张拉的方案。以 φ25 精轧螺纹筋和连接器作为分段钢绞线之间以及钢绞线与千斤顶之间的连接装置;先用小油顶逐根将钢绞线收紧到初应力,再安装大油顶整体张拉至控制应力。

1) 张拉前的准备

(1) 张拉设备(表 7-3-3)。

张 拉 设 备　　　表 7-3-3

名　　　称	数　　量	用　　途
YD3000/600 千斤顶	2 台	整体张拉,整体放张
YCW270/200 型前卡顶	2 台	逐根张拉至初应力
ZB2×2/49(500)型电动油泵	2 台	千斤顶供油

续上表

名　称	数　量	用　途
Y-150型压力表	2台	提供油压读数
精轧螺纹钢(3m/3.5m/5m)	152根	分别作板梁间、固定端及张拉端的连接拉杆
连接器	228套	连接钢绞线与精轧螺纹筋
锚具	95套	锚固钢绞线
张拉钢横梁	5台	承力架

(2)张拉参数选择(表7-3-4)

张　拉　参　数　　　　　　　　　　　　　　表7-3-4

名　称	编　号	长度L(m)	面积A(mm^2)	弹性模量E(MPa)
钢绞线	1号	30.3	139	2.0×10^5
	2号	30.7		
	3号	30.8		
精轧螺纹钢	1号	3.0	490.9	2.0×10^5
	2号	3.5		
	3号	5.0		

(3)理论伸长量的计算(表7-3-5)。

理　论　伸　长　量　　　　　　　　　　　　表7-3-5

张拉材料	初应力时$\triangle L$(cm)	103%控制应力时$\triangle L$(cm)
钢绞线	12.8	65.95
精轧螺纹钢	0.6	2.84
$\Sigma \triangle L$	13.4	68.79

(4)压力表读数的确定。

张拉设备包括油压千斤顶、高压油泵和油压表,使用前必须编号配套进行校验,校验采用长柱压力试验机进行,并结合张拉程序校验出相应的压力表读数,如表7-3-6所示。

压　力　表　读　数　　　　　　　　　　　　表7-3-6

张拉应力	张拉力(kN)	千斤顶编号	油压表读数1(MPa)	油压表读数2(MPa)	油压表读数3(MPa)	油压表读数4(MPa)	备注
初应力	38.8	3			9.71		小油顶
		4				9.02	小油顶
控制应力	3684.1	1	30.1				大油顶
		2		30.0			大油顶
103%控制应力	3794.6	1	31.1				大油顶
		2		31.0			大油顶

2)张拉工艺

张拉程序为:0→初应力($20\%\sigma_k$)→103%控制应力($103\%\sigma_k$)$\xrightarrow{\text{持荷3min}}$控制应力(锚固)。

(1)下料。

预应力筋下料前,应检查其品种、规格、长度和有关的冷拉记录及机械性能试验报告,看是否符合正常工作的要求,并经试验室抽检合格后方可下料。下料时,须用钢尺量准尺寸,下料位置务必清洁无污染,使用砂轮切割机切割,不得使用割枪。精轧螺纹筋下料前,必须把钢厂因剪切钢筋形成旁弯和螺纹被压扁的钢筋端头部分切去,以保证精轧螺纹筋与连接器和螺母都能顺利进行连接。

(2)钢绞线及张拉设备就位。

①在梁台两端紧贴传力墩放置固定钢横梁,要求其横向中心线与梁台中心线重合,纵向中心线与张拉后的钢绞线中心位于同一个平面内。否则,用 $\delta = 1.5 \sim 6\text{mm}$ 钢板支垫填塞,并与横梁焊接成整体,并用两侧预埋件固定好横梁。

②安装定位板,检查定位板的力筋孔位置和孔径大小是否符合设计要求,然后将定位板固定在横梁上。

③在贵阳端固定横梁后沿传力墩中心线依次放置千斤顶和活动横梁,穿上精轧螺纹筋,同时在定位板侧上好螺母。

④搭设张拉装置的防雨棚。

(3)连接拉杆。

所用锚具及连接器应按其质量标准要求进行检验,并进行外观检查,看有无裂缝、变形或损伤等情况。钢绞线与精轧螺纹筋之间通过连接器连接,注意用扳手上满丝,以确保连接器的张拉强度。具体布置如图 7-3-18 所示。

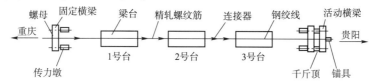

图 7-3-18 张拉布置示意

(4)收紧钢绞线及初张。

在检查预应力筋数量、位置、张拉设备和锚具均合格后,方可进行张拉。张拉开始后,用两台 YCW270/200 型前卡式千斤顶在活动横梁前由内到外逐根对称张拉至设计初应力。方法是将精轧螺纹筋穿过小油顶,在油顶后端拧上螺母,并使油顶前端紧顶固定横梁的定位板,接通油管,开动油泵,缓慢均匀给油;当油压表读数达到初应力时,停止供油,拧紧固定横梁处的螺母,然后回油至零,取掉油顶后螺栓,将油顶切换至下一根精轧螺纹筋,这样对称张拉每一根钢绞线到初应力并锚固。

(5)整体张拉。

换装两台 YD3000/600 型千斤顶,并使之与活动横梁紧贴;拧紧活动横梁处各螺母,接通油管(注意大小缸油嘴不得接错),开动油泵给油,千斤顶必须同步顶进,保持横梁平行移动,使预应力筋均匀受力,当油表读数达到 $103\%\sigma_k$ 时,封住给油阀,持荷 3min,测量油缸伸长量,并加上初应力时的理论伸长量,即为 $103\%\sigma_k$ 时的实际伸长量,要求此伸长量与控制应力时的理论伸长量之差控制在 ±5% 以内,否则应暂停张拉,查明原因并采取措施加以调整后,再继续进行张拉。伸长量经复核无误后回油至控制应力,封住给油阀,锚固,张拉完毕。

(6)放张。

当梁体混凝土强度达到设计强度的 85% 以上时,方可进行预应力筋放松。放松采用千斤顶张拉整体放松法,操作如下。

安装大油顶和活动横梁,并拧紧活动横梁端螺母,给千斤顶同步均匀供油,当油表读数达到控制应力后封住给油阀,放松固定横梁处螺母,使之离开横梁至少 10cm,然后缓慢均匀回油放松预应力筋,当回油到零后小缸进油,使大缸还原到张拉前位置,关掉电源。在此过程中须对三片梁的预拱度进行实测。数据显示:靠近贵阳端预拱度最大,约为5cm,中间一片次之,约为3cm,靠近重庆端最小,约为2cm。由于混凝土的黏结力,使梁台底板随梁一起收缩起拱,因此每次在移梁完成后都须对底板重新进行焊接加固。放张结束后,卸除连接器和精轧螺纹筋,用砂轮切割机从张拉端开始,逐次向另一端切除梁端多余的钢绞线并用砂浆封闭切割后的外露端头以防生锈,用龙门吊将梁移至存梁场。再固定底板,涂刷隔离剂,进行下一次的张拉。

3)张拉注意事项

(1)张拉前须对油顶、油表及油泵进行配套标定,若千斤顶、油表和油管有更换或维修的情况发生需重新标定。

(2)油管在使用前应检查有无裂缝,接头是否牢靠,以防止使用中发生意外事故。卸下油管后,千斤顶及油泵的油嘴应加防尘罩或防尘螺母,以防污染,闲置不用的油管应用防尘堵头封住接头。液压油应在使用前进行过滤。

(3)千斤顶在工作中,加、卸荷应力求平稳,避免冲击,若发现有漏油、活塞表面划伤等现象,应立即停止使用,分析原因,必要时拆检和更换零部件,严禁拆卸液压系统中的任何零部件。

(4)张拉前应全面检查横梁、油顶、钢绞线、油泵、油管等就位情况,钢绞线是否加盖了防护罩,若发现问题及时纠正。

(5)张拉作业要特别注意安全,作业时操作人员应站在两侧,端面方向禁止站人,张拉区周围装防护栏杆,防止钢绞线拉断后甩出伤人。

5. 梁体混凝土施工

1)模板的设计与施工

外模采用大块钢模,单侧分五块,每块长6m,纵向采用螺栓连接,面板采用厚6mm冷轧普通钢板制作,横肋采用I200,竖肋采用2[126,以保证模型有足够的刚度。下口拉条通过台座的预留孔洞固定,上口拉条上设有用来控制内模上浮的丝杠,如图7-3-19所示。

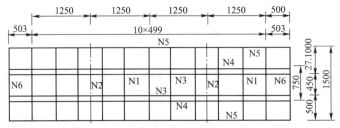

图7-3-19 外模分块单元示意(尺寸单位:mm)

立模时用龙门吊将1节模板吊装就位,并打上斜撑临时固定,再吊装对应侧模板就位,固定上下口拉条,再进行下一段的立设工作,并连接好螺栓。脱模时卸除上下口拉条和螺栓,用龙门吊将模板分段起吊拆除。为保证施工进度,本工程共制作内外模四套,经现场施工实践,模板拆装省时省工,梁体外观质量好,无接缝、错台、漏浆等现象,满足施工进度要求。内模采用拖拉式桁架钢模,移动式桁架截面采用三角形支架。

为了拆拉方便,角钢∟50上装有+40mm的小轮。每节桁架长度为3.0m,内模面板采用厚3mm钢板。小轮放在焊接于内模面板内侧的槽钢[50内,内模转角处用销钉连接。

立内模时先在梁台外的空地上将内模每3m一节进行拼装,桁架与内模支撑处用三角木楔夹紧(使小轮几乎处于不受力状态),同时用可调螺栓调节模腔尺寸,使之符合设计要求;为便于脱模,特在内模面板贴一层塑料薄膜。内模采用分段吊装入内组拼成一整体,为保证内模位置,须用定位钢筋和丝杠将内模固定牢。内模的放置须在混凝土初凝前完成。

混凝土浇筑完成之后,待混凝土强度达到设计强度的50%时,即可拆除内模。拆模时去除木楔,拔掉销钉,取出U形卡,收紧可调螺栓,待内模整体松动后用人工将三角支架分段拖拉出。经施工检验,内模拆除方便,一片板梁内模只需7h即可拆完,满足施工进度要求。

2)混凝土施工

混凝土浇筑前应对先张构件进行检查,观察台座受力、夹具、预应力筋等是否符合要求。混凝土浇筑采用整体灌注法,一次成型一片板梁。

为保证质量,经多次试验比较,确定混凝土配合比为1(水泥):1.439(砂子):2.495(碎石):0.39(水),坍落度为5~7cm,减水剂采用FDN-5,掺量0.6%,砂选用简阳中砂,细度模量为2.6~2.8。

混凝土浇筑采用自拌混凝土,汽车运输到场,龙门桁车吊运入内。

板梁浇筑时,从一端开始灌筑底板混凝土,浇筑过程中须对底板厚度连续测量,确保厚度均匀,符合设计要求。

在底板浇筑完10m,即可开始安装内模,同时底板继续向前浇筑。在内模立设至一半时开始腹板混凝土浇筑,同时绑扎顶板钢筋。

腹板和顶板混凝土采用斜向分段水平分层的浇筑方式,分层厚度不大于30cm,斜向坡度不大于1:3,新旧混凝土浇筑间隔时间不大于其初凝时间。由于夏季气温很高,为防止混凝土过早初凝,浇筑安排在晚上进行。

混凝土浇筑中重点在于防止内模上浮和偏位,派专人随时检查定位箍筋和丝杠固定情况,确保浇筑得以快速有效地进行。

底板浇筑采用插入式振捣器配合平板振动器振捣密实,振捣时避免触及预应力筋;腹板及顶板采用插入式振捣器振捣密实。插入式振捣器的移动间距不大于50cm,每次插入下层混凝土的深度宜为5~10cm。振捣以混凝土不再下落,不出现气泡,表面呈现浮浆为度。

混凝土浇筑完成并初凝后,要覆盖草袋保湿并洒水养护,养护期为7d,施工班组安排专人负责养护工作。

6. 结语

整体张拉技术措施依据《路桥施工计算手册》,单线台座长度不大于150m,每组宽不大于2m,适用于多层重叠浇筑的预应力混凝土构件。实践证明,采用小油顶先初张拉,收紧钢绞线,使19根钢绞线同时处于持荷状态,再采用上油顶整体张拉到设计吨位,张拉采用应力、应变双控措施,技术上是可靠的、工艺上是可行的。

规模化作业的优点在于可节约设备资源,投入一套张拉设备便可完成所有箱梁的预应力施工,可提高工效;其次采用精轧螺纹钢通过连接器与钢绞线联结,可节省纵向梁间钢绞线,有明显的经济效益。

不足之处在于张拉需要小油顶初张拉,相比后张法连续张拉多一道工序,其次放张必须满足一组三片梁强度均达到设计强度的85%后,方可放张,任何一片梁未达到强度要求都不允许放张。

[填空]

1. 先张法预应力筋的放张方法有_____、_____、_____。
2. 先张法预应力筋断丝数,同一构件内断丝数不得超过钢丝总数的百分比_____。
3. 先张法预应力筋张拉时,对于低松弛预应力筋,其程序为:0→_____→_____(持荷_____min 锚固)。

[简答]

1. 简述先张法空心板梁防止预拱度过大的方法。

2. 简述折线配筋先张法梁的特点、优点、适用范围。
3. 结合本节工程案例,说明先张法梁的施工工艺及施工注意事项。
4. 试论述先张法配筋中可否采用曲线或折线进行配筋。

[计算]

1. 某工地采用先张法空心板桥,长线台座预制梁,已知张拉长度为85.40m,钢绞线采用标准强度1860MPa的$\varphi^S15.2$钢绞线,求预应力钢束伸长量。

2. 预应力墩式台座,尺寸如图7-3-20所示。已知张拉力$N=1150$kN,$G_1=230$kN,$G_2=100$kN,传力墩之间距离$B=4.0$m,台墩用C20混凝土,R235钢筋,台面厚度为100mm,$N'=300$kN/m,$\mu=0.35$,地基为砂质黏土,$\gamma=18$kN/m³,$\varphi=30°$,试验算其稳定性。

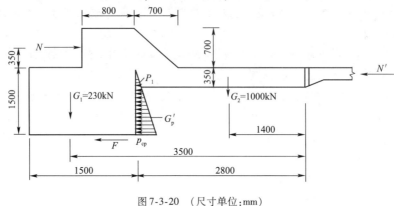

图7-3-20 (尺寸单位:mm)

任务四 后张法梁板的设计及施工

一、后张法的特点

后张法是指先浇筑混凝土构件,待混凝土达到一定强度后,张拉预应力筋并锚固。以混凝土本身作为支承件,张拉钢筋使混凝土构件同时也被压缩。当张拉到设计值后,用锚具将钢筋锚固于混凝土体上,使混凝土获得并保持其预压应力。

1. 后张法的类别

以预应力钢筋与混凝土之间是否产生黏结力又可分为后张法有黏结预应力混凝土和后张法无黏结预应力混凝土,目前公路桥梁上较多使用的是有黏结预应力混凝土。

(1)有黏结预应力混凝土。

先浇混凝土,待混凝土达到设计强度及设计弹性模量80%以上,再张拉钢筋(钢筋束)。其主要张拉程序为:埋管制孔—浇混凝土—养护穿筋张拉—锚固—灌浆(防止钢筋生锈)。其传力途径是依靠锚具阻止钢筋的弹性回弹,使截面混凝土获得预压应力,这种做法使钢筋与混凝土结为整体,称为有黏结预应力混凝土。

(2)无黏结预应力混凝土。

施工时跟普通混凝土一样,将钢筋放入设计位置可以直接浇混凝土,不必预留孔洞、穿筋、灌浆,简化施工程序,由于无黏结预应力混凝土有效预压应力增大,降低造价,适用于跨度大的曲线配筋的梁体。

张拉程序为:预应力钢筋沿全长外表涂刷沥青等润滑防腐材料—包上塑料纸或套管(预

应力钢筋与混凝土不建立黏结力)—浇混凝土养护—张拉钢筋—锚固。

2. 后张法图纸中预应力钢束的布置

以济广国家高速公路江西省某标段的标准断面宽幅预应力空心板梁为例,如良湖立交桥20m空心板梁构造如图7-4-1所示。其主要特点为:

(1)预应力钢束线形为直线与曲线结合,呈曲线布置,与梁体的内力包络图相吻合。钢束形式较先张法的直线布束合理。

(2)钢束张拉端一般设置为直线,且与混凝土面垂直。

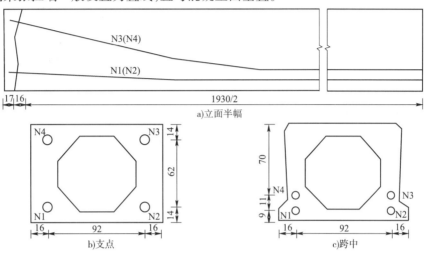

图 7-4-1 20m 后张法预应力混凝土空心板(尺寸单位:mm)

3. 后张法适用条件

(1)由于预应力筋束布置线形与内力图相符,较常见于13~50m的标准跨径。

(2)当梁片数量偏少时(如独立大桥),由于不需要设置张拉台座,从经济角度出发,往往选择后张法梁板。

二、后张法施工流程展示

后张法施工流程如图7-4-2所示。

a)在制梁底座上安装底模板

b)安装侧面模板

c)吊装底板、腹板钢筋骨架

d)吊装顶板钢筋骨架

e)灌注混凝土

图 7-4-2

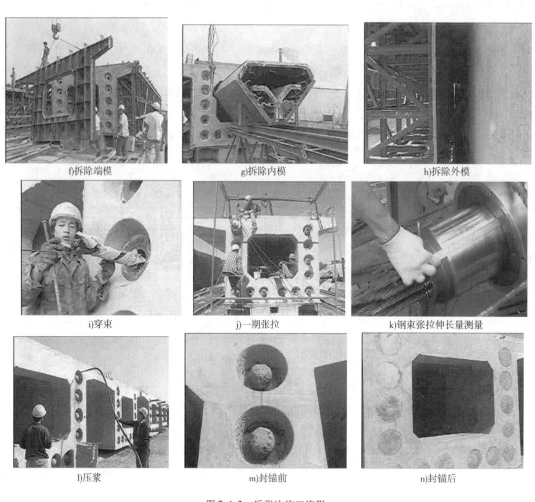

图 7-4-2 后张法施工流程

三、施工工序流程(图 7-4-3)

四、后张法成孔方式

1. 预埋管道法成孔

目前,后张法桥梁施工多采用预埋波纹管成孔,波纹管常见的有金属(铁皮)波纹管和塑料波纹管两种。塑料波纹管与金属波纹管比较而言,优越性有:

(1)摩擦阻力小。

(2)耐疲劳性能好。

(3)密封性好,可使用真空辅助压浆。

(4)耐腐蚀、不生锈,利于钢绞线的保护;对电焊、氧割铁水的防护较强。

(5)不导电,能保护预应力筋抗杂散电流。

(6)强度高、刚性大,不易被振捣棒振破。

(7)可焊接连接,无需另配接头,成本低,材料损耗小,剩余短管仍可利用。

通常情况下塑料波纹管与金属波纹管孔道摩阻系数 μ、k 值比较如表 7-4-1 所示。

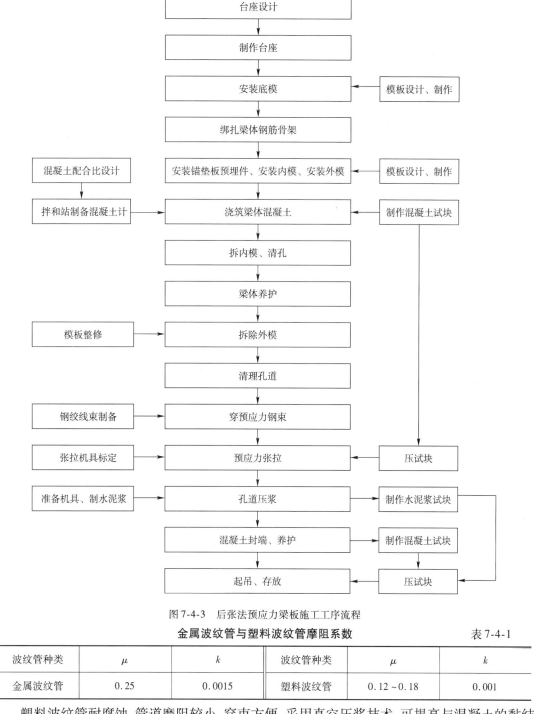

图 7-4-3 后张法预应力梁板施工工序流程

金属波纹管与塑料波纹管摩阻系数   表 7-4-1

波纹管种类	μ	k	波纹管种类	μ	k
金属波纹管	0.25	0.0015	塑料波纹管	0.12~0.18	0.001

塑料波纹管耐腐蚀,管道摩阻较小,穿束方便,采用真空压浆技术,可提高与混凝土的黏结性。因此,目前公路、城市道路桥梁施工中普遍采用塑料波纹管。见图 7-4-4。

2. 波纹管接长

金属波纹管的接长可采用大一号同型波纹管作为接头管。接头管的长度:管径为 $\phi40 \sim \phi65$ 时取 200mm;$\phi70 \sim \phi85$ 时取 250mm;$\phi90 \sim \phi100$ 时取 300mm;管两端用密封胶带或塑料热缩管封裹,以防接缝处漏浆。波纹管与锚垫板的连接一般是将波纹管伸入喇叭口中,在接头处用密封胶带封裹严密。见图7-4-5。

a)金属波纹管　　　　b)塑料波纹管　　　　c)预埋波纹管成孔

图7-4-4　波纹管

塑料波纹管的连接宜采用电热板热接、卡箍套连接。当采用类似金属波纹管大一号的套管旋接时,其套管应有不小于200mm的长度,连接口处用胶带密封(自带密封圈的除外),以免漏气。

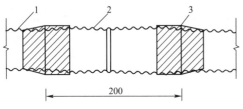

图7-4-5　金属波纹管(单位尺寸:mm)
1-波纹管;2-连接管;3-密封胶带

3.预埋管道法中灌浆孔、排气孔、排水孔、泌水孔的设置

灌浆孔、排气孔、排水孔、泌水孔必须在留置孔道的时候同时留置。

灌浆孔或排气孔应设置在构件两端及跨中,也可设置在锚具或铸铁喇叭处,孔距一般不宜大于12m,灌浆孔的直径应与输浆管管嘴外径相适应,一般不小于16mm。各孔道的灌浆孔不应集中于构件的同一截面,以免截面面积过分减少。灌浆孔的方向应能使灌浆时灰浆自上向下垂直或倾斜注入孔道,或自侧向水平注入孔道,以便于操作。曲线孔道灌浆时的最低点应设置排气孔,以利于排除空气,保证灌浆密实。设置排气孔是为了保证孔道内气流通畅,不形成死角,保证水泥浆充满孔道。有些锚具在锚固后仍然有孔道或空隙,孔道中的空气可以通过这些孔洞、空隙排除,在这种情况下,孔道端部就不必专设排气孔槽。但有些锚具(如带有螺丝端杆的锚具)在锚固预应力筋后就将孔道端部封闭,在这种情况下,孔道端部必须设置排气孔槽。排气孔对直径要求不严,一般施工中将灌浆孔与排气孔统一做成灌浆孔。灌浆孔或排气孔在跨内高点处应设在孔道上侧方,在跨内低点处应设在下侧方。

对连续结构中呈波浪状布置的曲线束,且高差较大时,应在孔道的每个峰顶处设置泌水孔,开口向上,露出梁面的高度一般不小于500mm。泌水管用于排出孔道灌浆后水泥浆的泌水,并可二次补充水泥浆。泌水管一般可与灌浆孔统一留用,起伏较大的曲线孔道,应在弯曲的最低点处设置排水孔,开口向下,主要用于排出灌浆前孔道内冲洗用水或养护时进入孔道内的水分(图7-4-6~图7-4-9)。

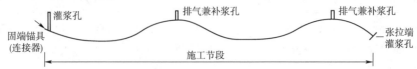

图7-4-6　腹板曲线束灌浆孔、排气孔布置图

在混凝土浇筑过程中,为了防止波纹管偶尔漏浆引起孔道堵塞,应采用通孔器通孔,通孔器由长60~80mm的圆钢制成,其直径小于孔径10mm,用尼龙绳牵引。

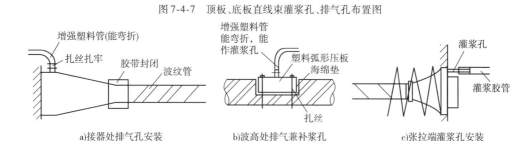

图 7-4-7 顶板、底板直线束灌浆孔、排气孔布置图

a) 接器处排气孔安装　　b) 波高处排气兼补浆孔　　c) 张拉端灌浆孔安装

图 7-4-8 波纹管安装细部构造图

腹板曲线束的灌浆孔均设置在位于曲线波高施工缝的锚垫板上,为保证全线闭气,中间部位设排气孔。位于连接器部位、P锚约束环附近的排气孔兼作真空抽吸孔的安装应注意安装质量,应采用塑料增强管(纤维网增强或钢丝弹簧圈增强)或高密度聚乙烯管留孔,要求能承受 0.6MPa 的灌浆保压压力,能弯折闭气,内径不小于 20mm。

4. 抽芯法成孔

抽芯法包括胶管抽芯(适合于直线、曲线)和钢管抽芯(适合于短直管道)两种。

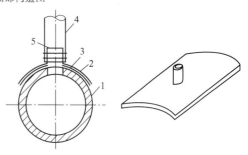

图 7-4-9 波纹管上的留浆孔
1-波纹管；2-海绵垫；3-塑料弧形压板；4-塑料管；5-铁丝扎紧

采用胶管抽芯法制孔时,胶管内应插入芯棒或充以压力水增加刚度;采用钢管抽芯法制孔时,钢管表面应光滑,焊接接头应平顺。抽芯时间应通过试验确定,以混凝土抗压强度达到 0.4~0.8MPa 时为宜,抽拔时不得损伤结构混凝土。抽芯后,应采用通孔器或压气、压水等方法对孔道进行检查,如发现孔道堵塞或有残留物或与邻孔有串通,应及时处理。制孔抽拔时间见表 7-4-2,抽芯法成孔见图 7-4-10。

制孔器抽拔时间参照表　　表 7-4-2

环境温度(℃)	抽拔时间(h)	环境温度(℃)	抽拔时间(h)	环境温度(℃)	抽拔时间(h)	环境温度(℃)	抽拔时间(h)
30 以上	3	30~20	3~5	20~10	5~8	10 以下	8~12

注:表中所列为普通水泥混凝土情况下的数据。

a) 抽拔钢管 10~20 号　　b) 抽拔用的橡胶管　　c) 箱梁使用抽拔橡胶管成孔

图 7-4-10 抽芯法成孔

5. 现行施工规范中的相应规定

(1) 管道的规格、尺寸应符合设计规定,且其内横截面积应不小于预应力筋净截面积的 2 倍;对长度大于 60m 的管道,宜通过试验确定其面积比是否可以进行正常的压浆作业。

(2) 管道应按设计规定的坐标位置进行安装,并应采用定位钢筋固定,使其能牢固地置于模板内的设计位置,且在混凝土浇筑期间不产生位移。管道与普通钢筋重叠时,应移动普通钢筋,不得改变管道的设计坐标位置。确定各种成孔管道用的定位钢筋的间距,对钢管不宜大于 1.0m;波纹管不宜大于 0.8m;位于曲线上的管道和扁平波纹管道应适当加密。定位后的管道应平顺,其端部的中心线应与锚垫板相垂直。

(3) 管道接头处的连接管宜采用大一级直径的同类管道,其长度宜为被连接管道内径的 5~7 倍。连接时不应使接头处产生角度变化及在混凝土浇筑期间发生管道的转动或移位,并应缠裹紧密,防止水泥浆的渗入。塑料波纹管应采用专用焊接机进行热熔焊接或采用具有密封性能的塑料结构连接器连接。当采用真空辅助压浆工艺进行孔道压浆时,管道的所有接头应具有可靠的密封性能,并应满足真空度的要求。

(4) 所有管道均应在每个顶点设排气孔及需要时在每个低点设排水孔。压浆管、排气管和排水管应是最小内径为 20mm 的标准管或适宜的塑性管,与管道之间的连接应采用金属或塑料结构扣件,长度应足以从管道引出结构物以外。

(5) 管道安装完毕后,其端口应采取可靠措施临时封堵,防止水或其他杂物进入。

(6) 后张预应力管道安装的允许偏差应符合表 7-4-3 的规定。

后张预应力管道安装允许偏差　　表 7-4-3

项　　目		允许偏差(mm)
管道坐标	梁长方向	30
	梁高方向	10
管道间距	同排	10
	上下层	10

注:摘自《公路桥涵施工技术规范》(JTG/T F50—2011)表 7.8.1。

五、混凝土浇筑

后张法梁板中混凝土的浇筑如图 7-4-11 所示。

六、后张法预应力施工

1. 预应力筋束的安装

预应力束有两种安装方法。一种是在梁体浇筑混凝土之前穿束,穿束完成后,应进行全面检查,以查出可能被损坏的管道。在混凝土浇筑之前,必须对管道上的损坏之处进行修复,并应检查力筋能否在管道内自由滑动。在混凝土浇筑过程,要有专人负责,每隔 10~20min 将各预应力束作推拉活动,直至最后浇筑的混凝土达到初凝。其作用,一是可以检查预应力束是否被砂浆或水泥浆凝固,二是如果有少量砂浆或水泥浆进入管道,通过推拉预应力束可以把这些少量砂浆或水泥浆拉平填入波纹管的凹槽内,使管道仍保持基本平滑。在预应力束张拉之前应再做一次少许推拉活动,以确认预应力束未被漏浆所凝固。

另一种是在浇筑混凝土之后穿束,在开始浇筑混凝土至最后一盘的初凝期间,用比梁稍长的中间焊有两头小中间大的圆滑拉块的钢筋在管道内来回穿拉。可将少许不慎漏入管道的砂浆或水泥浆拉平、使管道保持基本平滑。如一旦发现堵塞,要查明准确位置。如果堵塞不严重,可用带钩钢筋将堵塞物带出或用清孔器(锅炉专用的洗管器或家用管道疏洗器)清理孔道,经处理后疏通。若仍不能疏通,可将堵塞位置管道从梁的外部凿开,将管道疏通后,再穿入预应力筋,衬好铁皮后再用高强度等级的环氧树脂砂浆封堵。

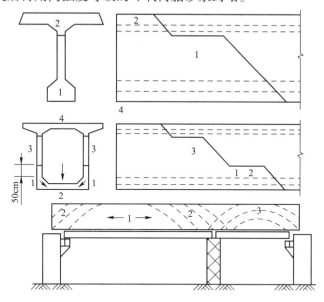

图 7-4-11　后张法梁板中混凝土的浇筑

注:图中1、2、3-4 代号为混凝土浇筑的顺序。

未采取防腐蚀措施的预应力筋在安装后至压浆时的容许间隔时间如表7-4-4所示。

未采取防腐蚀措施的预应力筋在安装后至压浆时的容许间隔时间　　表 7-4-4

暴露时间	安装后至压浆时的容许间隔时间(d)
空气湿度大于70%或盐分过大时	7
空气湿度40%~70%时	15
空气湿度小于40%时	20

注:摘自(JTG/T F50—2011)表7.8.3。

2. 锚具、夹具、连接器的安装

(1)锚具和连接器的安装位置应准确,且应与孔道对中。锚垫板上设置有对中止口时,应防止锚具偏出止口。安装夹片时,应使夹片的外露长度基本一致。

(2)采用螺母锚固的支撑式锚具,安装时应逐个检查螺纹的配合情况,应保证在张拉和锚固过程中能顺利旋合拧紧。

3. 预应力筋束的张拉

后张法预应力张拉是预应力混凝土桥梁施工过程中的重要工序之一,也是梁体有效预应力的建立过程。预应力张拉时,千斤顶的张拉控制应力值应为设计锚下控制应力和锚圈摩阻损失之和。为准确计算出实际所需要的张拉控制力值,在预应力束张拉之前,承建单位一般需进行锚圈口预应力损失测定。锚圈口预应力损失应包括两部分:

(1)锚具与钢绞线的直接摩擦引起的预应力损失。

(2)千斤顶卸载后,锚塞回缩引起的预应力损失。对于锚具与钢绞线之间的直接摩擦引起的预应力损失可通过试验直接得到。

在实际工程中:在同一类型锚具、同一回缩量的情况下,钢绞线长度是预应力损失大小的重要影响因素之一,钢绞线越短,损失越大。对于特别短的钢绞线,建议采用分次张拉、多次倒顶的张拉方式,以对锚塞回缩引起的预应力损失进行补偿。

在张拉阶段,两端对称同步进行,控制好加载速度。油表读数达到初始应力对应值时量测初始伸长量,达到控制应力时再量测伸长量。在伸长量符合要求后,按规范要求持荷,达到持荷时间后再量测回缩量。打开截止阀,张拉油缸缓慢归零,千斤顶活塞回程工具夹片跟进锚固。

(1)张拉前的相关试验。

预应力张拉之前,宜对不同类型的孔道进行至少一个孔道的摩阻测试,通过测试所确定的 μ 值和 k 值宜用于对设计张拉控制应力的修正。

在进行预应力筋张拉伸长量的控制时,也应采用实测的 μ、k 进行计算和现场控制。

(2)张拉条件:张拉时,结构或构件混凝土的强度、弹性模量(或龄期)应符合设计规定;设计未规定时,混凝土的强度应不低于设计强度等级值的 80%,弹性模量应不低于混凝土 28d 弹性模量的 80%。

(3)张拉时的规定。

①预应力筋的张拉顺序应符合设计规定;设计未规定时,可采取分批、分阶段的方式对称张拉。

②预应力筋应整束张拉锚固。对扁平管道中平行排放的预应力钢绞线束,在保证各根钢绞线不会叠压时,可采用小型千斤顶逐根张拉,但应考虑逐根张拉时预应力损失对控制应力的影响。

(4)张拉端的规定。

①直线筋和螺纹钢筋可在一端张拉。对曲线预应力筋,应根据施工计算的要求采取两端张拉或一端张拉的方式进行,当锚固损失的影响长度小于或等于 $L/2$(L 为结构或构件长度)时,应采取两端张拉;当锚固损失的影响长度大于 $L/2$ 时,可采取一端张拉。

②当同一截面中有多束一端张拉的预应力筋时,张拉端宜分别交错设置在结构或构件的两端。

③预应力筋采用两端张拉时,宜两端同时张拉,或先在一端张拉锚固后,再在另一端补足预应力值进行锚固。

(5)张拉程序(表 7-4-5)。

后张法预应力筋张拉程序 表 7-4-5

锚具和预应力筋类别		张 拉 程 序
夹片式等具有自锚性能的锚具	钢绞线束、钢丝束	普通松弛力筋:0→初应力→$1.03\sigma_{con}$(锚固)
		低松弛力筋:0→初应力→σ_{con}(持荷 5min 锚固)
其他锚具	钢绞线束、钢丝束	0→初应力→$1.05\sigma_{con}$(持荷 5min)→σ_{con}(锚固)
		0→初应力→$1.05\sigma_{con}$(持荷 5min)→0→σ_{con}(锚固)
螺母锚固锚具	螺纹钢筋	0→初应力→σ_{con}(持荷 5min)→0→σ_{con}(锚固)

注:①摘自《公路桥涵施工技术规范》(JTG/T F50—2011)表 7.8.7-1。

②表中 σ_{con} 为张拉时的控制应力,包括预应力损失值。

③两端同时张拉时,两端千斤顶升降压、画线、测伸长等工作应基本一致。

④超张拉数值超过7.6.3条规定的最大超张拉应力限值时,应按该条规定的限值进行张拉。

(6)后张预应力筋断丝及滑移的数量(表7-4-6)。

后张预应力筋断丝、滑移限制 表7-4-6

类　别	检查项目	控　制　数
钢丝束 钢绞线束	每束钢丝断丝或滑丝	1根
	每束钢绞线断丝或滑丝	1丝
	每个断面断丝之和不超过该断面钢丝总数的	1%
螺纹钢筋	断筋或滑移	不容许

注:①摘自《公路桥涵施工技术规范》(JTG/T F50—2011)表7.8.7-2。
　②钢绞线断丝系指单根钢绞线内钢丝的断丝。
　③超过本列控制数时,原则上应更换,当不能更换时,在许可的条件下,可采取补救措施,如提高其他束预应力值,但须满足设计各阶段极限状态的要求。

(7)预应力筋的锚固。

预应力束采用对称张拉后,宜先在一端锚固;在另一端补足张拉力后再进行锚固,以减少预应力损失。《公路桥涵施工技术规范》(JTG/T F50—2011)的具体要求如下:

①预应力筋在张拉控制应力达到稳定后方可锚固。对夹片式锚具,锚固后夹片顶面应平齐,其相互间的错位不宜大于2mm,且露出锚具外的高度不应大于4mm。锚固完毕并经检验确认合格后方可切割端头多余的预应力筋,切割时应采用砂轮锯,严禁采用电弧进行切割,同时不得损伤锚具。

②切割后预应力筋的外露长度不应小于30mm,且不应小于1.5倍预应力筋直径。锚具应采用封端混凝土保护,当需长期外露时,应采取防止锈蚀的措施。

[**工程示例7-4-1**] 如图7-4-12所示的半连续梁,预应力筋采用一束$12\phi^j15.24$的钢绞线束,张拉控制力$N_K=2346.3$kN,$A_y=1680$mm^2,$E_g=1.95\times10^5$MPa,孔道采用预埋波纹管成型,$\mu=0.175$,$k=0.0008$,按两端张拉,采用精确法和简化法分别计算。

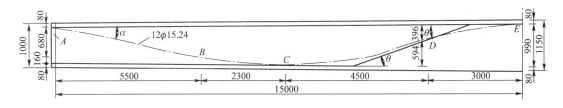

图7-4-12　连续梁的尺寸与预应力筋的布置(尺寸单位:mm)

解:1.后张法理论伸长量计算公式

(1)精确计算法:

$$\Delta L = \int_0^L \frac{Pe^{-(kx+\mu\theta)}}{A_y E_g} = \frac{PL}{A_y E_g}\left[\frac{1-e^{-(kx+\mu\theta)}}{kL+\mu\theta}\right] \tag{7-4-1}$$

当预应力筋和孔道为直线时($\theta=0$):

$$\Delta L = \frac{P}{kA_y E_g}(1-e^{-kL}) \tag{7-4-2}$$

(2)简化计算法:

$$\Delta L = \frac{\bar{P} \cdot L}{A_y E_g} \tag{7-4-3}$$

其中:

$$\bar{P} = P\left[\frac{1 + e^{-(kL+\mu\theta)}}{2}\right] \tag{7-4-4}$$

式中:P——预应力钢筋张拉端的张拉力(N);

L——从张拉端到计算截面的孔道长度(m);

θ——从张拉端到计算截面曲线孔道部分切线的夹角之和(rad);

k——孔道每米局部偏差对摩擦的影响系数,由表7-2-6查得;

μ——预应力钢筋与孔道壁的摩擦系数,由表7-2-6查得;

E_g、A_y——意义同前;

$\bar{P}$——预应力钢筋的平均张拉力,取张拉端的拉力与计算截面处扣除孔道摩阻损失后的拉力的平均值。

2. 解题思路

后张法预应力钢束一般由直线段与曲线段(或多段曲线段)组成,应分段计算计算伸长量,然后叠加。在计算时应将每段两端扣除孔道的摩阻损失的拉力求出,然后按精确法或简化法(两种方法偏差小,一般用简化法即可)计算每段的张拉伸长量。

以图7-4-12为例,应找出线形的特征点,根据特征点数进行分段。特征点选择的原则如下:

(1)张拉端点,如图中A点。

(2)直线与曲线的交点,如图中B点。

(3)曲线最低点,如图中C点。

(4)曲线的反向点,如图中D点。

(5)曲线最高点,如图中所示E点。

根据以上A、B、C、D、E共五个特征点,应将预应力钢束分为AB、BC、CD、DE共四段分别计算伸长量,然后累加。

3. 张拉控制力的确定

预应力筋为$12\phi^j15.24$的钢绞线束,$\phi^j15.24$钢绞线属于ASTMA416-98标准270级钢绞线,公称直径15.24mm,公称截面积140mm²,标准抗拉强度$R_y^b=1860$MPa,张拉控制应力$\sigma_k=1395$MPa,弹性模量$E=1.95\times10^5$MPa,松弛率不大于3.5%。

张拉控制力按下式计算:

$$N = f_{pd} \cdot A_y = 1395 \times 10^6 \times 140 \times 10^{-6} \times 12 = 2343600 \text{N} = 2343.6 \text{kN}$$

式中:f_{pd}——抗拉强度设计值;

A_y——钢筋截面面积。

4. 其他计算参数的确定

(1)根据表7-2-6,查表得系数$k=0.0008$,$\mu=0.175$;

(2)预应力筋为$12\phi15.24$的钢绞线束,预应力钢束截面面积为$A_y=140\times10^{-6}\times12=1680\times10^{-6}$m² = 1680mm²;

(3)预应力筋束的弹性模量:$E_g=1.95\times10^5$MPa。

5. 列表计算各参数数值

见表 7-4-7。

各段参数表 表 7-4-7

线段	L(m)	θ(rad)	$kx+\mu\theta$	$e^{-(kx+\mu\theta)}$	终点力(kN)
AB	5.5000	0	0.0044	0.9956	2333.3108
BC	2.3000	0.123	0.02337	0.9769	2279.4113
CD	4.5000	0.262	0.04945	0.9518	2169.5437
DE	3.0000	0.262	0.04825	0.9529	2067.3582

注：①AB 段为直线，故 $\theta=0$。

②BC、CD、DE 段 θ 角，均为曲线两端切线的夹角，系根据图纸中钢束的线形几何关系得到。

③表中计算时，L 数值单位精确到 0.1mm，θ 以 rad 为单位，终点力单位精确到 0.0001kN。

6. 伸长量的分段计算

$$\Delta L_{AB} = \frac{P_A L_{AB}}{A_y E_g}\left[\frac{1-e^{-(kx+\mu\theta)}}{kL+\mu\theta}\right] = \frac{2343.6\times10^3\times5.5000}{1680\times10^{-6}\times1.95\times10^5\times10^{-6}}\left[\frac{1-0.9956}{0.0044}\right]$$

$$= 0.0393\text{m} = 39.3\text{mm}$$

$$\Delta L_{BC} = \frac{P_B L_{BC}}{A_y E_g}\left[\frac{1-e^{-(kx+\mu\theta)}}{kL+\mu\theta}\right] = \frac{2333.3108\times10^3\times2.3000}{1680\times10^{-6}\times1.95\times10^5\times10^{-6}}\left[\frac{1-0.9769}{0.02337}\right]$$

$$= 0.0162\text{m} = 16.2\text{mm}$$

$$\Delta L_{CD} = \frac{P_C L_{CD}}{A_y E_g}\left[\frac{1-e^{-(kx+\mu\theta)}}{kL+\mu\theta}\right] = \frac{2279.4113\times10^3\times4.5000}{1680\times10^{-6}\times1.95\times10^5\times10^{-6}}\left[\frac{1-0.9518}{0.04945}\right]$$

$$= 0.0305\text{m} = 30.5\text{mm}$$

$$\Delta L_{DE} = \frac{P_D L_{DE}}{A_y E_g}\left[\frac{1-e^{-(kx+\mu\theta)}}{kL+\mu\theta}\right] = \frac{2169.5437\times10^3\times3.0000}{1680\times10^{-6}\times1.95\times10^5\times10^{-6}}\left[\frac{1-0.9529}{0.04825}\right]$$

$$= 0.0194\text{m} = 19.4\text{mm}$$

伸长量计算要求精确至 0.1mm，四段伸长量累加为 105.4mm，由于图中仅示出了 $1/2L$，故总伸长量为 210.8mm。

[**工程示例 7-4-2**(伸长量超出规定)] 预应力筋张拉时，伸长值超出了允许偏差值怎么办？

(1)质量问题及现象。

预应力筋张拉时的控制应力，应以张拉时的实际伸长值与理论计算伸长值进行校核。实际伸长值与理论计算伸长值相差应控制在 ±6% 以内，否则应暂停张拉，查明原因。一般情况是平弯、竖弯的长钢束，其伸长值比计算值偏小，短钢束的伸长值比计算值偏大。

(2)原因分析。

①实际使用预应力筋的弹性模量和截面积与理论计算值不一致。

②由于预应力预留孔道的位置不准，使张拉时预应力筋的摩阻力增大，当张拉到设计吨位时，预应力筋实际伸长值偏小。

③预应力施工工序不规范。如在浇筑混凝土前已将预应力筋穿好，若浇筑混凝土时，产生孔道堵塞，不能用通孔器检查，张拉时摩阻力会增大，造成伸长值偏小。

④千斤顶与压力表等预应力张拉机具未能按规定定期进行校验，也会造成张拉力与伸长值不一致。

(3)预防措施。

①预应力筋在使用前必须按实测的弹性模量和截面积修正计算。

②正确量得预应力筋的伸长值,按计算的伸长量误差修正伸长值。

③确保预应力预留孔道的定位准确,为此,应将波纹管的定位钢筋点焊在上下排的受力钢筋上,防止浇筑混凝土过程中波纹管上浮。根据需要可进行实测预应力张拉摩阻力试验,修正设计用的摩擦系数,以调整预应力筋的理论伸长值。

④若发生的摩阻力偏大,预应力筋张拉后其伸长值与理论伸长值相差较大,则可考虑使用备用孔道增加预应力筋。

⑤适当提高初应力。

4. 后张孔道压浆及封锚

(1)压浆目的。

压浆主要是防止预应力筋锈蚀,并通过凝结后的浆体将预应力传递至混凝土结构中。对防锈蚀而言,孔道的压浆越早越好,且可防止预应力筋的松弛,使构件尽快安装。《公路桥涵施工技术规范》(JTG/T F50—2011)规定张拉锚固后的48h内完成孔道的压浆在实际施工中是可以做到的。

(2)浆液特性。

后张预应力孔道宜采用专用压浆料或专用压浆剂配制的浆液进行压浆。压浆浆液性能应具有以下特征:

①具有高流动度。

②不泌水,不离析,无沉降。

③适宜的凝结时间。

④在塑性阶段具有良好的补偿收缩能力,且硬化后产生微膨胀。

⑤具有一定的强度。

所谓专用,是指专门用于后张预应力孔道的压浆,且均应由工厂化制造生产。"施工规范"(JTG/T F50—2011)推荐并倡导这种做法的目的在于其更能保证后张孔道压浆的质量、可靠性和耐久性。

专用压浆料是指由水泥、高效减水剂、膨胀剂和矿物掺和料等多种材料干拌而成的混合料,在施工现场按一定比例加水并搅拌均匀后,用于充填后张预应力孔道的压浆材料。

专用压浆剂是指由高效减水剂、膨胀剂和矿物掺和料等多种材料干拌而成的混合剂,在施工现场按一定比例与水泥、水混合并搅拌均匀后,用于充填后张预应力孔道的压浆材料。后张预应力孔道压浆浆液性能指标见表7-4-8。

后张预应力孔道压浆浆液性能指标　　　　表7-4-8

项 目		性能指标	检验试验方法标准
水胶比(%)		0.26~0.28	《水泥标准稠度用水量、凝结时间、安定性检验方法》(GB/T 1346)
凝结时间 (h)	初凝	≥5	
	终凝	≤24	
流动度(25℃) (s)	初始流动度	10~17	桥规(JTG/T F50—2011)附录C3
	30min 流动度	10~20	
	60min 流动度	10~25	
泌水率 (%)	24h 自由泌水率	0	桥规(JTG/T F50—2011)附录C4
	3h 钢丝间泌水率	0	桥规(JTG/T F50—2011)附录C5

续上表

项　目		性能指标	检验试验方法标准
压力泌水率（%）	0.22MPa（孔道垂直高度≤1.8m时）	≤2.0	桥规（JTG/T F50—2011）附录C6
	0.36MPa（孔道垂直高度＞1.8m时）		
自由膨胀率（%）	3h	0～2	桥规（JTG/T F50—2011）附录C4
	24h	0～3	
充盈度		合格	桥规（JTG/T F50—2011）附录C7
抗压强度（MPa）	3d	≥20	《水泥胶砂强度检验方法（ISO法）》（GB/T 17671）
	7d	≥40	
	28d	≥50	
抗折强度（MPa）	3d	≥5	
	7d	≥6	
	28d	≥10	
对钢筋的锈蚀作用		无锈蚀	《混凝土外加剂》（GB 8076）

注：①摘自《公路桥涵施工技术规范》（JTG/T F50—2011）表7.9.3。
②有抗冻性要求时，宜在压浆材料中掺用适量引气剂，且含气量宜为1%～3%。
③有抗渗性要求时，抗氯离子渗透的28d电量指标值小于或等于1500C。

(3) 浆液的原材料要求。

①水泥应采用性能稳定、强度等级不低于42.5的低碱硅酸盐或低碱普通硅酸盐水泥，水泥的性能要求应符合表7-4-9规定。

水 泥 技 术 要 求　　　　　　　　　　表7-4-9

项　　目	技术要求	检验标准
比表面积（m²/kg）	≤350（硅酸盐水泥、抗硫酸盐硅酸盐水泥）	《水泥比表面积测定方法（勃氏法）》（GB/T 8074）
80μm方孔筛筛余（%）	≤10（普通硅酸盐水泥）	《水泥细度检验方法（筛析法）》（GB/T 1345）
游离氧化钙含量（%）	≤1.5	《水泥化学分析方法》（GB/T 176）
碱含量（%）	≤0.60	
熟料中的C3A含量（%）	≤8；海水环境下≤10	按《水泥化学分析方法》（GB/T 176）检验后计算求得
氯离子含量（%）	≤0.03	《水泥原料中氯离子的化学分析方法》（JC/T 420）

注：摘自《公路桥涵施工技术规范》（JTG/T F50—2011）表6.15.4。

②外加剂应与水泥具有良好的相容性，且不得含有氯盐、亚硝酸盐或其他对预应力筋有腐蚀作用的成分。减水剂应采用高效减水剂，且应满足现行国家标准《混凝土外加剂》（GB 8076）中高效减水剂一等品的要求，其减水率应不小于20%。

③矿物掺和料的品种宜为Ⅰ级粉煤灰、磨细矿渣粉或硅灰，并应符合本规范第6.15.8条的规定。

④水不应含有对预应力筋或水泥有害的成分，每升水中不得含有350mg以上的氯化物离子或任何一种其他有机物，宜采用符合国家卫生标准的清洁饮用水。

⑤膨胀剂宜采用钙矾石系或复合型膨胀剂,不得采用以铝粉为膨胀源的膨胀剂或总碱量0.75%以上的高碱膨胀剂。

⑥压浆材料中的氯离子含量不应超过胶凝材料总量的0.06%,比表面积应大于350m²/kg,三氧化硫含量不应超过6.0%。

(4)压浆设备。

压浆设备包括:砂浆搅拌机、灌浆泵、贮浆桶、过滤器、橡胶管和喷浆嘴等,应符合下列规定:

①搅拌机的转速应不低于1000r/min,搅拌叶的形状应与转速相匹配,其叶片的线速度不宜小于10m/s,最高线速度宜限制在20m/s以内,且应能满足在规定的时间内搅拌均匀的要求。

②用于临时储存浆液的储料罐亦应具有搅拌功能,且应设置网格尺寸不大于3mm的过滤网。

③压浆机应采用活塞式可连续作业的压浆泵,其压力表的最小分度值应不大于0.1MPa,最大量程应使实际工作压力在其25%~75%的量程范围内。不得采用风压式压浆泵进行孔道压浆。

④真空辅助压浆工艺中采用的真空泵应能达到0.10MPa的负压力。压浆场景示意见图7-4-13。

a)活塞式压浆泵施工场景　　　　　　　　b)活箱梁压浆

图7-4-13　压浆场景

(5)压浆前的准备工作。

①应在工地试验室对压浆材料加水进行试配,各种材料的称量(均以质量计)应精确到±1%。经试配的浆液其各项性能指标均应满足表7-4-8的要求后方可用于正式压浆。

②应对孔道进行清洁处理。对抽芯成型的孔道应冲洗干净并应使孔壁完全湿润;金属和塑料管道在必要时亦应冲洗清除附着于孔道内壁的有害材料。对孔道内可能存在的油污等,可采用已知对预应力筋和管道无腐蚀作用的中性洗涤剂或皂液,用水稀释后进行冲洗;冲洗后,应使用不含油的压缩空气将孔道内的所有积水吹出。

③应对压浆设备进行清洗,清洗后的设备内不应有残渣和积水。

(6)压浆作业。

压浆是后张法预应力施工的重要工序,不容有失,孔道压浆应填写施工记录。记录项目应包括:压浆材料、配合比、压浆日期、搅拌时间、出机初始流动度、浆液温度、环境温度、稳压压力及时间,采用真空辅助压浆工艺时应包括真空度。

①压浆时,对曲线孔道和竖向孔道应从最低点的压浆孔压入;对结构或构件中以上下分层

设置的孔道,应按先下层后上层的顺序进行压浆。同一管道的压浆应连续进行,一次完成。压浆应缓慢、均匀地进行,不得中断,并应将所有最高点的排气孔依次打开和关闭,使孔道内排气通畅。

②浆液自拌制完成至压入孔道的延续时间不宜超过40min,且在使用前和压注过程中应连续搅拌,对因延迟使用所致流动度降低的水泥浆,不得通过额外加水增加其流动度。

③对水平或曲线孔道,压浆的压力宜为0.5~0.7MPa;对超长孔道,最大压力不宜超过1.0MPa;对竖向孔道,压浆的压力宜为0.3~0.4MPa。压浆的充盈度应达到孔道另一端饱满且排气孔排出与规定流动度相同的水泥浆为止,关闭出浆口后,宜保持一个不小于0.5MPa的稳压期,该稳压期的保持时间宜为3~5min。

④采用真空辅助压浆工艺时,在压浆前应对孔道进行抽真空,真空度宜稳定在-0.06~-0.10MPa。真空度稳定后,应立即开启孔道压浆端的阀门,同时启动压浆泵进行连续压浆。

⑤压浆时,每一工作班应制作留取不少于三组尺寸为40mm×40mm×160mm的试件,标准养护28d,进行抗压强度和抗折强度试验,作为质量评定的依据。试验方法应按现行国家标准《水泥胶砂强度检验方法(ISO法)》(CB/T 17671—1999)的规定执行。

⑥压浆过程中及压浆后48h内,结构或构件混凝土的温度及环境温度不得低于5℃,否则应采取保温措施,并应按冬期施工的要求处理,浆液中可适量掺用引气剂,但不得掺用防冻剂。当环境温度高于35℃时,压浆宜在夜间进行。

⑦压浆后应通过检查孔抽查压浆的密实情况,如有不实,应及时进行补压浆处理。

对掺加外加剂泌水率较小的水泥浆,通过试验证明能达到孔道内饱和时,可采用一次压浆的方法;不掺外加剂的水泥浆,可采用二次压浆法,两次压浆的间隔时间宜为30~45min。

⑧压浆完成后,应及时对锚固端按设计要求进行封闭保护或防腐处理,需要封锚的锚具,应在压浆完成后对梁端混凝土凿毛并将其周围冲洗干净,设置钢筋网浇筑封锚混凝土;封锚应采用与结构或构件同强度的混凝土并应严格控制封锚后的梁体长度。长期外露的锚具,应采取防锈措施。

⑨对后张预制构件,在孔道压浆前不得安装就位;压浆后,应在浆液强度达到规定的强度后方可移运和吊装。设计无具体规定时,应不低于30MPa。

[**工程示例7-4-3**] 后张法预应力混凝土孔道真空灌浆工艺及其应用

后张法预应力混凝土结构普遍采用压力灌浆,由于浆体中含有气泡,渗水后易腐蚀力筋,对于通过灌浆握裹钢材来传递预加应力给结构混凝土的作用将有所削弱。在严寒地区,这些水会结成冰,胀裂构件,造成严重的后果;另外水泥浆容易离析、析水,干硬后收缩,析水会产生孔隙,致使强度不够,黏结不好,为工程留下隐患。

1. 工程概况

南友公路C13合同段箱形梁全部采用后张法预制,结构形式为单箱单室,跨度为30m,梁高150mm。预应力筋配置$\phi^j15.24(7\phi^s 5)$高强低松弛钢绞线,强度为1860MPa,布置如图7-4-14所示。

为了防止预应力筋被腐蚀,提高结构的安全度和耐久性,消除传统压力灌浆的质量通病,本工程的后张法预应力梁孔道灌浆采用柳州欧姆建筑机械有限公司开发研究的真空灌浆工艺。

2. 基本原理

真空灌浆是在孔道的一端采用真空泵抽预应力孔道中的空气,使之产生-0.1MPa左右的真空度,然后在孔道另一端用灌浆泵将优化后的水泥浆从孔道的另一端灌入,直至充满整条孔道,并加以不小于0.7MPa的正压力,以提高预应力孔道灌浆的饱满度和密实度,从而提高后张预应力混凝土结构安全度和耐久性。

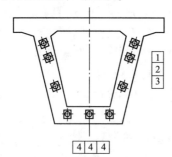

钢束	起弯半径(cm)	起弯角(°)	长度(cm)
1	6000	7.5	3103.4
2	4500	7.5	3103.6
3	4000	5.5	3103.8
4	4000	1.8	3135.6

图 7-4-14 钢绞线布置形式

3. 施工设备

采用由柳州海威姆建筑机械有限公司研制生产的专用的真空灌浆设备,它主要由空气管道系统、搅拌系统、灌浆系统等组成,主要设备如图 7-4-15 所示。

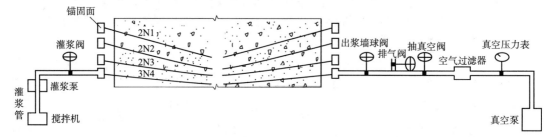

图 7-4-15 真空灌浆设备连接图

(1) 输送量为 $3m^3/h$ 的 UBL3 螺杆式灌浆泵,配套高压橡胶管 1 根(抗压能力≥2MPa)。

(2) 排量为 $120m^3/h$ 的 SZ-2 型水环式真空泵,真空压力表一个,QSL-20 型空气过滤器一个,15kg 左右秤一台。

(3) 灰浆搅拌机一台。

(4) 预应力箱梁中采用了弯曲的布筋方式,原设计的 $\phi50mm$ 金属波纹管虽能满足小半径的布筋要求,但是金属管没有永久的防腐能力,压口接缝不很紧密,不足以抵抗水的渗漏和到达浆体以及预应力筋,故采用更能体现真空灌浆优越性的 HVMSBG-50 的塑料波纹管,其在强度和耐腐蚀方面,有更好的保护作用。同时塑料波纹管为挤出成型,接头处用内垫密封圈的卡套连接,全管能做到不漏气。

4. 水泥浆配合比试验研究

水泥浆的配合比直接影响到灰浆强度和灌注密度,尤其对于真空灌浆来说,是施工工艺的一个关键环节。配合比主要遵循低水灰比和多成分的原则,以达到减少空隙、泌水和水泥浆在凝结硬化过程中的收缩变形的目的。

真空灌浆浆体配合比试验参考海威姆公司建议的操作程序进行。

1) 水泥浆体的性能要求

(1) 有较好的流动性能,流动度大于 140mm。初凝时间为 3~4h,在 1.725L 漏斗中,水泥浆的稠度为 15~45S,最多不得大于 50S。

(2) 灌注后泌水率低,小于水泥浆初始体积的 2%,四次连续测试的结果平均值小于 1%,

拌和后 24h 水泥浆能自吸收。

（3）水泥浆体在凝固前应具备一定膨胀作用，使浆体灌入后胀满整个孔道。以克服预应力纵向、斜向、上弯曲部位压浆不饱满不密实的缺点。浆体应具备硬化中期（14d 左右）微膨胀性，以补偿中后期水泥浆体的自然收缩。

（4）浆体应具有足够的抗压强度和黏结强度，不低于 30MPa，最好和梁混凝土相匹配，满足预应力钢筋和混凝土构件间的有效应力传递。

2）水泥浆原材料选择

金刚牌 42.5 级普硅水泥，符合技术标准的地下水。考虑到广西夏季温度高的因素，采用了 JN-3 缓凝高效减水剂；水泥凝结前主要采用铝粉，凝结后则采用 UEA 膨胀剂。

3）试验方法

灌浆材料泌水率、膨胀率和的试验方法分别参照现行《公路桥涵施工技术规范》（JTG/T F50—2011）；膨胀试验参照《混凝土膨胀剂标准》；抗压强度试验参照《砌体工程施工及验收规范》（GB 50203—2002）。

4）试验结果分析

（1）流动度试验。

固定水灰比为 0.38，试验测定 JN-3 在不同掺量下对水泥静浆流动度的影响和在 0.4% 掺量下 20℃ 与 40℃ 下流动度随时间的变化，结果如图 7-4-16 所示。泥浆的水灰比越大，流动度越大，同时泌水率也越大，初凝时间越长；减水剂掺量增加，流动度明显增大，同时泌水率也增大。JN-3 缓凝高效减水剂掺量大于 0.55% 会引入过量空气而使初凝缓慢，降低混凝土强度。因此本试验采用 JN-3 缓凝高效减水剂掺量为 0.4%。

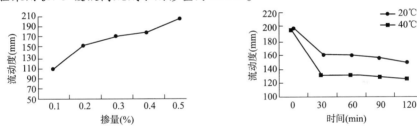

图 7-4-16 水泥净浆流动度与掺量、时间的关系

相同环境温度下，水泥浆的出机温度不同，对浆体的流动度影响较小，但在储存一定时间（大约为 40min）后，流动度明显减小，同时出机温度越高流动度下降越快，因此要严格控制出机温度在 22℃ 左右，并在 40min 内水泥浆全部用完。

JN3 缓凝高效减水剂同时具有的缓凝作用，可以使在高温条件下的水泥浆体具有良好的保塑性。

（2）膨胀试验。

本试验根据采用了铝粉和 UEA-H 两种混凝土膨胀剂，分别作用于浆体的凝结前膨胀和中期膨胀，使浆体凝结前的膨胀率和中期膨胀率大有提高。

①凝结前试验。

凝结前膨胀是在水泥凝结前加入铝粉，利用水泥水化过程中不断析出氢氧化碳，水泥水化初期浆液中 $Ca(OH)_2$ 处于饱和状态，也即处于高碱状态，此时铝粉与碱溶液的 OH^- 反应生成氢气，形成许多分散均匀的气泡，使浆体发生膨胀，从而使灌浆孔道的弯处和钢绞线的空隙处胀满。

试验采用掺不同量的铝粉,测 3h 体积膨胀率,要求凝结前膨胀率为 1% 左右,因为 1% 的含气量对水泥浆的强度损失不大。试验分析得出铝粉掺量以 0.005% 为宜,铝粉反应在 3h 内基本完成,第 2h、3h 膨胀很小,因此掺铝粉的水泥浆必须在加水拌和后立即灌注,否则对凝结前膨胀率影响较大。

②中期膨胀试验。

中期膨胀是利用 UEA 加入水泥浆中生成大量的膨胀性结晶物水化硫铝酸钙(即钙矾石),使浆体产生适当膨胀,在钢筋和混凝土预留孔道的约束下,在浆体结构中建立 0.2~0.7MPa 预压应力,这一膨胀应力可大致抵消浆体在硬化过程中产生的收缩应力,从而防止或减少浆体收缩开裂,并使浆体致密,提高结构的强度,并增加浆体与预应力筋的握裹力。但如果膨胀率过高,则有可能使浆体产生较大的膨胀应力,反而不利于整体结构,因此要严格控制自由膨胀率小于 10%。

试验分析得出 UEA 的掺量为 5% 时,其 28d 限制膨胀率为 0.04%~0.06%,适合水泥浆体补偿收缩功能。

UEA 的掺量是按等量取代胶凝材料的内掺法,这一点必须在配合比时引起注意。

5)浆体配合比的选择

经过室内试验,最后确定的浆体比配合比和有关性能见表 7-4-10。

浆体配合比和有关性能 表 7-4-10

材料用量(g)				水(mL)	水灰比	性能					
水泥	JN-3	铝粉	UEA			稠度(s)	泌水率(%,3h)	凝结前膨胀率(%,3h)	中期膨胀率		抗压强度(28d)
									1d	28d	
42.5级 1500	6	0.075	75	600	0.38	16	1.2	1.03	0.047	0.055	53.8

5. 施工工艺

(1)灌浆前准备工作。

①张拉完成后,切断外露的钢绞线(钢绞线外漏 30~50mm),清水冲洗,高压风吹干,然后进行封锚。

②清理锚垫板上的灌浆孔,保证灌浆通道通畅。

③定出抽吸真空端及灌浆端,抽吸真空端位于高处锚座上的灌浆孔,灌浆端置于低处锚座上的灌浆孔。

(2)按真空灌浆施工设备连接图连接好各部件,并检查其功能,进行试抽真空。

(3)试抽真空。

将灌浆阀、排气阀都关闭,抽真空阀、出浆端阀门打开,启动真空泵抽真空,观察真空压力表读数,真空度达到 -0.08~-0.1MPa 并保持稳定,停泵 1min,压力要能保持不变。

(4)搅拌水泥浆。

搅拌水泥浆之前加水空转数分钟,将积水倒净,使搅拌机内壁充分润湿。装料时首先将称量好的(扣除用于熔化铝粉、UEA 的那部分水)倒入搅拌机,之后边搅拌边倒入水泥,再搅拌 3~5min 直至均匀。将溶于水的外加剂铝粉、UEA 和 JNO3 减水剂倒入搅拌机,再搅拌 5~15min,然后出料。

搅拌水泥浆应注意:

①水泥浆出料后应尽量马上进行泵送,否则要不停地进行搅拌。

②必须严格控制用水量,否则多加的水全部泌出,容易造成管道顶端出现空隙。

③对未及时使用而降低了流动性的水泥浆严禁采用增加水的办法来增加灰浆的流动性。
④拌和水泥浆的水温不能超过7℃,必要时采用冰块投入水中。

(5)灌浆

将灰浆加到灌浆泵中,在灌浆泵的高压橡胶管出口打出浆体,待这些浆体浓度与灌浆泵中的浓度一样时,关掉灌浆泵,将高压橡胶管接到孔道的灌浆管上,扎牢。关掉灌浆阀,打开真空阀、出浆端阀门,启动真空泵抽真空,使真空度达 -0.08~ -0.1MPa 并保持稳定,启动灌浆泵,打开灌浆阀,开始灌浆,当浆体经过空气过滤器时,关掉真空泵及真空阀,打开排气阀。观察排气管的出浆情况,检查所压出水泥浆稠度,直至稠度与灌入的浆体相当时及流动顺畅后,关闭排气阀和出浆端阀门,灌浆泵继续工作,在不小于0.7MPa情况下,持压2~3min。关闭灌浆泵及灌浆端阀门,完成灌浆。拆卸外接管路、附件,清洗空气滤清器及沾有灰浆的设备,按3N4—2N3—2N2—2N1 的顺序依次灌浆。

(6)注意事项。
①严格掌握材料配合比,误差不能超过1%。
②灰浆进入灌浆泵之前应通过1.2mm的筛子。
③真空泵应低于整条管道,启动时先将连接的真空泵的水阀打开,然后开泵;关泵时先开水阀,后停泵。
④灌浆工作宜在灰浆流动性下降前30~45min 内进行,孔道一次灌浆要连续。

6. 结论与体会

真空灌浆的关键在于合理确定水泥浆的配合比,严格按照加料顺序进行搅拌。在灌浆过程中,保证出浆温度在25℃以下,水泥浆在真空辅助下,快速灌浆口流向出浆口时,关掉真空装置时,必须让排气孔冒浆一段时间,测定浓度达到进浆口水泥浆浓度后才能关闭出浆口阀门。

判定真空灌浆是否成功的条件是:两端均冒出与进浆相同稠度的浆液,且无明显气泡,在不小于0.7MPa情况下持压2~3min 为标准。

值得注意的是,灌浆前孔道用压力水冲洗的问题,必须采取有效措施排(高压风)除孔道中的积水,否则在灌浆初期增大了水灰比,这一步切不可忽视。

7. 应用效果

南友公路C13合同段30m 后张法预应力箱梁采用真空灌浆进行孔道压浆,真空度达96%~98%,浆体凝固后,浆体与灌浆管上口平齐,浆体非常密实。

七、吊点位置计算

等截面梁、板两点起吊,可化简为双悬臂简支梁计算,受均布荷载q,最合理吊点位置是使负弯矩与跨中正弯矩绝对值相等。见图7-4-17,计算得其吊点位置公式为:

$$x = 0.207l \tag{7-4-5}$$

实际吊装构件,除采用吊架起吊外,一般起吊吊索均与构件表面成一角度,在吊环或绑扎点处存在水平力,造成两点间产生附加弯矩,见图7-4-17、图7-4-18,计算得其吊点位置公式为:

$$x^2 - lx - l\left[ctana\left(y_s - \frac{W_0}{A_0}\right) + \frac{l}{4}\right] = 0 \tag{7-4-6}$$

据此可求得x;对于矩形截面:$y_s = \frac{h}{2}$,$\frac{W_0}{A_0} = \frac{h}{6}$(略去配筋影响);若$a = 60°$,$\frac{h}{l} = \frac{1}{20}$,代入

式(7-4-6)得 $x = 0.214l$；

其中：l——梁、板长度(m)；

W_0——换算截面受拉边缘(下缘)的弹性抵抗矩；

A_0——换算截面面积。

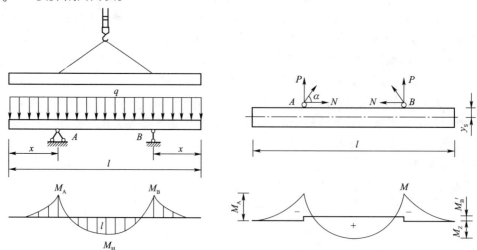

图 7-4-17 两点起吊受力计算简图　　　图 7-4-18 两点起吊考虑吊绳水平力影响计算简图

实际应用时，可按式(7-4-6)求得 x 的值稍微加大，使 $x \approx 0.21l$，或稍微大一点的整数值，使吊索斜角加大，改善起吊条件。

[工程示例7-4-4(吊点位置)] 某等截面矩形梁，截面为 600mm×300mm(高×宽)，长 9200mm，采用两点起吊，吊索与梁身成 45°角，忽略配筋影响，试计算确定吊点位置。

解：(1)不考虑吊索对构件的影响时：

$$x = 0.207l = 0.207 \times 9.2 = 1.904 \text{m} \approx 1.9 \text{m}$$

(2)考虑吊索水平力对构件的影响时，由式(7-4-6)代入得：

$$x^2 - 9.2x - 9.2\left[c\tan 45°\left(\frac{0.6}{2} - \frac{0.6}{6}\right) + \frac{9.2}{4}\right] = 0$$

化简得：

$$x^2 - 9.2x - 23 = 0$$

解得：

$$x = 2.05 \text{m}$$

[工程示例7-4-5(预制场地、千斤顶张拉)] A 市一座高架桥，上部结构为 30mT 形梁，采用简支后连续的结构形式，共12跨，桥宽29.5m，为双幅式桥面。预制场在施工方案确定后，便立即开始了预制场的场地建设。由于某种原因，延误了施工进度，为将后阶段的工期赶上来，项目部加大了调度力度，使T形梁预制很快地投入生产，并迅速地把工期紧迫的被动局面扭转过来，但同时在预制的施工控制方面也存在一些问题和疑惑。

问题：

(1)预制场的施工方案如何确定？

(2)预制台座基础怎样保证不发生沉降？

(3)为赶工期，在没有经过监理工程师检查情况下，自检后立即进行下一道工序的施工，对不对？

(4)千斤顶张拉了340次，但钢绞线的实际伸长量满足规范要求，即±6%以内，千斤顶是否可以不重新标定?

(5)T梁张拉后,为赶进度,便立即把T形梁吊移到存梁区压浆,以加快台座的周转率。而且在移梁过程中,梁底下仍有工人继续在绑扎钢筋,这种做法正确吗? 为什么?

分析与答案:

(1)预制场的施工方案,由项目部总工组织编制,经项目部负责人讨论优化,在项目经理批准后,报上一级技术负责人审批,并加盖公章,批准后,施工方案才能实施。

(2)预制场台座基础处理须根据场地地基情况而定。地质条件良好,地基承载力足以满足梁重承重要求的,可直接在此地基上做台座基础;如果地基达不到承载力要求,则需对地基进行处理。采用换填灰土夯实的方法,或者采用打挤密木桩的形式,保证处理后的地基的承载力满足规范或设计要求,然后,再在上面浇筑混凝土基础。另外,做好预制厂场地排水工作也至关重要,以防止雨水浸泡地基。只有这样,才能保证台座基础不发生沉降。

(3)不经过监理工程师检查,立即进行下道工序的施工是不正确的。报验监理程序必须严格执行。施工单位在完成自检后,报请监理人员检查,检查合格后,才能进行下道工序的施工,否则监理工程师有权责令返工。因此,不能只因为赶进度,图省事,而不执行监理程序,这样将会导致工程质量的失控。

(4)不可以不重新标定。施工规范要求,张拉满6个月或张拉次数达200次的千斤顶,必须到检测部门重新标定。

(5)两种做法都不对。按照施工规范要求,T梁在台座上张拉压浆后,其水泥浆强度满足设计要求或达到T梁混凝土同等强度后,才能吊移。否则,会因为不小心的磕碰而发生锚具破损、钢绞线断丝现象,导致安全质量事故的发生。

第二个问题,违反了安全操作规程。按照起重设备安全技术操作规范要求,当龙门吊运作业时,作业范围下面不能有人。

[工程示例7-4-6]某黄河大桥中跨合龙段张拉方案

黄河大桥中跨合龙段在预应力张拉时,底板混凝土保护层出现脱落现象,相关各方对其进行了原因分析,确定了处理措施(见:黄河大桥合龙段底板底部钢筋保护层脱落的处理措施)。根据处理措施,我单位放张了所有cB1~cB7底板束钢绞线,凿除并重新浇筑了要求处理部分混凝土,现cB1~cB7束钢绞线已到设计要求张拉时间,现报张拉(含压浆)方案如下:

1. 张拉

根据处理措施确定,本次张拉cB4~cB7束钢绞线,张拉顺序为cB7~cB4对称进行。安装千斤顶后,开动油泵向张拉油缸缓慢进油,使钢绞线略微拉紧后调整千斤顶中心和预应力管道轴线一致,然后两端千斤顶对称加载到初始张拉应力,测量并记录钢绞线初始伸长量;完成后张拉至控制张拉应力,量测实际伸长量并与设计计算伸长量相比较(预应力筋伸长量与设计计算伸长量之差在±6%方满足设计要求,否则排查原因后再张拉)。

用zB4—500型油泵配合YCW400B—200型液压千斤顶进行张拉,采用引伸量与张拉力双控,以张拉力为主,张拉操作流程见图7-4-19。

2. 压浆

CB4~CB7束钢绞线全部张拉完成后,统一进行此四对钢束波纹

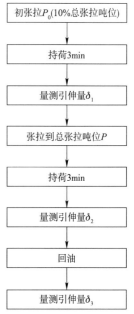

图7-4-19 张拉工作流程图

管道压浆,水泥采用 P.O.42.5 级,水灰比参照设计要求采取 1:0.35,孔道加压至 0.4～0.6MPa,关闭进浆口前保压一段时间。

另据我单位安设在箱梁内及底板底部温度计显示,近期夜间最低气温为 -11℃(凌晨5时左右),最高气温为 3℃(14 时左右),气温较低,不利于压浆施工,考虑采取两项措施:

(1)在水泥浆中添加水泥用量 5% 的 WN-D(4) 型预应力孔道灌浆专用早强防冻剂。

(2)在箱室内波纹管道位置生小火炉,根据我单位近期观测数据显示,生火炉可提高波纹管道内温度 3℃ 左右,生火炉时间视具体情况确定。

压浆前,将锚头位置临时封锚(不切割多余钢铰线头),防止压浆过程中浆顺钢绞线空隙流出,影响压浆质量。

3. 施工人员安排

安排总负责人 1 名,张拉操作工 4 名,伸长值测量 2 名,记录员 1 名。

4. 施工注意事项

(1)在任何情况下,张拉作业危险区内不准有人;张拉作业专人指挥,张拉作业前对张拉操作人员进行技术交底。

(2)张拉过程中,由专人填写张拉记录,并在监理监督下进行。

(3)操作千斤顶和测量伸长值的人员,站在千斤顶侧面操作,严格遵守操作规程。油泵开动过程中,不得擅自离开岗位。如需离开,必须把油阀全部松开或切断电路。

(4)张拉时认真做到孔道、锚环与千斤顶三对中,以便张拉工作顺利进行,并不致增加孔道摩擦损失。

5. 施工安全保证措施

现场用电派专职电工负责,不得随意乱接,电路爬地;火炉生火防止煤气中毒,防止失火。

附件 1:张拉设备设置及张拉引伸量计算(表 7-4-11)。

附件 2:混凝土外加剂质量检测报告(表 7-4-12)。

[**工程示例 7-4-7**(简支梁质量控制点)]某桥梁工程,设计为 T 形截面简支梁桥,施工技术人员为确保工程质量设置了如下一些质量控制点:

(1)支架施工。

(2)后浇段收缩控制。

(3)支座预埋件的位置控制。

(4)支座安装型号、方向的控制。

(5)伸缩缝安装质量的控制。

问题:

(1)质量控制关键点按什么原则设置?

(2)该技术人员所列的质量控制点是否妥当?错误的请指出,并补充完整正确的质量控制点。

分析与答案:

(1)质量控制点按以下原则分级设置:

①施工过程中的重要项目、薄弱环节和关键部位。

②影响工期、质量、成本、安全、材料消耗等重要因素的环节。

③新材料、新技术、新工艺的施工环节。

④质量信息反馈中缺陷频数较多的项目。

(2)该技术人员所列的质量控制点不妥当,支架施工及后浇段收缩控制不是简支梁桥的质

纵向张拉设备配置及张拉引伸量计算

表 7-4-11

张拉设备	1组									2组						3组				4组		
千斤顶编号	561									559						560				558		
油压表编号	130									149						166				129		
油压表换算公式	$P=0.01273N+0.8118$									$P=0.01296N+0.3168$						$P=0.01265N+0.6242$				$P=0.01301N+0.5526$		
钢束类型	钢束编号	控制张拉力 (kN)	初张拉 10% P_0 (kN)	130 读数 (MPa)	149 读数 (MPa)	166 读数 (MPa)	129 读数 (MPa)	再张拉 20% P (kN)	总张拉 P (kN)	130 读数 (MPa)	149 读数 (MPa)	166 读数 (MPa)	129 读数 (MPa)			149 读数 (MPa)	166 读数 (MPa)	129 读数 (MPa)	计算引伸量 (mm)	实测引伸量 δ (mm)	修正引伸量 Δ (mm)	比较
中跨底板束	CB1	3710.7	371.07	5.54	5.13	5.32	5.38	742.14	3710.7	10.26	9.93	10.01	10.21			48.41	47.56	48.83	29			
	CB2	3710.7	371.07	5.54	5.13	5.32	5.38	742.14	3710.7	10.26	9.93	10.01	10.21			48.41	47.56	48.83	52.5			
	CB3	3710.7	371.07	5.54	5.13	5.32	5.38	742.14	3710.7	10.26	9.93	10.01	10.21			48.41	47.56	48.83	76			
	CB4	3710.7	371.07	5.54	5.13	5.32	5.38	742.14	3710.7	10.26	9.93	10.01	10.21			48.41	47.56	48.83	97.5			
	CB5	3710.7	371.07	5.54	5.13	5.32	5.38	742.14	3710.7	10.26	9.93	10.01	10.21			48.41	47.56	48.83	120.5			
	CB6	3710.7	371.07	5.54	5.13	5.32	5.38	742.14	3710.7	10.26	9.93	10.01	10.21			48.41	47.56	48.83	141			
	CB7	3710.7	371.07	5.54	5.13	5.32	5.38	742.14	3710.7	10.26	9.93	10.01	10.21			48.41	47.56	48.83	157.5			

注：E、A 为计算弹性模量及截面积，E'、A' 为实测弹性模量及实测截面积；$E=1.95\times10^5$ MPa，$E'=1.97\times10^5$ MPa；$A=A'=1.4$ cm^2。

量控制点。简支梁桥的质量控制点除上述的③④⑤外，还有以下几个方面：
①简支梁混凝土的强度控制。
②预拱度的控制。
③大梁安装梁与梁之间高差控制。
④梁板之间现浇带混凝土质量控制。

表 7-4-12

黑龙江省低温建筑科学研究所
中间试验厂混凝土外加剂质量检测报告

生产车间 第一车间　　　　　外加剂品种 WN-D(4)预应力孔道灌浆剂早强防冻剂
生产日期 2006.10.2　　　　　检测日期 2006.10.8
取(送)样人 单军　　　　　　检测编号 06/12.02

一、检测试验条件
水泥品种 哈水 P.O 42.5　　用量(kg/m³) 330　　用水量(kg/m³) 198/175
混凝土配比 1:2.31:3.94:0.6/0.53　坍落度(cm) 8/18　　外加剂掺量(C%) 5
养护条件 标养/-5℃　　　　　砂细度 2.4　　　　　石　子 5～20mm 碎石

二、常规检测
减水率(%) 11.7　　　　泌水率比(%) /　　　含气量(%) 3.8
溶解率(%) /　　　　　冰点降低常数 /　　　pH /
凝结时间差(h: min) 温度 20 ℃，水泥，混凝土) 初凝 +1:50　　终凝 +1:55

三、性能试验

强度(MPa) 种 类	f_1	f_3	f_7	f_{28}	f_{-7}	f_{-7+28}	抗渗(P)	钢锈	50次冻融
基准混凝土		16.5	23.1	32.5					
外加剂混凝土		26.3	33.1	40.9	12.3	32.0			
比值(%)		159	143	126	37.8	98			
标准规定值		130	110	95	10	85			

检测执行标准 JC475-2004　GB8076-1997

四、其他试验

五、结果评定
该批产品满足 JC475-2004、GB8076-1997 标准要求，准予出厂
　　　　　　　黑龙江省低温建筑科学研究所中间试验厂（检测专用章）

主管：　　　　　　审核：　　　　　　　试验：

[工程示例 7-4-8（后张法质量控制点）] 试述后张法预应力张拉施工过程中，质量控制要点及注意事项，在压浆操作中应当注意的事项。

[答]：
(1) 后张法预应力张拉施工过程中质量控制要点及注意事项有：
①对力筋施加预应力前，力筋应在管道内自由滑动。
②张拉时，构件的强度应满足设计要求，设计未规定时，不应低于设计强度等级值的 75%。
③预应力张拉宜从两端同时进行，当仅从一端张拉时，应精确量测另一端的内缩量，并从

伸长值中适当扣除。

④张拉应力的控制应考虑锚具摩阻及千斤顶内摩阻损失。

⑤张拉步骤按规范进行。

⑥张拉过程中或张拉完毕后应密切注意如下事项：

a. 注意力筋的内缩量与锚具的变形，若超过了容许值，则需重新张拉。

b. 注意力筋在张拉过程中与张拉后的滑丝与断丝情况，若超出规定应及时采取措施。

c. 实测力筋的伸长值与计算伸长值之差应控制在6%以内，否则应采取必要措施进行处理。

(2)压浆操作中应当注意：

①在冲洗孔道时如发现串孔，则改成两孔同时压注。

②每个孔道的压浆作业必须一次完成，不得中途停顿，如因故停顿，时间超过20min，则应用清水冲洗已压浆的孔道，重新压注。

③水泥浆从拌制到压入孔道的间隔时间不得超过40min。在此时间内，应不断地搅拌水泥浆。

④输浆管的长度最多不得超过40m。

⑤压浆工人应戴防护眼镜，以免灰浆喷出时射伤眼睛。

⑥压浆完毕后应认真填写压浆记录。

[填空]

1. 压浆主要是_____，并通过凝结后的浆体将预应力传递至混凝土结构中。对防锈蚀而言，孔道的压浆越早越好，且可防止预应力筋的松弛，使构件尽快安装。《公路桥涵施工技术规范》(JTG/T F50—2011)规定张拉锚固后的_____ h 内完成孔道的压浆在实际施工中是可以做到的。

2. 压浆机应采用活塞式可连续作业的压浆泵，其压力表的最小分度值应不大于_____MPa，最大量程应使实际工作压力在其_____% ~ _____%的量程范围内。不得采用风压式压浆泵进行孔道压浆。

3. 真空辅助压浆工艺中采用的真空泵应能达到_____MPa 的负压力。

4. 张拉时，结构或构件混凝土的强度、弹性模量(或龄期)应符合设计规定：设计未规定时，混凝土的强度应不低于设计强度等级值的_____%，弹性模量应不低于混凝土28d弹性模量的_____%。

5. 预应力筋在张拉控制应力达到稳定后方可锚固。对夹片式锚具，锚固后夹片顶面应平齐，其相互间的错位不宜大于_____mm，且露出锚具外的高度不应大于_____mm。锚固完毕并经检验确认合格后方可切割端头多余的预应力筋，切割时应采用砂轮锯，严禁采用_____进行切割，同时不得损伤锚具。

6. 切割后预应力筋的外露长度不应小于_____mm，且不应小于_____倍预应力筋直径。

[简答]

1. 简述真空压浆工艺的原理、主要步骤。

2. 结合本节工程实例，简述预防后锚固段裂缝的具体措施。

3. 简述后张法制梁的工序流程。

4. 试述质量控制点的概念，后张法空心板的质量控制点是什么？

5. 空心板板底积水应如何处理？如何预防？

6. 某装配式简支梁桥,钢筋骨架已完成,预埋波纹管也已就位,马上要进行混凝土浇筑。若作为监理人员,此时应检查什么内容?应将什么内容作为重点来检查?

[计算]

以项目二"预应力钢束构造图"为例,计算 N1、N2 束的伸长量。

[案例分析]

1. 以项目二"预应力钢束构造图"为例,假设油压表换算公式为 $P = 0.01273N + 0.8118$,试编制其施工张拉方案。

2. 某三跨变截面连续梁工地,原计划在 2009 年 8 月底中跨合龙,由于某些原因,一直耽误到 2010 年 2 月,为赶工期不得不在冬季合龙。问:编制该施工方案时应如何考虑?

任务五　先简支后连续桥梁的设计施工

一、先简支后连续桥梁介绍

近年来,随着高速公路的发展,对行车舒适性要求越来越高,不仅要求伸缩缝数量减少,而且要求桥梁相邻两跨之间主梁的转角连续,以及上部构造的整体性能。先简支后连续的桥型可满足以上要求,其主要截面类型为 T 梁桥、箱梁桥。此种结构体系桥具有以下优点:

（1）只需设置少量的伸缩缝装置,一般而言,装配式连续桥的一联连续长度达到 200～500m 甚至更长,如此长的连续长度使得行车较为平稳舒适。

（2）提高了桥梁的可靠性和耐久性,尤其是桥梁的抗震性能得到了有效的提高。

（3）综合材料指标及工程总造价与装配式简支体系桥梁基本持平。先简支后连续梁桥的上部构造材料用量略大于简支体系桥梁,而对于下部构造和附属构造,先简支后连续梁桥的材料数量明显有所降低。

先简支后连续梁桥合理的跨径应为 13～40m,吊装质量应在 70t 以内,最大联长应在 350m 左右。先简支后连续小箱梁为后张法预应力混凝土梁,场地集中预制,在桥上进行体系转换,吊装时先采用临时支座按简支梁安装就位后,在连续墩上预置永久橡胶支座,现浇接头混凝土、张拉克服负弯矩的预应力束,将体系转换为连续梁,最后浇筑绞缝混凝土和桥面铺装层混凝土,完成桥梁施工。其施工顺序如图 7-5-1～图 7-5-3 所示。

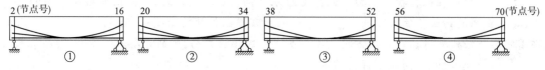

第 1 施工阶段:预制主梁,待混凝土强度达到设计强度 100% 后张拉正弯矩区预应力钢束,压注水泥浆,再将各跨预制梁安装就位,形成由临时支座支承的简支梁状态。

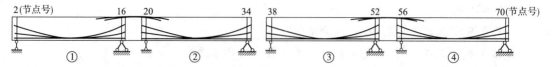

第 2 施工阶段:首先浇筑第①、②跨及第③、④跨连续段接头混凝土,达到设计强度后,张拉负弯矩区预应力钢束并压注水泥浆,此时形成 2 联连续梁,每联为 3 跨。

图　7-5-1

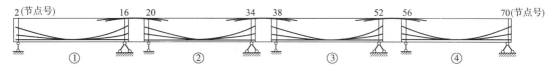

第3施工阶段:浇筑②、③跨连续段接头混凝土,达到设计强度后,张拉负弯矩区预应力钢束并压注水泥浆,此时形成7跨连续梁。

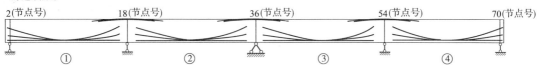

第4施工阶段:拆除全桥临时支座,主梁支承于永久支座上,完成体系转换,再完成主梁横向接缝,最终形成4跨连续梁。

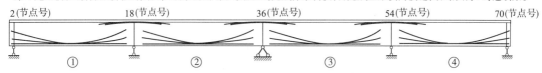

第5施工阶段:进行防护栏及桥面铺装施工。

图 7-5-1 先简支后连续梁桥施工顺序图

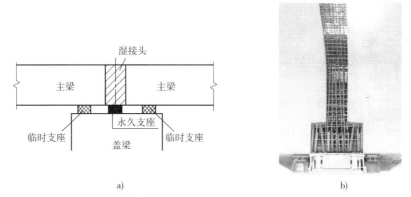

图 7-5-2 典型的后连续端部图示

图 7-5-3

图 7-5-3 先简支后连续小箱梁桥

二、施工方案优化——先简支后连续分体式箱梁桥简支转连续施工方案研究

1. 工程概况

甄坟沟大桥是郑州至少林寺高速公路全线唯一的一座先简支后连续分体式箱梁桥。该桥分上、下两幅,每幅宽 12.5m,每幅桥由 4×40m 的预应力混凝土分体式箱梁横向组合连接构成。该桥共四孔一联,总长度 160m(图 7-5-4)。

桥梁上部结构采用先简支后连续预应力混凝土分体式组合箱梁,单片梁高 1.8m,梁间距 3.0m。各片箱梁在预制场完成一期预应力张拉后吊装支承于临时支座上,通过在沿桥横向浇筑宽 1.0m 的梁端湿接缝并张拉顶板二期预应力实现纵向连续结构,并通过在沿桥纵向浇筑宽 0.8m 的翼缘湿接缝实现横向整体结构。沿桥纵向一期预应力筋布置在各片箱梁腹板中心线部位,单根长 3847~3900cm,边跨箱梁 12 组,中跨箱梁 8 组,采用内径 55mm 圆形波纹管, OVM15—5 锚具;沿桥纵向二期预应力筋布置在箱梁顶板部位,单根长 1698~2498cm,边跨及中跨箱梁均为五组,采用 90mm×19mm 椭圆形波纹管,OVMBM15-5 锚具。预应力钢束均采用 $5\phi^j15.24$ 高强度低松弛预应力钢绞线,标准强度为 1860MPa,弹性模量 $1.95×10^5$MPa,控制张拉力为标准强度的 75%,采用两端张拉,应力、应变双控制,后张法施工。沿桥翼缘纵向湿接缝处布置普通钢筋。

2. 简支转连续施工方案

(1)横向整体施工方案。

横向整体方案是先分跨浇筑翼缘纵向湿接缝,将四片箱梁结合为横向整体结构,然后再浇筑梁端湿接缝,张拉二次预应力。在横向整体方案中又分横 A、横 B、横 C、横 D 共四种施工方案,具体划分见表 7-5-1。

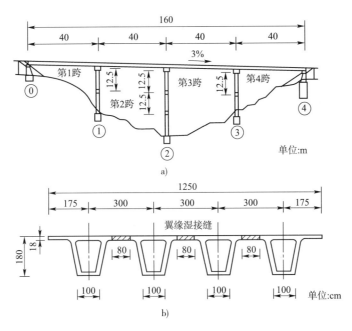

图 7-5-4 甄坟沟大桥立面及跨中横断面布置图

(2) 纵向整体施工方案。

纵向整体方案是先浇注梁端湿接缝,形成每片箱梁的纵向连续整体结构,并施加二次预应力,然后再浇筑翼缘湿接缝。在纵向整体方案中又可以分为纵A、纵B、纵C、纵D共四种施工方案,具体划分见表 7-5-1。

各施工方案工序划分 表 7-5-1

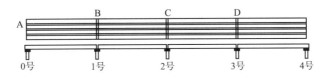

(横A方案) CS1:连接翼缘湿接缝普通钢筋,浇筑A处混凝土 CS2:浇筑1~3号墩顶处梁端湿接缝混凝土 CS3:张拉B处箱梁二期预应力钢束 CS4:张拉C处箱梁二期预应力钢束 CS5:张拉D处箱梁二期预应力钢束 CS6:去临时支承,换永久支座	(纵A方案) CS1:浇筑1~3号墩顶处梁端湿接缝混凝土 CS2:张拉B、C、D处箱梁二期预应力钢束 CS3:连接翼缘湿接缝普通钢筋,浇筑A处混凝土 CS4:去临时支承,换永久支座
(横B方案) CS1:连接翼缘湿接缝普通钢筋,浇筑A处混凝土 CS2:浇筑1号墩顶处梁端湿接缝混凝土,张拉B处箱梁二期预应力钢束 CS3:浇筑2号墩顶处梁端湿接缝混凝土,张拉C处箱梁二期预应力钢束 CS4:浇筑3号墩顶处梁端湿接缝混凝土,张拉D处箱梁二期预应力钢束 CS5:去临时支承,换永久支座	(纵B方案) CS1:浇筑1号墩顶处梁端湿接缝混凝土,张拉B处箱梁二期预应力钢束 CS2:浇筑2号墩顶处梁端湿接缝混凝土,张拉C处箱梁二期预应力钢束 CS3:浇筑3号墩顶处梁端湿接缝混凝土,张拉D处箱梁二期预应力钢束 CS4:连接翼缘湿接缝普通钢筋,浇筑A处混凝土 CS5:去临时支承,换永久支座

（横C方案）CS1：连接翼缘湿接缝普通钢筋，浇筑A处混凝土	（纵C方案）CS1：浇筑1号、3号墩顶处梁端湿接缝混凝土
CS2：浇筑1号、3号墩顶处梁端湿接缝混凝土	CS2：张拉B、D处箱梁二期预应力钢束
CS3：张拉B、D处箱梁二期预应力钢束	CS3：浇筑2号墩顶处梁端湿接缝混凝土
CS4：浇筑2号墩顶处梁端湿接缝混凝土	CS4：张拉C处箱梁二期预应力钢束
CS5：张拉C处箱梁二期预应力钢束	CS5：连接翼缘湿接缝普通钢筋，浇筑A处混凝土
CS6：去临时支承，换永久支座	CS6：去临时支承，换永久支座
（横D方案）CS1：连接翼缘湿接缝普通钢筋，浇筑A处混凝土	（纵D方案）CS1：浇筑2号墩顶处梁端湿接缝混凝土
CS2：浇筑2号墩顶处梁端湿接缝混凝土	CS2：张拉C处箱梁二期预应力钢束
CS3：张拉C处箱梁二期预应力钢束	CS3：浇筑1号、3号墩顶处梁端湿接缝混凝土
CS4：浇筑1号、3号墩顶处梁端湿接缝混凝土	CS4：张拉B、D处箱梁二期预应力钢束
CS5：张拉B、D处箱梁二期预应力钢束	CS5：连接翼缘湿接缝普通钢筋，浇筑A处混凝土
CS6：去临时支承，换永久支座	CS6：去临时支承，换永久支座

3.有限元仿真计算结果及其分析

采用有限元软件MIDAS/Civil建立全桥整体空间有限元模型，对比以上两类（八种）施工方案在简支转连续过程中对该桥上部结构受力的影响。桥梁上部结构采用梁格法建模，盖梁、桥墩、墩间系梁均采用考虑剪切变形的空间梁单元离散，并根据设计图纸输入全桥预应力钢束。全桥共划分871个空间梁单元，593个节点。对每种施工方案按表7-5-1中所列的施工工序，进行施工过程仿真分析。

对以上各模型分别进行详尽计算，首先得出该桥横向整体与纵向整体的八种施工方案中在各自施工工序中的主梁最大弯矩值，以及各主梁上的控制节点（即截面）在八种施工方案中的最大弯矩值。边梁及中梁在各施工工序中的最大弯矩值见表7-5-2、表7-5-3。篇幅所限，本文只列出中梁各控制节点（表7-5-4）在各施工方案中的最大（绝对值最大）弯矩值（图7-5-5）。

各施工工序中边梁最大弯矩值　　　　　　　　　　　　　　　表7-5-2

施工顺序	横向整体施工方案				纵向整体施工方案			
	横A	横B	横C	横D	纵A	纵B	纵C	纵D
CS1	3135	3135	3135	3135	2671	3662	2690	2690
CS2	3129	3792	3139	3139	4196	4236	3658	4082
CS3	3676	4123	3790	4127	4087	4419	3634	4295
CS4	4096	4356	3770	4103	4234	4307	4244	4789
CS5	4165	4046	4127	4434	—	3999	4030	4649
CS6	4270	—	3761	4387			3620	4560

各施工工序中中梁最大弯矩值　　　　　　　　　　　　　　　表7-5-3

施工顺序	横向整体施工方案				纵向整体施工方案			
	横A	横B	横C	横D	纵A	纵B	纵C	纵D
CS1	3038	3038	3038	3038	2816	3882	2814	2815
CS2	3054	3956	3049	3049	4449	4516	3878	4327
CS3	3840	4366	3953	4338	4336	4698	3857	4295
CS4	4306	4599	3934	4311	4410	4568	4578	4789
CS5	4405	4286	4373	4675	—	4186	4285	4649
CS6	4456	—	3949	4575			3784	4560

中梁各控制节点位置　　　　　　　　　　　　表 7-5-4

序号	节点号	位　　置	序号	节点号	位　　置
1	67	第1跨梁跨中	8	269	第3跨梁左端
2	103	第1跨梁右端	9	323	第3跨梁跨中
3	122	1号墩墩顶	10	359	第3跨梁右端
4	141	第2跨梁左端	11	378	3号墩墩顶
5	195	第2跨梁跨中	12	397	第4跨梁左端
6	231	第2跨梁右端	13	451	第4跨梁跨中
7	250	2号墩墩顶			

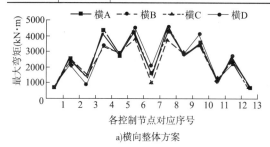
a) 横向整体方案

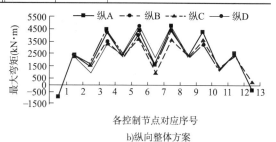
b) 纵向整体方案

图 7-5-5　中梁控制节点最大弯矩

由表 7-5-3、表 7-5-4 可看出,横向整体施工方案的各工序中,边梁、中梁最大弯矩值中的最大值(边梁 4434kN·m、中梁 4675kN·m)和最小值(边梁 4127kN·m、中梁 4373kN·m)均小于纵向整体施工方案各工序的最大值和最小值(最大值:边梁 4789kN·m、中梁 4789kN·m;最小值:边梁 4234kN·m、中梁 4449kN·m)。因此,横向整体施工方案优于纵向整体施工方案。比较横向整体施工方案各工序可看出,边梁、中梁最大弯矩中的最小值均出现在横 C 中,因此如果从简支转连续施工中主梁有较小内力变化的角度而言,横 C 为最优施工方案。由图 7-5-5 也可看出,横向整体方案中各控制节点的最大弯矩值(除个别位置外)均小于纵向整体方案对应节点的值,且横 C 的各控制节点最大弯矩值整体趋势较小,故横 C 是最优方案。

4. 施工注意事项及建议

(1)由于采用横向整体施工方案比采用纵向整体施工方案需增加一定数量的千斤顶张拉设备,特别是当沿桥横向的小箱梁数量较多时,这在选择施工方案时必须首先加以考虑。

(2)在横向整体施工方案中,由于各跨箱梁的纵向预应力筋张拉是在横向整体连接之后进行,因此应特别注意各片箱梁之间纵向预应力筋张拉的同步性。对于还采用横向预应力钢筋的桥梁结构,还应注意由于桥梁横截面变化而引起的横向预应力筋张拉力的调整及预拱度的设置。

(3)在简支转连续施工中,横向及纵向湿接缝均宜采用微膨胀混凝土。临时支座可采用硫黄砂浆制成,硫黄砂浆内埋入电热丝,通过电热法解除。另外,应特别注意严防高温影响永久支座的质量。

(4)本文研究得出的施工方案已成功运用于甄坟沟大桥的简支转连续施工中,从该桥建设以来的实际运营效果来看,桥梁翼缘湿接缝及梁端湿接缝处的混凝土均未出现超出规范规定的明显裂缝,主梁线形平顺,变形量符合规范要求。

三、先简支后连续 T 梁的施工——先简支后连续桥梁结构施工技术研究

1. 工程概况

芝川河特大桥是我国国道主干线(GZ40)二连浩特—河口公路禹门口—阎良高速公路上

的一座大跨度预应力混凝土桥梁。主桥为50m预应力混凝土连续梁,四跨为一联,采用先简支后连续的施工工艺,如图7-5-6所示。

图7-5-6 先简支后连续预应力T梁桥施工场景

2. 施工方法简介

主要施工工序:制作混凝土底模—绑扎钢筋—架设预应力孔道波纹管—支设钢侧模—浇筑C50混凝土—拆模养护—清理孔道—穿预应力钢绞线—施加预应力—孔道压浆—起吊安装—浇筑梁端接头混凝土—张拉梁端连续预应力钢绞线—压浆—拆除临时支座—完成体系转换—浇筑横向湿接头混凝土—桥面铺装施工等。

体系转换过程中为避免应力集中产生,减少附加应力,墩顶现浇湿接头混凝土和负弯矩钢绞线张拉应采用合理的施工顺序。经过分析和参考有关资料:当连续跨数$N<5$时,合理工序为"对称浇筑,对称张拉"。本桥连续跨数为4,故采用对称浇筑,对称张拉,即先浇筑1号、3号墩顶湿接头,张拉1号、3号墩顶钢绞线,再浇筑2号墩顶湿接头,张拉2号墩顶钢绞线,桥跨布局如图7-5-7所示。此工序使施工中应力最小,故为合理工序。

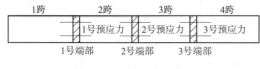

图7-5-7 桥跨布局

1) T梁预制、安装

预制T梁采用立面整体大型钢模,模板上安装附着式振动器,在模板两侧错位布置,确保混凝土振捣密实。为方便装拆、重复使用,模板之间采用螺栓连接,加工成型的模板平整度及几何外形尺寸均应符合技术规范要求。其预制过程与普通T梁相同,这里不再详述。下面主要介绍梁的安装过程。

每片50mT梁重约1500kN,采用SDLB200/50型双导梁架桥机逐孔从0号台往32号墩方向架设,制梁时在桥头预留拼装架桥机的场地,用汽车吊配合人工拼装好架桥机并进行调试,无误后架桥机自行迈步前进使其前支腿的横移轨道落至1号墩顶,采用轨距为1435mm的平板车给架桥机喂梁,架桥机吊着梁一起横移就位,安装支座,落梁,如此循环,架完1孔后,架桥机前移1孔再继续架设,直至架梁结束。图7-5-8为架梁工艺流程图。

2) 浇筑墩顶湿接头

一联主梁安装完毕后即进行湿接头施工,浇筑湿接头时应从两边往中间浇筑。现浇湿接头承受着最大的弯矩和最大的剪力,因此,湿接头的施工为重点控制工序。湿接头长12.1m,宽0.6m,高2.58m,每个湿接头约18m³混凝土,施工中要注意振捣密实和防止裂缝,施工过程分为以下几步。

(1) 安装底模及永久性支座。将支座置于墩顶支座垫石上,放好后在其周围安装底模,为严防漏浆,永久性支座与底模间的缝隙应采取有效措施密封。根据实际情况及经济性,底模采用钢模板,用木楔支撑,与支座间的缝隙用胶布或砂浆封住,防止漏浆。

(2)钢筋安装。按现浇湿接头钢筋构造图绑扎钢筋,纵向钢筋按设计要求进行连接。纵向钢筋连接可用搭接焊、帮条焊或挤压套筒等方法连接。

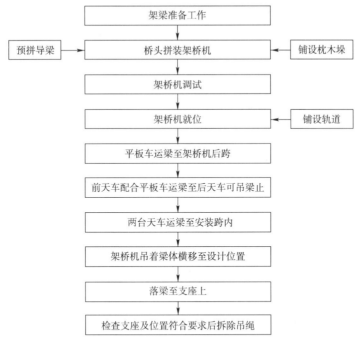

图 7-5-8 架梁工艺流程

(3)安装连续钢束孔道。为防止预应力筋与孔道之间摩擦引起的应力损失,增加及改变预应力筋的受力,应严格控制预应力孔道的位置,孔道在两预制梁端与现浇段相接处的位置偏差应控制在 2mm 以内。湿接头的孔道应采用与预制梁相同的孔道(一般采用波纹管),且两者应连接顺畅、可靠、不漏浆。

(4)侧模安装。采用与主梁相同的模板,模板安装应确保密不漏浆,以保证现浇段与主梁间顺接良好,外形美观。

(5)浇筑湿接头混凝土。根据该段的受力情况,采用 C50 混凝土,为防止混凝土收缩引起现浇段与预制主梁的开裂与预应力损失,混凝土中掺加适量的膨胀剂。因钢筋布置密集,混凝土用石子的粒径不得大于 2cm,且必须振捣密实。浇筑混凝土前应全面撤离桥面上的重型荷载。

(6)养生。混凝土浇筑完毕后应及时采取有效措施进行养生,以防止早期收缩裂缝的产生,养生可采用塑料薄膜养生、换砂养生、草袋养生或联合养生方式。

3)钢绞线张拉工艺

钢绞线预应力张拉,必须按设计图中钢绞线张拉程序进行。本桥为四跨一联,有三个连续端需要张拉,每个连续端有六片梁,每片梁六束钢绞线(N1、N2、N3 各两束,如图 7-5-9 所示),每束又有五根钢绞线,所以必须确定合适张拉顺序。合理的后连续端部混凝土浇筑和连续预应力张拉顺序应该能够满足结构体系中的一些点尤其是关键点的应力、位移变化较为均匀,后连续效果最佳,施工建设速度快,人力及设备资源利用合理等条件。一直以来不同的工程往往采用不同的施工顺序。众所周知,后连续预应力的作用即是保证永久支座顶板产生一定的压应力储备,以抵抗二期恒载和活载产生的拉应力,避免支座处顶板开裂。对于每个端部六片梁则采用先中间后两边的顺序。钢绞线采用直线布置,一头张拉。张拉时,在一头的负弯矩槽中安装千斤顶,另一头用套筒和夹片锚固。

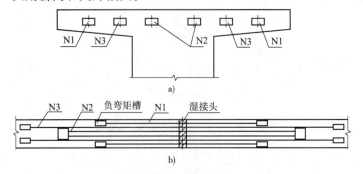

图 7-5-9　钢绞线横向、纵向布置示意

(1)张拉伸长值计算。

本桥钢绞线的长度有三类:N1(14.4m)、N2(20.4m)、N3(26.4m),下面以 N1 为例来说明如下。其中预应力损失主要考虑两种:锚具回缩和管道摩擦损失。

控制应力:
$$\sigma_k = 1456.67 \mathrm{MPa}$$

张拉力:
$$F = \sigma_k \times A_y = 1456.67 \times 140 = 203.93 \mathrm{kN}$$

伸长值:
$$\Delta l = \frac{F \cdot l}{A_y \cdot E_y} = \frac{203.93 \times 10^3 \times 14.40}{140 \times 2.0 \times 10^5} = 0.105 \mathrm{m} = 105 \mathrm{mm}$$

(2)张拉。

根据张拉力计算出对应的油压表读数,张拉过程按 10%F—20%F—100%F 进行,持荷 2min 锚固,每个阶段记一个伸长值读数。张拉应力的控制采用"双控",当千斤顶张拉至设计吨位对应的油压表读数时,通过实测伸长值与理论伸长值的差值在 ±6% 内的标准进行应力校核,一旦差值超过标准,应暂停张拉,待查明原因并采取措施后再继续张拉。

(3)张拉结果检验。

实际张拉伸长值 = 100%张拉力时伸长值 + 20%张拉力时伸长值 - 2×10%张拉力时伸长值,误差应控制在 ±6% 内,实测数值见表 7-5-5。

张拉时实测伸长量数值表　　　　　　　　　　　　　　表 7-5-5

10%F(kN)	20%F(kN)	100%F(kN)	实际伸长量(mm)	误差率(%)
21	31	119	108	+3
23	33	119	106	+1
20	30	118	108	+3
19	30	115	107	+2
22	32	116	104	-1

误差率 = (实际伸长值 - 理论伸长值)/理论伸长值,前已计算理论伸长值为 105mm,由此可知张拉伸长值符合规范要求。

4)压浆

(1)张拉完毕后,应立即将锚具周围的预应力筋间隙用水泥浆封锚,为尽快达到压浆强度,可在水泥浆中掺入一定比例的液体水玻璃,加快强度增长速度。

(2) 为使孔道压浆通畅，并使浆液与孔壁接触良好，压浆前应用压力水冲洗管道。

(3) 使用专用灰浆拌和机拌浆，拌好的灰浆经孔径小于 5mm 的筛子过滤后存放在储浆桶内。

(4) 压浆时应将集中管道一次压完，以免孔道漏浆堵塞邻近孔道。

(5) 出浆孔在溢出与入浆孔端同样稠度的水泥浆后，关闭出浆管嘴，保持压力 5min，关闭入浆嘴。压浆完毕后等待一定时间，拆除出浆管嘴后使用木塞将出入浆口塞紧。

5) 体系转换

此工序为本桥施工的关键工序，先简支后连续在这一步才算完成，体系转换要求临时支座的拆除要同时，拆除时也采用了对称的原则，即先 1 号、3 号桥墩，再 2 号桥墩的顺序。临时支座在盖梁上的布置如图 7-5-10 所示。临时支座制作，常见的有三种方法，从技术、经济指标对比分析，优先推荐可落式砂筒临时支座，其次是 C20 素混凝土临时支座和硫黄砂浆临时支座。硫黄砂浆经验配合比采用中（粗）砂：石英砂：硫黄 =5:1.5:3.5 或经试验确定。本桥在施工临时支座时采用了硫黄砂浆支座，中间有铜管，里面有电阻丝，当电阻丝通电时，电阻丝发热，铜管温度升高，当温度达到一定程度，硫黄熔化，将所有临时支座上的硫黄块同时通电，这样很好地保证了体系转

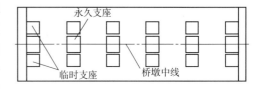

图 7-5-10 支座布置示意

换的同时性，也减少了工人的劳动强度，提高了工作效率。硫黄砂浆临时支座在本桥使用中获得良好效果。

6) 跨中挠度观测

施工中发现：张拉 1 号端部，对 1 跨跨中挠度影响最大，对 2 跨跨中挠度有一定影响，约为 1 跨跨中挠度的一半，对 3、4 跨几乎没有影响。张拉 3 号端部时得出类似结论，即对 3、4 跨影响大，对 1、2 跨几乎没影响。拆除 1 号端部临时支座后，1 号端挠度最大，1、3 跨跨中比 1 号端部稍小些，3、4 跨几乎不受影响。拆除 3 号端部临时支座有类似结论。说明本施工中对称施工的方案是可行的，同时也提高了施工速度。

3. 施工过程中的关键技术及注意事项

施工中的关键技术是墩顶湿接头混凝土浇筑、张拉压浆以及体系转换顺序的选择。以上工序施工中均采用对称的原则。墩顶湿接头混凝土浇筑过程中要确保混凝土的质量，使其能更好地承受墩顶的弯矩和剪力。张拉压浆过程中要确保钢绞线的应力和水泥浆的压力达到设计值。体系转换应确保转换的同时性，转换完成后要检查保证每个永久支座都充分受力，临时支座与梁底有一定的空隙。

四、徐变影响

根据国内相关研究，先简支后连续结构体系在主梁吊装完成 60d 的施工时间内混凝土的收缩徐变已经完成了全部收缩徐变的 87.9%，因此建议主梁吊装过程不要太仓促，让主梁保持在简支状态的时间不宜少于 60d，这样混凝土有足够的时间完成大部分的收缩徐变。

由于预制梁的时间较长（主梁保持在简支状态的时间不宜少于 60d），混凝土的收缩徐变已经大部分完成，后连续端部的压应力效果损失受到混凝土收缩徐变的影响比较小。

[简答]

1. 描述先简支后连续梁桥的施工工序流程。

2. 何为负弯矩束？有何作用？

项目八 涵洞设计施工

任务一 常见涵洞类别

一、涵洞分类

涵洞是为保证地面水流能够横穿公路而设置的小型构造物,一般由基础、洞身、洞口组成。各种涵洞式样如图 8-1-1 所示。

a)盖板明涵

b)拱涵

c)圆管暗涵

d)钢波纹管涵

e)预制箱涵

f)倒虹吸

图 8-1-1 各种涵洞式样

根据《公路涵洞设计细则》(JTG/T D65-04—2007)4.1 的规定,涵洞分类如下:
(1)按建筑材料:涵洞分为石涵、混凝土涵、钢筋混凝土涵、钢波纹管涵等。
(2)按构造形式:涵洞分为管涵、盖板涵、拱涵、箱涵等。各涵洞适用跨径应符合表 8-1-1 规定。

各类涵洞适用跨径(m)　　　　　表 8-1-1

构造形式	适用跨径	构造形式	适用跨径
钢筋混凝土管涵	0.75、1.00、1.25、1.50、2.00	石盖板涵	0.75、1.00、1.25
钢筋混凝土盖板涵	1.50、2.00、2.50、3.00、4.00、5.00	倒虹吸管涵	0.75、1.00、1.25、1.50
拱涵	1.50、2.00、2.50、3.00、4.00、5.00	钢波纹管涵	1.50、2.00、2.50、3.00、4.00、5.00
钢筋混凝土箱涵	1.50、2.00、2.50、3.00、4.00、5.00		

注:摘自《公路涵洞设计细则》(JTG/T D65-04—2007)表 4.1.2。

(3)按填土高度,涵洞分为明涵、暗涵。当涵洞洞顶填土高度小于0.5m时为明涵,当涵洞洞顶填土高度大于或等于0.5m时为暗涵。

(4)按水力性质,涵洞分为无压力式、半压力式、压力式三种。根据《公路涵洞设计细则》(JTG/T D65-04—2007)4.3.7的规定:无压力式涵洞内顶点至最高流水面的净空,应符合表8-1-2的规定。涵前水深应小于或等于涵洞净高的1.15倍。

①压力式涵洞:进、出洞口都被水流淹没,洞身涵长范围内全断面过水且洞顶内部承受水头压力的涵洞。

②半压力式涵洞:进口被水流淹没,洞身内只有部分段落承受水头压力的涵洞。

③无压力式涵洞:洞身全长的水流处于无压流动状态下的涵洞。

无压力式涵洞净空高度 h_d(m) 表8-1-2

涵洞进口净高 h_d(m)	涵洞类型 管 涵	拱 涵	矩 形 涵
≤3	≥$h_d/4$	≥$h_d/4$	≥$h_d/6$
>3	≥0.75	≥0.75	≥0.5

注:摘自《公路涵洞设计细则》(JTG/T D65-04—2007)表4.3.7。

(5)按用途分类:排洪、排地表水、立交、灌溉、护涵,在野外勘测中必须写明涵洞用途。

①排洪:在有冲沟的地方设置,孔径视天然冲沟宽度而定,一般比天然冲沟略宽。

②排地表水:顺路线前进方向,在地势最低的位置设置。

③立交:路线穿越既有路线,有立交要求时。

④灌溉:路线穿越农田时,为保证灌溉需要设置。

⑤护涵:为保护大型管线(石油、天然气、热水等)设置。

二、各类涵洞的适用条件

(1)钢筋混凝土管涵适用于缺少石料地区有足够填土高度的小跨径暗涵,一般采用单孔,多孔时不宜超过三孔。

(2)钢筋混凝土盖板涵适用于无石料地区且过水面积较大的明涵或暗涵。

(3)拱涵适用于跨越深沟或高路堤。

(4)钢筋混凝土箱涵适用于软土地基。

(5)石盖板涵适用于石料丰富且过水流量较小的小型涵洞。

(6)倒虹吸管涵适用于路堑挖方高度不能满足设置渡槽的净空要求时的灌溉渠道,不适用于排洪河沟。

(7)钢波纹管涵适用于地基承载力较低,或有较大沉降与变形的路基。

三、各类涵洞的构造规定

1.圆管涵

圆管涵示样如图8-1-2所示。

(1)管身宜由钢筋混凝土构成,应配双层钢筋。

(2)基础形式应视地基条件而定。当在土质较软弱地基上时,可采用混凝土或浆砌片石基础;当在砂砾、卵石、碎石及密实均匀的黏土或砂土地基上时,可采用砂砾石垫层基础;当在岩石地基上时,可采用垫层混凝土。

(3)接口宜为平接,可分为刚性、半刚性、柔性接口等,根据受力条件、施工方法及水文地质情况来选用接口形式。

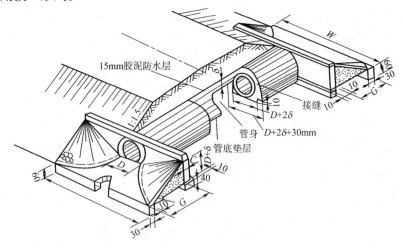

图 8-1-2 圆管涵式样

当为柔性接口时,宜采用承插式钢筋混凝土圆管涵,其接口处应设 O 形橡胶圈。

(4)管身周围应设防水层,以防渗水侵蚀,可采用沥青或厚 200mm 的塑性黏土等。

(5)当管涵较长设计有沉降缝时,沉降缝应贯穿整个洞身断面,其方向应与洞身轴线垂直。

2.盖板涵

盖板涵示样如图 8-1-3 所示。

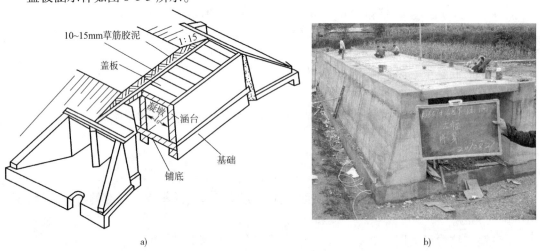

图 8-1-3 盖板涵式样

(1)盖板分石盖板、钢筋混凝土盖板等。

(2)盖板两端应与涵台顶紧,并设锚栓连接,采用 C20 小石子混凝土填满捣实空隙。

(3)涵台基础及支撑梁由浆砌块(片)石或混凝土构成。涵底铺砌宜为水泥砂浆砌片石。

(4)沿涵身长度方向应每隔 4~6m 设一道沉降缝,具体位置应根据地基土变化情况和填土高度而定。在地基土质发生变化、基础埋深不同或地基压力发生较大变化以及填挖交界处,均应设置沉降缝。沉降缝应贯穿整个洞身断面,其方向应与板的跨径方向一致。

(5)在各式钢筋混凝土涵洞的洞身及端墙、基础顶面以上等部位,凡被土掩埋部分的表面均应设防水层。

3. 拱涵

拱涵式样如图 8-1-4 所示。

(1) 拱涵分为石拱涵、混凝土拱涵等。

(2) 拱圈由石料、混凝土等构成。拱圈宜采用等截面圆弧拱。

(3) 护拱由石灰砂浆或水泥砂浆砌片石构成。

(4) 拱上侧墙和涵底铺砌可用水泥砂浆砌片石构成。

(5) 涵台宜为圬工结构,视地基土情况,可采用整体式或分离式基础。

(6) 拱背及台背宜设防水层,通过泄水孔或盲沟等排水设施导出积水。沉降缝的设置同盖板涵,其方向应与洞身轴线垂直。

a)　　　　　　　　　　　　　　　b)

图 8-1-4　拱涵式样

4. 箱涵

箱涵式样如图 8-1-5 所示。

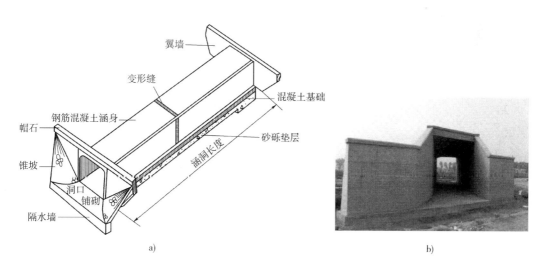

a)　　　　　　　　　　　　　　　b)

图 8-1-5　箱涵式样

(1) 涵身宜采用钢筋混凝土整体闭合式框架结构,其横截面可为长方形或正方形。内壁在角隅处宜设倒角并配防劈裂钢筋。

(2) 翼墙采用一字式钢筋混凝土薄壁结构时,应与洞身连成整体;采用八字式翼墙时,翼墙与洞身间应设沉降缝。

(3)涵身底部宜为混凝土和砂砾垫层上下两层。在洞口两端2m范围内应将基底埋入冰冻线以下不小于0.25m。

(4)在涵身中部应设置沉降缝一道。当涵身长度超过20m时,可视具体情况每隔6m左右再设沉降缝。

5.倒虹吸管涵

(1)倒虹吸管涵主要由进口段、水平段和出口段组成。进口段由进水河沟、沉淀池、进水井等组成。水平段是倒虹吸的主体,由基础、管身、接缝等组成。出口段由出水井、出水河沟等组成。

(2)管身宜为钢筋混凝土圆管,管身基础由级配砂石垫层和混凝土基础构成。管身接缝宜为钢丝网抹带接口或环带接口。

(3)进出水井宜由混凝土构成,也可由水泥砂浆砌片石构成。竖井上应设置活动的钢筋混凝土顶盖。沉淀池宜由浆砌块、片石构成。基础由强凝土和砂砾垫层构成。进出口河沟一定范围内应做铺砌加固。

6.钢波纹管涵

钢波纹管涵式样如图8-1-6所示。

a)

b)

c)

图8-1-6 钢波纹管涵式样

(1)管身由薄钢板压成波纹后,卷制成管节构成。整体式波纹管采用凸缘连接;分片拼装式波纹管采用钢板搭接,并用高强螺栓连接。

(2)钢波纹管涵地基或基础应均匀坚固,其地基或基础的最小厚度与宽度应符合表8-1-3的规定。

钢波纹管涵地基或基础的最小厚度与宽度　　表8-1-3

地质条件		基础最小厚度	基础宽
优质土地基		可直接将地基作为基础	
一般性土质地基	管径 $D < 900mm$	200mm	2D
	管径 $D = 900 \sim 2000mm$	300mm	
	管径 $D > 2000mm$	0.20D	
岩石地基		200~400mm,但当填土高度大于5m时,填土每增加1.0m,其厚度增加40mm	2D
软土地基		$(0.3 \sim 0.5)D$ 或500mm以上	$(2 \sim 3)D$

注:摘自《公路涵洞设计细则》(JTG/T D65-04—2007)表8.1.6。

(3)钢波纹管管节内外面和紧固连接螺栓或铆钉,应进行热镀锌防腐处理。

(4)管身楔形部分应采用砾类土、砂类土回填。管顶填土应在管两侧保持对称均匀、分层摊铺、逐层压实,层厚宜为150~250mm,其压实度不应小于96%。

四、涵洞布设要求

根据《公路涵洞设计细则》(JTG/T D65-04—2007)4.3的规定,涵洞布设的基本要求有:

(1)各级公路涵洞设计洪水频率、汽车荷载及安全等级应符合表8-1-4规定。

涵洞设计洪水频率、汽车荷载及安全等级　　表8-1-4

公路等级	高速公路	一级公路	二级公路	三级公路	四级公路
设计洪水频率	1/100	1/100	1/50	1/25	不作规定
汽车荷载等级	公路—Ⅰ级	公路—Ⅰ级	公路—Ⅱ级	公路—Ⅱ级	公路—Ⅱ级
安全等级	三级				

注:①摘自《公路涵洞设计细则》(JTG/T D65-04—2007)表4.3.1。
　　②二级公路作为干线公路且重型车辆多时,其涵洞设计可采用公路—Ⅰ级汽车荷载。
　　③四级公路重型车辆少时,其涵洞设计可采用公路—Ⅱ级车辆荷载效应的0.7倍。

(2)新建涵洞应采用无压力式涵洞。当涵前允许积水时,可采用压力式或半压力式涵洞;当路基顶面高程低于横穿沟渠的水面高程时,也可设置倒虹吸管涵。

(3)涵洞的孔径,应根据设计洪水流量、河沟断面形态、地质和进出水口沟床加固形式等条件,经水力验算确定。

(4)新建涵洞应采用标准跨径0.75m、1.0m、1.25m、1.5m、2.0m、2.5m、3.0m、4.0m、5.0m,其中0.75m的孔径只适用于无淤积地区的灌溉渠。排洪涵洞跨径不宜小于1.0m。

(5)涵洞内径或净高不宜小于0.75m;涵洞长度大于15m但小于30m时,其内径或净高不宜小于1.0m;涵洞长度大于30m且小于60m时,其内径或净高不宜小于1.25m;涵洞长度大于60m时,其内径或净高不宜小于1.5m。

五、涵底纵坡和沉降缝的规定

(1)斜坡上的涵洞涵底纵坡不宜大于5%,圆管涵的纵坡不宜大于3%。当涵底纵坡大于5%时,涵底宜采用齿状基础,或者出口设置为扶壁式。当涵底纵坡大于10%时,洞身及基础应分段做成阶梯形,前后两节涵洞盖板或拱圈的搭接高度不应小于其厚度的1/4。

(2)置于非岩石地基上的涵洞,根据涵洞的涵底纵坡及地基土情况,每隔4~6m应设置一道沉降缝;高路堤路基边缘以下的洞身及基础每隔适当距离应设置沉降缝;旧涵洞接长时,也应在新旧接头处设置沉降缝。沉降缝应采用弹性不适水材料填塞。岩石地基上的涵洞可不设沉降缝。

沉降缝设置的目的是为了避免结构物因荷载或地基承载力不均匀而发生不均匀沉降,产生不规则裂缝而使结构破坏。缝宽一般为2~3cm,施工时要求缝两边的构造物能自由沉降,又能严密防止水分渗漏,故沉降缝必须贯穿整个断面(包括基础),中间一般填塞沥青麻絮或沥青木板等防水材料。

[填空]

1.按建筑材料:涵洞分为　　　　、　　　　、　　　　、　　　　等。

2.按构造形式:涵洞分为　　　　、　　　　、　　　　、　　　　等。

3. 按填土高度,涵洞分为明涵、暗涵。当涵洞洞顶填土高度小于_____m 时为明涵,当涵洞洞顶填土高度大于或等于_____m 时为暗涵。

4. _____涵适用于跨越深沟或高路堤。

5. _____涵适用于软土地基。

6. 按水力性质,涵洞分为_____、_____、_____三种,新建涵洞应采用_____涵洞。

7. 涵洞内径或净高不宜小于_____m;涵洞长度大于 15m 但小于 30m 时,其内径或净高不宜小于_____m;涵洞长度大于 30m 且小于 60m 时,其内径或净高不宜小于_____m。

8. 涵洞长度大于 60m 时,其内径或净高不宜小于_____m。

9. 斜坡上的涵洞涵底纵坡不宜大于_____%,圆管涵的纵坡不宜大于_____%。

10. 当涵底纵坡大于 5% 时,涵底宜采用_____基础,或者出口设置为扶壁式。当涵底纵坡大于 10% 时,洞身及基础应分段做成_____形,前后两节涵洞盖板或拱圈的搭接高度不应小于其厚度的_____。

11. 置于非岩石地基上的涵洞,根据涵洞的涵底纵坡及地基土情况,每隔_____~_____m 应设置一道沉降缝。

12. 排洪涵洞跨径不宜小于_____m。

[判断]

1. 管涵一般均为暗涵。(　　)
2. 岩石地基上的涵洞可不设沉降缝。(　　)
3. 盖板涵既可以是明涵,也可以是暗涵。(　　)
4. 设置沉降缝的目的是为了避免结构物因荷载或地基承载力不均匀而发生不均匀沉降,产生不规则裂缝而使结构破坏。(　　)

[简答]

青海省盘坡至大通河 70km 三级公路测设中,共设置涵洞 219 座,其中 70% 为明涵。问:
(1)在进行涵洞野外调查时,应记录哪些内容?
(2)该段路线以砂土为主,涵洞式样应倾向于哪一种?

任务二　涵洞标准设计

一、涵洞式样选择

在实际的设计中,为降低设计难度、方便施工,一般遵循以下的原则:

(1)一条线路的涵洞,一般倾向于设计为一种式样;由于钢筋混凝土盖板涵具有结构简单、施工方便(上部涵板均为装配式)等特点,故盖板涵一般作为设计者的首选。

(2)在跨越深沟(高填方)时,一般考虑拱涵。

(3)在高原季节性冻土地区,可考虑钢波纹管涵或盖板涵。

(4)软土地区,涵洞式样一般选择箱涵。

综上所述,在青海的涵洞设计中,若地质条件较好,一般较多采用盖板涵、拱涵等涵洞式样。

二、材料要求

(1)根据《公路涵洞设计细则》(JTG/T D65-04—2007)3.1.1 的规定:涵洞所用石材、混凝土和砂浆的强度等级,应按下列规定采用:

①石材强度等级:MU120、MU100、MU80、MU60、MU50、MU40、MU30。
②混凝土强度等级:C40、C35、C30、C25、C20、C15。
③砂浆强度等级:M20、M15、M10、M7.5、M5。

(2)根据《公路涵洞设计细则》(JTG/T D65-04—2007)3.1.7 的规定:普通钢筋宜采用热轧 R235、HRB335、HRB400 及 KL400 钢筋。普通钢筋的抗拉强度标准值 f_{sk}、抗拉强度设计值 f_{sd} 和抗压强度设计值 f'_{sd},应分别按表 8-2-1 采用。

普通钢筋抗拉强度标准值及抗拉、抗压强度设计值(MPa)　　表 8-2-1

钢筋种类	符号	f_{sk}	f_{sd}	f'_{sd}	弹性模量 E_s
R235 d = 8~20	Φ	235	195	195	2.1×10^5
HRB335 d = 6~50	Φ	335	280	280	2.1×10^5
HRB400 d = 6~50	Φ	400	330	330	2.1×10^5
kL400 d = 8~40	Φ^R	400	330	330	2.1×10^5

注:摘自《公路涵洞设计细则》(JTG/T D65-04—2007)表 3.1.7。

(3)在涵洞中,浆砌块石一般用于涵台的砌筑,浆砌片石一般用于涵底铺砌、八字墙及导流设施,其具体指标见表 8-2-2~表 8-2-4。

块石砂浆砌体的抗压强度设计值 f_{cd}　　表 8-2-2

| 砌块强度等级 | 砂浆强度等级 | | | | | 砂浆强度 |
	M20	M15	M10	M7.5	M5	0
MU120	8.42	7.19	5.96	5.35	4.73	2.10
MU100	7.68	6.56	5.44	4.88	4.32	1.92
MU80	6.87	5.87	4.87	4.37	3.86	1.72
MU60	5.95	5.08	4.22	3.78	3.35	1.49
MU50	5.43	4.64	3.85	3.45	3.05	1.36
MU40	4.86	4.15	3.44	3.09	2.73	1.21
MU30	4.21	3.59	2.98	2.67	2.37	1.05

注:摘自《公路涵洞设计细则》(JTG/T D65-04—2007)表 3.1.4-2。

片石砂浆砌体的抗压强度设计值 f_{cd}　　表 8-2-3

| 砌块强度等级 | 砂浆强度等级 | | | | | 砂浆强度 |
	M20	M15	M10	M7.5	M5	0
MU120	1.97	1.68	1.39	1.25	1.11	0.33
MU100	1.80	1.54	1.27	1.14	1.01	0.30
MU80	1.61	1.37	1.14	1.02	0.90	0.27
MU60	1.39	1.19	0.99	0.88	0.78	0.23
MU50	1.27	1.09	0.90	0.81	0.71	0.21
MU40	1.14	0.97	0.81	0.72	0.64	0.19
MU30	0.98	0.84	0.70	0.63	0.55	0.16

注:摘自《公路涵洞设计细则》(JTG/T D65-04—2007)表 3.1.4-3。

砂浆砌体轴心抗拉、弯曲抗拉和直接抗剪强度设计值（MPa）　　　表 8-2-4

强度类别	破坏特征	砌体种类	砂浆强度等级				
			M20	M15	M10	M7.5	M5
轴心抗拉 f_{td}	齿缝	规则砌块砌体	0.104	0.090	0.073	0.063	0.052
		片石砌体	0.096	0.083	0.068	0.059	0.048
弯曲抗拉 f_{tmd}	齿缝	规则砌块砌体	0.122	0.105	0.086	0.074	0.061
		片石砌体	0.145	0.125	0.102	0.089	0.072
	通缝	片石砌体	0.084	0.073	0.059	0.051	0.042
直接抗剪 f_{vd}	—	规则砌块砌体	0.104	0.090	0.073	0.063	0.052
		片石砌体	0.241	0.208	0.170	0.147	0.120

注：摘自《公路涵洞设计细则》（JTG/T D65-04—2007）表 3.1.4-4。

（4）公路涵洞材料最低强度等级：钢筋混凝土涵洞的混凝土等级不低于 C20，其余规定见表 8-2-5。

涵洞材料的最低强度等级　　　表 8-2-5

结构物种类	材料最低强度等级	砌筑砂浆最低强度等级
拱圈	MU50 石材；C25 混凝土（现浇）；C30 混凝土（预制块）	M7.5
墩台、基础	MU30 石材；C20 混凝土（现浇）；C25 混凝土（预制块）	M5

注：摘自《公路涵洞设计细则》（JTG/T D65-04—2007）表 3.2.1。

三、涵洞、小桥基础埋深

涵洞基础埋深一般受当地大地冻结深度影响较大，各省各地一般都有其建议值。根据青海公路科研勘测设计院资料，青海省小桥、涵洞基础埋深建议值如表 8-2-6 所示。

青海省公路小桥、涵洞基础入土深度建议值　　　表 8-2-6

分区名称	基础入土深度（m）	市 县 名 称	附 注
东部农业区	1.50/2.00	西宁市及市属三县（大通、湟中、湟源）；海东地区六县（平安、互助、乐都、民和、化隆、循化）；海南州（共和、贵德）；黄南州（尖扎、同仁）	
农牧交错区	2.00/2.50	海南州（兴海、贵南、同德）；黄南州（泽库、河南）；海北州全州（不含祁连县的托勒地区）；海西州（不含唐古拉山地区）	
纯牧区	2.00/3.00	果洛州全州；玉树州全州；海北州祁连县的托勒地区	桥址处为不冻胀土，涵洞入土深度 2.0m；若为冻胀土，涵洞入土深度 2.0m，基底换填 0.5m 砂砾
多年冻土区	按"冻土"要求设计	格尔木市属唐古拉山地区，地勘证明为多年冻土的路段	

注：表中分母数字指小桥基础入土深度；分子数字指涵洞基础入土深度。

四、涵洞尺寸的拟定

目前，在涵洞设计中一般均采用标准设计，即涵洞上下部结构均采用标准图（或单位自编的通用图)进行设计,各细部构造尺寸、配筋均按标准图执行。

以青海省某公路改建工程中的盖板涵为例(图8-2-2),涵洞设计一般步骤如下:

(1)根据外业现场记录,初步确定涵洞位置、孔径、式样、净高、与路线交角等基本情况。如:涵洞位置为K1+600.00,孔径和式样为1~1.5m盖板涵,净高为1.5m,与路线正交(90°)。

(2)查表8-2-6,确定基础埋置深度为2.0m。

(3)根据现行交通运输部标准图纸《轻型桥台》和《装配式钢筋混凝土矩形板式桥涵上部构造》,确定盖板涵各部位的细部尺寸。

(4)利用pcv等专业软件出图。

(5)按照涵洞部位,统计各部分工程数量,并汇总至《路线涵洞数量表》中。

五、涵洞防水层的设置

钢筋混凝土涵洞设置防水层的目的是防止水分侵入混凝土内,使钢筋锈蚀,缩短结构寿命。北方严寒地区的无筋混凝土结构设置防水层,是为了防止水分进入混凝土,造成冻胀破坏。

公路涵洞使用的主要防水材料是沥青,有些部位可使用黏土,以节省工料费用。各类涵洞防水层设置情况如下:

(1)各式钢筋混凝土涵洞(不包括圆管涵):此类涵洞的洞身及端墙,在基础以上凡被土掩埋部分,均需涂热沥青两道,每道厚1~1.5mm,不另抹砂浆。

(2)混凝土及石砌涵洞:此类涵洞的洞身、端墙、翼墙的被土掩埋部分,只需将圬工表面凿平,无凹入存水部分,可不设防水层,但北方严寒地区的涵洞仍需设防水层。

(3)钢筋混凝土圆管涵:管节接头采用平头对接时,接缝中以麻絮浸以热沥青塞满,管节上半部从外向内填塞,下半部从内向外填塞。管外靠接缝处裹以热沥青浸透的防水层八层(使用低于150℃的热沥青逐层黏合在管外壁接缝处),宽15~20cm,管外包裹塑性黏土。

另外,管节外包裹防水土工布,也是目前较为常见的做法,如图8-2-1所示。

(4)钢筋混凝土盖板明涵:盖板表面先涂热沥青两次,再于其上设2cm厚的防水水泥砂浆或4~6cm厚的防水混凝土,台身防水层也按上述方法处理。

图8-2-1 圆管涵两侧设置碎石垫层(起碎石盲沟作用),包裹防水土工布

[填空]

1. 一条线路的涵洞,一般倾向于设计为____种式样;由于钢筋混凝土盖板涵具有结构简单、施工方便(上部涵板均为装配式)等特点,故_____一般作为设计者的首选。

2. 在跨越深沟(高填方)时,一般考虑_____。

3. 在高原季节性冻土地区,可考虑_____涵或_____涵。

4. 软土地区,涵洞式样一般选择_____涵。

5. 在涵洞标准设计中,确定尺寸前,需要确定的关键参数是_____。

6. 公路涵洞使用的主要防水材料是_____,有些部位可使用_____,以节省工料费用。

7. 各式钢筋混凝土涵洞(不包括圆管涵):此类涵洞的洞身及端墙,在基础以上凡被土掩埋部分,均须涂热沥青_____道,每道厚_____~_____mm,不另抹砂浆。

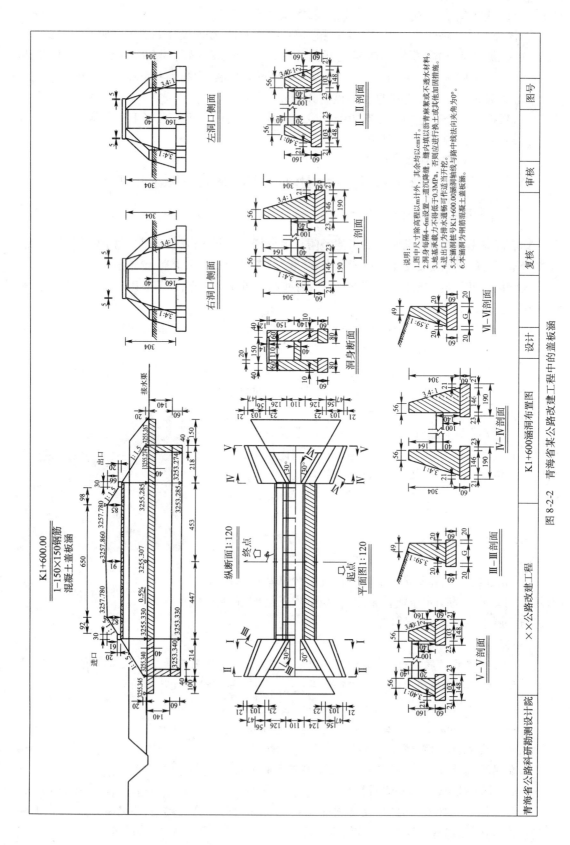

图 8-2-2 青海省某公路改建工程中的盖板涵

8.钢筋混凝土圆管涵:管节接头采用平头对接时,接缝中以_____塞满,管节上半部从外向内填塞,下半部从内向外填塞。

[简答]

1.在公路涵洞设计中,使用浆砌块石作为涵台身较为常见,而浆砌片石则较为常见,结合本节内容,试述其原因。

2.简述涵洞设计中对材料的基本要求。

3.试述各种涵洞防水层的设置方法。

任务三 管涵、盖板涵(拱涵)施工

一、涵洞施工的一般规定

根据《公路桥涵施工技术规范》(JTG/T F50—2011)22.1,涵洞施工的一般规定有:

(1)涵洞在开工前应根据设计文件进行现场核对,当设计文件与现场的实际情况差别较大,确需变更时,应及时办理设计变更手续。对地形复杂处、斜交、平曲线和纵坡上的涵洞,应先绘出定位详图,再依图放样施工。

(2)除设置在岩石地基上的涵洞外,涵洞的洞身及基础应根据地基土的情况,按设计要求设置沉降缝,且沉降缝处的两端面应竖直、平整,上下不得交错。填缝料应具有弹性和不透水,并填塞紧密。预制圆管涵的沉降缝应设在管节接缝处,预制盖板涵的沉降缝应设在盖板的接缝处,沉降缝应贯穿整个洞身断面;波形钢管涵可不设沉降缝。

(3)涵洞施工完成后,砌体砂浆或混凝土强度达到设计强度的85%时,方可进行涵洞洞身两侧的回填。涵洞两侧紧靠涵台部分的回填土不宜采用大型机械进行压实施工,宜采用人工配合小型机械的方法夯填密实。填土的每侧长度均应符合设计规定;设计未规定时,应不小于洞身填土高度的一倍。填筑应在两侧同时对称、均衡地分层进行,填筑的压实度应不小于96%。涵洞顶部的填土厚度必须大于0.5m后方可通行车辆和筑路机械。

(4)涵洞进出水口的沟床应整理顺直,与上下游导流、排水设施的连接应圆顺、稳固,并应保证流水顺畅。

(5)另外,在公路改扩建工程中,一般会有涵洞的接长问题。如原道路路基宽度12m,改造后路基宽度调整为20m,则其对应位置的涵洞(运营状况良好)必须进行接长处理。

根据《公路桥涵施工技术规范》22.7.2,既有涵洞与新建涵洞连接处应按沉降缝处理。接长涵洞的涵底(铺砌)应与既有涵洞的涵底(铺砌)顺接,并应符合设计要求的涵底纵坡。

以郑州至漯河高速公路改扩建工程为例:主线加宽,涵洞根据路基宽度进行两侧接长,拆除原涵洞八字墙及台帽,然后涵洞在两端分别接长,新老涵洞墙身之间不连接,设2cm沉降缝。凡地基土质发生变化,基础埋置深度不一或基础的压力发生较大变化,及基础填挖交界处,均应设沉降缝。新接涵洞采用水泥混凝土结构,洞身每隔4~6m长设一道沉降缝。涵洞台背一定范围内采用白灰土回填,以减少施工及工后沉降。部分涵洞设置兼顾通行要求的人行台阶。涵洞均为整体式基础,加长部分的地基采用CFG桩处理,桩顶涵洞基础下铺一层30cm厚的矿石垫层,以减少基础沉降及提高渗水性能。

(6)确定涵底地基承载力的方法。

涵洞基础一般均为明挖扩大基础,其承载力的确定方法有:

①规范法:取土样(一般每个基底不少于四个土样)做物理力学性能试验,根据表 5-1-8~表 5-1-14 确定承载力。

②各种现场试验,如标准贯入试验、荷载板试验。

③对复合地基做静载试验。

二、混凝土管涵施工

圆管管节一般在预制场预制(其产品质量标准见表 8-3-1),在运输、装卸过程中,应采取措施防止管节碰撞损坏。

1. 有圬工基础的管涵施工工序

(1)挖基坑并准备修筑管涵基础的材料。

(2)砌筑圬工基础或浇筑混凝土基础。

(3)安装涵洞管节,修筑涵管出入口端墙、翼墙及涵底。

(4)铺设管涵防水层及修整。

(5)铺设管涵顶部防水黏土(设计需要时),填筑涵洞缺口填土及修建加固工程。

如图 8-3-1 和图 8-3-2 分别为有圬工基础的管涵顺序和管涵施工场景示意图。

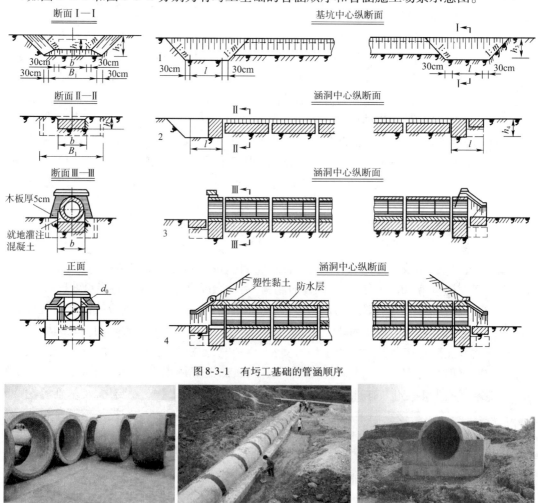

图 8-3-1 有圬工基础的管涵顺序

图 8-3-2 有圬工基础的管涵施工场景

2.无坯工基础的管涵施工工序

(1)挖基与备料。

(2)在夯实的天然土表层或砂垫层上,修筑截面为圆弧状的管座,其深度等于管壁厚度。

(3)在圆弧底座上铺设垫层的防水层,然后安装管节,管节间接缝宜留1cm。缝中填防水材料。

(4)在管节的下侧再用天然土或砂砾垫层材料作陪填料,并捣实至设计高程,确实保证填料与管节密贴。再将防水层向上包裹管节,防水层外再敷设黏土,水平径线以下的部分特别填土,应立即填筑,以免管节下面的砂垫层松散,保证其与管节密贴。在严寒地区这部分特别填土必须填筑不冻胀土。

(5)修筑管涵出入口端墙、翼墙及两端涵底和整修工作。

无坯工基础的管涵施工工序如图8-3-3所示。

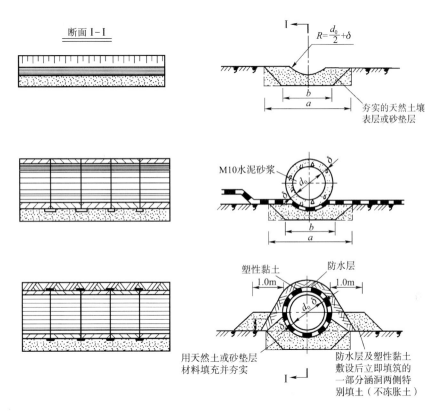

图8-3-3 无坯工基础的管涵施工工序

3.管节的安装施工的规定

(1)管节应符合表8-3-1、表8-3-2的要求。

混凝土圆管管节成品质量标准　　　　表8-3-1

项 目	规定值或允许偏差	项 目	规定值或允许偏差
混凝土强度(MPa)	在合格标准内	顺直度	矢度不大于0.2%管节长
内径(mm)	不小于设计值	长度(mm)	+5,-0
壁厚(mm)	正值不限,-3		

注:摘自JTG/T F50—2011表22.2.1。

管涵施工质量标准　　　　　　　　　　　　　　　　表 8-3-2

项　　目		规定值或允许偏差
轴线偏位(mm)		50
流水面高程(mm)		±20
涵管长度(mm)		+100,−50
管座或垫层混凝土强度(MPa)		在合格标准内
管座或垫层宽度、厚度		不小于设计值
相邻管节底面错台(mm)	管径≤1m	3
	管径>1m	5

注:摘自 JTG/T F50—2011 表 22.2.5。

(2)各管节应顺水流方向安装平顺,当管壁厚度不一致时应调整高度使下部内壁齐平;管节应垫稳坐实,安装完成后管内不得遗留泥土等杂物。

(3)插口管安装时,其接口应平直,环形间隙应均匀,并应安装特制的胶圈或用沥青、麻絮等防水材料填塞;平接管安装的接缝宽度宜为 10~20mm,其接口表面应平整,并应采用有弹性的不透水材料嵌塞密实,不得采用加大接缝宽度的方式满足涵洞长度要求。管节的接缝不得有间断、裂缝、空鼓和漏水现象。

(4)在钢筋混凝土管节的生产和安装中,由于预制管节端面不易与轴线完全垂直以及端模粗糙不平整等原因或为弥补管长不足的情况,容易造成加大管节接缝宽度。接缝宽度太宽,塞缝料不易嵌紧,易漏水;若改用水泥砂浆处理过宽的接缝,由于砂浆是无弹性材料,涵洞稍有不均匀沉降,就会造成开裂而漏水。因此,在施工中要严格控制接缝宽度,一般缝宽为 10~20mm。

4. 圆管涵施工时应注意事项

(1)涵洞施工前应进行详细的调查,以核实涵洞的平面位置、用途、孔径、高程等是否符合实际情况及当地农田排灌的需要和要求。对于需要变更施工的涵洞应及时向监理、设计、业主报告。

(2)进场管涵须按用途进行内、外压和泌水试验,一般情况下,对高速公路用管只可做外压试验。试验要由专业检测单位鉴定,满足要求方可使用。外压试验中,当管表面裂缝≥0.2mm 时,为不合格产品,在沿海及空气腐蚀性较大的地区,管涵不得有裂缝。

(3)管壁内外侧表面应平直圆滑,如有蜂窝,每处面积不得大于 30mm×30mm,其深度不得超过 10mm;总面积不得超过全面积的 1% 并不得露筋,蜂窝处应修补完善后方可使用。

(4)应按涵顶填土高度取用相应的管节,这点应特别注意。曾有很多用于低填土的管节安装在高填土处,结果使管节多处发生裂缝,给工程造成很大损失。

(5)涵管安装完成后,管外侧应用沥青涂刷,以防水的腐蚀。

(6)各管节应顺流水坡度安装平顺,当管壁厚度不一致时应调整高度使内壁齐平,管节必须垫稳坐实,管道内不得遗留泥土等杂物。

(7)对插口管,接口应平直,环形间隙应均匀.并应按特制的胶圈或用沥青、麻絮等防水材料填塞,不得有裂缝、空鼓、漏水等现象;对平接管,接缝宽度应不大于 10~20mm,禁止用加大接缝宽度来满足涵洞长度要求;接口表面应平整,并用有弹性的不透水材料嵌塞密实,不得有间断、裂缝、空鼓和漏水等现象。

(8)有圬工基础的管座混凝土浇筑时应与管座紧密相贴,浆砌块石基础应加做一层混凝土管座,使圆管受力均匀,无圬工基础的圆管基底应夯填密实,并做好弧形管座。

(9)长度较大的管涵设计有沉降缝的,管身沉降缝应与圬工基础的沉降缝位置一致。缝宽 2~3cm,应采用沥青、麻絮或其他具有弹性的不透水材料,从内、外侧仔细填塞。设计无沉降缝的,在施工时,应按涵长每 4~6m 设置一道沉降缝。

(10)长度较大、填土较高的管涵应设预拱度。预拱度大小应按照设计规定设置。设计无规定时,当基底土为卵石、碎石土、砾石土、粗砂、中砂时,上拱度取 $H/80cm$(H 为涵洞中心线底面至路面顶面高度);当基底土为半干硬状态、硬塑状态黏质土、黄土时,上拱度取 $H/50cm$。一般上拱线形采用三角形;当上拱尺寸较大、路基较宽、涵身较长时,可考虑用抛物线形。当基底土为岩石、涵洞顶填土高度不足 2m 以及洞身纵坡较陡的涵洞(5%)可不设上拱度。

(11)在管节接头处抹砂带的部位,应在抹带前进行凿毛处理。

(12)涵洞完成后,当砂浆或混凝土强度达到 70% 以上时,才能进行回填。涵洞处路堤缺口填土应从涵洞洞身两侧不小于两倍孔径范围内,同时按水平分层、对称地按设计要求的回填材料、压实度填筑。当用机械填筑时,涵洞顶上填土厚度必须大于 0.5~1.0m 时,才能使用机械在其上通过。

三、盖板涵施工

盖板涵的施工一般有五道工序:开挖基坑、基础施工、台身施工、盖板施工、进出口及涵底处理。

根据《公路桥涵施工技术规范》(JTG/T F50—2011)22.5.3:拱涵、盖板涵的现场浇筑施工在涵长方向宜连续进行;当涵身较长不能一次连续完成时,可沿长度方向分段进行浇筑,施工缝应设在涵身的沉降缝处。现浇混凝土拱圈时,应对称浇筑,最后浇筑拱顶,或在拱顶预留合龙段,最后浇筑并合龙。盖板涵施工示意如图 8-3-4 所示。

1.《公路桥涵施工技术规范》(JTG/T F50—2011)的规定

1)预制拱圈和盖板安装的规定

(1)预制构件的混凝土强度应达到设计强度的 85% 后,方可搬运安装,设计有规定时应从其规定。

(2)安装前,应检查构件及拱座、涵台的尺寸;安装后,拱圈和盖板上的吊装孔,应以砂浆填塞密实。

(3)拱座与拱圈、拱圈与拱圈的拼装接触面,应先拉毛或凿毛(沉降缝处除外),安装前应浇水湿润,再以 M10 水泥砂浆砌筑。

2)拱架拆除和拱顶填土的规定

(1)先拆除拱架再进行拱顶填土时,拱圈和护拱的砌筑砂浆或混凝土的强度应符合设计规定,设计未规定时,应达到设计强度的 85% 后,方可拆除拱架,且在拱架拆除时应先完成拱架以下部分回填土的填筑;达到设计强度的 100% 后,方可进行涵顶填土。

(2)在拱架未拆除的情况下进行拱顶填土时,拱圈和护拱砌筑砂浆或混凝土的强度应符合设计规定,设计未规定时,应达到设计强度的 85% 后,方可进行拱顶填土;拱架应在拱圈强度达到设计强度的 100% 后,方可拆除。

盖板涵施工质量标准具体见表 8-3-3;拱涵施工质量标准见表 8-3-4。

图 8-3-4 盖板涵施工场景

盖板涵施工质量标准

表 8-3-3

项 目		规定值或允许偏差
轴线偏位(mm)		明涵20,暗涵50
流水面高程(mm)		±20
涵底铺砌厚度(mm)		+40,-10
涵长(mm)		+100,-50
孔径(mm)		±20
净高(mm)		明涵±20,暗涵±50
混凝土或砂浆强度(MPa)		在合格标准内
涵台断面尺寸(mm)	片石砌体	±20
	混凝土	±15
垂直度或斜度		0.3%台高
涵台顶面高程(mm)		±10
盖板高度(mm)	明涵	+10,-0
	暗涵	不小于设计值
盖板宽度(mm)	现浇	±20
	预制	±10
盖板长度(mm)		+20,-10
支承面中心偏位(mm)		10
相邻板最大高差(mm)		10

注:摘自 JTG/T F50—2011 表 22.5.8-2。

拱涵施工质量标准

表 8-3-4

项 目		规定值或允许偏差
轴线偏位(mm)		50
流水面高程(mm)		±20
涵底铺砌厚度(mm)		+40,-10
涵长(mm)		+100,-50
孔径(mm)		±20
净高(mm)		±50
混凝土或砂浆强度(MPa)		在合格标准内
涵台断面尺寸(mm)	片石砌体	±20
	混凝土	±15
垂直度或斜度		0.3%台高
涵台顶面高程(mm)		±10
拱圈厚度(mm)	砌体	±20
	混凝土	±15
内弧线偏离设计弧线(mm)		±20

注:摘自 JTG/T F50—2011 表 22.5.8-1。

2. 盖板涵施工示例——关于盖板涵施工工艺的一般性探讨

以广梧高速公路河口至双凤段第四合同段工程为例,介绍盖板涵施工。

1) 开挖基坑

先进行测量放样,根据设计的基底高程和实测的地面高程,确定基坑开挖深度。基坑开挖以机械开挖为主,人工配合检底,要求开挖后的基坑平面位置尺寸、高程等指标符合设计要求。

由于山区高速公路地形变化大,基坑开挖至设计高程后。基础施工前应沿涵洞轴线方向测定涵底地基土的承载力。如发现基础没达到规定的承载力要求(其涵洞基础下承载力不得低于设计承载力),必须加强基础处理。其换填深度通过计算确定,保证换填后的基底承载力达到设计要求。如果基础承载力达到设计要求,则基础可直接落在天然地基上。

2) 基础施工

涵台基础及洞口八字墙基础在天然地基满足设计承载力要求时,基础可直接构筑在岩石地基上,但要在土质地基上铺一定厚度碎砾石垫层并压实。

在检验合格的基坑上定出基础的平面位置后,进行基础模板安装。基础模板可采用 2cm 厚的夹板,使用拉杆对拉并固定。外侧设斜撑,内设支撑加固,拉杆采用 PVC 塑料管内穿螺杆制成,以便于抽出螺杆。

模板采用厚 5cm×8cm 的木仿靠背加劲,间距为 80~100cm。模板安装检验合格后用水准仪测出模板顶高程,然后用卷尺下量定出基础混凝土顶面在模板上位置,钉上铁钉作为标志。基础混凝土浇筑前,将基坑杂物清理干净,并在模板上涂脱模剂。基础混凝土施工时,搅拌站按设计强度等级进行集中拌和,自卸汽车运输混凝土,通过溜槽和串筒等施工工具将混凝土卸落到模板内灌注、振捣密实。施工过程中,要按设计要求设置沉降缝,预埋钢筋等预埋件,收浆后用水麻袋覆盖,洒水浇淋养生。

3) 台身施工

基础混凝土强度达到 2.5MPa 后,在基础和台身接触部位进行凿毛,用人工凿除水泥浆和松弱层,并用水冲洗干净,在基础上测量出台身位置,并在台身混凝土浇筑位置画弹一条墨线后,进行台身模板的安装,沉降缝设置要与基础完全一致。

台身模板可采用组合钢模,采用拉杆对拉并固定,外侧设斜撑。拉杆采用 PVC 塑料管内穿螺杆制成,以便抽出螺杆。钢模采用 5cm×8cm 的木仿靠背加劲,横竖间距 50~80cm。钢模安装检验合格后用水准仪测出模板顶高程,然后用台身顶面设计高程减去板顶高程,得出结果 X,再用卷尺从板顶往下量出 X,定出台身混凝土顶面在模板上位置,画上红油漆作为标志。如图 8-3-5 所示为台身立横示意图。

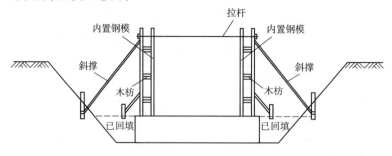

图 8-3-5 台身立模示意图

台身混凝土浇筑前,将模板内杂物清理干净,并在模板上涂脱模剂。台身混凝土施工采用搅拌站按设计强度等级集中拌和,自卸汽车运输,通过溜槽和串筒等施工工具将混凝土卸落到模板内进行浇筑,振捣密实,收浆后用水麻袋覆盖,洒水浇淋养生。

当涵台较高,需分层浇筑时,在接缝处应等间隔顺涵台布设竖向钢筋,避免涵台产生裂缝。

单根钢筋长度一般为1m。

洞身每隔一定距离设置沉降缝,缝宽1~2cm。对沉降缝处的泡沫板先掏空,后填塞缝隙的沥青麻絮或其他不透水材料。墙外侧应从外往里填塞,墙内侧应从里往外填塞,内侧同时以1:3水泥砂浆勾平缝。填塞完后,应在内外侧拼接处(涵洞轴线方向宽处拼接处两侧各25cm)涂抹两层热沥青。

4)盖板施工

(1)盖板必须在预制盖板的强度达到设计要求后,方可脱模吊运。

(2)盖板块件堆放时得采用两点搁置,且不得将上下面倒置。

(3)盖板上的帽石平置于板顶,可就地浇筑安装。

(4)盖板安装完毕后,采用设计规定的材料充填台背与盖板间的空隙,待其强度达到设计值的75%,且砌体砂浆及台帽混凝土达到设计强度,并经监理工程师检查合格后方可进行回填。侧墙背后填土应在两侧不小于两倍孔径范围内同时对称进行。回填材料采用透水性良好的材料。要求分层填筑,每侧长度不小于一倍的填筑高度,分层厚度不大于20cm,采用小型机械压实,松铺厚度不宜大于15cm,每处压实度须达到96%。

5)进出口与涵底处理

盖板施工结束后,即可进行进出水口与涵底处理。先放样定出基础位置,用水准仪测出所在位置高程,然后安装帽石或翼墙基础(翼墙、截水墙、洞口铺砌)模板。经验收后,进行混凝土浇筑、养生。

其中,盖板涵八字墙的施工过程为:采用机械开挖至基础底设计高程,基坑松土用人工夯实后砌筑八字墙基础。砌筑墙身时,先挂线定位出八字墙的形状,接着将基础表面用竹扫帚清扫并淋水湿润,然后坐浆砌筑,八字墙和台身之间要用泡沫板隔开。

四、拱涵施工

1. 拱涵施工工序

拱涵施工工艺与盖板涵大体相似,也分为五道工序:开挖基坑、基础施工、台身施工、拱圈和护拱施工、进出口及涵底处理。与盖板涵施工相比,拱涵施工的最大区别在于拱圈和护拱的施工。顾名思义,拱圈就是一个拱状结构。拱圈虽然构造简单,但其施工却比盖板复杂。也正因为其施工的复杂,施工的质量也就难以控制。

护拱和拱圈的施工一般采用就地浇筑法施工,护拱和拱圈分开浇筑,也可一起浇筑。如分开浇筑,应先浇筑拱圈,后浇筑护拱,尽量使护拱和拱圈形成一体。护拱和拱圈施工应由两侧向中间同时对称进行。

2. 拱涵施工注意事项

根据实际施工经验,现浇拱圈的外观效果一般不会太好,这不仅仅是操作工人采用的方法问题,还有混凝土质量本身的问题。所以,为了达到良好的外观效果,在进行拱圈和护拱的施工时,需注意三个方面:

(1)控制好混凝土的坍落度。坍落度太大,混凝土容易往低处流;坍落度太小可能收光比较困难。这就要根据现场实际情况而定,混凝土既要能堆到一起,又能有利于收光,毕竟不是在水平面浇筑混凝土。

(2)用一节超过6m长的铝合金靠尺通长找平后,再收光,收光时可做一个收光平台架子,且人应在平台上收光,不要直接站在混凝土上面收光,而采用二次收光。

(3)混凝土要及时进行养护,防止开裂。各种土拱胎式样见图8-3-6,木排架土拱胎见图8-3-7,跨径1.5~3.0m钢轨拱架见图8-3-8。

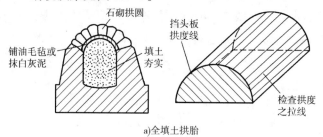

a)全填土拱胎

b)有透水盲沟土拱胎　　c)三角木架土拱胎

图8-3-6　各种土拱胎式样

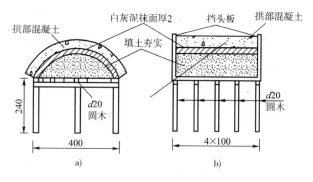

图8-3-7　木排架土拱胎(尺寸单位:mm)

3.采用土胎建造拱圈或盖板时的注意事项

(1)当用松散砂石料堆筑土胎时,表面应包300mm厚黏土保护层。

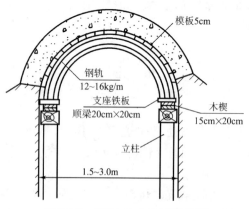

图8-3-8　跨径1.5~3.0m钢轨拱架

(2)土胎填土应在涵台砌筑砂浆或现浇混凝土强度达到设计强度的75%以后进行,应分层夯填,每层厚度宜为0.2~0.3m,土的压实度应在90%以上。有条件时,涵台外侧的填土可与土胎填土同时进行。涵台高度较高,采取土胎单侧填土时,应验算涵台的稳定性。

(3)填土宽度应伸出端墙外0.5~1.0m,并保持1:1.5的边坡。土胎顶部应用样板拉线进行检查校正。

(4)土胎表面应设保护层,保护层应具有一定的强度和适当的光滑度,并易于脱模。

(5)施工时应防止土胎被水浸蚀。

(6)当河沟中有少量流水而采用土胎施工时,除采用木排架土胎外,也可根据水流大小,在全填土土胎下设渗水沟,埋设钢筋混凝土管、瓦管或用木料做成三角形泄水孔。

(7)拱圈和端墙的施工,应由两侧拱脚向拱顶同时对称进行。

(8)拱圈和盖板混凝土的现场浇筑施工,应连续进行,尽量避免施工缝。当涵身较长时,可沿涵长方向分段进行,每段应连续一次浇筑完成;施工缝应设在涵身沉降缝处。

[填空]

1.涵洞施工完成后,砌体砂浆或混凝土强度达到设计强度的_____%时,方可进行涵洞洞身两侧的回填。

2.涵洞两侧紧靠涵台部分的回填土不宜采用大型机械进行压实施工,宜采用_____配合_____的方法夯填密实。填土的每侧长度均应符合设计规定;设计未规定时,应不小于洞身填土高度的_____倍。填筑应在两侧同时对称、均衡地分层进行,填筑的压实度应不小于_____%。涵洞顶部的填土厚度必须大于_____m后方可通行车辆和筑路机械。

3.管涵安装施工时,插口管安装时,其接口应平直,环形间隙应均匀,并应安装特制的_____或用_____、_____等防水材料填塞;平接管安装的接缝宽度宜为_____~_____mm,其接口表面应平整,并应采用有弹性的不透水材料嵌塞密实,不得采用_____的方式满足涵洞长度要求。

4.盖板涵的施工一般有五道工序:_____、_____、_____、_____、_____。

5.拱涵施工工艺分为五道工序:_____、_____、_____、_____、_____。

6.凡地基土质发生变化,基础埋置深度不一或基础的压力发生较大变化,及基础填挖交界处,均应设_____。

[判断]

1.钢波纹管涵可不设沉降缝。( )

2.圆管涵施工总共,对平接管,接缝宽度应不大于10~20mm,允许用加大接缝宽度来满足涵洞长度要求。( )

3.拱架应在拱圈强度达到设计强度的100%后,方可拆除。( )

4.盖板暗涵施工中,相邻板最大高差为10mm,交工验收时通过验收。( )

[案例分析]

某钢筋混凝土 $\phi2.5m$ 圆管涵施工中,发生以下现象,试分析其对错,并说明原因。

(1)涵洞设计长度为22.6m,施工单位采用22节1m涵管,其余长度通过加宽平接缝宽度实现。

(2)沿路基横断方向,从左向右,圆管涵依次经过:0~6m完整岩石地基,6~10m密实砂土,10~15m松散卵石土,15~23m黄土,施工单位按照每4m设置一道沉降缝进行施工。

(3)为保证基础的整体性,基础处沉降缝,施工时未断开。

(4)管节安装完成后,两侧土体使用大型夯实机械进行夯实。

(5)相邻管节连接不平顺,有3mm的高差。

任务四　波形钢涵洞的施工

钢波纹管涵适应变形能力大,广泛应用于冻土地区。钢波纹管涵施工场景如图 8-4-1 所示。

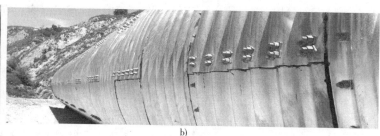

图 8-4-1　钢波纹管涵施工场景

一、《公路桥涵施工技术规范》(JTG/T F50—2011)的相关规定

在运输、装卸、堆放和安装管节或块件时,应采取措施防止其损坏,不得对管节和块件进行敲打或碰撞硬物。管节在搬运、安装时不得滚动;块件在运输、堆放时相互间宜设置适宜的材料予以隔离。对在施工中损坏的防腐涂层,应涂刷防锈漆进行修补。

管节的地基应予以压实,并应做成与管身弧度密贴的弧形管座,管座所采用的材料应匀质且无大石块等硬物。波形钢管不得直接置于岩石地基或混凝土基座上,应在管节和地基之间设置砂砾垫层或其他适宜材料;对于软土地基,应先对其进行处理后,再填筑一层厚度不小于 200mm 的砂砾垫层并夯实紧密,方可安装管节;在寒冷地区,应对换填深度以及砾垫层材料的最大粒径和粉黏粒含量进行控制。

1. 波形钢管涵的安装施工应符合下列规定

(1) 管节的形式、规格、直径和管壁厚度应符合设计规定。

(2) 拼装管节时,上游管节的端头应置于下游管节的内侧,不得反置;采用凸缘或管箍环向拼接时,应将螺栓孔的位置对准,并应按产品设计规定的扭矩值进行螺栓的施拧。

(3) 管节或块件之间的接缝应采用不透水的弹性材料进行嵌塞,宽度宜为 2~5mm;接缝嵌塞材料应连续,不得有漏水现象。

(4) 各管节应顺水流方向安装平顺,垫稳坐实,安装完成后管内不得遗留泥土等杂物。

(5) 波形钢管涵宜设置预拱度,其大小应根据地基可能产生的下沉量、涵底纵坡和填土高度等因素综合确定,但管涵中心的高程应不高于进水口的高程。

(6) 在涵洞的进出水口处,当波形钢管节的管端与涵洞刚性端墙相连时,宜采用直径不小于 20mm 的螺栓,按不大于 500mm 的间距,将管节与端墙墙体锚固。

2. 波形钢管涵安装后的填土施工应符合下列规定

(1) 填土的材料宜采用砾类土、砂类土,或砾、卵石与细粒土的混合料;当细粒土的成分为黏性土或粉土时,所掺入的石料体积应占总体积的 2/3 以上。

(2) 在距波形钢管 0.3m 范围内的填土中,不得含有尺寸超过 80mm 的石块、混凝土块、冻土块、高塑性黏土块或其他有害腐蚀材料。

(3) 管涵两侧的填土应对称、均衡地进行,水平分层的压实厚度宜为 150~200mm。

(4)管顶填土前,对直径1.25m及以上的波形钢管涵,宜在管内设置一排竖向临时支承;对直径大于2.0m的波形钢管涵,宜在管内设置竖向和横向十字临时支承,防止其在填土过程中产生变形。管内的临时支撑应在填土不再下沉后方可拆除。

(5)管顶填土的最小厚度应在符合表8-4-1的规定后,方可允许车辆通行。

波形钢管涵管顶最小填土厚度(mm)　　　　　　　　　　　表8-4-1

管涵直径 (m)	车辆轴载 (kN)			
	100~200	201~500	501~1000	1001~2000
0.75	400	600	800	1200
0.80~1.25	600	800	1200	1600
1.30~2.00	800	1200	1600	2000
3.00~4.00	1200	1600	2000	2500

注:①摘自JTG/T F50—2011表22.3.7。
②表中数值未考虑动荷载的效应。
③管涵直径的数值不连续时,其最小填土厚度的数值可内插求得。

二、钢波纹管涵的施工示例——高温差严寒地区金属波纹管涵施工技术

1.项目概况

梯子泉至红山口段公路改建工程,是连霍国道主干线高等级公路的重要组成部分,全长114.7km,为保证施工质量,加快施工进度,将ZTK3764+852的原设计为1~2m钢筋混凝土圆管涵,变更为1~2m整体式金属波纹管涵,管涵壁厚4mm,涵长55m,由45m中间管节和10m端头管节组成,与路线交角65°;ZTK3764+314原设计为1~4m钢筋混凝土拱涵变更为1~4m组装式金属波纹管涵,管涵壁厚7mm,全长86m,由74m间管节和12m端头管节组成,与路线正交。波纹管涵所在处位于山谷中,均为高填方路堤,波纹管理设处地基按土质分为一般性地基、软土地基、岩石地基。过水管涵的安装质量直接影响到该工程的正常使用,在高温差严寒地区尤其重要。

2.金属波纹管涵简介

将2.0~8.0mm厚的Q235-A热轧钢板压成波纹再卷制成管节,用这种管节修建成的涵洞称为金属波纹管涵。金属波纹管采用工厂化生产,运至施工现场拼装成管节,管节之间采用螺栓连接,组装快速,工期短,不需浇水养护。加工时对波纹管节内、外表面和紧固连接螺栓进行了热浸镀锌处理,镀锌层平均厚度不小于$84\mu m$。它是新型的公路小桥涵建材,分为整装型波纹管和组装型波纹管。整装波纹管涵管径一般为0.50~3.00m,由整节波纹管运至施工现场后,直接用凸缘进行连接,主要用于直径较小的涵管;组装波纹管涵一般用于直径较大的涵管,管径一般为2.00~12.00m,由波纹管片拼装而成,片状金属波纹之间用螺栓连接。两种管涵耐压能力均可满足管顶0.5~50.0m以上填土高度。

波纹管为柔性结构,具有一定的抗震能力,能适应较大的沉降与变形,具有较强的抗拉、抗剪和抗疲劳能力,适合于材料运输不便、物资条件缺乏、自然环境恶劣地区使用,应用前景较为广阔。

3.施工工艺

(1)施工准备。

①现场踏勘与图纸复核。对现场进行测量放样,对照图纸核对涵管中心位置、方向、长度、

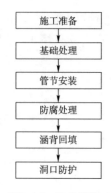

图 8-4-2 波纹管施工工艺流程

进出口高程以及与既有沟、渠的连接情况,如不相符,及时向业主、设计单位反映。

②平整场地、测量放样。认真平整场地,清理工作场地上的杂物,堆放施工材料,安排机械设备进场;组织测量人员根据施工图放出管涵纵轴线,测出原地面高程。确定开挖边线,打好中边桩。放样开挖边线时,注意保留搭设支架、管身调整、焊接的作业空间,预留宽度一般不少于三倍的管径,工艺流程见图 8-4-2。

(2)基础处理。

波纹管涵一般是修建在天然地面或经严格夯实的填土上经挖掘的沟槽中。在填方不高路段上修建涵洞,以采用先填路基,再开挖沟槽埋设涵管的方法较好,管涵基础处理最小厚度与宽度见表 8-4-2。

波纹管地基或基础所需厚度与宽度　　　　　表 8-4-2

地 质 条 件	基础最小厚度(cm)	基础最小宽度(m)
优质土地基	可直接用作基础	$2.0+\phi$
一般地基	管径 $\phi<0.9m,20$	$2.0+\phi$
	$0.9m<$ 管径 $<2.0m,30$	$2.0+\phi$
	管径 $\phi>2.0m,0.2\phi$	$2.0+\phi$
岩石地基	20~40cm,填土高度大于5m时,填土高度每增加1.0m,其厚度增加4cm	$2.0+\phi$
软土地基	0.3ϕ、0.5ϕ,或 50cm 以上	$2.0+\phi$

①一般土质地基。对土质地基清表后,将涵管底基槽原状土压实到 90% 以上,设一定厚度的基础,再安装波纹管。

②软土地基。挖除软弱层、修整边坡、整平基底。按设计要求在基底填一层不小于 20cm 厚、含泥量不大于 3%、天然级配良好的优质砂砾垫层。按每层不超过 30cm 松铺厚度分层夯实,夯实度为 90%。基底处理完毕后,分层作 10m 厚的砂垫层,夯实度达到最佳密度的 95%。

③岩石地基。挖除表层的软弱岩层,换填优质土并夯实。若基底岩层开挖量较大,则采用凿岩机钻眼,采取浅炮逐层爆破。涵管基础顶面采用天然砂砾找平,宽度为三倍管径。

(3)预留拱度的设置。

当波纹管涵随路基下沉时,一般是管道中部的下沉量较大,故铺设波纹管前要在波纹管中部向两端设置 0.6%~1.0% 的预拱度,该工程设置预拱度为 1.0%。

(4)管节的安装。

安装前要进行技术交底和安全培训,对波纹管各项指标进行检查,并注意端头管节和中间管节的位置。管涵的安装必须按照正确的轴线和图纸所示的坡度敷设,安装工具及所需配件见表 8-4-3。

安装工具及所需配件　　　　　表 8-4-3

序号	名称	型号	序号	名称	型号
1	波纹管	Q235-A 热轧镀锌钢板	5	梅花扳手	22~24mm
2	凸缘	L70mm×7mm	6	活口扳手	24mm
3	连接螺栓	M20	7	垫圈	HRC35 级
4	橡胶石棉垫	8mm×8mm	8	小撬棍	$\phi16mm$

续上表

序号	名称	型号	序号	名称	型号
9	撬杠	φ50mm	12	螺丝刀	一字形
10	手锤	0.45kg	13	千斤顶	2~5t
11	凿子	自制	14	撬棍	自制

φ2m的整装波纹管涵管节与管节之间以螺栓连接,当两凸缘间距在1cm左右时,在管节的凸缘之间垫上石棉垫,然后对称拧紧螺丝;φ4m的组装波纹管涵安装时,管身由六块热轧钢板连成圆周再由基底中心向两端对称安装。波纹管涵每安装5.0m进行一次管节位置校正,出现偏位时,用千斤顶纠偏。中间管节拼装完毕,再安装两侧进出水口管节,最后在管身内外侧将所有拼缝采用密封胶密封。安装时由专人负责指挥起吊,注意基础顶面坡度与设计坡度应一致。管身安装应紧贴在砂砾垫层上,波纹管安装铺放应平顺、稳固。管节全部拼装完成后,应对管节中线、高程进行复查,确保施工符合设计要求。

(5)洞口防护。

金属波纹涵管洞口是由进水口和出水口两部分组成。2m整装波纹管两端为斜交洞口,4m组装波纹管为正交洞口,均采用端墙形式。波纹管进出水口通常是厂家制作成直管或于路基边坡同坡率的斜管式。施工时注意与边坡保持顺接,涵管进出水口与护坡接触部位用沥青麻絮缠绕填塞,厚度不小于2cm。洞口铺砌及护坡防护为M7.5浆砌片石。

(6)管节两侧的回填。

①为保证管底的回填质量,管底下方粗砂用"水密法"振荡器振实。管身外侧50cm范围内使用人工配合小型夯实机械夯实。管底楔形块处的填筑材料采用级配良好的天然砂砾(含水率要求比最佳含水率大2%左右),每层填筑厚度不大于10cm,由人工用木棒在管身外向内侧进行夯实,木棒作用点紧贴管身,每个凹槽部位都夯实到位。

②在管身直径两侧大于50cm的范围对称分层填筑、压实,用18t压路机碾压,压实度达到90%方可进行下层填筑。填筑前在管节两侧用红漆按20cm高度做标记,填筑厚度按标注线控制;涵管正上方回填厚度超过30cm时,用推土机粗平,再用平地机精平,配以人工对超粒径的集料进行剔除,先用18t压路机静压,填土厚度超过60cm后,采用振动压路机振压,先弱振后强振,压实度不小于95%。填土厚度大于或等于1.2m时,涵顶才允许机械通过。

③压实质量的检测方法。在压实层上布点(每断面不小于8处)撒上石灰作为高程对比点,用20t压路机振动碾压1遍,做碾压前和碾压后的高程对比,如碾压前后无明显高程差异(一般下沉1~2mm),即可进行压实度试验,按土工试验和标准贯入试验及标准试验方法进行检测。为防突然降雨,基坑开挖时坑底预留20~30cm,安装前再开挖平整。

4.波纹管检验评定标准

(1)出厂前应严格按波纹管生产验收标准进行验收,附有产品质量合格证书;运至施工现场后,应逐节对其外观及几何尺寸进行检查。

(2)波纹涵管安装线形必须直顺,管口与路堤边坡坡度应一致;波纹涵管凸缘连接处必须结合紧密,防水密封材料有效,波纹涵管管壁沥青涂层要均匀。

(3)金属波纹涵管现场施工中土建部分验收标准,可参照交通运输部"JTJ 071—1998"中有关标准,见表8-4-4。

波纹管涵安装实测项目　　　　　　　　　　　表 8-4-4

项次	检查项目	规定或允许偏差	检查方法	规定分
1	涵管底压实度(%)	符合要求	波纹涵管轴线:投影下的土基每 6m 测 1 处,但不少于 2 处	30
2	管涵轴线偏位(mm)	50	经纬仪或拉线:每 6m 测 2 处,但不少于 2 处	25
3	管涵内底高程(mm)	±20	水准仪:每 6m 测 2 处,但不少于 2 处	25
4	安装管涵内径(mm)	±30	尺量:每 6m 测水平、垂直各 1 处,但不少于 2 处	20

5. 注意事项

直径在 1.2m 以上的波纹管涵在填土过程中容易变形,且管顶的下沉量都大于管侧的变形,使圆管变成扁管。为避免这种弊病,可于管顶填土之前在管内设置一排竖向临时支撑,临时支撑上下端设置木楔,临时支撑的高度可按将波纹管竖向直径伸长 2% ~5% 确定,以作为在填土压力下预留压缩量,支撑间距一般为 1.0~1.2m。直径大于 2.0m 的波纹管,以设置横向十字撑为宜。管内的临时支撑待填土下沉量较小时才拆除。

[填空]

1. 波形钢管涵的安装施工应符合下列规定:管节或块件之间的接缝应采用不透水的_____进行嵌塞,宽度宜为_____ ~_____ mm;接缝嵌塞材料应连续,不得有漏水现象。

2. 波形钢管涵宜设置_____,其大小应根据地基可能产生的下沉量、涵底纵坡和填土高度等因素综合确定,但管涵中心的高程应不高于_____的高程。

3. 在涵洞的进出水口处,当波形钢管节的管端与涵洞刚性端墙相连时,宜采用直径不小于_____ mm 的螺栓,按不大于_____ mm 的间距,将管节与端墙墙体予以锚固。

4. 波形钢管涵安装后的填土施工应符合下列规定:填土的材料宜采用_____、_____,或砾、卵石与细粒土的混合料;当细粒土的成分为黏性土或粉土时,所掺入的石料体积应占总体积的_____以上。

5. 在距波形钢管_____ m 范围内的填土中,不得含有尺寸超过_____ mm 的石块、混凝土块、冻土块、高塑性黏土块或其他有害腐蚀材料。

6. 管涵两侧的填土应对称、均衡地进行,水平分层的压实厚度宜为_____ ~_____ mm。

7. 管顶填土前,对直径_____ m 及以上的波形钢管涵,宜在管内设置一排竖向临时支撑;对直径大于_____ m 的波形钢管涵,宜在管内设置竖向和横向十字临时支撑,防止其在填土过程中产生变形。管内的临时支撑应在填土不再下沉后方可拆除。

[判断]

1. 将 2.0~8.0mm 厚的 Q235-A 热轧钢板压成波纹再卷制成管节,用这种管节修建成的涵洞称为金属波纹管涵。(　　)

2. 整装波纹管涵管径一般为 0.50~3.00m,由整节波纹管运至施工现场后,直接用凸缘进行连接,主要用于直径较小的涵管。(　　)

3. 组装波纹管涵一般用于直径较大的涵管,管径一般为 2.00~12.00m,由波纹管片拼装而成,片状金属波纹之间用螺栓连接。(　　)

4. 钢波纹管施工中,对在施工中损坏的防腐涂层,应涂刷防锈漆进行修补。(　　)

任务五　箱涵的施工

一、箱涵施工的一般方法

在软土地基上修建涵洞,箱涵是最常见的式样。箱涵整体性较好,一般为配筋率较大的钢筋混凝土构件。

箱涵施工一般分两种情况:一种是在工地现场立模板,就地现浇施工(图8-5-1)。

 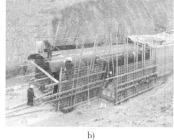 

a)　　　　　　　　　　　　b)　　　　　　　　　　　　c)

图8-5-1　现浇箱涵施工场景

另一种是箱涵在工地预制完成后,通过多台千斤顶顶进施工,这种情况箱涵一般都穿越铁路或公路。如南水北调中线一期工程天津干线保定市一段TJ2-2标段中的箱涵(图8-5-2)。项目部事先浇筑一座长45.65m、宽18.5m、高6.9m、箱体底板厚65cm、顶板厚60cm、边墙厚55cm、中墙厚45cm、自重4200t的钢筋混凝土外箱涵,再用38台千斤顶,最大顶力达1.1万t,由西向东整体顶进。2010年2月18日,外箱涵体前钢刃角插入路体,员工们分别在路面和顶进现场严密监视路面沉降及可能出现的坍方情况。待外箱涵进入路体后,挖掘机进入箱涵内挖土并由出土车运出,每天就这样作业。2010年3月8日,外箱涵成功顶进穿越高速公路,就位在预定的位置,既未影响高速公路正常通车,也没有发生坍方事故。如图8-5-2所示。

图8-5-2　4200t钢筋混凝土外箱涵成功顶进穿越京港澳高速公路场景

二、箱涵施工注意事项

(1)软土地基施工的箱涵应早于其他工程动工,先进行软基加固处理,为加载预压抢出时间,然后二次开挖进行箱涵施工。

(2)箱涵混凝土浇筑应按设计进行,若设计没有要求,可二次浇筑成型,第一次浇筑至底板以上30cm处,第二次浇筑时应处理好施工缝,并防止由于第一次混凝土的收缩而造成施工缝处有漏浆或模板变形。

（3）为方便施工，涵内顶、侧模板宜用防水胶合板，外侧可用组合钢模板。

（4）由于是大面积混凝土施工，要防止模板及支架变形，防止漏筋及漏浆现象的发生，振捣要密实，要连续作业。若箱涵较长，应按中部沉降缝为界进行分段浇筑。

（5）拆模后应立即洒水养生，防止出现裂纹。

（6）混凝土强度达到100%设计强度后方可进行箱背回填，回填要在两侧均匀进行，以免由于受力不均而造成箱涵裂缝。

（7）箱背回填前应对混凝土墙身涂刷防护层，材料按设计要求或用沥青。

（8）箱涵应符合以下标准：

①涵身裂缝<0.2mm。

②表面平整度应控制在±5mm（用2m直尺量测）。

③表面不得有蜂窝。

三、《公路桥涵施工技术规范》（JTG/T F50—2011）的相关规定

（1）预制钢筋混凝土箱涵节段拼装时，接缝两侧的混凝土表面应采用清水冲洗干净，再按设计要求进行拼接施工。拼装时应符合下列规定：

①设计未规定时，预制构件的混凝土强度应达到设计强度的85%，方可吊运、安装。

②构件安装前，应完成构件、地基、定位测量等验收工作。

（2）就地浇筑的箱涵可视具体情况分阶段施工，应宜先进行底板和梗肋的混凝土浇筑，然后再完成剩余部分的混凝土浇筑。本阶段施工时前一阶段的混凝土强度要求以及施工缝的处理，应符合本规范规定。

（3）混凝土强度达到设计强度的85%时，方可拆除支架，达到设计强度的100%后，方可进行涵顶回填土。箱涵施工质量标准如表8-5-1所示。

箱涵施工质量标准　　　　表8-5-1

项　　目		规定值或允许偏差
轴线偏位（mm）		明涵20，暗涵50
流水面高程（mm）		±20
涵长（mm）		+100，-50
混凝土强度（MPa）		在合格标准内
高度（mm）		+5，-10
宽度（mm）		±30
顶板厚（mm）	明涵	+10，-0
	暗涵	不小于设计值
侧墙和底板厚度（mm）		不小于设计值
平整度（mm）		5

注：摘自JTG/T F50—2011 表22.6.4。

[**工程示例8-5-1**（箱涵顶进施工）] 某大型顶进箱涵为四孔箱涵，箱涵总跨度32m，高5m，总长度38.5m，单节箱涵为现浇钢筋混凝土结构，经养护达到设计强度后采用顶进法穿越五条既有铁路站场线。箱涵预制工作坑采用放坡开挖，土质为粉质黏土，地下水位于地面以下4m，采用轻型井点降水，基坑设置了防雨排水设施，现浇箱涵前端设斜面钢刃角，计划6月10日雨

期开始前顶进就位。

项目部编制轨道加固方案,采用轨束梁加固铁路线路,以保障列车按正常速度行驶;制订了顶进时对箱涵结构的监控方案,经项目部技术负责人批准后实施。

按照原计划,箱涵顶进应在雨期开始前完成。开工后,由于降水措施不力,工作坑开挖进度缓慢,进度计划拖后。预制箱涵达到设计强度并完成顶进后背的制作安装时,顶进施工已进入雨期。项目部加强了降排水工作后开始顶进施工。为满足进度工期要求,项目部采用轮式装载机直接开入箱涵孔内铲挖开挖面土体,控制开挖面坡度为1:0.6,钢刃脚进土50mm,根据土质条件每次开挖进尺0.5m,并在列车运营时连续顶进。

箱涵顶进接近第一条线路时,夜间遇一场大雨,第二天正在顶进时,开挖面土方坍塌,造成安全事故。

问题:

(1)本工程工作坑降水井宜如何布置?根据背景资料在顶进作业前基坑应做好哪些排水工作?(2)指出项目部编制的轨道加固与监控测量方案及审批存在的问题,并写出正确做法。(3)结合项目部进度滞后的问题,指出应采取的控制措施。(4)指出方案和顶进施工中可能存在的引起列车颠覆的安全隐患。(5)依据背景资料分析开挖面坍塌的原因可能有哪些?

分析与答案:

(1)按照规范及相关要求:

①本工程工作坑为面状基坑,井点宜在基坑外缘呈封闭状,距边坡上口外缘1~2m,所采用的降水方式能保证地下水降至基底以下0.5~1.0m。

②雨期施工应做好地面排水系统,基坑顶部砌挡水砖埝或叠土埝;基坑底部边缘设排水沟、集水井,准备好抽水设施随时排除积水。

(2)四孔箱涵为较大箱涵,加固方案选用小型箱涵扣轨方式不妥;测量监控方案不全面。存在问题具体有:

①轨道加固方案,采用轨束梁加固线路不是大型箱涵的做法。

②仅有桥涵结构的检测。

③两个方案的审批程序不符合规范要求。

正确做法:

①孔径较大箱涵应采用横梁加盖、纵横梁加固、工字轨束梁及钢板脱壳法,严格控制车速。

②应对原线路加固系统、桥体各部位、顶力系统和后背进行测量监控,测量监控方案应纳入到施工组织设计或施工技术方案中。

③方案审批必须经上一级批准。

(3)进度控制措施不力,致使工期拖至雨期施工。

应紧密跟踪计划的实施并进行监督,当发现进度计划执行受到干扰时,应采取调度措施,调整资源配置,控制计划实施。

(4)方案和顶进施工中存在的可能引起列车颠覆的隐患有:

①加固方案不当。

②监测方案不符合规定。

③列车未限制车速。

④在列车运行时仍连续顶进。

⑤土体开挖采用逆坡挖土(先下后上)。

⑥钢刃角吃土深度不够,挖土坡度超标。
(5)开挖面坍塌的原因可能有:
①雨浸导致土体强度降低。
②轮式装载机开入箱涵孔内铲挖、开挖土体,形成逆坡挖土。
③控制开挖面坡度1:0.6,坡度太陡,应不大于1:0.75。
④钢刃角进土50mm,刃脚进土应在100mm以上。
⑤列车未限速,增加振动荷载。

[填空]
1. 箱涵整体性较好,一般按_____构件设计。
2. 箱涵施工一般有两种方式,即_____、_____。
3. 就地浇筑的箱涵可视具体情况分阶段施工,应宜先进行_____和_____的混凝土浇筑,然后再完成剩余部分的混凝土浇筑。
4. 预制箱涵构件的混凝土强度应达到设计强度的_____%,方可吊运、安装。

[判断]
1. 箱涵设计顶板厚为30cm,实测顶板厚度为35cm,属于合格范围。(　　)
2. 箱涵顶推施工中,一般要布置多台千斤顶同步顶进。(　　)
3. 箱涵顶推施工时,受地下水位影响时,普遍要考虑降水方案。实际施工中,更要检测地下水位变化。(　　)

设 计 说 明

一、概述

根据共和县城建局委托书,我院对共和县恰不恰镇滨河西路次汗索大桥进行了勘测设计。该桥的建成,将对共和县经济发展产生积极影响。

二、设计标准的采用情况

1. 设计标准

(1)设计行车速度:60km/h。

(2)设计汽车荷载等级:城-B级。

(3)桥面宽度:0.3m安全带+净4.5m行车道+1.5m人行道。

(4)环境类别:Ⅱ类。

(5)设计安全等级:二级。

(6)结构重要性系数:1.0。

(7)设计洪水频率:1/100。

2. 设计依据及采用规范

(1)《公路工程技术标准》(JTG B01—2003)。

(2)《公路桥涵设计通用规范》(JTG D60—2004)。

(3)《公路钢筋混凝土及预应力混凝土桥涵设计规范》(JTG D62—2004)。

(4)《公路圬工桥涵设计规范》(JTG D61—2005)。

(5)《公路桥涵地基与基础设计规范》(JTG D63—2007)。

(6)《公路桥梁抗震设计细则》(JTG/T B02-01—2008)。

(7)《公路桥涵施工技术规范》(JTG/F T50—2011)。

(8)《公路工程水文勘测设计规范》(JTG C30—2002)。

(9)《公路路线设计规范》(JTG D20—2006)。

三、桥位选择及结构形式的拟定

1. 桥位选择

根据共和县城建局要求,考虑桥梁的使用功能,并通过现场与县交通主管领导的协商,最终确定桥梁位于共和县恰不恰镇南边,理由如下:

该河段为宽滩河段,桥址处河槽明显,水流大部分被约束在河槽之中。且两边行人车辆基本上沿两侧便道在该处渡河,选择该处建桥可以有效地利用两边既有的道路,减少引道数量。

2. 结构形式的拟定

本着安全、经济、适用、美观的原则,最终确定桥梁上部结构采用7~20m预应力混凝土空心板,下部结构采用双柱式墩台,基础采用桩基,桥梁全长为146.88m。

四、工程地质状况

1. 气象

桥址处属于内陆干旱气候,降雨量少,蒸发量大。根据共和县气象资料:年平均气温3.5℃,最低气温-28.9℃,最高气温31.5℃,年平均降雨量320.3mm,年平均蒸发总量1720.0mm,平均风速1.8m/s,最大冻土深度150cm。根据青海省地震动峰值加速度区划,本地区地震动峰值加速度系数为0.10g。

2. 地形地貌及地质情况

本桥桥位处处于滨河西岸河漫滩,地貌单一,地层结构比较简单,西与污水处理厂相邻。横跨无名冲沟,地形开阔且有一定起伏。冲沟河床宽约140m,河谷两侧发育有Ⅰ、Ⅱ级阶地,高出河床面6~8m。

根据钻孔资料显示,桥位处主要地层状况从上向下分布为:

圆砾:厚度1.5~2.0m,杂色,圆砾含量占全重的50%以上,骨架颗粒部分接触,无分选性,排列混杂,磨圆度好,稍密,其地基承载力基本容许值$[f_{a0}]$ = 200kPa,摩阻力标准值q_{ik} = 100kPa。

淤泥质粉土:厚度3.1~3.4m,灰黑色,以粉土为主,土质较均匀,该层有腥臭味,湿,稍密~中密;其地基承载力基本容许值$[f_{a0}]$ = 150kPa,摩阻力标准值q_{ik} = 40kPa。

细砂:厚度24.1~26.5m,灰黑色,以细砂为主,土质较均匀,中密,钻孔孔壁易坍塌,缩孔,湿。其地基承载力基本容许值$[f_{a0}]$ = 140kPa,摩阻力标准值q_{ik} = 40kPa。

五、水文计算

1. 设计流量的确定

桥梁位于共和县恰不恰镇西边的无名冲沟上,根据青海省水文区划,属于黄河上游区。通过1:5万地形图勾绘流域汇水面积为9336km²,按青海省水文分区及计算公式中柴达木区$Q_{2\%} = 0.58F^{0.76}$,计算得$Q_{2\%} = 603.6\text{m}^3/\text{s}$,$Q_{1\%} = 670.0\text{m}^3/\text{s}$。

另外,拟建桥位上游约1km处214线上,有次汗素河大桥,该桥上部结构采用5~20m先张法预应力混凝土空心板,下部结构双柱式桥墩、三柱式桥台、钻孔灌注桩基础,桥梁宽度为12.5m(1.75m人行道+9m行车道+1.75m人行道),其设计流量为629m³/s。

综合以上计算结果,本次设计中偏于保守,取设计流量为$Q_{1\%} = 670.0\text{m}^3/\text{s}$。

2. 孔径计算

考虑桥位处实际地形地貌和水文计算结果、引道填方数量、下游桥梁孔径布置等因素,以不压缩天然河床为基本原则,按《公路工程水文勘测设计规范》(JTG C30—2002)中(6.2.1-1)公式计算桥孔最小净长度,公式如下:

$$L_j = K_q \left(\frac{Q_P}{Q_c}\right)^{n_3} B_C$$

式中,Q_P取670.0m³/s,Q_c取670.0m³/s,n_3取0.87,K_q取0.95,B_C取105m,计算得L_j为99.75m。考虑设计中采用双柱式桥台,台前锥坡侵占桥下净空,故本次设计中采用6~20m预应力混凝土空心板桥,桥孔净长106m,孔径足以满足要求。

3. 设计水位及冲刷计算

本次设计中$Q_{1\%}$为670.0m³/s,糙率系数n(河槽取32),水面比降I = 2.0‰,河床表面土

壤平均粒径$\bar{d}$取20mm,水文计算结果如下:

设计水位为2763.02m,桥下设计流速5.28m/s,计算冲刷系数1.06,桥前最大壅水高度为0.38m,一般冲刷深度为5.91m,桥墩处局部冲刷深度为1.77m,净冲刷深度为5.54m,一般冲刷线高程为2757.11m,桥墩处局部冲刷高程为2755.33m,一般冲刷后墩前行进流速$v=3.94$m/s。

六、结构设计情况及主要材料情况

1. 上部结构

(1)上部构造采用7×20m后张法预应力混凝土空心板,空心板两端设置抗震锚栓,桥台台帽两侧设置防震挡块。

(2)空心板纵向采用简支板理论计算。跨中弯矩以简支正板为设计依据,支点剪力以简支斜板为设计依据。在正常使用极限状态下,按部分预应力混凝土A类构件设计,桥面现浇层参与受力。

(3)预制板纵向有关参数选用如下:

①混凝土:重度$\gamma=26.0$kN/m³,弹性模量$E_c=3.25\times10^4$MPa。

②预应力钢筋:弹性模量$E_p=1.95\times10^5$MPa,松弛率$\rho=0.035$,松弛系数$\xi=0.3$。

③锚具:锚具变形、钢筋回缩按6mm(一端)计算;金属波纹管摩阻系数$\mu=0.25$,偏差系数$\kappa=0.0015$。

④竖向梯度温度效应:按《公路桥涵设计通用规范》(JTG D60—2004)规定取值。

2. 下部结构

由于桥址处地基承载力普遍较低,故下部采用双柱式墩台,基础采用钻孔灌注桩基础,桩基设计时按摩擦桩设计。

3. 主要材料情况

(1)上部结构。

主梁:采用C40混凝土。

绞缝:采用C40混凝土。

桥面铺装:采用13cm厚C40防水混凝土及6cm沥青混凝土磨耗层。

预应力钢束:采用$\phi^s15.2$钢绞线。

锚具:采用OVM15-5、OVM15-4型。

普通钢筋:采用HRB335、R235钢筋。

桥头搭板:采用C30混凝土;HRB335钢筋。

安全带、人行道、栏杆:采用C25混凝土,HRB335、R235钢筋。

泄水管:采用铸铁泄水管。

伸缩缝:采用FM-80型。

(2)下部结构。

采用C30混凝土,HRB335、R235钢筋。

七、施工注意事项

1. 混凝土

(1)水泥:应采用高品质的强度等级为52.5级和42.5级的硅酸盐水泥,同一座桥的板梁应采用同一品种水泥。

(2)粗集料:应采用连续级配,碎石宜采用锤击式破碎生产。碎石最大粒径不宜超过20mm,以防混凝土浇筑困难或振捣不密实。

(3)混凝土:预制空心板、封锚端、铰缝、桥面现浇层和封端混凝土均采用C40;桥面铺装采用防水混凝土。混凝土应符合《公路钢筋混凝土及预应力混凝土桥涵设计规范》(JTG D62—2004)环境类别Ⅱ类要求,其中最大水灰比0.5,最小水泥用量300kg/m³,最大氯离子含量0.15%,最大碱含量3kg/m³。

2. 普通钢筋

普通钢筋采用R235和HRB335钢筋,钢筋应符合《钢筋混凝土用热轧光圆钢筋》(GB 13013—1991)和《钢筋混凝土用热轧带肋钢筋》(GB 1499—1998)的规定。

3. 预应力钢筋

采用抗拉强度标准值$f_{pk}=1860$MPa,公称直径$d=15.2$mm的低松弛高强度钢绞线,其力学性能指标应符合《预应力混凝土用钢绞线》(GB/T 5224—2003)的规定。

4. 其他材料

(1)钢板:应采用《碳素结构钢》(GB 700—1988)规定的Q235B钢板。

(2)锚具:采用15-4型和15-5型系列锚具及其配件;预应力管道采用圆形金属波纹管。

(3)支座:可采用板式橡胶支座,橡胶材料可选择三元乙丙橡胶或天然橡胶。其材料和力学性能均应符合现行国家和交通运输部部颁标准的规定。

5. 空心板预制

(1)浇筑空心板混凝土前应严格检查伸缩缝、泄水管、护栏、支座等附属设施的预埋件是否齐全,确定无误后方能浇筑。施工时,应保证预应力束管道及钢筋位置的准确,控制混凝土集料最大粒径不得大于20mm。浇筑混凝土时应充分振捣密实,严格控制浇筑质量。

(2)为了防止预制板上拱度过大,及预制板与桥面现浇层由于龄期差别而产生过大收缩差,存梁期不宜超过90d,若累计上拱值超过计算值8mm,应采取控制措施。预制空心板在钢束张拉完成后,各存梁期跨中上拱度计算值及二期恒载所产生的下挠值如表8-5-2所示。

表8-5-2

梁板类型	钢束张拉完上拱度(mm)	存梁30d上拱度(mm)	存梁60d上拱度(mm)	存梁90d上拱度(mm)	二期恒载产生的下挠度(mm)
边板	+9.3	+11.4	+12.0	+12.3	-8.4
中板	+10.7	+13.1	+13.8	+14.1	-10.6

注:正值表示位移向上,负值表示位移向下。

(3)空心板预制时,除注意按本册设计图纸预埋钢筋和预埋件外,桥面系、伸缩缝、护栏及其他相关附属构造的预埋件,均应参照相关图纸施工,护栏的预埋钢筋必须预埋在预制空心板结构内。

(4)为防止铰缝破坏,形成单板受力,在空心板设计中设置了横向加强钢板,间距按1m计。

6. 预应力施加工艺

(1)预应力束管道的位置必须严格按坐标定位并用定位钢筋固定,定位钢筋与空心板腹板的箍筋点焊连接,严防错位和管道下垂,如果管道与普通钢筋发生碰撞,应保证管道位置不变而适当挪动钢筋位置。浇筑前应检查波纹管是否密封,防止浇筑混凝土时阻塞管道。

(2)预制空心板的预应力钢束必须待空心板浇筑后的混凝土立方体强度达到设计混凝土强度等级的90%后,且混凝土龄期不小于7d,方可张拉。施工单位在条件具备时应适当增加龄期,提高混凝土弹性模量,减少反拱度。预应力钢束采用两端同时张拉,锚下控制应力为 $0.75 f_{pk} = 1395\text{MPa}$。

(3)施加预应力应采用张拉力与引伸量双控。当预应力钢束张拉达到设计张拉力时,实际引伸量值与理论引伸量值的误差应控制在6%以内。实际引伸量值应扣除钢束的非弹性变形影响。

(4)预应力钢束张拉顺序为:左 N1→右 N2→右 N1→左 N2。

(5)孔道压浆采用C50水泥浆,要求压浆饱满。孔道压浆应在预应力筋张拉后24h内进行,当水泥浆强度达到80%时,才允许空心板梁吊装移位。

7. 空心板安装

(1)预制空心板采用设吊环穿束的吊装方法。

(2)桥梁架设若采用架桥机吊装,必须经过验算方可进行,且架桥机的重量必须落在墩台的立柱上。

8. 其他

(1)封锚端混凝土浇筑前,须将预制板端部混凝土结合面浮浆清凿干净,才能浇筑新混凝土。

(2)预制空心板顶面应拉毛,锚固端面及铰缝面等新、旧混凝土结合面均应凿毛成凹凸不小于6mm的粗糙面,100mm×100mm面积中不少于一个点,以利于新旧混凝土的良好结合。

(3)本通用图设计钢筋长度未考虑施工折减,实际施工下料时应按照有关施工规范要求进行控制。

(4)严格控制支座高程,避免支座脱空。

(5)桥面连续、桥面铺装、伸缩缝、护栏、泄水管另见其他通用图纸。

(6)其他未尽事宜,参见《公路桥涵施工技术规范》(JTG/T F50—2011)。

八、针对审查意见的回复

根据青海交通工程咨询中心提供的审查意见,我单位对图纸进行了修改,基本情况如下:

(1)针对审查意见中"大桥设计为7~20m,因缺少水文计算,桥梁孔径拟定无依据。单从桥轴线断面来看,桥梁可减少一孔。请设计补充水文计算及桥址上下游已建桥梁的设计、运营等资料,为孔径确定提供依据"。

我单位补充了流量确定、孔径及冲刷计算等内容,并调查了214线相近桥梁的孔径,最终以不压缩天然河道为原则,按现行水文规范的计算公式,最终确定采用6-20后张法预应力混凝土空心板桥。

(2)针对审查意见中"根据提供的地质资料,桩基直径为1.5m,桥墩桩长采用40m、桥台桩长采用33m,偏于保守,请核查"。我单位经过水文计算,确定了桥梁墩台位处的冲刷高程,认为桥址处冲刷深度较大且地质情况较差,圆砾层冲刷消耗完之后,其他地层抗冲刷能力更差。另外,根据调查,214线桥梁虽桩长较本桥短,但214线桥梁地质状况明显优于本桥,且214线桥梁运营时间仅9年左右,参考价值有限。

但由于桥梁上部宽度的缩减,导致上部结构横断面减少了一块中板,桥梁整体受力减小。

经计算,将桥墩桩长由原来的40m调整为35m;桥台桩长由原来33m,调整为31m。

(3)针对审查意见中"桥型布置立面图中缺少地质柱状图和水流方向",已按审查意见进行了补充。

(4)针对审查意见中"桥梁与道路人行道宽度不一致",已将桥梁人行道宽度调整为1.5m。

(5)针对审查意见中"应明确预应力钢绞线规格、张拉控制应力等参数",该数值已在设计说明中反映。

参 考 文 献

[1] 中华人民共和国行业标准.JTG B01—2003 公路工程技术标准[S].北京:人民交通出版社,2004.
[2] 中华人民共和国行业标准.JTG D60—2004 公路桥涵设计通用规范[S].北京:人民交通出版社,2004.
[3] 中华人民共和国行业标准.JTG D62—2004 公路钢筋混凝土与预应力混凝土桥涵设计规范[S].北京:人民交通出版社,2004.
[4] 中华人民共和国行业标准.JTG D61—2005 公路圬工桥涵设计规范[S].北京:人民交通出版社,2005.
[5] 中华人民共和国行业标准.JTG/T D65-04—2007 公路涵洞设计细则[S].北京:人民交通出版社,2007.
[6] 中华人民共和国行业标准.JTG/T B02-01—2008 公路桥梁抗震设计细则[S].北京:人民交通出版社,2008.
[7] 中华人民共和国行业标准.JTG/T J22—2008 公路桥梁加固设计规范[S].北京:人民交通出版社,2008.
[8] 中华人民共和国行业标准.JTG C30—2002 公路工程水文勘测设计规范[S].北京:人民交通出版社,2002.
[9] 中华人民共和国行业标准.JTG/T F50—2011 公路桥涵施工技术规范[S].北京:人民交通出版社,2011.
[10] 中华人民共和国行业标准.JTG/T J23—2008 公路桥梁加固施工技术规范[S].北京:人民交通出版社,2008.
[11] 中华人民共和国行业标准.JTG H11—2004 公路桥涵养护规范[S].北京:人民交通出版社,2004.
[12] 中华人民共和国行业标准.JTG/T F81-01—2004 公路工程基桩动测技术规程[S].北京:人民交通出版社,2004.
[13] 向中富,邹毅松,杨寿忠.新编桥梁施工工程师手册[M].北京:人民交通出版社,2011.
[14] 张俊义,等.桥梁施工百问[M].北京:人民交通出版社,2011.
[15] 上海市政工程设计研究总院.桥梁设计工程师手册[M].北京:人民交通出版社,2007.
[16] 《桥梁设计常用数据手册》编写委员会.桥梁设计常用数据手册[M].北京:人民交通出版社,2005.
[17] 张树仁.桥梁设计规范学习与应用讲评[M].北京:人民交通出版社,2005.
[18] 周水兴,何兆益,邹毅松.路桥施工计算手册[M].北京:人民交通出版社,2002.
[19] 全国一级建造师执业资格考试用书编写委员会.公路工程管理与实务[M].北京:人民交通出版社,2012.
[20] 王志,王强.公路工程监理工程师执业资格考试辅导用书<道路与桥梁>复习与习题[M].北京:人民交通出版社,2007.
[21] 郑机.图解桥梁施工技术[M].北京:中国铁道出版社,2009.
[22] 赵明华.桥梁计算示例丛书——桥梁地基与基础[M].北京:人民交通出版社,2009.

[23] 交通部第一公路工程总公司.桥涵(上下册)[M].北京:人民交通出版社,2003.
[24] 于海峰.全国注册岩土工程师专业考试模拟训练题集[M].4版.武汉:华中科技大学出版社,2010.
[25] 林光哨.长坡岭大桥桥型方案设计与比选[J].山西建筑,2010(11).
[26] 邓子娜.超重荷载下桥梁结构安全性能评估及临时加固设计方法研究[J].中外公路,31,2011(6).
[27] 彭林旭.PHP泥浆在深水大直径桩基施工中的应用[J].世界桥梁,2007(1).
[28] 许小蓓,陈慧萍.人工挖孔桩专项安全施工方案实例[J].施工技术,2011(12).
[29] 刘永平.浅谈桩基施工中常见问题的处理[J].公路,2008(2).
[30] 赵占利,李永.青藏高原多年冻土地区路基及桥梁桩基施工技术[J].施工技术,37,2008(10).
[31] 薛万顿,郑庆军,高诗文.高原重盐渍土地区袋装混凝土灌注桩工艺的应用[J].公路与汽运,146,2011(9).
[32] 奚光宇.北京地铁明挖基坑的监控量测[J].铁道建筑,2010(8).
[33] 张小亭,苏光烈,马润平.桥涵基坑井点降水施工技术[J].内蒙古电大学刊,2008(4).
[34] 王伟锋,王发旺,卢育霞.平板载荷试验在河西某高速公路工程中的应用[J].甘肃科技,27,2011(9).
[35] 陈军,周水兴,张玉柱.U形桥台构造型式探讨[J].重庆交通学院学报,26,2007(2).
[36] 王生楠.重力式片石混凝土桥台模板精度控制[J].科技信息,25,2011.
[37] 王俊胜.高泽河特大桥桥墩模板设计与混凝土施工[J].铁道标准设计,2004(2).
[38] 文乾照.桥墩混凝土施工中的离析现象及防止措施[J].铁道建筑,2001年增刊.
[39] 李松报.高强度大体积混凝土防裂施工技术[J].桥梁建设,2009(3).
[40] 贺茂生,任回兴,聂青龙,等.苏通大桥南塔墩承台超大体积混凝土施工温控关键技术[J].公路,2006(5).
[41] 傅珍,王选仓,李宏志,等.EPS在安新高速公路改扩建工程桥头台背中的应用[J].公路,2008(6).
[42] 王玉,凤懋润,鲍卫刚.公路桥梁结构标准化技术的发展与应用[J].公路,2009(11).
[43] 王春涛.墩式先张法张拉台座的设计与稳定性验算[J].西部交通科技,2008(2).
[44] 王海战,王敏.长线台座法施工30m先张预应力空心板梁施工技术[J].铁道标准设计,2008(1).
[45] 王超峰.后张法预应力混凝土孔道真空灌浆工艺及其应用[J].公路交通科技,2005(2).
[46] 潘江波.后张法预应力空心板梁锚后裂纹预防措施[J].中国公路学会2006年学术论文集(下)浙江省公路学会2006年年会论文集.
[47] 李静斌,葛素娟,陈淮.先简支后连续分体式箱梁桥简支转连续施工方案研究[J].世界桥梁,2010(3).
[48] 李强,苏木标,吴银利,等.先简支后连续桥梁结构施工技术研究[J].铁道标准设计,2006(10).
[49] 林张缅,肖聪.关于盖板涵施工工艺的一般性探讨[J].企业科技与发展,2009(2).
[50] 李志伟.浅埋大断面公路箱涵顶推施工技术[J].施工技术,2008(7).